friends 프렌즈 시리즈 21

프렌즈
라오스

안진헌 지음

Laos

중앙books

지은이의 말

**라오스 가이드북은 예정에 없던 일이긴 했지만,
지나고 보니 자연스럽게 여기까지 흘러오게 되어 있었던 모양이다.**

라오스와의 첫 인연을 맺은 건 1990년대 후반이다. 그때만 해도 라오스는 세상에 거의 알려져 있지 않았다. 하지만 아시아를 횡단하는 여행자 사이에서는 숨겨진 보석처럼 여겨지던 곳이다. "라오스에 가 봤니?"라고 말하던 여행자들의 꼬임에 넘어가 육로 국경을 따라 라오스까지 흘러 들어갔었다. 그렇게 맺어진 라오스와의 인연은 지속적으로 이어졌다(태국에 살면서 라오스에 다녀오는 것은 이웃 동네 드나드는 것처럼 자연스러웠다). 수도인 비엔티안(위앙짠)을 포함해 온 나라가 비포장일 때부터 봐왔으니, 반복되는 라오스 여행을 통해 한 나라가 어떻게 변하고 성장하는지를 경험할 수 있었다.

중앙북스 편집장으로부터 "라오스 책도 해야죠"라는 제안을 받았을 때 사실 망설였다. 라오스는 아는 사람들만 찾아가는 숨겨진 여행지로 남아 있길 바라는 마음이 컸기 때문이다. 막상 『프렌즈 라오스』를 쓰기로 마음먹으니, 집필 작업은 어렵지 않게 진행됐다. 익숙한 곳이라 취재하기가 수월했다. 미리 찍어둔 사진도 많아서 계절에 따라 다른 모습의 라오스도 보여줄 수 있었다. 편한 마음으로 작업을 해서인지 원고도 술술 써내려 갔던 것 같다. 책의 분량이 두껍지 않아서 작업 시간도 다른 책에 비해 짧았다. 그렇다고 해도 기획하고 취재하고 원고 쓰고 교정보고 편집해서 책이 나오는 데까지 1년여의 시간이 필요했다.

책이 출간된 이후에 〈꽃보다 청춘〉이라는 TV 프로그램을 통해 라오스가 새로운 여행지로 급부상하는 신기한 경험을 해야 했다. 세상이 변해 라오스가 인기 여행지가 됐다고 해도, 정기적인 개정판 작업은 예정대로 진행돼야 했다. 수없이 갔던 길을 다시 가야 했고, 눈에 선한 동네를 하염없이 걸어야 했다. 이번 개정 작업은 전보다 더 꼼꼼하게 교통 정보와 볼거리, 레스토랑, 숙소 정보를 담았다(현지 지명은 라오스어 본래의 발음과 가장 가깝게 표기했다). 반복된 취재 여행이 축적된 만큼 책의 내용도 깊이를 더했으리라 믿는다. 대단한 게 있는 나라는 아니지만, 라오스에 가면 이유 없이 마음이 편해진다. 며칠만 지나도 한 달이라도 돼버린 것처럼 시간 감각조차 무뎌지는 곳. 언제나 그랬듯 라오스에서는 천천히 머물며 느리게 여행할 것이다.

저자소개

안진헌 www.travelrain.com

여행이 생활이자 일인 그에게 외국은 집처럼 포근하다. 20년 가까이 태국, 베트남, 라오스, 캄보디아, 티베트, 중국, 네팔, 인도를 들락거리며 상주 여행자로 생활하고 있다. 방콕과 치앙마이에 '달방'을 얻어 몇 년씩 거주하기도 했다. 여행계에서는 누구나 알아주는 아시아 전문가로 통하며, 실험적인 여행작가 모임인 '트래블게릴라'를 통해 아시아 여행법을 바꿔온 인물로도 유명하다. 오늘도 어딘가를 여행하고 있거나, 여행을 하면서 글을 쓰거나, 여행을 잠시 멈추고 '한 곳에 눌러 앉아' 글을 쓰고 있다. 저서로는 『처음 만나는 아시아』(웅진지식하우스), 『당신이 몰랐던 아시아 BEST 170』(봄엔), 『어디에도 없는 그곳—노웨어』(예담), 『트래블게릴라의 구석구석 아시아』(터치아트), 『프렌즈 방콕』, 『프렌즈 태국』, 『프렌즈 라오스』, 『프렌즈 베트남』, 『프렌즈 다낭』, 『베스트 프렌즈 방콕』(중앙북스)이 있다.

Thanks To

권형근, 김성영, 박영근, 김도균, 남지현, 엄준민, 김은하, 양영지, 최혜선, 최승헌, 김현철, 이지상, 김슬기, 툭툭형, 재키 배훈, 성남용, 정창숙, 이현석, 류호선, 류선하, 안명순, 마미숙, 안상진, 쑤기쒸, 안수영, 구한결, 유진님, M양 Lucia, 이재홍, 찬찬, 구자호, 소방, 오마이 호텔, 올림푸스 카메라, 트래블메이트, 글로벌 투어, 홍익 여행사, 트래블게릴라, 조르바 여행사

Special Thanks To

라오스 여행을 동행해주었던 수많은 사람들, 곁에서 아낌없는 도움을 주시는 쑥쑥, 루앙프라방에서 빈방 하나를 내줬던 옐로 형, 카메라 도움을 주셨던 올림푸스 카메라 김우열 님, 꼼꼼하게 교정을 봐주신 전경서 님, 지도 작업을 해준 글터, 책을 예쁘게 디자인해준 양재연 님, 개정판을 디자인해준 김미연 님, 한 팀이 되어 책 작업을 해준 손혜린 팀장님, 본부장 이정아 님, 또 한 번 진심으로 감사드립니다. 그리고 가이드북 공작단 김민경, 박근혜, 환타, 노커팅 고맙소! 안효숙 최고!

『프렌즈 라오스』 일러두기

이 책에 실린 정보는 2020년 1월까지 수집한 정보를 바탕으로 하고 있습니다. 따라서 현지 볼거리·레스토랑·쇼핑센터의 요금과 운영 시간, 교통 요금과 운행 시각, 숙소 정보 등이 수시로 바뀔 수 있음을 말씀드립니다. 어떤 장소는 때때로 공사 중이라 입장이 불가한 경우도 있습니다. 저자가 발 빠르게 움직이며 바뀐 정보를 수집해 반영하고 있지만, 예고 없이 현지 요금이 인상되는 경우가 비일비재 합니다. 이 점을 감안하여 여행 계획을 세우시기 바랍니다. 혹여 여행에 불편이 있더라도 양해 부탁드립니다. 새로운 정보나 변경된 정보가 있다면 아래로 연락주시기 바랍니다.
* 저자 이메일 bkksel@gmail.com, 편집부 전화 02-6416-3922

1. 라오스 베스트
라오스를 처음 방문하는 초보여행자와 시간이 넉넉하지 않은 비즈니스 여행자를 위해 준비했다. 라오스의 매력이 한눈에 쏙쏙 들어올 수 있도록, 라오스를 상징하는 키워드와 꼭 한 번 가볼 만한 도시, 베스트 즐길 거리, 쇼핑 리스트를 간략하게 소개했다. 자신의 취향에 맞는 여행지를 선택하는 데 도움이 된다.

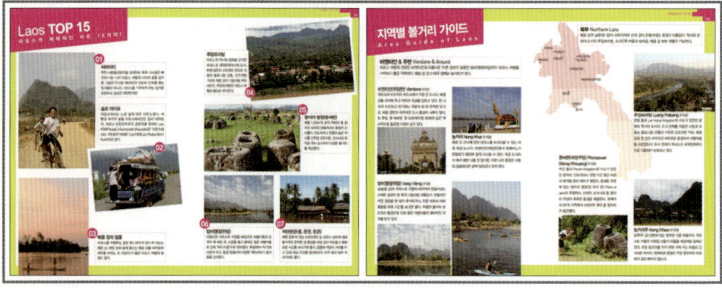

2. 라오스 지역 구분
라오스를 크게 중심부(비엔티안과 주변 지역), 북부, 남부 3개 지역으로 구분하고, 다시 세분화해 대도시, 소도시들을 중심으로 모두 18개 지역을 소개한다. 각 지역별로 앞머리에는 해당 도시와 지역에 대한 간략한 소개를 통해 전반적인 지역에 대한 이해도를 높였다.

3. 라오스 추천 일정

여행을 준비하는 데 가장 중요한 것은 일정 짜기. 라오스 핵심 7일, 라오스 중북부 9일, 라오스 남부 6일, 라오스 북부 일주 14일, 라오스 북부+태국 북부 18일 등 기간별 추천 코스를 제시했다. 지도를 곁들여 전체 일정과 이동 경로를 확인할 수 있으며, 기본적인 현지 물가를 제시해 일정에 따른 여행 예산 짜기를 도와준다.

4. 볼거리 정보

지역별 세부 볼거리와 그에 얽힌 자세한 역사 이야기를 소개했다. 모든 볼거리에는 '★' 표시가 중요도에 따라 1~5개가 붙어 있다. 별점이 높을수록 꼭 봐야 하는 여행지다.

5. 레스토랑 정보

라오스를 도시별로 나눠 다양한 종류의 레스토랑을 소개했다. 격식 있는 전통 레스토랑부터 카페와 현지인들이 즐겨 찾는 맛집 정보를 소개했다. 라오스어를 몰라도 맛있는 음식을 충분히 즐길 수 있도록 라오스 음식에 대한 소개도 넣었다.

6. 숙소 정보

게스트하우스부터 중급 호텔, 고급 호텔까지 다양한 숙소를 담았다. 객실 타입별 부대시설(개인욕실, 선풍기, 에어컨, TV, 냉장고, 아침 식사, 와이파이 유무)를 상세히 소개해 숙소 선택의 도움이 된다.

7. 라오스어 표기

이 책에 쓰인 모든 발음은 현지 발음 표기를 따랐다. 라오스어를 영어 또는 프랑스어로 표기한 오기를 따르지 않고, 라오스어 자체의 발음을 한국식 발음으로 그대로 옮겼다. 라오스어는 영어로 표기가 불가능한 발음이 많은데도 굳이 영문 표기를 따라 한글 맞춤법으로 표기하려다보니 나타나는 현지 발음상의 오류를 방지하기 위함이다. 고유 명칭도 라오스 발음을 그대로 따랐다. 거리는 로드 Road라는 영어 표기 대신 타논 Thanon으로 표기했으며, 사원도 템플 Temple이 아니라 왓 Wat으로 표기했다.

8. 라오스 전역의 최신 지도

본문에 소개한 볼거리와 레스토랑, 쇼핑 스폿, 숙소 위치를 지도에 표시했다. 본문 상세 정보에 표시된 MAP P.000-A1을 참고해 지도와 연계해 보면 찾기 쉽다.

지도에 사용한 기호

기호	의미	기호	의미
사원	사원	버스 정류장	R 레스토랑
공원	공원	✈ 공항	H 호텔
건물	건물	우체국	K 한인업소
다리	다리	병원	E 나이트라이프
계단	계단	i 여행안내소	A 여행사

Contents

지은이의 말	2
『프렌즈 라오스』 일러두기	4

라오스 베스트 Laos Best
라오스가 매력적인 이유 15가지	8
라오스 이것만은 꼭 해보자	12
라오스 이것만은 꼭 사오자	14
지역별 볼거리 가이드	16

라오스 추천 일정
Course1. 라오스 핵심 7일	20
Course2. 라오스 중북부 9일	22
Course3. 라오스 남부 6일	24
Course4. 라오스 북부 일주 14일	26
Course5. 라오스 북부 + 태국 북부 18일	26
라오스 현지 물가	28

32
실전 라오스 Travel Survival
라오스 입출국 정보편
출국! 라오스로	34
입국! 드디어 라오스	36
출국! 굿바이 라오스	38

주변 국가에서 라오스로 입국하기
태국에서 라오스로	39
베트남에서 라오스로	40
캄보디아에서 라오스로	41
중국에서 라오스로	41
방콕·치앙마이에서 라오스까지 육로 이동	42

라오스 현지 교통 정보   44
항공 | 기차 | 보트 | 버스 | 미니밴 | 썽태우

라오스 시내 교통 정보   46
시내버스 | 뚝뚝 | 점보 | 자전거

라오스 여행 기초 정보   47

라오스 음식 Laos Food   51

65
비엔티안(위앙짠) & 주변 지역
Vientiane & Around
비엔티안(위앙짠) Vientiane	66
방비엥(왕위양) Vang Vieng	108
농카이(태국 국경 도시) Nong Khai	129

137
라오스 북부 Northern Lao
폰싸완(씨앙쿠앙) Phonsavan(Xieng Khouang)	138
루앙프라방 Luang Prabang(Louang Phabang)	152
농키아우 Nong Khiaw	214
므앙 응오이 Muang Ngoi	222
우돔싸이(므앙싸이) Udomxai(Muang Xai)	229
루앙남타 Luang Namtha	236
훼이싸이(보깨우) Huay Xai(Bokeo)	244

251
라오스 남부 Southern Lao
싸완나켓 Savannakhet	252
빡쎄 Pakse	260
볼라벤 고원 Bolaven Plateau	270
짬빠싹 Champasak	272
씨판돈 Si Phan Don(4,000 Islands)	280
돈콩 Don Khong	282
돈뎃 Don Det(Don Dhet)	289
돈콘 Don Khon(Don Khone)	298

304
라오스 여행 준비 Travel Preparation
라오스 개요편
프로파일	306
국가 개요	306
일기 예보	308
라오스 역사	309
축제와 공휴일	314

여행 준비편
여권 만들기	316
라오스는 무비자 30일	317
항공권 구입하기	317
여행자 보험 들기	317
호텔 예약하기	318
환전하기	318
여행 가방 꾸리기	318
사건·사고 대처 요령	320

라오스어 여행회화집 Laos Conversation	322
인덱스 Index	326

Travel Plus
태국(방콕·치앙마이)에서 라오스까지 육로 여행 경로	42
비엔티안에서 방비엥(왕위앙) 가기	76
태국 국경 넘기 또는 라오스 비자 연장하기	78
튜빙(튜브 타기)	118
태국-라오스 육로 국경(우정의 다리) 건너는 방법	133
루앙프라빙의 요리 강습(쿠킹 클래스)	191
라오쑹(라오스 소수민족)	234
빡쎄에서 태국 가기	264
볼라벤(볼라웬) 고원	270

Laos TOP 15
라오스가 매력적인 이유 15가지!

01 싸바이디
착한 사람들(관광객을 상대하는 뚝뚝 기사들은 빼고)이 사는 나라 라오스. 여행의 시작과 끝을 같이 할 그들의 인사말, 싸바이디! 단순히 안부를 묻는 인사말이 아니라, 라오스를 기억하게 하는 정겨운 표현이다. 당신은 편안한가요!

슬로 라이프
라오스에서는 느린 삶이 아주 자연스럽다. 바빴던 우리의 삶을 라오스에서만은 잠시 내려놓자. 라오스 인민민주주의공화국을 뜻하는 Lao PDR(People's Democratic Republic)은 '라오스에서는 서두르지 마세요' Lao PDR(Please Don't Rush)라고 쓴다.

02

03 루앙프라방
라오스의 역사와 문화를 간직한 유네스코 세계문화유산의 도시. 란쌍 왕조의 수도였던 곳으로 사원과 콜로니얼 건물, 고즈넉한 거리와 메콩 강이 그림처럼 어우러진다. 루앙프라방은 라오스 여행의 꽃이다.

방비엥(왕위앙)

아름다운 카르스트 지형을 배경으로 여행자들의 천국이 돼버린 곳. 소문을 듣고 몰려든 젊은 여행자들로 인해 '파티 타운'으로 변모했다. 튜빙(튜브 타기)과 자전거 타기, 동굴 탐험까지 다양한 액티비티가 즐거움을 선사한다. **04**

항아리 평원(폰싸완) **05**

해발 1,100m의 분지 지형과 돌 항아리 유적이 만들어내는 풍경이 신비롭다. 인도차이나 전쟁의 슬픈 역사를 간직한 곳이지만, 선사시대 유적과 역사 도시까지 다양한 볼거리를 제공한다.

메콩 강의 일몰 **06**

라오스를 여행하는 동안 흐드러지게 만나게 되는 메콩 강. 매일 오후 붉게 불느는 메콩 강을 바라보며 여유를 부리는 것, 이보다 더 좋은 라오스 여행의 쉼표는 없다.

씨판돈(돈콩, 돈뎃, 돈콘) **07**

메콩 강에 떠 있는 4,000개의 섬. 라오스 남부의 최대 볼거리로 한적한 섬 풍경을 배경 삼아 여유롭고 평화로운 시간을 보내기에 좋다. 문명과 적당히 거리를 두고 있어 세상 근심을 떨쳐버리고 아무 생각 없이 지내기에도 좋다.

08 비엔티안(위앙짠)
메콩 강을 끼고 있는 라오스의 수도다. 메콩 강변의 정취가 여유로움을 선사하는 도시다. 다양한 사원과 카페까지 볼거리와 도시 생활이 조화롭게 어우러진다.

왓 푸(짬빠싹)
크메르 제국에서 건설한 힌두 사원으로 유네스코 세계문화유산으로 지정되어 있다. 산을 배경으로 사원을 건축해 독특하다. 캄보디아에 있는 앙코르 왓을 여행했다거나 건축과 역사 유적에 관심 있다면 놓치기 아까운 볼거리다.

09

10 므앙 응오이
내륙의 섬처럼 배를 타고 가야만 하는 작은 마을. 인구 800명이 전부다. 강과 어우러진 카르스트 지형이 매력적인 곳으로 친절한 현지인들을 만날 수 있다. 강변의 허름한 방갈로에서 빈둥대기 좋다.

11 볼라벤(볼라웬) 고원
커피 생산지로 유명한 지역이다. 라오스 남부에 있는 해발 800~1,350m의 고원 지대로 하늘과 가깝고 날씨도 선선하다. 다양한 소수민족 마을과 수려한 경관의 폭포가 산재해 있다.

LAOS TOP 15

딱밧(탁발)

불교 국가인 라오스에서 하루도 빠지지 않고 행해지는 종교의식이다. 마을이 있는 곳이면 사원이 있고, 사원이 있는 곳이면 매일 아침 딱밧(탁발 수행)이 이루어진다. 수백 명의 승려들이 줄을 이어 진행되는 루앙프라방에서의 딱밧은 경건하기까지 하다.

카페

프랑스 식민 지배의 영향과 외국인 관광객들로 인해 카페를 어렵지 않게 만날 수 있다. 진한 라오 커피(또는 과일 셰이크)와 바게트 샌드위치를 곁들여 달콤한 휴식을 즐기자.

라오 맥주(비아 라오)

밤 문화가 발달한 나라는 아니지만, '라오 맥주' 덕분에 시름을 날려버릴 수 있다. 얼음 탄 시원한 라오 맥주를 한 잔 마시는 일은 라오스 여행의 일상과도 같다. 라오스에 맥주라도 없었으면 어쩔 뻔했어!

물결치는 논 풍경

우기(비수기)에 여행하며 아름다운 메콩 강의 일몰을 못 본다고 슬퍼하지 마라. 몬순이 시작되면 벼농사가 시작되고, 대지를 가득 메운 푸른색으로 물결치는 논 풍경이 잔잔한 감동을 준다. 벼 심기가 한창인 7~8월의 루앙남타 주변이 특히 아름답다.

Must Do TOP 10
라오스 이것만은 꼭 해보자!

01 경건한 마음으로 딱밧에 참여하기

생활과 불교가 유기적으로 연결된 라오스를 가장 잘 보여주는 종교 의식. 맨발로 거리를 지나는 승려들의 발걸음과 새벽부터 음식을 준비해 낮은 자세로 시주하는 라오스 사람들의 소박한 모습은 그 어떤 것보다 감동적이다.

02 방비엥에서 튜브 타기

느린 물줄기를 타고 가는 튜브에 몸을 맡겨 보자. 남쏭(쏭 강) 주변으로 카르스트 지형이 그림처럼 펼쳐진다. 튜빙 외에도 카약, 짚라인, 트레킹 등 방비엥은 다양한 액티비티로 즐거움이 가득하다.

03 방비엥 블루 라군에서의 물놀이

석회암 동굴 앞을 흐르는 강물이 푸른색으로 반짝이는데 자연 속의 수영장 역할을 해준다. 나무 위로 올라가 다이빙하는 사람들의 웃음까지 언제나 흥겹고 시끌벅적하다.

04 루앙프라방의 야시장 쇼핑

저녁시간이 되면 거리에 좌판을 깔고 각종 기념품과 산악 민족의 수공예품이 판매된다. 독특한 문양의 옷과 지갑, 소품들이 눈길을 사로잡는다. 물건 값을 깎기 위해 흥정하는 재미도 쏠쏠하다.

MUST DO TOP 10

돈뎃 방갈로 해먹에서 빈둥대기

씨판돈의 작은 섬, 돈뎃. 드넓고 잔잔한 메콩 강은 하늘과 구름을 그대로 투영해 시간의 흐름을 무중력 상태로 만든다. 방갈로 해먹에 누워 빈둥대다보면 어제가 오늘인지, 오늘이 어제였는지 가늠하기조차 어렵다.

06

라오스식 허벌 사우나

07

직접 채취한 허브를 불에 태워 증기수와 함께 올려 보내는 라오스식 허벌 사우나(P.200)는 건강에도 좋고 몸의 피로도 풀 수 있다. 시설은 허름해도 통나무로 만든 사우나 내부가 허브 향과 어우러진다. 바깥 온도가 쌀쌀한 겨울철에 더 없이 좋다.

05 풍경을 감상하며 천천히 트레킹하기

산과 자연이 어우러진 라오스는 가볍게 걷기 좋은 곳이 많다. 남하 국립 보호구역(국립공원)을 간직한 루앙남타(P.236)가 아니더라도, 방비엥 주변(P.115)과 농키아우 전망대(P.217)는 큰 돈 들이지 않고 트레킹할 수 있는 최적의 장소다.

루앙프라방에서 맞이하는 메콩 강의 일몰

09

여행이 무조건 바빠야 할 필요는 없다. 잠시 정해진 시간에서 벗어나 그곳에서만 느낄 수 있는 감사한 시간을 음미하자. 루앙프라방만이 선사할 수 있는 메콩 강의 운치는 붉게 물드는 노을 녘에 최고조에 달한다.

08 므앙 응오이 가는 보트 타기

농키아우에서 므앙 응오이까지 배를 타고 가는 동안 남우(우 강) 주변으로 펼쳐진 몽롱한 풍경이 감성을 자극한다. 고요한 풍경만큼이나 아득한 세상 속으로 거슬러 올라간다.

10

라오 맥주에 '삥 무' 한 접시

라오스에선 라오 맥주를! 시장에서 삥 무(돼지고기 꼬치구이) 한 접시, 과일 가게에서 망고 한 봉지 사면 술안주로 그만이다. 호텔 발코니에 앉아 얼음 탄 라오 맥주를 한 잔 기울이면 '라오스에 오길 잘했네!'라는 생각이 든다.

Must Buy Top 12
라오스 이것만은 꼭 사오자!

몽족 수공예품

라오스에서 가장 많은 소수 민족인 몽족이 만든 공예품. 옷과 가방, 액세서리는 본인들이 직접 사용하기 위해 집에서 만들었던 것으로, 대부분의 제품이 바느질과 자수를 놓아 수공으로 만들어진다. 제품이 독특하고 색감이 화려하다.

라오스 소품

시장이나 기념품 가게에서 라오스 여행을 기념할 만한 소품들을 구입할 수 있다. 국기, 마그넷, 소형 차량 번호판, 엽서, 우표, 기념 화폐 같은 것들이 있다. 가격도 저렴하고 부피도 작아서 친구들 선물이나 수집용으로 부담 없이 구입할 수 있다.

기념 티셔츠와 바지

티셔츠와 바지. 라오스 국기, 짬빠라오(라오스 국화), 라오 맥주, 라오스 문자가 그려진 티셔츠는 기념품으로도 좋다. 코끼리 문양이 프린트된 헐렁한 바지는 집에서 편하게 입기 좋다. 단, 세탁할 때 물 빠짐에 주의하자!

스카프

야시장이나 기념품 상점에서 빠지지 않는 품목이다. 쌀쌀한 날씨가 이어지는 겨울철의 라오스 북부 지방에서 두르고 다니기 좋다. 면 제품과 실크 제품, 베틀을 이용해 수공예로 제작한 고가의 물건까지 다양하다.

액세서리

고가의 제품보다는 은으로 만든 목걸이와 팔찌 같은 액세서리가 많다. 라오스에서만 볼 수 있는 액세서리로 불발탄(UXO)을 녹여 만든 폭탄 모양 목걸이도 있다.

에코백

여행 중에 들고 다녀도 되고, 한국에서 장보러 갈 때 들고 다닐 수도 있어 활용성 만점인 쇼핑 아이템. 가볍지만 부피가 커서 이것저것 넣고 다니기 좋고, 저렴하지만 색감이 예쁜 에코백이 많다.

MUST BUY TOP 12

코끼리 문양 지갑

라오스 국기에 등장했을 정도로 라오스를 상징하는 동물인 코끼리를 이용한 기념품이다. 코끼리 문양을 바느질해 새긴 수공예 제품이 많다. 그중에서도 작은 손지갑은 동전지갑으로 딱이다. 저렴하고 보기도 좋다.

옷으로 만든 책

바느질에 능한 몽족들의 재치가 느껴지는 기념품이다. 천을 이용해 만든 그림책으로 각 페이지마다 바느질을 해서 이야기를 꾸몄다. 관광객을 위해 영어로 설명을 달았다. 아이를 위한 선물용이나 소장용으로도 좋다.

말린 과일

생과일은 한국에 반입할 수 없기 때문에 말린 과일을 사가야 한다. 망고, 바나나, 파인애플은 물론 두리안까지 웬만한 열대 과일을 모두 말려서 판매한다. 태양을 이용해 자연적으로 건조한 과일 제품이 더 맛이 좋다.

라오 커피

진하고 묵직한 느낌을 주는 라오스 커피. 대표적인 브랜드로 다오 커피 Dao Coffee와 씨눅 커피 Sinouk Coffee가 있다. 연유를 함께 사가면 라오스 느낌을 제대로 살릴 수 있다. 달달한 커피를 좋아하는 사람들에겐 스틱형 인스턴트 커피를 권한다.

라오 맥주

라오스 여행이 끝나고 라오스에 대한 기억이 아련해질 때 한국으로 들고 온 라오 맥주로 지나간 추억을 회상하기 좋다. 깨질 위험이 있기 때문에 옷에 돌돌 말아 맥주병을 감싸고 짐 가방에 넣으면 된다.

짬빠 카우(라오 위스키)

'라오 라오(쌀을 이용해 만든 라오스 증류주)'를 상업화해 만든 술. 녹색 뚜껑과 녹색 상표가 붙어 있어 얼핏 봐도 소주처럼 보인다. 알코올 도수는 소주보다 훨씬 강한 40%로 위스키에 가깝다. 큰 병은 750㎖, 작은 병은 325㎖다.

지역별 볼거리 가이드
Area Guide of Laos

비엔티안 & 주변 Vientiane & Around
라오스 여행의 관문인 비엔티안과 아름다운 자연 경관이 일품인 방비엥(왕위앙)까지 라오스 여행을 시작하기 좋은 지역이다. 메콩 강 건너 태국 땅에는 농카이가 있다.

비엔티안(위앙짠) Vientiane (P.66)
라오스의 수도이자 라오스에서 가장 큰 도시다. 메콩 강을 사이에 두고 태국과 국경을 접하고 있다. 한 나라의 수도라고 하기에는 개발이 덜 된 한적한 도시로, 메콩 강변과 어우러진 도시 풍경이 나쁘지 않다. 탓 루앙, 왓 씨싸켓, 왓 프라깨우(왓 파깨우) 같은 역사적으로 중요한 사원이 남아 있다.

농카이 Nong Khai (P.129)
메콩 강 건너에 있어 라오스를 바라다볼 수 있는 태국 국경 도시다. 비엔티안(위앙짠)에서 국제버스가 운행되기 때문에 쉽게 드나들 수 있다. 국경 도시라고 해서 별반 다를 건 없지만, 이웃 나라 풍경은 어떨까 궁금하다면 살짝 넘어갔다 오면 된다.

방비엥(왕위앙) Vang Vieng (P.108)
남쏭(쏭 강)과 카르스트 지형이 어우러져 만들어내는 수려한 경관이 한 폭의 그림처럼 아름답다. 멋들어진 자연 경관을 벗 삼아 휴식하거나, 자연 속에서 야외 활동을 하며 시간을 보내면 좋다. 저렴한 물가와 흐드러진 풍경으로 인해 젊은 여행자들의 절대적인 지지를 받고 있다.

지역별 볼거리 가이드

북부 Northern Laos
메콩 강과 남우(우 강)가 어우러지며 산과 강이 만들어내는 풍경이 아름답다. 역사와 문화의 도시인 루앙프라방, 소수민족 마을과 트레킹, 메콩 강 보트 여행이 가능하다.

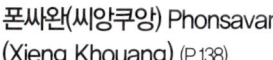

루앙프라방 Luang Prabang (P.152)
란쌍 왕국 Lan Xang Kingdom의 수도가 있었던 문화와 역사의 도시다. 도시 전체를 뒤덮은 사원과 프랑스 콜로니얼 건물이 가득한 고즈넉한 거리, 메콩 강과 칸 강이 어우러진 여유로운 풍경까지 여행자들을 사로잡는다. 도시 전체가 유네스코 세계문화유산으로 지정되어 보호되고 있다.

폰싸완(씨앙쿠앙) Phonsavan (Xieng Khouang) (P.138)
푸안 왕국 Phuan Kingdom의 수도가 있었던 곳이다. 인도차이나 전쟁 기간 동안 미군의 폭격을 받아 폐허가 됐었다. 폰싸완 주변에 있는 항아리 평원(텅 하이 힌) Plain of Jars가 유명하다. 신비한 선사시대 돌 항아리 무덤이 독특한 풍경을 제공한다. 현재까지 60개 지역에서 4,000여 개의 돌 항아리가 발견됐다.

농키아우 Nong Khiaw (P.214)
남우(우 깅) 강변에 있는 한적한 시골 마을이다. 카르스트 지형의 석회암 산들이 마을을 배경처럼 감싸고 있다. 므앙 응오이를 가기 위해 거쳐 가는 마을로 인식되곤 하지만, 평화로운 풍경은 므앙 응오이와 비교해서 결코 빠지지 않는다.

므앙 응오이 Muang Ngoi (P.222)

외부 세계를 연결하는 도로조차 존재하지 않는 라오스 북부의 시골 마을이다. 보트를 타야만 갈 수 있어 오지 마을처럼 여겨진다. 길이라고 해봐야 500m 남짓한 흙먼지 길이 전부다. 남우(우 강)를 끼고 형성된 마을로, 아름다운 카르스트 지형이 마음을 평온하게 해준다.

루앙남타 Luang Namtha (P.236)

라오스 북서부에 자리한 도시로 태국·중국·라오스를 연결하는 길목에 있다. 주변 국가를 육로로 여행하기 위해 잠시 스쳐가는 도시에서, 트레킹을 위해 찾는 도시로 조금씩 변모해가고 있다. 라오스에서 가장 인기 있는 트레킹 코스인 남하 국립 보호구역 Nam Ha National Protected Area(Nam Ha NPA)과 가장 가깝기 때문이다.

• 싸완나켓

• 빡쎄
• 짬빠싹

• 씨판돈

훼이싸이(보깨우) Huay Xai (P.244)

라오스 본토보다는 태국이 더 가깝게 느껴지는 변방의 작은 도시다. 메콩 강을 사이에 두고 태국과 국경을 이룬다. 동남아시아를 횡단하는 배낭 여행자들을 만날 수 있다.

남부 Southern Laos

동남아시아의 열기가 단박에 느껴지는 지역이다. 메콩 강을 연해 싸완나켓과 빡쎄 같은 도시가 발달해 있으며, 메콩 강에 떠 있는 4,000개의 섬으로 이루어진 씨판돈이라는 특별한 볼거리도 간직하고 있다.

싸완나켓 Savannakhet (P.252)

라오스에서 두 번째로 큰 도시로, 비엔티안 다음으로 인구가 많다. 인구 12만 명의 도시지만 메콩 강변의 정취와 어우러져 한적하기만 하다. 프랑스 식민 지배 기간 동안 라오스 중남부 지방의 행정과 교통 중심지로 발달했다. 오늘날에도 태국·라오스·베트남을 연결하는 국제버스가 활발히 운행된다.

빡쎄 Pakse (P.260)

라오스 남부 지방을 여행하려면 한 번은 거치게 되는 도시다. 메콩 강과 쎄돈 강이 도시를 감싸고 있다. 씨판돈 Si Phan Don(4,000 Islands), 왓 푸 Wat Phu, 볼라벤(볼라웬) 고원 Bolaven Plateau까지 빡쎄 주변에는 볼거리가 많다. 라오스 남부 여행의 거점 도시답게 호텔과 여행사, 카페가 많다.

씨판돈 Si Phan Don(4,000 Islands) (P.280)

라오스 최남단의 캄보디아 국경 지대로, 메콩 강에 떠 있는 4,000개의 섬을 일컫는다. 4,350km를 흐르는 메콩 강 전체 구역에서 강폭이 가장 넓은 지역이다. 한적한 강 풍경을 벗 삼아 평화로운 시간을 보내기 좋다. 씨판돈에서 가장 큰 섬인 돈콩 Don Khong (P.282), 저렴한 숙소가 많아 배낭여행자들의 아지트가 된 돈뎃 Don Det(P.289), 볼거리가 많은 돈콘 Don Khon(P.298)이 유명하다.

짬빠싹 Champasak (P.272)

란쌍 왕국의 세력이 약해져 3개의 왕국으로 갈라졌던 시절, 짬빠싹 왕국 Champasak Kingdom의 수도가 있었던 곳이다. 한 나라의 수도였다고 하기에는 민망할 정도로 작고 썰렁하다. 도로 2개가 전부인 마을로 특별한 상업시설은 찾아보기 힘들다. 유네스코 세계문화유산으로 지정된 왓 푸를 보기 위해 많은 관광객이 찾아온다.

라오스 추천 일정
Best Travel Course

남북으로 길게 이어진 라오스는 지역에 따라 볼거리도 다르고 기후도 다르다. 역사 유적에 관심이 있다면 루앙프라방과 왓 푸(짬빠싹), 자연 경관에 중점을 둔다면 방비엥(왕위앙)과 씨판돈을 빼놓지 말자. 도로 상태가 좋지 않아 이동시간이 오래 걸리기 때문에, 너무 빠듯한 일정은 피하는 게 좋다. 시간적인 여유가 있다면 태국과 연계해 일정을 짜면 좋다.

Course 1. 라오스 핵심 7일

라오스 입국 → 비엔티안(1박) → 방비엥(2박) → 루앙프라방(2박) → 비엔티안(국내선 항공 이용) → 밤 비행기를 이용해 인천으로 귀국(기내 1박)

짧은 시간으로 라오스 주요 여행지를 둘러보는 일정이다. 비엔티안(위앙짠)으로 입국해 비엔티안에서 출국한다. 마지막 날은 귀국 비행기 시간에 맞춰서 루앙프라방→비엔티안 국내선 편도 항공권을 미리 예약해 두어야 한다.

Day 1

인천→비엔티안

한국에서 라오스로 향하는 항공편은 대부분 밤에 도착하기 때문에, 첫날부터 관광하기는 힘들다. 인천에서 아침 일찍 출발하는 라오항공을 타면 비엔티안 공항에 오후 3시쯤 도착할 수 있다. 대부분의 관광지가 오후 5시경에는 문을 닫기 때문에 실제로 첫째 날 할 수 있는 것은 많지 않다.

Day 2

비엔티안→방비엥

아침 일찍 서둘러 비엔티안의 볼거리(탓 루앙, 왓 씨싸껫, 왓 프라깨우)를 다녀온 다음 방비엥(왕위앙)으로 이동한다. 미니밴으로 3시간 정도 걸린다. 방비엥에 도착하면 숙소에 짐을 풀고 남쏭(쏭 강) 주변을 어슬렁거리며 풍경을 감상한다. 방비엥에 일찍 도착했다면 오후 시간에 뚝뚝을 빌려서 '블루 라군'을 다녀온다.

Day 3

방비엥

셋째 날은 온전히 방비엥에서 보낸다. 블루 라군을 다녀오고 튜빙(튜브 타기)과 카약 타기를 하며 물놀이와 풍경을 즐긴다. 1일 투어를 이용해 주변 동굴을 탐방하거나 짚라인을 타는 등 다양한 액티비티도 가능하다. 버기카를 빌려 방비엥 주변 지역을 몸으로 체험해보는 것도 나쁘지 않다(안전에 주의할 것).

Day 4

방비엥→루앙프라방

방비엥에서 루앙프라방까지 이동해야 한다. 도로가 새로 뚫리긴 했지만 산길을 돌아가야 해서 이동시간이 오래 걸린다. 미니밴을 타고 가는 게 좋다. 5시간 이상 걸리기 때문에 아침 일찍 출발하도록 하자. 루앙프라방에 도착하면 숙소에 짐을 풀고 마을을 거닐며 분위기를 익힌다. 일몰 시간에 맞춰 푸씨 언덕을 올라가거나 야시장에 들려 쇼핑을 하다보면 금방 시간이 간다.

Day 5

루앙프라방

하루 종일 루앙프라방에서 시간을 보낸다. 가능하면 새벽 일찍 일어나 딱밧(탁발 수행)을 먼저 체험한다. 오전에 휴식을 취한 다음 왕궁 박물관과 사원 한 두 곳을 둘러본다. 오후에는 반나절 일정으로 꽝씨 폭포를 다녀온다. 폭포에서 수영을 하지 않는다면 꽝씨 폭포를 마지막 날 다녀와도 상관없다. 볼거리에 치중한다면 반나절 일정으로 메콩 강 보트 투어(빡우 동굴)를 추가해도 된다.

Day 6~7

루앙프라방→인천

유네스코 세계문화유산으로 지정된 루앙프라방 올드 타운에서 여유롭게 시간을 보낸다. 발길 닿는 대로 걸으며 마을과 강변으로 이어진 골목들의 정취를 느껴보자. 골목길을 거닐다 마음에 드는 사원이 있으면 들어가 보고, 콜로니얼 건축물을 개조해 만든 카페에서 브런치나 커피를 음미하며 슬로 라이프를 만끽한다. 해 지는 시간에 맞춰 메콩 강변의 야외 카페에 자리를 잡고 '라오 맥주'를 마시며 여유 부리는 것도 루앙프라방에서 꼭 해야 할 일 중 하나다. 마지막 날 저녁에는 루앙프라방에서 비엔티안까지 국내선 항공, 비엔티안에서 인천까지 국제선 항공편을 이용해 이동한다. 기내에서 1박하고 다음날 아침에 한국에 도착하게 된다.

©유진 님

Course 2. 라오스 중북부 9일

라오스 입국 → 비엔티안(1박) → 방비엥(2박) → 폰싸완(씨앙쿠앙)(2박) → 루앙프라방(2박) → 비엔티안 → 인천(기내 1박)

라오스의 대표적인 여행지와 폰싸완(씨앙쿠앙)을 함께 둘러보는 일정이다. 비엔티안에서 시작해 루앙프라방까지 육로로 이동하는 것은 '라오스 핵심 6일' 일정과 동일하지만, 중간에 폰싸완(씨앙쿠앙)을 추가로 방문한다. 도로가 포장되어 있긴 하지만 산길을 돌아가야 해서 이동 시간이 오래 걸린다.

Day 1~3

인천→비엔티안→방비엥

'라오스 핵심 6일'의 초반 일정과 동일한 코스로 일정을 짠다. 라오스로 입국해 비엔티안에서 1박하고, 방비엥으로 이동해 둘째 날을 보낸다. 3일차에는 방비엥에서 튜빙(튜브 타기)을 즐기며 시간을 보낸다.

Day 4

방비엥→폰싸완(씨앙쿠앙)

4일차에 방비엥에서 폰싸완까지 이동해야 한다. 산길을 굽이굽이 돌아가야 해서 이동시간이 길다. 미니밴을 타고 7시간 정도 걸린다. 게다가 교통편도 많지 않아 이동하는 데만 온전히 하루가 걸린다. 폰싸완에 도착하면 다음 날 출발하는 투어를 미리 예약해 둔다.

Day 5

폰싸완

폰싸완에 머물면서 주변에 있는 항아리 평원 Plain of Jars을 여행한다. 대중교통으로는 방문이 불가능하기 때문에 1일 투어를 이용해야 한다. 하루 동안 항아리 평원에 있는 3개의 유적지를 방문하면 된다. 푸안 왕국의 수도였던 므앙 쿤(올드 씨앙쿠앙) Muang Khoun(Old Xieng Khouang)도 폰싸완과 인접해 있다.

Day 6

폰싸완→루앙프라방

6일차에는 폰싸완에서 루앙프라방으로 이동한다. 왔던 길을 되돌아가다가 푸쿤 Phou Khoun(Phu Khun)에서 북쪽으로 방향을 틀어 루앙프라방까지 간다. 폰싸완에서 루앙프라방까지도 산길이라서 거리에 비해 시간이 오래 걸린다. 미니 밴으로 8시간 이상 소요된다.

Day 7~9

루앙프라방→비엔티안→인천

루앙프라방 일정은 '라오스 핵심 7일' 일정과 동일하다. 여행의 마지막 날인 8일차에는 비행기를 타고 비엔티안으로 돌아와 밤 비행기를 타고 인천으로 귀국하면 된다.

Course 3. 라오스 남부 6일

라오스 입국 → 비엔티안(1박) → 빡쎄 또는 짬빠싹(1박) → 씨판돈(2박) → 빡쎄 → 비엔티안 → 인천(기내 1박)

라오스 북부에 비해 인기는 덜하지만, 라오스 남부만 여행하는 일정도 가능하다. 비엔티안에서 멀리 떨어진 빡쎄까지 왕복해야 하기 때문에 동선이 좋은 일정은 아니다. 빡쎄까지는 비행기나 야간 버스를 타고 이동하면 시간을 절약할 수 있다. 라오스가 처음이라면 라오스 남부만 여행하지 말고, 비엔티안과 가까운 방비엥(왕위 앙)을 일정에 포함시키면 좋다. 라오스 남부는 교통이 편리한 태국과 연계해 일정을 세우면 좋다. 방콕에서 빡쎄까지 국제버스가 드나들어 편리하다. 장기 여행자들은 빡쎄→씨판돈을 지나 캄보디아 육로 국경을 넘어 '앙코르 왓'이 있는 씨엠리업 Siem Reap까지 여행하기도 한다. 라오스 남부 지역만 여행하기 위해 한국에서 비행기를 타고 라오스를 방문하는 여행자는 많지 않다.

Day 1

인천→비엔티안

첫째 날은 라오스에 입국하는 일정으로 여행을 시작한다. 여행의 마지막 날에 비엔티안으로 다시 돌아오기 때문에 첫날부터 바쁘게 돌아다닐 필요는 없다. 여행 경비를 아끼고 싶다면, 아침 비행기를 타고 비엔티안에 도착해서 반나절 정도 비엔티안 시내를 먼저 여행한다. 그리고 밤 버스를 이용해 빡쎄로 내려가면 된다.

ⓒ김슬기

Day 2

비엔티안→빡쎄

오전 비행기를 타고 빡쎄로 이동한다. 빡쎄에서는 반나절 일정으로 왓 푸를 다녀온다. 짬빠싹에 있는 왓 푸는 유네스코 세계문화유산으로 지정되어 있다. 짬빠싹에 머물면서 왓 푸를 다녀와도 된다. 둘째 날의 숙박은 도시를 선호한다면 빡쎄에서, 고요한 시골 마을이 좋다면 짬빠싹에서 1박하면 된다.

Day 3

빡쎄(또는 짬빠싹)→씨판돈

빡쎄 또는 짬빠싹에서 씨판돈으로 이동해야 한다. 빡쎄에서 출발한다면 미니밴을 이용하면 편리하다. 짬빠싹에서 출발할 경우에는 강 건너에 있는 마을에서 차를 타야 한다. 씨판돈은 4,000개나 되는 섬으로 이루어졌기 때문에 어디서 묵을지를 미리 정해야 한다. 돈콩, 돈뎃, 돈콘 3개 섬 중에 하나를 선택하면 된다. 3개 섬 중에 가장 유명한 섬은 돈뎃이다. 씨판돈에 도착하면 자전거를 빌려서 섬을 둘러보거나, 강변의 수상 레스토랑에서 일몰을 보며 여유로움을 즐기면 된다.

Day 4

씨판돈

돈콘에 있는 리피 폭포 방문, 민물 돌고래 관찰 투어에 참여하면서 시간을 보낸다. 돈뎃이나 돈콘에 머물고 있다면 자전거를 빌려 섬을 둘러보면 되고, 돈콩에 머물고 있다면 투어를 이용해 보트를 타고 돈콘을 방문해야 한다.

ⓒ마미숙

Day 5~6

씨판돈→빡쎄→비엔티안→인천

마지막 날은 씨판돈에서 빡쎄를 거쳐 비행기를 타고 비엔티안을 향한다. 빡쎄→비엔티안 국내선은 1일 2회 취항한다.
밤 비행기를 타고 한국으로 귀국하기 전까지 비엔티안에서 못 본 볼거리들을 방문하자. 하루 정도 시간을 더 내서 빡쎄에 머물면서 볼라벤(볼라웬) 고원을 1일 투어로 다녀올 수도 있다.

Course 4. 라오스 북부 일주 14일

라오스 입국 → 비엔티안(1박) → 방비엥(2박) → 폰싸완(씨앙쿠앙)(2박) → 루앙프라방(3박) → 농키아우 → 므앙 응오이(2박) → 농키아우 → 우돔싸이(1박) → 루앙남타(2박) → 훼이싸이 → 비엔티안 → 인천(기내 1박)

비엔티안에서 시작해 루앙프라방을 거쳐 훼이싸이까지 라오스 북부 지방을 두루 여행하는 일정이다. 비엔티안으로 입국해 정해진 길을 따라 북쪽으로 계속 이동한다고 생각하면 된다. 여행 일정의 초반은 '라오스 중북부 9일' 일정과 동일하다. 다만 8일차에 루앙프라방에서 숙박하기 때문에, 루앙프라방에서 3박을 하게 된다.

루앙프라방에서 농키아우까지는 버스를 타고 가고, 농키아우에서 므앙 응오이까지는 보트를 타고 간다. 루앙프라방에서 므앙 응오이까지 하루에 이동이 가능하다. 므앙 응오이에서는 이틀 머물면서 한적한 풍경을 즐기면 된다. 우돔싸이는 특별한 볼거리가 없기 때문에 루앙남타까지 직행해도 상관 없다. 하지만 대중교통을 이용할 경우 버스 편이 자주 없어서 므앙 응오이에서 루앙남타까지 하루 만에 갈 수가 없다. 중간에 있는 우돔싸이에서 1박하고 루앙남타로 가야 한다. 루앙남타에서는 남하 보호구역과 산악 민족 마을을 방문하는 트레킹을 하면 좋다. 루앙남타를 대신해 므앙씽에 묵으면서 트레킹을 해도 상관없다.

메콩 강을 사이에 두고 태국과 국경을 접하고 있는 훼이싸이가 여행의 종착점이 된다. 훼이싸이에서 비행기를 타고 비엔티안으로 되돌아와도 되지만, 대부분의 여행자들은 훼이싸이에서 국경을 넘어 태국 치앙콩 Chiang Khong으로 향한다. 태국을 더 여행하려면 치앙콩부터 치앙라이 Chiang Rai를 거쳐 치앙마이 Chiang Mai를 여행하면 된다.

Course 5. 라오스 북부+태국 북부(방콕 IN/OUT) 18일

태국 방콕 입국 → 야간 버스(1박) → 치앙마이(3박) → 빠이(2박) → 치앙라이(2박) → 치앙콩 → 훼이싸이(1박) → 빡벵(1박) → 루앙프라방(3박) → 폰싸완(2박) → 방비엥(2박) → 비엔티안 → 태국 농카이(야간 버스 1박) → 태국 방콕

라오스 중심부에 비엔티안이 있기 때문에, 라오스 북부를 모두 여행하려면 태국과 연계한 일정을 짜는 게 좋다. 비엔티안 in/out일 경우 여행을 마치고 비엔티안으로 다시 돌아가야 해서 비효율적이다. 갔던 길을 되돌아가기보다는 길을 따라 직진하는 일정이 더 효율적이다. 어차피 라오스 북부를 횡단하는 여행은 장기 여행자들에게 어울리는 코스라 서두를 필요 없이 길을 따라가며 다양한 볼거리를 접하는 게 좋다.

먼저 태국 방콕으로 입국해 여행을 시작한다. 태국에서의 일정은 방콕→치앙마이→빠이 Pai→치앙라이→치앙콩이 된다. 방콕에서 치앙마이를 가는 동안 아유타야 Ayuthaya와 쑤코타이 Sukhothai를 들러도 된다. 태국의

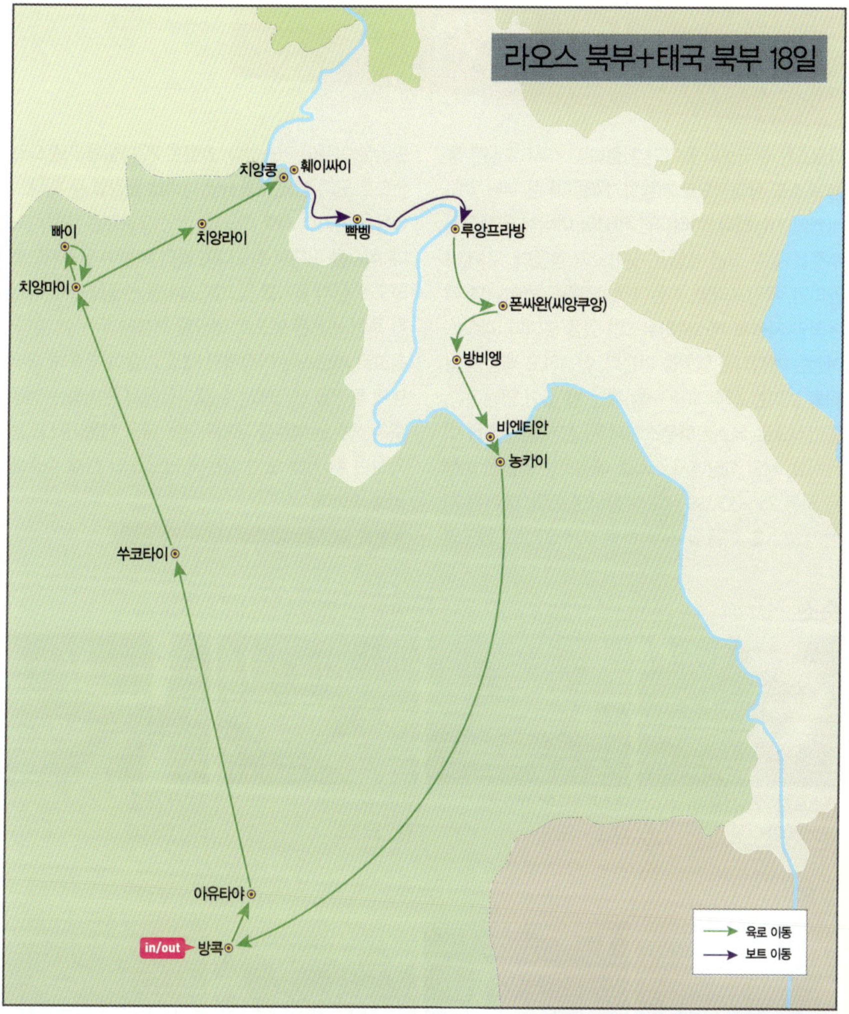

라오스 북부 + 태국 북부 18일

국경 도시인 치앙콩은 메콩 강을 사이에 두고 라오스의 훼이싸이와 마주하고 있다. 훼이싸이는 많은 여행자들이 메콩 강을 따라 내려가는 슬로 보트를 타기 위해 방문하는 곳이다. 아침에 출발하는 슬로 보트는 빡뱅을 경유해 루앙프라방까지 1박 2일 동안 느리게 움직인다.

루앙프라방부터는 폰싸완→방비엥→비엔티안까지 향하는 일정으로, '라오스 중북부 9일' 일정을 거꾸로 진행하면 된다. 비엔티안에서는 반나절 정도 머물면서 중요한 사원을 방문한 다음, 국경이 닫히기 전에 태국 농카이로 넘어가야 한다. 농카이에서는 야간 버스나 야간 기차를 타고 방콕까지 갈 수 있다. 시간적인 여유가 있으면 루앙프라방에서 폰싸완으로 직행하지 말고, 루앙프라방 북부의 농키아우와 므앙 응오이까지 여행하면 된다. 므앙 응오이를 다녀올 경우 최소 3일은 추가로 필요하다.

라오스 현지 물가

라오스는 한국보다 물가가 저렴하다. 식사 요금은 물론 숙소도 상대적으로 저렴하기 때문에 큰 부담 없이 여행이 가능하다. 아직까진 개발이 미비해 국제적인 수준을 갖춘 고급 호텔은 찾아보기 힘들다. 도시(비엔티안, 루앙프라방, 싸완나켓, 빡쎄)를 벗어나면 기본적인 시설의 게스트하우스만 있을 뿐이다. 라오스 여행은 계절적인 영향을 받는다. 선선하고 쾌청한 날씨를 보이는 성수기(11~4월)에는 방 값이 인상된다. 일반적으로 게스트하우스에서 자고, 대중교통을 이용하고, 서민 식당에서 식사를 해결하는 알뜰한 여행은 하루 25~30US$ 정도 예상하면 된다. 에어컨 시설의 숙소를 이용할 경우 하루 40~60US$ 정도면 편안한 여행이 가능하다. 호텔은 2인 1실을 기준으로 하므로 둘이 함께 여행하면 경비를 절감할 수 있다. 이동을 얼마나 자주 하느냐, 어떤 교통편을 이용하느냐, 식사를 어디서 하느냐에 따라 예산이 달라지므로 라오스 현지 물가를 참고해 경비를 산출해보자. 다양한 투어 비용은 별도로 예산을 책정해 두는 게 좋다. 참고로 라오스는 아직까지 제조 기술이 부족해 대부분의 물건을 태국에서 수입(마트에서 판매하는 제품 중에 생수와 맥주를 제외하고는 태국 제품이라고 생각하면 된다)해 오기 때문에 라오스의 경제 수준에 비해 비싸다.

● 환율 1US$=8,876Kip(2020년 2월 기준)

숙소

게스트하우스(선풍기)
6만~10만K

게스트하우스(에어컨)
10만~16만K

경제적인 호텔
30~35US$

3성급 호텔
50~65US$

교통

비엔티안~루앙프라방
(비행기) 103US$

비엔티안~방비엥(미니밴)
5만K

비엔티안~빡쎄(침대 버스)
17만K

루앙프라방~훼이싸이
(슬로 보트) 21만K

시내교통

시내버스 5,000~6,000K

썽태우(합승) 1만~2만K

뚝뚝(대절) 2만~4만K

라오스 현지 물가

식사

쌀국수
1만5,000~2만K

바게트 샌드위치
2만~3만K

덮밥 · 단품 요리
1만5,000~3만K

볶음밥 · 볶음국수
1만5,000~2만5,000K

라오스 요리(레스토랑)
3만~6만K

파스타 · 피자 5만~10만K

프랑스 · 이태리 요리
10만~20만K

한식(찌개류) 6만~10만K

음료

생수(1.5ℓ) 5,000K

캔커피(마트) 5,000K

커피(카페) 1만 5,000~3만K

음료수 6,000K
콜라(캔) 5,000K

우유(450ml) 1만5,000K

과일 셰이크 1만~2만K

맥주(큰 병) 1만K

입장료

사원 1만~2만K

박물관 1만~3만K

폭포 · 동굴 1만~2만K

역사 유적 1만~5만K

실전 라오스

라오스 입출국 정보편 34
출국! 라오스로
입국! 드디어 라오스
출국! 굿바이 라오스

주변 국가에서 라오스로 입국하기 39
태국에서 라오스로
베트남에서 라오스로
캄보디아에서 라오스로
중국에서 라오스로

라오스 현지 교통 정보 44
항공 | 기차 | 보트 | 버스 | 미니밴 | 썽태우

라오스 시내 교통 정보 46
시내버스 | 뚝뚝 | 점보 | 자전거

라오스 여행 기초 정보 47

라오스 음식 51

라오스 입출국 정보편

01 출국! 라오스로

우리나라에서 라오스로 출발하는 항공편이 있는 국제공항은 인천국제공항 한 곳이다. 서울과 수도권 거주자들이라면 대략 2시간 이내에 인천공항까지 이동할 수 있다. 여기에 2시간 정도의 수속시간을 더해야 하므로, 넉넉하게 비행기 출발 4시간 전에는 집을 나서야 한다. 인천공항으로 가는 대중교통은 크게 두 가지. 서울을 비롯해 전국 각지를 연결하는 공항버스를 타거나, 서울역에서 인천공항까지 운행하는 공항철도를 타는 방법이 있다.

공항철도의 경우 지하철 1·2·4·5·6·9호선과 KTX가 연계되어 이용하기 편리하다. 이밖에 일부 시외버스 노선도 인천공항과 연결된다. 공항행 버스 노선은 인천국제공항 홈페이지에서 '교통·주차→버스'를 통해 확인할 수 있다.

공항철도의 경우 서울역→공덕역→홍대입구역→디지털미디어시티(DMC)역→김포공항역→계양역→검암역→청라국제도시역→운서역→공항화물청사역→인천국제공항역 노선을 운행 중이다. 서울역에서 인천국제공항역까지 직통 열차로 43분(편도 9,000원), 일반 열차로 59분(편도 5,050원) 걸린다.

인천국제공항
문의 1577-2600 운영 24시간
홈페이지 www.airport.kr
공항철도
문의 1599-7788 운영 05:20~24:00
홈페이지 www.arex.or.kr

출국 과정

인천국제공항행 버스를 타면 일반적으로 3층 출국장에 도착하게 된다. 내국인은 출국할 때 출국 카드를 따로 작성하지 않아 수속이 매우 간편하다. 해외여행이 처음이거나 혼자 여행을 떠난다고 해도 전혀 어렵지 않으니 아래 순서에 따라 차근차근 출국 수속을 밟아보자.

① 공항 도착

인천국제공항은 두 개의 터미널로 구분되어 있다. 터미널마다 각기 다른 항공사들이 취항하기 때문에 공항으로 가기 전에 본인이 타고 가는 비행기가 어떤 터미널을 이용하는지 반드시 확인해야 한다. 아시아나항공, 제주항공, 진에어, 라오항공을 비롯한 대부분의 항공사는 그대로 1터미널을 이용한다. 대한항공, 델타항공, 에어프랑스, KLM을 포함한 11개 항공사는 2터미널을 이용하고 있다.

② 탑승 수속

인천공항에 도착하면 본인이 탑승하는 항공사의 체크인 카운터로 간다. 카운터에서 여권과 항공권을 제출하면 비행기 좌석번호와 탑승구 번호가 적힌 보딩패스 Boarding Pass(탑승권)를 건네준다. 이때 창가석 Window Seat과 통로석 Aisle Seat 중 원하는 좌석을 요구하여 배정받을 수 있다. 기내에서는 소지품 등을 넣은 보조가방만 휴대하고 트렁크는 위탁 수하물로 처리하자.

창·도검류(칼과 과도, 칼 모양의 장난감 포함), 총기류, 스포츠용품, 무술·호신용품, 공구는 기내 반입이 불가능하기 때문에 위탁 수하물로 처리해야 한다. 100㎖가 넘는 액체·젤·스프레이·화장품도 기내에 반입할 수 없다. 핸드폰과 노트북, 카메라, 캠코더, 휴대용 건전지 등의 개인용 휴대 전자 장비는 기내 반입이 가능하다. 2014년 1월 1일부터는 손톱깎이, 병따개, 우산, 수저 등 생활도구류의 기내 반입이 가능해졌다. 짐을 부치면 수하물 표 Baggage Claim Tag를 주는데 탁송한 수하물이 없어졌을 경우 이 수하물 표가 있어야 짐을 찾을 수 있으므로 잘 보관하자. 해당 항공사의 마일리지 카드가 있다면 이때 함께 카운터에 제시하여 적립하면 된다.

③ 세관 신고

보딩 패스(탑승권)를 받은 후 환전, 여행자보험 가입 등 모든 준비가 끝났다면 이제 배웅 나온 가족, 친구와 작별하고 출국장으로 들어가야 한다. 1만US$ 이상을 소지했거나, 여행 중 사용하고 다시 가져올 고가품은 '휴대물품반출신고(확인)서'를 작성해야 한다. 그래야 입국 시 재반입할 때 세금이 부과되지 않는다(면세 통관). 고가품은 통상적으로 600US$ 이상 되는 물건들로 골프채, 보석류, 모피의류, 값비싼 카메라 등이 있다면 모델, 제조번호까지 상세하게 기재해야 한다. 한 번 신고한 물품은 전산에 입력되므로 재출국할 때 동일한 물품에 대해서는 추가로 세관 신고 절차를 거칠 필요가 없다. 별다르게 세관 신고를 할 품목이 없으면 곧장 보안 검색대로 가면 된다.

④ 보안 검색
검색 요원의 안내에 따라 모든 휴대 물품을 X-Ray 검색 컨베이어에 올려놓자. 항공기 내 반입 제한 물품의 휴대 여부를 점검받아야 하기 때문이다. 바지 주머니의 소지품도 모두 꺼내 별도로 제공하는 바구니에 넣고 금속탐지기를 통과하면 된다. 검색이 강화될 경우 신발과 허리띠까지 풀어 금속탐지기에 통과시켜야 하는 경우도 있다.

⑤ 출국 심사
출국 심사대에서는 여권과 탑승권을 심사관에게 제출하면 여권에 출국 도장을 찍은 후 항공권과 함께 돌려준다. 이로써 대한민국 출국 절차는 모두 끝난다.

⑥ 탑승구 확인
보딩 패스에 적힌 탑승구 번호 Gate No.를 잘 확인해야 한다. 대부분의 항공사가 이용하는 제1여객터미널은 탑승구가 여객 터미널 탑승구와 탑승동 탑승구로 나뉘어 있다. 외국 항공사 전용으로 건설된 탑승동은 '셔틀 트레인'이라는 전자동 무인자동열차를 타고 가야 한다.

탑승구 1~50번 출국 심사대를 통과해 바로 연결된 여객 터미널에서 해당 게이트를 찾아가면 된다.
탑승구 101~132번 출국 심사대를 나와 27번과 28번 게이트 사이에 있는 에스컬레이터를 타고 지하 1층으로 내려가서 셔틀 트레인을 타고 탑승동으로 이동한다. 5분 간격으로 운행된다.

⑦ 탑승
항공기 출발 40분 전까지 지정 탑승구로 이동하여 탑승한다.

한국에서 출발하는 라오스 항공 노선

▶라오항공 www.laoairlines.com
한국에서 라오스까지 최초로 국제선을 운항한 항공사다. 라오스 국내선과 연계해 예약이 가능하다.

인천→비엔티안 11:35 출발→14:50 도착
비엔티안→인천 00:45 출발→07:05 도착

▶진에어 www.jinair.com
인천↔비엔티안 노선을 취항한다. 성수기에는 매일 1회, 비수기에는 주 4회 운항한다. 한국에서 저녁 비행기로 출발해 비엔티안에 밤늦게 도착하는 일정이다.

인천→비엔티안(매일) 19:35 출발→23:25 도착
비엔티안→인천(매일) 00:25 출발→07:20 도착

▶제주항공 www.jejuair.net
2017년 10월부터 라오스 노선을 신설했다. 인천↔비엔티안 노선을 매일 1회 취항한다. 한국에서 오후 늦게 출발, 밤늦게 라오스에 도착하는 일정이다. 귀국 편은 다음날 아침 인천공항에 도착한다.

인천→비엔티안 19:10 출발→23:35 도착
비엔티안→인천 00:35 출발→06:46 도착

▶티웨이항공 www.twayair.com
저가항공사인 티웨이항공에서도 라오스 국제선을 취항하기 시작했다. 인천↔비엔티안 노선을 매일 1회 왕복한다.

인천→비엔디안 17:35 출발→21:20 도착
비엔티안→인천 22:20 출발→05:00 도착

02 입국! 드디어 라오스

라오스의 국제공항은 비엔티안 VTE, 루앙프라방 LPQ, 싸완나켓 ZVK, 빡쎄 PKZ 네 곳이다. 한국에서 출발하는 직항편이 운항되는 국제공항은 비엔티안 딱 한 곳이다. 국제공항이라고 해도 규모가 크지 않기 때문에, 입국 절차는 어렵지 않다. 비자도 필요 없기 때문에(무비자 30일 체류 가능), 입국 카드만 작성해서 입국 절차를 밟으면 된다.

입국 카드 · 출국 카드 작성 요령

입국 카드

①입국하는 도시 이름(공항 또는 육로 국경)
   *한국에서 비행기를 타고 갈 경우 Vientiane이라고 쓴다.
②성 ③이름 ④남성은 Male, 여성은 Female에 체크
⑤생년월일(일/월/년 순으로 기입)
⑥태어난 곳(도시 이름을 영어로 기입)
   *보통 Seoul이라고 쓰면 된다.
⑦국적(South Korea) ⑧직업 ⑨여권 번호
⑩여권 만료일(일/월/년 순으로 기입)
⑪여권 발급일(일/월/년 순으로 기입)
⑫여권 발급 장소
⑬비자 번호(무비자로 입국할 경우 빈 칸으로 둔다)
⑭비자 발급일(무비자로 입국할 경우 빈 칸으로 둔다)
⑮비자 발급 장소(무비자로 입국할 경우 빈 칸으로 둔다)
⑯입국 목적
   *관광일 경우 Tourism, 사업 목적일 경우 Business
⑰이동 수단
   *비행기를 탔을 경우 Flight No.에 비행기 편명 기입
⑱출발 도시
   *한국에서 출발한 경우 Seoul이라고 쓴다.
⑲단체로 방문할 경우 Yes, 단체가 아닐 경우 No에 체크
⑳라오스 내 주소
   *숙박 예정인 호텔 또는 게스트하우스 이름을 기입한다.
㉑전화 번호(라오스 내 연락처)
㉒입국 날짜(일/월/년 순으로 기입) ㉓서명

출국 카드

①출국하는 도시 이름(공항 또는 육로 국경)
②성 ③이름 ④생년월일(일/월/년 순으로 기입)
⑤태어난 곳(도시 이름을 영어로 기입)
   *보통 Seoul이라고 쓰면 된다.
⑥남성은 Male, 여성은 Female에 체크
⑦국적(South Korea)
⑧직업 ⑨출국 날짜(일/월/년 순으로 기입)
⑩여권 번호 ⑪여권 발급일(일/월/년 순으로 기입)
⑫여권 발급 장소 ⑬서명
⑭라오스에 마지막으로 체류한 도시 이름

실전 라오스　TRAVEL SURVIVAL

① 입국 카드

라오스에 입국하는 외국인들은 입국 카드를 작성해야 한다. 기내에서 나눠주는 입국 카드를 미리 작성해 두면 된다. 입국 카드는 반드시 영어로 작성해야 한다. 생년월일과 여권 발급일, 여권 유효기간은 일/월/년 순서로 기입해야 한다. 참고로 입국 카드에 출국 카드도 함께 붙어 있어서, 미리 작성하고 출국할 때까지 잘 보관해 두면 좋다.

알아두세요
라오스는 30일 무비자

대한민국 여권을 소지한 대한민국 국민은 비자 없이 라오스 여행이 가능합니다. 다만 6개월 이상 유효한 여권을 소지하고 있어야 합니다. 항공편을 이용해 국제공항으로 입국하든, 차를 타고 육로 국경으로 입국하든 상관없이 비자 없이 라오스 입국이 가능합니다. 무비자로 체류 가능한 기간은 30일입니다.

② 도착 비자

공항 청사에 도착하면 입국 심사대로 가기 전에 도착 비자 Visa on Arrival라는 안내판이 보인다. 도착 비자(30일 유효한 관광비자)를 발급해 주는 곳이다. 한국인은 무비자로 입국이 가능하기 때문에 비자를 받을 필요는 없다. 곧바로 입국 심사대로 가면 된다.

③ 입국 심사대

외국인 심사대에서 미리 작성한 입국 카드와 여권을 제출한다. 심사가 끝나면 여권에 입국 스탬프가 찍힌다. 30일 체류 가능한 스탬프가 정확히 찍혔는지 반드시 확인하자(스탬프에 찍힌 날짜를 확인하면 된다).

④ 수하물 수취

인천공항에서 탑승 수속 때 짐을 부쳤다면 도착한 라오스 공항에서 수하물을 찾으면 된다. 짐을 찾는 컨베이어 벨트 번호는 별도의 안내판을 확인하면 된다.

사진으로 보는 라오스 입국 과정

사진 제공 트래블 게릴라 김슬기

①항공기 탑승

②인천 공항 출발

③기내에서 입국 카드 작성

④라오스 비엔티안 공항 도착

⑤비행기에서 내려서 공항 청사로 이동

⑥안내판을 따라 입국장으로 이동

⑦입국 심사대에서 입국 심사

⑧수하물 수취

⑨1층으로 나와서 목적지로 이동

본인이 타고 온 항공편명 옆으로 컨베이어 벨트 번호가 표시된다. 공항이 작아서 짐을 찾는 데 어려움은 없다. 만약, 탁송 수하물이 분실되었을 경우 공항에 마련된 배기지 클레임 Baggage Claim 카운터에 수하물 표 Baggage Claim Tag을 보여주고 담당 직원의 안내를 따르자.

⑤ 세관 검사

짐을 다 찾았으면 세관 검사대 Custom를 통과한다. 여행자들은 대부분 별도로 신고할 품목이 없다. 세관 검사대를 통과할 때 본인의 수하물이 맞는지 확인하기 위해 인천공항에서 짐을 부치고 받았던 수하물 표를 제시해야 한다.

⑥ 환영 홀

세관 검사가 끝났다면 입국 절차가 마무리된 것이다. 예약한 호텔에서 픽업이 있다면 공항 청사 입국장에 자신의 이름을 든 팻말을 찾아보자. 개별적으로 왔다면 안내데스크에서 시내로 가는 교통편을 예약하면 된다. 공항 청사를 빠져나가기 전에 라오스 화폐로 환전한다. 참고로 공항에 마련된 환전소는 시중 은행보다 환율이 나쁘기 때문에, 필요한 돈만 적당히 환전해 두자. 달러(US$)를 사용해도 되기 때문에 공항에서 반드시 환전할 필요는 없다.

> **알아두세요**
>
> **남의 짐을 들어주지 마세요!**
>
> 보딩 패스를 받기 위해 줄을 서 있는 동안 누군가(모르는 사람이) 다가와 수하물을 함께 부쳐줄 것을 부탁한다면 냉정하게 거절하세요. 항공사마다 수하물을 1인당 20~30kg으로 제한하는데요, 수하물 무게가 초과되어 추가 운임을 내야 한다며 도움을 청하는 사람들 중에는 불순한 목적을 갖고 접근하는 경우도 있습니다. 수하물을 부쳐주면 사례를 하겠다는 사람이라면 더욱더 의심해야 합니다. 수입금지물품을 반출하려는 목적일 수 있기 때문입니다. 인정상 모른 척하기가 어려워서 허락했다가 범죄에 연루될 가능성이 있습니다. 어쨌거나 내 이름으로 부친 수하물은 내가 책임져야 하기 때문에, '나는 부탁만 받았을 뿐이다'라는 변명은 상식적으로 통하지 않습니다.

⑦ 공항에서 시내로 이동하기

공항에서 시내로 가려면 공항 택시 또는 뚝뚝을 이용해야 한다. 공항이 작고 시내와 가까워 시내로 들어가는 방법도 단순하다. 비엔티안 국제공항에서 시내로 가는 방법은 P.74, 루앙프라방 국제공항에서 시내로 가는 방법은 P.159를 참고하자.

03 출국! 굿바이 라오스

라오스에 입국할 때와 반대 순서로 출국 과정을 진행하면 된다. 라오스의 국제공항은 복잡하지 않기 때문에 큰 어려움이 없다.

① 시내에서 공항으로 이동하기

우리나라 여행자들이 주로 이용하는 비엔티안 국제공항과 루앙프라방 국제공항은 시내에서 가깝다. 국제선을 이용할 경우 비행기 이륙 2시간 전 공항에 도착해야 한다. 공항까지 가는 소요시간을 넉넉하게 계산해서 출발하자.

② 탑승 수속 및 출국

공항에 도착하면 본인이 탑승하는 해당 항공사 카운터에 가서 항공권과 여권을 제시하고 탑승 수속을 한다. 한국에서 올 때와 마찬가지로 기내에 실을 수하물을 부친다. 보딩 패스 Boarding Pass(탑승권)를 받았으면, 보안 검색대를 통과해 라오스 출국 심사를 받으면 된다.

③ 출국 심사

출국 심사를 받을 때 출국 카드를 제시해야 한다. 입국할 때 받았던 입국 카드의 나머지 반쪽이 출국 카드에 해당한다. 영문으로 이름과 여권번호, 항공편명 등을 작성하면 된다. 출국 심사대에 출국 카드와 여권, 보딩 패스를 제출한다. 여권에 출국 스탬프를 찍어 되돌려 준다.

④ 항공기 탑승

출국 심사가 끝나면 면세점을 둘러보고, 이륙 40분 전까지는 탑승 게이트로 이동해서 비행기에 탑승하면 된다.

주변 국가에서 라오스로 입국하기

라오스와 육로로 국경을 접한 나라는 태국, 베트남, 캄보디아, 중국, 미얀마 등 5개국이다. 국경의 총 길이는 5,083km나 된다. 베트남 2,130km, 태국 1,754km, 캄보디아 541km, 중국 423km, 미얀마 235km 순이다. 육로 국경은 미얀마를 제외한 네 나라와 개방되어 있다. 육로 국경을 통해 입국해도 라오스는 30일간 무비자 여행이 가능하다. 국경의 라오스 출입국관리소에서는 주말(토·일요일)과 평일 16:00 이후 시간을 업무 외 시간으로 간주해 별도의 수수료(1만K 또는 40밧)를 요구한다.

01 태국에서 라오스로

메콩 강을 사이에 두고 태국과 국경을 마주한 라오스

라오스 육로 국경 중에서 여행자들이 가장 많이 이용한다. 태국(방콕)으로 입국해서 육로로 태국과 라오스를 여행한 다음 태국으로 돌아와 출국하는 여행자들도 많다. 라오스와 태국 국경은 두 나라 국경을 흐르는 메콩 강을 끼고 있다. 육로 국경은 대부분 08:00부터 18:00까지 개방된다. 두 나라는 시차 없이 동일한 시간을 사용한다. 태국은 무비자로 90일간 여행이 가능하다. 태국 국경에서는 한국인 무비자 90일 규정에 대해 엄격하게 심사한다. 태국을 입국했던 경험(여권에 태국 스탬프가 찍혀 있는 경우)이 있거나 장기 체류자(태국에서 90일을 꽉 채워 출국할 경우)일 경우, 여행자임을 증명할 수 있는 왕복 티켓과 호텔 예약 증명서 등을 미리 준비해두면 도움이 된다.

비엔티안(위앙짠)–농카이 국경
Vientiane-Nong Khai

라오스와 태국 육로 국경 중에 가장 오래되고, 가장 많이 이용되는 곳이다. 메콩 강을 연해 우정의 다리 Friendship Bridge가 놓여 있다. 태국 농카이에서 국제버스를 타고 라오스의 수도인 비엔티안까지 직행할 수 있다. 방콕에서 농카이까지 버스와 기차가 연결되어 편리하다.

훼이싸이–치앙콩 국경
Huay Xai-Chiang Khong

태국 북부와 라오스 북부를 연결하는 국경이다. 메콩 강을 연해 국경이 형성되어 있다. 태국 북부를 거쳐 라오스를 여행하기 좋은 코스다. 태국의 치앙마이 Chiang Mai→치앙라이 Chiang Rai→치앙콩을 거쳐 라오스의 훼이싸이→루앙남타→루앙프라방으로 여행할 수 있다.

남흐앙–타리(러이) 국경
Nam Heuang-Tha Li(Loei)

태국-라오스 국경 중 가장 최근에 외국인에게 개방된 국경이다. 루앙프라방에서 태국 북동부(이싼) 지방으로 직행할 수 있다. 태국 국경(출입국 관리소가 있는 마을은 반 나끄라쎙 Ban Nakraseng이다)과 가장 가까운 도시는 러이 Loei(므앙 러이라고 불리기도 한다)로, 국경에서 버스로 1시간 걸린다. 루앙프라방→싸이야부리→빡라이→남흐앙 국경→타리→러이 방향으로 국제버스가 운행된다. 자세한 내용은 P.43을 참고하자.

타캑–나콘 파놈 국경
Tha Khaek-Nakhon Phanom

라오스 중부의 타캑과 태국 북동부 지방의 나콘 파놈을 연결한다. 메콩 강을 사이에 두고 국경이 형성되어 있다. 두 도시를 연결하는 국제버스는 2011년에 개통된 우정의 다리 3 Friendship Bridge 3을 지난다. 외국인은 보트를 타고 국경을 건널 수 없다.

싸완나켓–묵다한 국경
Savannakhet-Mukdahan

라오스 남부의 싸완나켓과 태국 북동부의 묵다한이

메콩 강을 사이에 두고 국경을 이룬다. 2007년에 개통된 우정의 다리 2 Friendship Bridge 2가 두 나라를 연결한다. 외국인은 우정의 다리 2를 지나는 국제버스를 타고 국경을 드나들어야 한다. 외국인은 보트를 타고 국경을 건널 수 없다. 자세한 내용은 싸완나켓 정보 P.254를 참고하자.

왕따오(방따오)–총멕 국경
Vang Tao-Chong Mek

라오스 남부 지방을 여행할 때 이용하는 육로 국경이다. 국경에서 인접한 도시까지 멀리 떨어져 있지만 대중교통이 발달해 국경을 드나드는 데 크게 불편하지 않다. 국경과 가장 가까운 라오스 도시는 빡쎄 Pakse, 태국 도시는 우본 랏차타니 Ubon Ratchathani(줄여서 '우본'이라 부른다)다.

02 베트남에서 라오스로

라오스–베트남 국경은 대부분 산악 지역에 위치해 있다. 국경 주변에 마을이 없어서 드나들기 불편하다. 다행히도 두 나라의 주요 도시를 연결하는 국제버스가 운행된다. 국제버스들은 화물을 잔뜩 싣고 이동하기 때문에 쾌적함을 기대해서는 안 된다. 두 나라는 시차 없이 동일한 시간을 사용한다. 베트남은 무비자로 15일 동안 여행이 가능하다. 베트남 육로 국경에서도 이민국 직원들이 입출국 스탬프를 찍어주는 명목으로 '뒷돈'을 요구하는 경우가 많다.

쏩훈–떠이짱 국경 Sop Hun-Tây Trang

가장 최근에 외국인에게 개방된 라오스–베트남 국경이다. 가장 북쪽에 있는 두 나라 육로 국경으로 첩첩산중에 국경이 설치되어 있다. 국경 주변에는 마을도 없어서 오지를 여행하는 기분이 느껴진다. 다행히도 라오스 므앙쿠아 Muang Khua와 우돔싸이 Udomxai에서 베트남 디엔비엔푸 Điện Biên Phủ까지 국제버스가 운행된다.

라오스 쏩훈 국경

남쏘이–나메오 국경
Nam Xoi(Nam Soi)-Na Mèo

라오스 북부와 베트남 북부를 연결하는 국경이다. 대중교통이 미비해 이용하는 외국인 여행자는 많지 않다. 라오스 위앙싸이 Vieng Xai 또는 쌈느아 Sam Neua(Xam Neua)에서 썽태우(트럭을 개조한 픽업)를 타고 국경 마을인 남쏘이 Nam Xoi까지 갈 수 있다. 나메오는 탄호아 Thanh Hóa 성(省)에 있는 국경으로 하노이에서 남서쪽으로 275㎞ 떨어져 있다. 국제버스는 쌈느아에서 탄호아까지 운행된다. 약 12시간 정도 소요.

남칸–념깐 국경 Nam Khan-Nậm Cắn

라오스 북부와 베트남 중북부를 연결하는 국경 중의 하나로 외국인들의 이용 빈도는 낮다. 라오스 국경 마을인 남칸에서 가장 가까운 도시는 농햇 Nong Haet(Nong Het)으로 국경에서 13㎞ 떨어져 있다. 라오스 북부의 폰싸완(씨앙쿠앙) Phonsavan(Xieng Khouang)에서 농햇을 경유해 빈(빙) Vinh까지 국제버스가 운행된다. 두 도시의 거리는 403㎞로 출입국 수속시간을 포함해 버스로 12시간 정도 걸린다. 루앙프라방에서 출발하는 베트남행 국제버스도 념깐 국경을 통과해 빈(빙)과 하노이까지 운행된다.

남파오–꺼우쩨오 국경 Nam Phao-Cầu Treo

라오스 중부에 있는 국경으로 해발 734m의 산길을 넘는다. 국경과 가장 가까운 마을은 락싸오 Lak Xao로 국경에서 36㎞ 떨어져 있다. 베트남 꺼우쩨오 국경에서 100㎞ 떨어진 빈(빙)을 경유해 하노이까지 갈 수 있다. 비엔티안과 하노이를 연결하는 여행사 버스들이 이용하는 국경으로, 장거리 이동의 불편함을 감수해야 한다. 야간 이동 중에 도난 사고가 자주 발생하므로 소지품 관리에 유의하자.

나파오–짜로 국경 Na Phao-Cha Lo

라오스 중부 지방과 베트남 북부 지방을 연결하는 육로 국경이다. 라오스 타캑에서 국제버스를 탈 경우 나파오–짜로 국경을 거쳐 베트남의 빈(빙)까지 가게 된다. 타캑에서 하노이까지 운행되는 국제버스도 짜로 국경을 통과한다.

단싸완–라오바오 국경 Dansavanh-Lao Bảo

두 나라 국경 중에 외국인에게 가장 먼저 개방된 곳이다. 라오스 남부에서 베트남 중부 지방을 연결한다. 라오스의 싸완나켓 Savannakhet(베트남에서는 싸반나켓 Xa-Vǎn-Na-Khẹt이라고 표기한다)과 베트남의 후에(훼) Huế 또는 다낭 Đà Nẵng을 갈 때 이용하면 된다. 비엔티안(위앙짠)→타캑 Tha Khaek→싸완나켓→후에→다낭까지 운행되는 국제버스도 있다. 자세한 내용은 P.254를 참고하자.

베트남 라오바오 국경

푸끄아–버이 국경 Phu Keua-BờY

라오스–베트남 육로 국경 가운데 가장 남쪽에 있다. 라오스 남부에 있는 앗따쁘 Attapeu에서 베트남 중부 고원의 쁠레이꾸 Pleiku를 연결한다. 라오스 빡쎄 Pakse→빡쏭 Paksong→쎄꽁 Sekong→앗따쁘→버이 국경(베트남)→응옥호이 Ngọc Hồi→꼰뚬 Kon Tum→쁠레이꾸 Pleiku까지 갈 수 있다. 빡쎄와 앗따쁘에서 국제버스가 출발한다. 볼라벤(볼라웬) 고원으로 길이 연결되어 도로 사정은 좋지 않다.

03 캄보디아에서 라오스로

라오스 남부에서 캄보디아까지 육로 국경이 연결된다. 빡쎄에서 13번 국도를 따라 남쪽으로 내려가야 한다. 대부분의 여행자들이 씨판돈 Si Phan Don을 여행한 다음 캄보디아로 넘어간다(또는 그 반대 방향으로 여행한다). 라오스 국경은 원캄(번캄) Veun Kham(Vern Kham), 캄보디아 국경은 돔끄라로 Dom Kralor에 있다. 국경에서 가장 가까운 캄보디아쪽 도시는 쓰뚱뜨렝 Stung Treng이며, 끄라쩨 Kratie를 지나 프놈펜 Phnom Penh까지 갈 수 있다. 빡쎄에서 프놈펜과 씨엠리업(앙코르 왓) Siem Reap까지 국제버스가 운행된다. 여행사 버스를 탈 경우 국경에서 미니밴(오래된 봉고차)으로 갈아타야 하는 경우가 많다. 두 나라 국경은 08:00부터 18:00까지 개방된다. 두 나라는 시차 없이 동일한 시간을 사용한다.

캄보디아를 여행하려면 비자가 필요하다. 비자는 국경에서 발급된다. 30일 여행 가능한 관광비자 수수료는 30US\$다. 비자 신청서를 영문으로 작성해야 하며, 사진 한 장이 필요하다. ==두 나라 국경은 부패한 공무원들이 입·출국 스탬프를 찍어주는 명목으로 뒷돈을 요구하기로 유명하다. 뒷돈은 적게는 2~4US\$, 많게는 8~10US\$를 요구한다.== 입국 시에 검역(건강 체크)을 이유로 1US\$를 추가로 요구하는 경우도 있다. 뒷돈을 내지 않으면 비자를 발급해주지 않기 때문에 여행자들과 이민국 직원과의 마찰이 종종 발생한다. 날도 더운데 화내지 말고 차분히 상황을 해결하자. 같이 국경을 넘는 외국인 여행자들과 정보를 공유하면 도움이 된다. 편의를 위해 여행사 직원(또는 국제버스 직원)이 출입국 수속을 대행할 경우도 추가 수수료를 요구한다.

04 중국에서 라오스로

라오스 북부와 중국 윈난성(雲南省)이 국경을 맞대고 있다. 외국인에게 개방된 육로 국경은 딱 한 곳이다. 라오스 보뗀 Boten에서 국경을 넘으면 중국 모한 Mohan(磨憨)이 나온다. 모한에서 징훙 Jinghong(景洪)과 쿤밍 Kunming(昆明)까지 버스가 수시로 출발한다. 라오스와 중국을 연결하는 국제버스도 많다. 국경과 가까운 루앙남타와 우돔싸이는 물론 루앙프라방과 비엔티안(위앙짠)에서도 국제버스가 출발한다. 중국을 여행하려면 반드시 관광비자가 필요하다. 육로 국경에서는 중국 비자가 발급되지 않기 때문에, 한국 또는 라오스 주변국가(태국, 베트남)에서 비자를 미리 발급받아 두어야 한다. 라오스와 중국은 1시간의 시차가 있다. 라오스보다 중국이 1시간 빠르다.

라오스 보뗀 국경

Travel Plus

태국(방콕·치앙마이)에서 라오스까지 육로 여행 경로

태국-라오스 입출국 스탬프

    태국과 라오스는 메콩 강을 사이에 두고 국경을 접하고 있는 데다가, 두 나라 모두 비자 없이 국경을 드나들 수 있어 육로 여행이 활성화되어 있다. 국제버스 노선도 다양해 태국과 라오스 주요 도시를 오가는 데 불편하지 않다. 방콕→농카이(이상 태국)→비엔티안(위앙짠)→방비엥(왕위앙)→루앙프라방→농키아우&므앙응오이→루앙남타→훼이싸이(이상 라오스)→치앙콩→치앙라이→치앙마이→방콕(이상 태국) 또는 그 반대 방향으로 길 따라 이동하면 된다. 육로 국경을 통해 입국해도 라오스는 30일간 무비자 여행이 가능하다. 두 나라는 시차 없이 동일한 시간을 사용한다. 참고로 태국은 무비자로 90일간 여행이 가능하다. 라오스·태국 육로 국경의 위치는 P.30~31 지도를 참고하자.

방콕→비엔티안, 방콕→루앙프라방
Bangkok→Vientiane, Bangkok→Luang Prabang
(방콕에서 출발하는 저가항공사를 이용할 경우)

방콕에서 라오스까지 국제선을 탈 경우 항공 요금이 만만치 않다. 취항하는 항공사가 많지 않고 수요는 많아서 요금이 비싸게 책정되어 있다. 방콕→비엔티안의 노선은 편도 160US$(타이항공 기준), 방콕→루앙프라방 노선은 180US$(타이항공 기준) 정도 예상해야 한다. 하지만 2016년부터 저가항공사인 에어 아시아 Air Asia(홈페이지 www.airasia.com)가 취항하면서 프로모션 요금을 이용하면 버스 요금과 비슷하게 비행기를 타고 라오스로 직항할 수 있게 됐다. 프로모션 요금은 예약 변경과 취소 규정이 까다로운 것이 단점이다.

비엔티안 직항 편은 매일 1회 출발(소요 시간 1시간 10분)하며 편도 요금은 60~70US$이다. 항공 요금을 조금이라도 절약하고 싶다면 태국 국내선을 이용해 방콕→우돈타니 Udon Thani로 이동한 다음, 우돈타니 공항에서 미니밴을 타고 라오스 국경이 있는 '농카이 Nong Khai, 우정의 다리 Friendship Bridge'로 가도 된다. 미니밴 편도 요금은 200밧이며, 라오스 국경까지 1시간 정도 걸린다. 에어 아시아에서 운항하는 방콕→루앙프라방 직항 편은 매일 1회 출발(소요 시간 1시간 30분)하며 편도 요금은 80~90US$이다. 참고로 에어 아시아는 방콕의 돈므앙 공항 Don Muang Airport(홈페이지 www.donmueangairport.com)을 이용한다. 방콕의 메인 공항은 쑤완나품 공항으로 BKK로 표기하며, 돈므앙 공항은 DMK라고 표기한다.

방콕→농카이→비엔티안
Bangkok→Nong Khai→Vientiane
(라오스 중·북부를 여행할 경우)

태국과 라오스를 연결하는 우정의 다리가 가장 먼저 생긴 곳으로, 두 나라를 오가는 가장 활발한 육로 국경이다. 태국 농카이 Nong Khai에서 국경을 건너 라오스 비엔티안(위앙짠)을 여행하게 된다. 방콕 북부 버스터미널(콘쏭 머칫) Mo Chit Bus Terminal에서 비엔티안까지 직항하는 국제 버스가 운행된다. 매일 20:00에 출발하며 편도 요금 900밧이다. 방콕 후아람퐁 Hua Lamphong 역에서 농카이까지 기차도 운행된다. 야간 기차 침대칸을 이용하면 편리하다. 국경을 넘는 자세한 방법은 비엔티안(P.78 참고)과 농카이(P.131 참고) 교통정보 참고.

치앙마이→치앙라이→루앙프라방
Chiang Mai→Chiang Rai→Luang Prabang
(라오스 북부를 여행할 경우)

태국 북부에 있는 치앙마이 Chiang Mai에서 라오스 루앙프라방까지 국제버스가 운행된다. 치앙마이 아케이드 버스 터미널(콘쏭 아켓) Arcade Bus Terminal에서 주 4회(월·수·금·일요일) 09:00에 출발하며 편도 요금은 1,200밧(성수기 1,500밧)이다. 루앙프라방까지 20시간 이상 걸린다. 치앙마이→치앙라이 Chiang Rai→치앙콩 Chiang Khong→우정의 다리(국경)→훼이싸이(보깨우)→루앙남타→우돔싸이→루앙프라방 경로로 이동하는데, 중간 경유지에서 버스를 타고 내릴 수 있다. 치앙마이에서 출발한 버스가 치앙라이(2 버스 터미널)에 12:00경에 도착해 12:20쯤에 출발한다(월·수·금·일요일 주 4회 출발). 편도 요금

950밧). 치앙라이(2 버스 터미널)에서는 국경 도시인 훼이싸이(보깨우)까지 1일 2회(10:00, 16:30) 국제버스가 추가로 운행된다(편도 요금 220밧).

치앙라이 시내에 있는 1 버스 터미널에서 국경 도시인 치앙콩 Chiang Khong까지 빨간색의 일반 버스(선풍기 버스)가 운행된다. 06:00~17:00까지 30분 간격으로 운행되며 편도 요금은 65밧이다. 일반 버스는 우정의 다리(국경)까지 가지 않기 때문에 라오스(훼이싸이)에 간다고 하면 국경과 가까운 곳에 내려준다. 이곳에서 국경까지 5km 떨어져 있으며 뚝뚝 합승 요금으로 1인당 50밧을 받는다. 라오스 입국 절차가 끝나면 뚝뚝을 합승해 훼이싸이 시내까지 가면 된다(편도 요금 100밧). 국경을 건너는 방법은 훼이싸이 정보 P.244를 참고하자.

치앙마이→러이(므앙 러이)→루앙프라방
Chiang Mai→Loei→Luang Prabang
(치앙마이에서 루앙프라방까지 우회도로 이용)

치앙마이에서 루앙프라방까지 육로로 이동하는 또 다른 방법이다. 우기에 여행하기 불편한 라오스 북부 지방을 대신할 수 있는 우회도로다. 치앙마이에서 러이 Loei(므앙 러이 Muang Loei라고 부르기도 한다)까지 밤 버스를 이용하고, 러이→타리(태국 국경) Tha Li→남흐엉(라오스 국경) Nam Heuang→싸이야부리 Xayaburi(Sainyabuli)→빡라이 Pak Lai(Pak Lay)→루앙프라방 구간은 국제버스를 이용해 낮 시간에 이동한다. 러이→루앙프라방 국제버스는 매일 08:00에 출발하며 편도 요금은 700밧이다(점심식사가 포함된다). 출입국 절차에 필요한 시간을 포함해 총 10시간 정도 예상하면 된다. 루앙프라방의 국제버스 정류장(P.160)에 18:00경에 도착한다.

방콕→러이→싸이야부리→루앙프라방
Bangkok→Loei→Xayaburi(Sainyabuli)→Luang Prabang
(방콕에서 루앙프라방으로 직행할 경우)

방콕에서 루앙프라방까지 육로로 여행할 경우 가장 빠른 길이다. 방콕에서 '러이'까지 버스로 이동한 다음, 러이에서 루앙프라방까지 국제버스를 타면 된다. 러이행 버스는 방콕 북부 버스 터미널(콘쏭 머칫)에서 출발한다(매표소는 터미널 3층에 있다). 밤 버스(20:00, 21:30 출발, 편도 요금 464~666밧)를 타면 다음날 아침에 도착해, 러이→루앙프라방 국제버스(출발 시간 08:00, 편도 요금 700밧)로 갈아타면 된다.

방콕→우본 랏차타니→총멕→빡쎄
Bangkok→Ubon Ratchathani→Chong Mek→Pakse
(라오스 남부를 여행할 경우)

씨판돈을 포함한 라오스 남부를 여행할 경우 방콕에서 빡쎄 Pakse로 직행하면 된다. 방콕 북부 버스터미널(콘쏭 머칫)에서 빡쎄까지 국제버스가 출발한다. 매일 20:30에 밤 버스가 출발하며 편도 요금은 900밧이다. 방콕에서 우본 랏차타니 Ubon Ratchathani(줄여서 '우본'이라고 부른다)까지는 항공, 기차, 버스가 운행되기 때문에 예산과 일정을 고려해 교통편을 선택하면 된다. 태국 국경은 우본 랏차타니에서 1시간 30분 떨어진 총멕 Chong Mek에 있다. 자세한 내용은 빡쎄 교통 정보 P.264를 참고하자.

라오스 육로 국경

라오스 입국

라오스와 태국 국경을 이루는 메콩 강

태국 출입국 관리소

태국과 라오스는 국제버스가 활발히 운행된다

우정의 다리에 형성된 태국(농카이)과 라오스(비엔티안) 국경

라오스 현지 교통 정보

아직까지 발전이 더딘 만큼 대중교통도 미비하고 열악하다. 철도는 존재하지 않고 대부분 버스로 장거리를 이동해야 한다. 버스는 속도는 느리지만 산악 지역의 소도시까지 연결돼 있어 현지인들은 물론 관광객들에게도 유용한 교통편이다. 항공은 비엔티안(위앙짠)과 루앙프라방을 중심으로 주요 도시를 연결한다.

메콩 강을 운행하는 슬로 보트

항공

국영 항공사인 라오항공 Lao Airlines(www.laoairlines.com), 민간 항공사인 라오스카이웨이(www.laoskyway.com)에서 국내선을 운항한다. 상대적으로 요금이 저렴한 라오스카이웨이는 운항 노선과 취항 편수가 적다.

국내선은 비엔티안(위앙짠)을 중심으로 루앙프라방, 우돔싸이, 루앙남타, 훼이싸이, 퐁쌀리, 폰싸완(씨앙쿠앙), 싸완나켓, 빡쎄 노선을 운항하고 있다. 자세한 내용은 각 도시의 교통 정보를 참고하면 된다.

기차

라오스는 아직까지 철도가 놓여 있지 않다. 다만 태국 정부에서 국경을 넘나드는 철도를 건설했는데, 태국의 국경 도시인 농카이 Nong Khai에서 메콩 강에 놓인 우정의 다리를 지나 타나랭 Thanaleng까지만 기차가 운행된다. 그리고 최근 중국(운남성)과 라오스(비엔티안)를 연결하는 철도 공사가 시작됐다. 414km에 이르는 철도는 2021년 개통을 목표로 하고 있다.

보트

메콩 강을 포함해 라오스를 흐르는 강의 총 길이는 4,600km나 된다. 도로가 발달하기 전에는 보트를 이용한 교통이 발달했으나, 현재는 도로가 포장되면서 수상 교통이 현저하게 줄어들었다. 하지만 산길을 돌아가야 하는 라오스 북부 지방에서는 아직까지도 보트 여행이 가능한 곳이 남아 있다. 특히 메콩 강을 따라 여행하는 훼이싸이 Huay Xai→루앙프라방 Luang Prabang 루트

가 유명하다. 태국 북부와 라오스 최대 관광지인 루앙프라방을 연결하기 때문에 외국인 여행자들, 특히 시간이 많은 배낭 여행자들에게 인기가 높다.

남우(우 강)를 여행하는 농키아우 Nong Khiaw↔므앙 응오이 Muang Ngoi↔므앙 쿠아 Muang Khua 노선도 주변 경관이 아름답다. 정기적으로 보트가 운항되는 구간은 농키아우와 므앙 응오이 노선이다. 나머지 구간은 최소 출발 인원이 모일 경우에만 보트가 출발한다. 라오스 남부 지방에 있는 씨판돈 Si Phan Don을 갈 때도 보트를 타야 한다. 메콩 강에 형성된 섬이라 보트 여행이 자연스럽다. 보트 여행은 버스보다 속도는 느리지만 아름다운 풍경을 덤으로 구경할 수 있다.

버스

라오스를 여행할 때 가장 많이 이용하는 교통수단이다. 주요 도로가 포장되어 있지만 단선 도로들이 많고 산길을 돌아가야 해서 거리에 비해 이동시간이 오래 걸린다. 100㎞ 가는데 3~4시간은 예상해야 한다. 다행히도 여행자들이 많이 이용하는 비엔티안~방비엥~루앙프라방으로 이어지는 라오스 북부 도로와 비엔티안~타캑~싸완나켓~빡쎄로 이어지는 라오스 남부 도로는 그나마 포장 상태가 양호하다. 그렇다고 해도 쾌적한 버스 여행을 기대해서는 안 된다. 라오스에서 운영되는 버스들은 대부분 한국에서 수입된 중고차들이다. 1980~1990년대에 사용된 중고차들이라 버스 상태는 허름하다. 일반 버스들은 에어컨도 작동되지 않기 때문에 창문을 열고 다닌다. 덥고 불편하지만 시

골 마을을 가려면 다른 대안도 없다. 승객과 더불어 짐을 잔뜩 싣고 가기 때문에 비좁기까지 하다. 아무 데서나 승객들을 내리고 태우기 때문에 이동 속도도 매우 느리다. VIP 버스는 비교적 최근에 수입한 버스라서 에어컨이 작동된다고 보면 된다. VIP 버스 중에는 야간에 운행되는 침대 버스도 있다.

미니밴(롯뚜)

이동 구간이 짧은 경우 버스보다는 미니밴이 편리하다. 숙소에서 픽업해 주며, 이동 속도도 빠르다. 여행자들이 많이 찾는 비엔티안(위앙짠), 방비엥(왕위앙), 루앙프라방, 씨판돈을 여행할 때 이용하면 좋다. 폰싸완(씨앙쿠앙)을 드나들 때도 미니밴이 유용하다. 버스 요금에 비해 미니밴 요금이 비싸다.

썽태우

라오스에서 볼 수 있는 오래된 교통수단이다. 픽업트럭을 개조해 만든 것으로 버스가 도입되기 전부터 사용됐다. 썽태우는 '두 줄'이라는 뜻으로 픽업트럭에 두 줄로 기다란 의자를 만들어놨기 때문에 붙여진 이름이다. 시골 마을을 오갈 때 이용하게 된다. 버스에 비해 요금은 저렴하지만, 속도는 대책 없이 느리다. 짐을 가득 싣고 탑승하는 현지인들과 어울려야 하며, 승차감도 좋지 않다. 정해진 출발시간이 있긴 하지만 승객이 어느 정도 찰 때까지 썽태우는 출발하지 않는다.

현지인과 어울리기 좋은 썽태우

에어컨이 없는 일반 버스

라오스 시내 교통 정보

라오스 시내 교통수단으로 뚝뚝 Tuk-Tuk이 있다. 택시처럼 원하는 목적지로 이동할 때 편리하다. 요금을 흥정해야 해서 말이 통하지 않는 외국인들은 불편함을 호소하지만, 몇 번 타보면 금방 익숙해진다. 미터 택시는 존재하지 않는다. 시내버스는 수도인 비엔티안(위앙짠)에만 있다.

시내버스 Bus

정해진 노선대로 움직이는 시내버스는 비엔티안에만 존재한다. 일본 정부에서 라오스에 지원해 준 에어컨 버스가 운행된다. 모두 10개 노선으로 비엔티안 시내와 비엔티안 주변 지역을 연결한다. 06:00부터 17:30까지 운행된다. 거리에 따라 4,000~8,000K을 받는다. 잔돈을 미리 준비해 기사에게 요금을 내면 된다. 영어 안내판이 미비하기 때문에 탑승 전에 목적지를 확인하고 타야 한다.

뚝뚝(쌈러) Tuk-Tuk

라오스에는 택시가 존재하지 않는다. 택시처럼 현지인들이 타고 다니는 교통편이 뚝뚝이다. 바퀴가 3개 달려서 '쌈러'라고도 하는데, 엔진 소리가 뚝뚝 거린다고 해서 흔히들 뚝뚝이라고 부른다. 정해진 정류장이 있는 게 아니라서 지나가는 뚝뚝을 세워 타고 가

면 된다. 미터기가 없기 때문에, 탑승 전에 반드시 요금을 흥정해야 한다. 현지인들보다 외국인에게 비싼 요금을 받기 때문에, 인내심을 갖고 차분히 흥정해야 한다. 대체로 1~2㎞ 미만의 가까운 거리는 1만K 정도에 갈 수 있다.

점보(짬보) Jumbo

뚝뚝과 비슷하지만 뚝뚝보다 크게 생겼다. 썽태우처럼 좌석이 두 줄로 되어 있으며 6~8명 정도 탑승할 수 있다. 뚝뚝이 택시처럼 한 대를 전세내서 탄다면, 점

뚝뚝과 비슷해 보이는 점보

보는 합승 택시처럼 여러 명이 탑승한다. 자세히 보면 운전석 위쪽에 목적지가 적혀 있다(물론 라오스어로만 적혀 있다). 점보는 사람이 타고 있더라도 손을 들어 세워서 목적지가 같으면 합승하면 된다. 이때도 반드시 요금을 미리 흥정해야 한다. 합승으로 탈 경우 시내 웬만한 거리는 5,000K에 갈 수 있다.

자전거 Bicycle

관광객이 많은 도시에는 자전거 대여점도 많다. 비엔티안과 루앙프라방, 방비엥 같은 도시들은 숙소나 여행사에서 자전거를 빌릴 수 있다. 하루에 1만~2만K으로 저렴한 편이다.

요금을 흥정해야 하는 뚝뚝

자전거를 타는 외국인 여행자들

라오스 여행 기초 정보

여행 시기
비가 내리지 않는 건기가 여행하기 가장 좋은 시기다. 건기라고 해도 계절적인 영향을 받는데, 날씨가 선선한(북부 지방은 밤에 쌀쌀하다) 11~2월이 여행하기 가장 좋다. 3~5월은 비는 내리지 않지만 날씨가 매우 덥다. 특히 3~4월은 낮 기온이 40℃ 가까이 올라간다. 5월 말부터는 몬순의 영향을 받아 비가 내리기 시작한다. 10월까지 우기가 이어진다. 하루 한 두 차례 쏟아붓는 스콜 현상이 나타나기 때문에, 여행에 큰 지장은 없다. 성수기에는 관광객들이 많아 북적대고 방 값이 비싸지는 반면, 비수기에는 방 값이 할인되고 한적하다.

시차
한국보다 2시간 느리다. 한국이 12:00라면 라오스는 10:00다. 전국이 하나의 시간으로 통일해 사용하며, 서머타임을 적용하지 않는다. 참고로 인접한 태국, 베트남, 캄보디아와 시차 없이 동일한 시간을 사용한다.

비자
라오스는 비자 없이 여행이 가능하다. 무비자로 체류할 수 있는 기간은 30일이다. 자세한 정보는 P.317 참고.

라오스까지의 비행시간
인천국제공항 출발 기준으로 비엔티안(위앙짠)까지 5시간 40분 소요된다. 한국에서 라오스에 갈 때는 시차 2시간을 빼고, 라오스에서 한국으로 올 때는 시차 2시간을 더해야 한다.

환율
환율은 1US$=약 8,8/6K이다. 최근 5년간 환율은 1US$에 8,300K에서 8,900K 사이에 형성되고 있다. 환율 변화는 크지 않은 편이다. 한국 돈으로는 1만K에 1,400원 정도 한다.

까이쏜 폼위한 초상화가 그려진 라오스 화폐

통화
라오스의 통화는 '낍 Kip'이다. 라오스 낍 Laos Kip을 줄여서 LAK로 표기한다. 동전은 사용하지 않고 모든 화폐는 지폐로 되어 있다. 지폐는 500낍, 1,000낍, 2,000낍, 5,000낍, 1만낍, 2만낍, 5만낍, 10만낍 8종류가 유통된다. 모든 지폐 도안에는 라오스 사회주의 공화국을 건설한 까이쏜 폼위한 Kaysone Phomvihane 초상화가 그려져 있다.

은행·환전

BCEL 은행

라오스에서 가장 많이 볼 수 있는 은행은 빨간색 간판의 BCEL 은행(타나칸 깐카 땅빠텟 라오) Banque Pour Le Commerce Exterieur Lao이다. 흔히들 줄여서 '터커떠러'라고 부른다. 전국적인 지점망을 운영하고 있다. 라오 개발 은행(타나칸 파타나 라오 또는 '터퍼러') Lao Development Bank(LDB)과 퐁싸완 은행(타나칸 퐁싸완) Phongsavanh Bank도 주요 도시에 지점을 운영한다. 농업 진흥 은행(타나칸 쏭쎔 까씨깜) Agricultural Promotion Bank은 지방 소도시에서 많이 볼 수 있다. 정부 기관인 라오 은행(타나칸 행 라오) Bank of Lao에서도 환전 업무가 가능하다. 은행 업무시간은 월~금요일 08:30~15:30다. 참고로 라오스어로 은행은 '타나칸 ທະນາຄານ'이라고 부른다.

시골 산간 마을을 제외하고 은행들이 지점을 운영하므로 환전에 대한 걱정은 히지 않아도 된다. 비엔티안과 루앙프라방 같은 대도시에는 사설 환전소도 있다.

달러와 태국 화폐 사용

라오스에서는 대도시를 중심으로 달러(US$)가 통용된다. 태국과 국경을 접한 지역은 달러보다 태국 돈을 선호한다. 태국을 여행하고 라오스로 입국했다면 남은 태국 돈을 굳이 환전할 필요는 없다. 보통 1만K에 40밧(THB)으로 환산해서 사용하면 된다(환율 1THB=290K, 2019년 11월 기준).

비엔티안이나 루앙프라방 같은 관광지에 있는 호텔이나 레스토랑에서는 달러와 밧으로 금액을 표시한 곳도 많다. 달러나 태국 화폐로 지불하면 잔돈을 '낍(K)'으로 환산해서 거슬러 주는 경우가 많다. 하지만 일반 상점이나 노점, 택시를 탈 때는 현지 화폐인 낍을 사용해야 한다. 환전소도 없는 시골 마을에서는 당연히 낍을 지불 수단으로 여긴다.

ATM

시골 마을을 제외하고 웬만한 도시에 ATM이 설치되어 있다. ATM에서는 달러가 아니라 '낍(K)'으로만 인출된다. ATM은 1회 사용한도는 150만~200만K으로 은행마다 다르다. 수수료는 2만~4만K이다. ==라오스에서는 아직까지 ATM에 의존해 여행하는 건 불가능하기 때문에, 적당량의 달러를 미리 환전해 가도록 하자.== ATM은 사용수수료뿐만 아니라 환율도 은행보다 나쁘기 때문에 비효율적이다.

신용카드

한국처럼 신용카드가 광범위하게 사용되지 않는다. 관광객이 많고 도시 규모가 큰 비엔티안, 루앙프라방, 빡쎄 정도에서만 사용이 가능하다. ==일반 상점에서는 여전히 신용카드를 받지 않고, 고급 호텔에서나 사용이 가능하다. 도시를 벗어난 시골 마을에서는 신용카드가 무의미하다고 생각하면 된다.==

인터넷과 와이파이 Wi-Fi

가난한 나라이긴 하지만 주요 도시에는 인터넷이 보급되어 있다. 와이파이 Wi-Fi도 사용 가능해 스마트폰 사용에 큰 문제가 없다. 다만 인터넷 속도가 느릴 뿐이다. 전기가 들어오지 않는 산악 지방을 가지 않는 한 인터넷 때문에 걱정할 필요는 없다. 외국인 여행자들을 위한 게스트하우스에서도 대부분 와이파이가 설치되어 있으며, 카페에서도 무료로 와이파이를 사용할 수 있다.

국제전화 걸기

라오스에서 한국으로 전화 거는 방법은 간단하다. 전화국(라오 텔레콤 Lao Telecom) 또는 우체국에 설치된 국제전화 부스의 전화기를 사용하면 된다. 통화가 끝나면 통화시간과 요금이 찍혀 나온다. 한국의 국가 번호는 '82'번이며, 걸고자 하는 전화번호에서 첫 '0'을 빼고 번호를 누르면 된다. 참고로 한국에서 라오스로 전화할 때는 라오스 국가 번호 '856'을 누르고 현지 전화번호에서 '0'을 빼고 번호를 누르면 된다.

SIM 카드 · 전화번호

라오스 전화는 GSM 방식을 사용한다. 전화기와 전화번호를 구분해 사용하기 때문에, SIM 카드를 사서 본인의 휴대전화에 끼워 넣으면 라오스 전화가 즉석에서 개통된다. 스마트폰도 SIM 카드만 바꿔 끼우면 현지에서 사용이 가능하다. 가장 저렴한 SIM 카드는 2만K이다. 4G 데이터 요금제 SIM 카드는 15만~25만K으로 유효기간과 데이터 용량에 따라 달라진다. 전화요금은 선불제이기 때문에 필요할 때마다 충전해야 한다. 전화국이나 우체국이 아니더라도 SIM 카드와 전화요금 충전카드를 판매하는 상점을 시내 곳곳에서 어렵지 않게 발견할 수 있다. 참고로 라오스에서 휴대전화의 앞 번호는 '020'으로 시작한다.

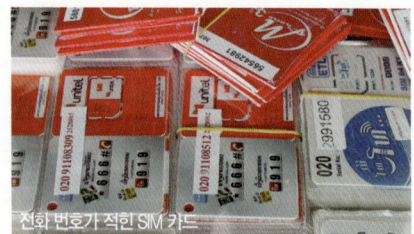

전화 번호가 적힌 SIM 카드

우체국·우편 서비스

엽서나 우편은 국제 우편 Air Mail을 이용하고, 소포는 EMS 서비스를 이용하면 된다. 주소는 한국어로 적어도 상관없지만 국가는 반드시 영어로 Republic of Korea(또는 South Korea)라고 표기해야 한다. 참고로 라오스에서 우체국은 '빠이싸니'라고 부른다. 간판은 프랑스어로 'La Poste'라고 적혀 있다.

편의점

대도시 몇 곳에만 편의점(세븐일레븐이나 패밀리마트 같은 익숙한 이름을 기대해서는 안 된다)이 있을 뿐, 대부분 상점에서 물건을 내놓고 장사한다. 시골에 가면 동일한 음료수라 하더라도 냉장고 있는 물건을 더 비싸게 받는데, 전기 요금이 추가되기 때문이다.

라오스 물건 VS 태국 물건

경제 발전이 미비한 라오스에는 이렇다 할 제조 공장이 없기 때문에 대부분의 생필품과 공산품을 인접 국가(특히 태국)에서 수입해 온다. 라오스에서 판매하는 콜라, 음료수, 조미료, 과자, 봉지라면, 샴푸, 세제, 모기향까지 웬만한 공산품은 태국 제품이라고 생각하면 된다. 중국 국경과 가까운 라오스 북부 지방에서는 중국 물건들도 눈에 띈다.

생필품을 수입해 오기 때문에 라오스 경제 수준에 비해 물건 가격이 비싸다(일반적으로 태국에 비해 40~50% 비싸게 판매된다). 운송비 때문에 국경에서 멀어질수록 물건 값이 비싸진다.

전압과 플러그

220V, 50Hz로 한국의 전자제품도 사용할 수 있다. 콘센트는 한국과 동일한 둥근 모양의 콘센트를 사용한다. 일부 숙소에서는 뾰족한 모양의 콘센트를 사용하기도 한다.

치안

사회주의 공화국이라 치안은 좋은 편이다. 도둑과 소매치기도 많지 않다. 하지만 비엔티안 같은 대도시에서는 오토바이를 이용한 날치기 사고를 주의해야 한다. 특히 환전소 주변에서 날치기를 조심해야 한다. 술 먹고 어두운 밤 골목을 들어간다거나, 객기 어린 행동은 삼가자.

기후

동남아시아 국가답게 덥고 습하다. 3~5월이 가장 더운데 낮 기온이 38℃를 훌쩍 넘는다. 11~2월은 다소 선선하다. 특히 북부 지방과 고도가 높은 고원 지역은 밤 온도가 많이 떨어져 쌀쌀하기까지 하다. 해발 1,100m의 폰싸완(씨앙쿠앙)의 경우 밤 기온이 0℃까지 내려가는 경우도 있다. 루앙프라방을 포함한 북부 지방의 평균적인 겨울 날씨는 10℃ 안팎이다. 두꺼운 겨울옷까지는 아니더라도 점퍼를 챙겨가야 한다.

생수

라오스에서는 수돗물을 마시면 안 된다. 슈퍼마켓이나 상점에서 파는 생수를 사서 마시자. 생수는 작은 병이 3,000K, 큰 병이 5,000K 정도 한다. 뚜껑이 제대로 밀봉되어 있는지 확인하고 구입하자.

팁(Tip) 관습

라오스에서 팁은 의무조항이 아니다. 팁은 어디까지나 본인의 만족도에 따른 성의 표시이므로 고마움을 느끼는 상황에서 별도의 팁을 주면 된다. 고급 레스토랑이나 고급 호텔은 계산서에 10% 세금과 6%의 서비스 요금이 추가되어 청구된다.

영업시간

일찍 자고 일찍 일어나는 나라라 아침 일찍 장사를 시작해 저녁 일찍 문을 닫는 편이다. 레스토랑과 술집들노 영업 제한 시간이 있기 때문에 23:00면 대부문 문을 닫는다. 시골 마을의 경우 22:00가 넘으면 정적이 흐른다. 박물관과 관공서 등은 점심시간에 문을 닫는 곳도 있다.

주의사항

여행 중 주의해야 할 사항은 어느 나라나 비슷하다. 한국에서 생활하던 대로 상식에서 벗어나는 행동을 하지 않으면 크게 문제될 것은 없다. 라오스라고 해서 유별날 것은 없지만 각 나라마다 문화와 분위기가 다르므로 몇 가지 주의해야 할 것을 알아보자.

1. 귀중품 관리에 신경 써야 한다. 아무리 좋은 호텔이라고 하더라도 객실에 귀중품을 방치해두고 외출하는 일은 삼가자. 호텔 객실에 비치된 안전 금고를 이용하면 도움이 된다.

2. 휴대한 가방이나 카메라는 한쪽 어깨에 걸고 부주의하게 다니지 말고, 흘러내리지 않도록 크로스해서 앞쪽으로 메는 것이 좋다. 사람이 많이 모이는 재래시장이나 혼잡한 시내버스에서는 소매치기를 각별히 조심하자.

3. 오토바이나 자전거를 탈 때 개인 소지품을 잘 보관해야 한다. 짐 바구니에 가방을 올려놓지 말고, 본인이 직접 휴대해야 한다.

4. 사원이나 종교적으로 신성시하는 곳을 방문할 때는 복장을 단정히 하자. 노출이 심한 옷을 입고 종교적인 곳을 방문하는 것은 현지인들에게 실례가 되는 행동이다.

5. 상식 이상의 과잉 친절을 베풀거나 은밀한 곳을 소개해주겠다는 유혹 등을 경계하자.

6. 너무 늦은 시간에 음침한 골목을 혼자 돌아다니지 말자. 특히 과도한 음주 후 현지인과 다툼에 휘말리지 말자.

7. 사람들과 사진 찍을 때 예의를 지키자. 반드시 상대방에게 의사를 먼저 확인하자. 변방의 산악 지역에 사는 소수민족들은 사진에 극도로 민감한 반응을 보인다.

8. 가족이나 친구들에게 머물 숙소의 이름과 전화번호 등을 이메일로 보내놓는 것이 좋다.

9. 현지 문화를 심판하려 하지 말자. 다른 나라의 문화를 옳고 그름의 잣대로 평가할 수는 없다. 언어와 인종, 음식이 다르듯 생소한 문화라 하더라도 있는 그대로 받아들이자. 다른 문화를 체험하는 것이 여행하는 큰 이유 중 하나다.

10. 돈을 현명하게 쓰자. 라오스가 한국보다 경제적 수준이 떨어지는 것은 사실이지만, 돈으로 모든 것을 해결하려고 해서는 안 된다. 돈을 써야 할 때와 아껴야 할 때를 구분하는 것도 여행의 기술 중 하나다. 외국인 기업이나 수입 브랜드보다 라오스 상점과 라오스에서 제조한 물건을 사주면 현지 경제에 직접적인 도움이 된다.

현지 문화를 존중해주자

Laos Food
라오스 음식

안타깝게도 라오스는 음식 문화가 발달하지 못했다. 식재료가 풍족하면 음식 문화도 발달하기 마련인데, 바다가 없는 내륙 국가인 라오스에서는 다양한 음식을 기대하기 어렵다. 인접 국가인 태국이나 베트남과 비교해 봐도 식문화는 단출하다. 라오스 사람들은 쌀국수와 밥을 기본으로 한다. 프랑스의 영향을 받아 바게트도 흔하다. 비엔티안(위양짠)과 루앙프라방 같은 외국인들이 많은 도시에는 베이커리를 겸한 카페도 어렵지 않게 발견할 수 있다. 일부 대도시를 제외한 시골 마을에는 쌀국수와 볶음밥이 전부라고 해도 과언이 아니다. 참고로 라오스 음식은 태국 음식과 흡사하기 때문에 태국을 먼저 여행하고 라오스로 들어왔다면, 어디선가 맛본 듯한 익숙한 음식들을 대하게 될 것이다.

식사 에티켓

라오스에서는 식사할 때 숟가락과 포크를 이용한다. '공깃밥'이 아니라 '접시 밥'을 내주기 때문에 젓가락은 사용하지 않는다. 더군다나 찰지지 못한 안남미라 젓가락으로 밥을 먹기가 곤혹스럽다. 대나무 통(띱 카우)에 담겨 나오는 찰밥은 손으로 먹는 게 식사 예절이다. 적당량의 찰밥을 손으로 떼어 손으로 주물럭거려서 주먹밥처럼 만들어 먹으면 된다. 웬만한 식당에서는 찰밥을 주문해도 포크를 내주기 때문에 손으로 먹는 게 불편하면 포크를 사용하면 된다. 젓가락을 사용하는 곳은 쌀국수 식당이 전부다.

예산

라오스 경제 수준이 한국보다 못하기 때문에 식사하는 데 드는 비용은 매우 저렴한 편이다. 하지만 라오스의 생활수준을 생각하면 현지 물가에 비해 음식 값은 비싼 편이다. 라오스보다 잘사는 태국에 비해 밥값이 비싸게 책정되어 있다. 요리에 필요한 조미료(간장, 생선 소스, 굴 소스 등)뿐만 아니라 화학조미료 MSG까지 태국에서 수입해 사용하기 때문이다. 더군다나 고환율 정책을 유지하기 때문에 태국이나 베트남에 비해 음식 값이 비싸다. 한국에서 출발해 라오스만 여행한다면 그리 비싸게 느껴지지 않으니 걱정할 필요는 없다.

어떤 것을 먹느냐보다는 어디서 먹느냐에 따라 예산이 달라진다. 현지 식당을 기준으로 쌀국수 한 그릇에 1만~2만K 정도 예상하면 된다. 덮밥 같은 단품 요리는 1만5,000~3만K, 밥과 반찬 한두 개를 곁들일 경우 4만~6만K 정도다. 에어컨 시설의 고급 레스토랑을 이용할 경우 두 명 기준으로 10만~20만K 정도 예상하면 된다. 참고로 라오스어로 식당은 '한아 한 ຮ້ານອາຫານ'이라고 한다.

영업시간

식당에 따라 문 여는 시간은 다르지만, 문 닫는 시간은 22:00에서 23:00 사이로 비슷하다. 사회주의 국가라 영업시간을 제한하기도 하지만, 워낙 시골스런 마을이 많아 밤늦게 돌아다니는 사람이 없기 때문에 늦게까지 문을 열 필요도 없다. 아침 식사로 애용하는 쌀국수 식당들은 07:00~08:00을 전후해 문을 연다. 보통 식당들은 08:00~09:00에 영업을 시작한다. 고급 레스토랑들은 점심시간(11:00~14:30)과 저녁시간(18:00~22:30)으로 한정해 영업하는 곳도 있다.

예약 및 팁

라오스에서 레스토랑을 특별히 예약할 필요는 없다. 예약 문화라는 것도 현지인들에게는 생소하다. 다만 비엔티안(위앙짠)과 루앙프라방에 있는 유명 레스토랑들은 미리 예약해 두면 좋은 곳도 있다. 예약하지 않고 갔더라도 내쫓지 않으니 걱정하지 말자.

라오스 식당에서 팁은 강제적인 것은 아니다. 일부 고급 레스토랑에서는 세금과 봉사료가 별도로 부과되는 경우도 있다. 라오스에서는 카운터에 가서 직접 돈을 내지 않고, 종업원에게 계산서를 부탁해 앉은 자리에서 계산하면 된다. 일처리가 느리더라도 화내지 말고 웃으면서 기다리는 것도 예의다. 자그마한 쌀국수 식당은 주인장에게 직접 돈을 내고 자리에서 일어나도 무방하다. 계산서 달라고 할 때 '커 쌕대' 또는 '첵 빈'이라고 하면 된다.

라오스 음식에 쓰이는 대표적인 향신료 팍홈
라오스 식당의 메뉴판

라오스 요리 Laos Food

특별할 것은 없고 소박한 음식들이 대부분이다. 땀막홍(파파야 샐러드) ຕຳໝາກຫຸ່ງ, 째우(쌈장) ແຈ່ວ와 채소, 찌개를 곁들여 여러 명이 함께 식사하는 게 일

LAOS FOOD

반적이다. 향신료를 듬뿍 넣어 외국인들 입맛에 다소 부담스러운 음식도 있다. 일반적으로 쌀밥이 아닌 찰밥(카우 니아우)을 곁들여 먹는다.

땀막훙 / Tam Mak Hung / Papaya Salad

라오스에서 가장 대중적인 음식이다. 파파야 샐러드 Papaya Salad로 알려졌는데, 그린 파파야를 잘게 썰어서 생선 소스와 새우 젓갈, 고추, 마늘, 라임, 향신료를 이용해 버무린 음식이다. 음식 재료를 절구에 넣어 만드는 것이 특징이다. 태국에서는 '쏨땀 Som Tam'이라고 부른다. 태국-라오스 국경 지방에서는 '쏨땀'이라고 해도 알아듣는다. 땀막훙은 생선 소스가 강해 맵고 신맛이 강한 편이며, 쏨땀은 땅콩과 토마토를 넣어 매운맛과 단맛을 동시에 낸다. 그린 파파야 대신 오이(막땡)를 넣으면 '땀막땡'이 되고, 가지(막코아)를 넣으면 '땀막크아'가 된다. 가는 면발의 생면(카우뿐)과 함께 버무린 '땀카우뿐'도 있다.

삥 까이, 삥 무, 삥 빠 / Ping Kai, Ping Moo, Ping Pa / Grilled Chicken, Grilled Pork, Grilled Fish

숯불에 구운 음식을 '삥'이라 부른다. 마늘과 레몬 향에 절여 고기가 부드럽고 향긋하다. 들고 다니기 쉽게 고기를 대나무에 꽂아 굽기 때문에, 얼핏 보면 꼬

땀막훙

땀막땡

알아두세요

식당에서 알아두면 좋은 라오스어

각종 음식 재료의 라오스어 명칭과 조리 방법을 알아두세요. 발음이 어렵지만 잘 알아두면 요령껏 음식을 주문할 수 있습니다.

요리 방법
팟(볶음) Stir-fried, 쿠아(볶음) Fried, 텃(튀김) Deep Fried, 똠(끓임) Stew, 삥(구이) Grilled, 능(스팀) Steamed

채소 종류
막크아(가지) Eggplant, 헷(버섯) Mushroom, 막렌(토마토) Tomato, 막땡(오이) Cucumber, 만팔랑(감자) Potato, 까랍삐(배추) Cabbage, 막투아(콩) Bean, 막훙(그린 파파야) Green Papaya, 까람삐독(콜리플라워) Cauliflower, 팍쌀랏(상추) Lettuce, 후아팍부아(양파) Onion, 똔팍부아(쪽파) Spring Onion, 막삐(바나나 꽃잎) Banana Flower, 노마이(죽순) Bamboo Shoot

음식 재료
팍(채소) Vegetable, 빠(생선) Fish, 까이(닭고기) Chicken, 무(돼지고기) Pork, 씬응우아(소고기) Beef, 뻿(오리고기) Duck, 꿍(새우) Prawn, 빠묵(오징어) Squid, 뿌(게) Crab, 달레(해산물) Seafood, 카이(계란) Egg, 따오후(두부) Tofu, 카이팬(민물 미역) Seaweed, 씬무삼싼(삼겹살) Pork Belly, 룩씬(어묵) Fishball, 퍼(쌀국수) Rice Noodle

향신료
후아씨카이(레몬그라스) Lemongrass, 막나우(라임) Lime, 막키훗(카피르 라임) Kaffir Lime, 바이막캄(타마린드) Tamarind, 팍홈(고수) Coriander, 막펫(고추) Chili, 바이홀랍(민트) Mint, 파이럿(비틀 잎) Betel Leaves, 까티암 또는 팍티암(마늘) Galic, 킹(생강) Ginger, 남빠(생선 소스) Fish Sauce, 끄아(소금) Salt, 남딴(설탕) Sugar, 남막나오(라임 주스) Lime Juice

식기 종류
투어이(그릇) Bowl, 짠(접시) Plate, 부앙(수저) Spoon, 쏜(포크) Fork, 밋(나이프) Knife, 마이투(젓가락) Chopstick, 쩍(컵) Glass

음료
남(물) Water, 남빠우(마시는 물) Water, 남껀(얼음) Ice, 남혼(뜨거운 물) Hot Water, 남옌(찬물) Ice Water, 싸 혼(뜨거운 차) Hot Tea, 싸 옌(차가운 차) Ice Tea, 싸 놈옌(연유를 넣은 차가운 차) Ice Tea with Milk, 까페(커피) Coffee, 까페 담(블랙 커피) Black Coffee, 까페 옌(아이스 커피) Ice Coffee, 까페 놈 옌(아이스 밀크 커피) Ice Coffee with Milk, 까페 놈 혼(핫 밀크 커피) Hot Coffee with Milk, 비아(맥주) Beer, 비아 쏫(생맥주) Draft Beer, 비아 깨우(병맥주) Beer Bottle, 비아 까뽕(캔맥주) Beer Can

치구이처럼 보이기도 한다. 시장 통이나 노점에서 흔하게 구할 수 있다. 닭고기(까이)를 이용한 '삥 까이'가 대중적이다. 생선(빠)을 이용한 '삥 빠'도 즐겨 먹는다. 돼지고기(무)로 만든 숯불구이는 '삥 무'가 된다. 찰밥과 땀막훙을 곁들이면 가장 보편적인 한 끼 식사가 된다. 태국과 국경 지역에서는 '양'이라고 부르는데, 닭고기를 넣은 '까이 양'과 돼지고기를 넣은 '무 양'을 즐겨 먹는다.

삥까이 / 삥빠

얌 / Yam / Spicy Salad

생선 소스, 라임, 식초, 고추를 버무려 만든 매콤한 샐러드. 한국의 초무침과 비슷하지만 매운 고추를 다져서 넣기 때문에 시큼한 맛과 매운맛을 동시에 낸다. 드레싱을 얹은 유럽의 샐러드와 전혀 다른 형태지만 식재료의 신선한 맛을 그대로 즐길 수 있다. 독특한 향신료와 잘 어우러진다. 소고기를 넣은 '얌 씬 응우아', 오징어를 넣은 '얌 빠믁', 해산물을 넣은 '얌 탈레'가 있다. 시큼한 라오스 소시지를 넣은 '얌 여(얌 무여)'도 현지인들은 즐겨 먹는다.

얌

랍 / Laab(Larb) / Meat Salad

'땀막훙'과 더불어 라오스를 대표하는 음식이다. 잘게 다진 고기를 살짝 데쳐서 생선 소스, 고추, 마늘, 허브,

랍

민트, 향신료와 함께 버무렸다. 돼지고기를 넣은 '랍 무'가 가장 인기 있다. 고기의 질감과 향긋한 향이 잘 어우러진다. 생선을 넣은 '랍 빠'도 즐겨 먹는다. 식당에서는 각종 채소와 허브를 함께 제공한다.

남똑 / Nam Tok

'랍'과 더불어 현지인들이 즐겨 먹는 음식이다. 음식의 맛과 조리법은 '랍'과 비슷하지만, 다진 고기를 사용

남똑 무

하지 않고 편육처럼 슬라이스로 썬 고기를 이용해 만든다. 살짝 데쳐서 고기를 사용하기 때문에 향신료와 고기 육즙이 어우러진다. 돼지고기를 넣은 '남똑 무'를 즐겨 먹는다.

목빠, 목까이 / Mok Pa, Mok Kai / Steamed Fish(Chicken) with Banana Leaves

일종의 '찜' 요리다. 바나나 잎에 감싸서 스팀을 이용해 쪄서 만든다. 생선을 넣을 경우 '목 빠', 닭고기를 넣을 경우 '목 까이'가 된다. 음식 재료로 넣은 향신료와 바나나 잎이 어우러져 향긋하다.

목빠

까이 호 바이 떠이 / Kai Ho Bai Toei

닭고기를 적당한 크기로 잘라 판다누스 잎(또는 바나

라오스 음식의 기본이 되는 '빠댁'

빠댁 ປາແດກ은 생선을 소금에 절여서 오랫동안 발효시켜 만든 생선 젓갈입니다. 바다가 없기 때문에 강에서 잡은 민물고기를 주로 사용합니다. 생선 젓갈을 정제시켜 만든 생선 소스(피시 소스) Fish Sauce를 '남빠 ນ້ຳປາ'라고 합니다. 찌개든 볶음 요리든 웬만한 라오스 음식에는 생선 소스를 사용하지요. 생선 소스는 식품회사에서 대량 생산해 유통되는데요, 대부분 태국 제품을 수입해 사용한답니다.

라오스 음식 LAOS FOOD

까이 호 바이 떠이

나 잎)에 감싸 숯불에 구운 요리. 판다누스 잎 향기가 음식에 배어 닭고기가 부드럽고 향도 좋다. 향신료를 사용한 현지 음식 중에 거부감 없이 먹을 수 있는 음식이다.

째우 / Jaew / Dipping Sauce

째우 막펫땀

째우는 일종의 쌈장이다. 고추와 향신료를 갈아서 만든다. 한국처럼 쌈을 싸먹기보다는 각종 음식 재료를 찍어 먹는 디핑 소스 Dipping Sauce에 가깝다. 현지인들은 고추를 주재료로 만든 매콤한 째우 봉 Jaew Bong을 가장 즐긴다. 가지를 넣어 만든 째우 막크아 Jaew Mak Kheua, 토마토를 넣어 만든 째우 막렌 Jaew Mak Len은 매운맛이 덜하다.

카이팬 / Khai Phaen(Kaipen) / Fried Seaweed

카이팬

루앙프라방을 중심으로 한 메콩강 유역에서 채취한 민물 미역이다. 강물이 빠지는 건기에 주로 채취한다. 김처럼 얇고 넓적하게 펴서 건조해 만든다. 심심한 맛을 보충하기 위해 참깨나 고추를 썰어 얹기도 한다. 밥에 싸먹기보다는 '째우'에 찍어서 먹는다.

씬행(신쭌) / Sin Haeng / Lao Beef Jerky

'씬'은 고기, '행'은 마르다는 뜻으로 태양과 바람에 건조시킨 고기 육포를 의미한다. '씬쭌'으로 불리기도 한다. 소고기를 이용한 육포는 '씬 응우아(또는 씬 응아우 쭌)', 돼지고기를 이용한 육포를 '씬 무(또는

씬행

씬 무 쭌)'라고 부른다. 육포에 설탕과 마늘, 생강, 참깨가 가미된 소스를 발라 만든 '씬싸완 Sin Savan'도 있다. 싸완나켓 지방에서 유래한 음식으로 일반적인 육포에 비해 맛이 부드럽고 달달하다.

쏨 무 / Som Moo / Sour Pork Sausage

쏨 무

돼지고기와 돼지비계, 고추를 넣어 만든 시큼한 맛의 소시지. 바나나 잎에 싸서 발효시켜 만든다.

쌀국수 식당이나 일반 서민 식당에 가면 테이블에 바나나 잎에 감싸서 테이블에 놓여 있는 음식이다. 쌀국수나 비빔국수에 함께 넣어 먹는다. 베트남 음식인 '넴쭈어'에서 유래했다.

싸이 우아, 싸이꼭 / Sai Ua(Sai Oua), Sai Kok / Lao Sausage

라오스 소시지로 알려진 음식으로 루앙프라방을 포함한 라오스 북부에서 즐겨 먹는다. 돼지고기를 잘게 썰어서 레몬그라스, 마늘, 허브, 라임 잎, 생선 소스 등을 넣어 만든다. 얼핏 보면 순대처럼 생겼으나 맛은 전혀 다르다. 돼지고기를 넣은 '싸이 우아 무'에 비해 버펄로(물소 고기)를 넣은 '싸이 우아 콰이'가 맛이 더 강하고 향토적이다. 돼지비계를 위주로 해서 만든 소시지는 '싸이꼭'이라고 한다. 싸이꼭에는 향신료를 많이 넣지 않는다. 숯불에 살짝 구워 '째우'에 찍어 먹는다.

싸이 우아

싸이꼭

씬닷 / Sin Dat / Lao BBQ

'씬'은 고기, '닷'은 굽다라는 뜻으로 라오스 스타일의 바비큐를 '씬닷'이라 부른다. 영어 메뉴로 흔히 라오 바비큐 Lao BBQ라고 적혀 있다. 화덕에 불판을 올려놓고 고기를 직접 구워 먹으면 된다. 불판 가장자리가 둥글게 움푹 파여 있어서 육수를 넣어 고기나 채소를 익혀 먹을 수도 있다. 씬닷을 전문으로 하는 식당은 고기 뷔페처럼 운영된다. 한국의 돼지고기 구이에서 연유했다고 해서 '무 양 까오리'라고 부르기도 한다. 참고로 태국에서는 '무 카따'라고 부른다.

씬쭘 / Sin Joom / Lao Style Suki

육수에 고기를 넣고 익혀 먹는 전골 요리의 일종이다. 태국의 쑤끼와 비슷하다. 고기와 채소, 허브, 달걀, 면을 적당히 넣어서 익혀 먹으면 된다. 라오스에는 맛과 조리 방법이 투박하다. 현대적인 조리기구가 아니라 화덕에 진흙 뚝배기를 올려 음식을 조리한다.

바게트(카우찌) / Khao Jee / Baguette

프랑스 식민 지배의 영향으로 라오스에는 바게트(카우찌)가 흔하다. 쌀국수와 더불어 간편한 식사로 현지인들도 즐겨 먹는다. 바게트 샌드위치는 '카우찌 빠떼'라고 부른다. 돼지고기 볶음과 오이, 토마토, 칠리소스를 넣어 현지인들의 입맛에 맞게 변형했다. 심지어 파와 향신료를 넣기까지 한다. 단순히 연유(남놈)만 넣을 경우 '싸이 남놈'이라고 주문하면 된다. 외국인들을 위한 카페에서는 햄과 치즈를 넣어준다. 바게트와 곁들이면 좋은 달걀 프라이는 '카이 다오', 오믈렛은 '카이 찌아우'라고 한다.

국수·면 Noodles

라오스에서 밥과 더불어 주식처럼 애용되는 음식이다. 동남아시아의 다른 국가와 마찬가지로 쌀국수를 주로 사용하며, 아침 식사 시간에 애용한다. 쫄깃한 면발과 시원한 육수로 인해 사랑을 한몸에 받는다. 출출하다 싶으면 아무 때나 부담 없이 먹을 수 있다.

퍼 / Pho(Foe)

'퍼'는 베트남에서 쌀국수를 일컫는 말로, 베트남 음식 이름이 그대로 라오스에서 사용되고 있다. 육수와 고명의 종류에 따라 구분된다. 소고기를 넣은 쌀국수는 '퍼 응우아', 돼지고기를 넣은 쌀국수는 '퍼 무', 닭고기를 넣은 쌀국수는 '퍼 까이'가 된다. 고명으로 간, 내장, 선지 등을 함께 넣어주는 곳도 있다. 쌀국수에 사용하는 면발은 굵기에 따라 '쎈 야이'(넓은 면발)와 '쎈 노이'(가는 면발)로 구분된다. 라오스에서는 일반적으로 넓적한 생면을 이용한다. 식당에 따라서 건면을 육수에 데쳐서 사용하는 곳도 있다. 테이블에 놓인 조미료(고추, 간장, 설탕, 식초, MSG)를 적당히 첨가해 본인 입맛에 맞게 국물 맛을 내면 된다. 쌀국수와 함께 내주는 숙주나물과 채소, 라임, 허브, 민트도 적당히 첨가한다.

카우삐약 쎈 / Khao Piak Sen

태국이나 베트남에서는 보기 드문 '쌀로 만든 칼국수'로, 쫄깃한 면발로 인해 인기가 있다. 채소와 허브를 곁들여 본인 입맛에 맞게 조미료를 추가해 맛을 내면 된다. 육수가 시원해 한국인 여행자들에게는 아침 해장용 국수로 사랑을 받는다. 국수 면발이 뜨거우므로 급하게 먹지 말아야 한다. 비슷한 이름의 '카우삐약 카우'는 쌀국수가 아니라 쌀로 만든 죽이다. 쌀국수를 파는 노점에서 아침 식사로 함께 판매한다.

카우쏘이 / Khao Soi

미얀마의 샨 주(州)와 태국 북부의 치앙마이 지방에서 즐겨 먹는 쌀국수의 일종이다. 라오스에서도 루앙프라방을 중심으로 한 북부 지방에서 즐겨 먹는다. 쌀국수와 육수를 내는 방법은 동일하지만, 카레 페이스트를 육수에 첨가해 풍미를 더한다. 미얀마와 태국에서는 카레 소스를 사용하지만, 라오스에서는 고기를 다져 넣은 된장 페이스트를 넣는 것이 특징이다. 매운맛이 살짝 가미된 구수한 쌀국수를 맛볼 수 있다.

카우 뿐 / Khao Poon(Khao Pun) / Rice Vermicelli Soup

'퍼'가 넓적한 쌀국수를 사용한다면, '카우 뿐'은 가는 면발의 쌀국수를 사용한다. 소면과 비슷한 쌀국수를 넣는다고 생각하면 된다. 베트남의 '분 Bun'에서 영향을 받은 음식이다. 태국에서 '카놈 찐'이라고 부르는 음식과 동일하다. 베트남이나 태국에서는 소면을 이용한 비빔면이 대중화된 반면, 라오스에서는 육수를 넣어 일반 쌀국수처럼 먹는다. '카우 뿐 남째우'라고 부르는데 일반 쌀국수에 비해 향신료 향이 강하다.

미 / Mi / Yellow Noodle

쌀국수가 아니라 밀가루로 만든 면이다. 달걀 반죽을 함께 하기 때문에 노란색을 띠는 것이 특징이다. 중국인(화교)들에 의해 전래됐다. 쌀국수처럼 육수를 넣어 먹기도 하지만, 비빔면 재료로 즐겨 사용된다. 육수를 넣을 경우 물이라는 뜻의 '남'을 붙여 '미 남'이 된다. 비빔면은 마르다는 뜻의 '행'을 붙여 '미 행'이라고 부른다. '미 행'은 면과 완탕을 육수에 데쳐서 소스와 함께 비벼준다.

미 쿠아(쿠아 미) / Mi Khua(Khua Mi) / Fried Yello Noodle

노란색의 밀가루 면에 고기와 채소를 넣고 볶은 볶음국수. '미'를 넣고 볶으면(쿠아) '미 쿠아'가 된다. '쿠아 미'로 발음하기도 한다. 참고로 '퍼'에 사용하는 넓은 면발의 쌀국수를 넣고 볶으면 '퍼 쿠아 Pho Khua'가 된다.

팟타이 / Phat Thai(Pad Thai) / Fried Noodle

'팟'은 볶다, '타이'는 태국을 뜻한다. 태국식 볶음 국수를 팟타이라 부른다. 동남아시아에서 워낙 유명하고 보편적인 음식이라 팟타이라고 하면 보편적인 쌀국수 볶음 요리를 의미한다. 굴 소스와 간장, 타마린드 소스, 생선 소스를 함께 사용한다. 두부, 달걀, 말린 새우 등을 넣고 볶아서 살짝 단맛을 낸다.

라오스에서도 볶음국수를 '팟타이'라고 부르는데, 태국과의 미묘한 관계 때문인지 라오스 볶음 국수라는 의미로 '팟 라오'라고 부르는 곳도 있다. 태국에서는 새우(꿍)가 흔해서 '팟타이 꿍'이 대표적인 볶음국수지만, 라오스에서는 해산물이 귀해서 닭고기(팟타이 까이)나 돼지고기(팟타이 무)를 주로 사용한다.

팟 씨이우 / Phat Si Yiu(Pad See Ew) / Fried Noodle with Soy Sauce

간장과 굴 소스를 넣은 볶음국수. 고기와 채소를 함께 넣는다. 넓적한 면발의 쌀국수를 사용해 강한 불에 볶아 낸다. 중국인(화교)들에 의해 전래된 대표적인 볶음국수 요리다.

랏나 / Laat Na(Lard Na)

넓은 면발의 쌀국수를 이용한 볶음국수. 굴 소스와 채소, 고기를 함께 넣어 볶는다. 다른 볶음 면에 비해 국물이 많아 걸쭉하고 면발이 부드럽다. 중국인(화교)들에 의해 전래된 음식이다.

밥 Rice

다른 아시아 국가와 마찬가지로 라오스의 주식도 밥이다. 라오스에서도 밥과 반찬 몇 개를 곁들여 식사하는 게 일반적인 모습이다. 차이점이 있다면 쌀밥(카우 짜우) Steam Rice(Plain Rice) 대신 찰밥(카우 니아우) Sticky Rice을 즐겨 먹는다는 것이다.

카우 삥 / Khao Ping

간식처럼 먹는 찹쌀 숯불구이. 대나무에 찹쌀을 끼우고 달걀을 발라서 숯불에 굽는다.

카우 람 / Khao Lam

대나무에 찰밥과 콩, 코코넛을 넣고 숯불에 구운 대나무 밥. 하얀 찰밥뿐만 아니라 갈색 찰밥도 넣어 다양하다. 대나무 향과 어울려 약밥 같은 맛을 낸다. 장거리 이동을 할 때 간식으로 챙겨 가면 좋다.

카우 팟(카우 쿠아) / Khao Phat(Khao Khua)/ Fried Rice

라오스에서는 흔한 음식이다. 시골 동네로 갈수록 먹을 게 없어서 가지고 있는 각종 재료를 볶아 만든 볶음밥으로 식사를 해결하는 경우가 많다. 닭고기를 넣으면 '카우팟 까이', 돼지고기를 넣으면 '카우팟 무', 해산물을 넣으면 '카우팟 탈레', 달걀을 넣으면 '카우팟 카이', 채소만 넣으면 '카우팟 팍'이 된다.

카우 까파우 / Khao Kaphao / Fried Basil with Rice

현지인들이 좋아하는 단품 요리다. 신선한 바질과 다진 고추를 넣은 볶음(까파우)요리를 밥에 올려 만든 덮밥. 돼지고기를 넣은 '까파우 무'와 닭고기를 넣은 '까파우 까이'를 즐긴다. 바삭한 돼지고기를 넣을 경우 '까파우 무꼽'이 된다.

카우 니아우 막무앙 / Khao Niau Mak Muang / Sticky Rice with Mango

쫄깃한 찰밥에 신선한 망고를 썰어 얹어 주는 아주 간단한 음식. 망고와 코코넛 크림이 어울려 단맛을 낸다. 주로 디저트로 즐겨 먹는다.

수프 · 찌개 Stew

한국에 비해 찌개 종류는 많지 않다. 내륙 국가라 해산물을 이용한 음식도 많지 않다. 새우(꿍) 대신 생선(빠)을 넣는데, 생선은 메콩 강에서 잡은 민물생선을 사용한다. 찌개 종류는 태국 음식과 라오스 음식이 비슷하다. '똠얌'은 대표적인 태국 요리로 라오스에서도 맛볼 수 있다.

깽쯧 / Kaeng Jeut / Clear Soup

맑은 국물 때문에 '클리어 수프 Clear Soup'라고도 한다. 향신료를 거의 사용하지 않고 생선 소스, 간장, 후추로 간을 낸다. 미역과 당면에 연두부를 넣을 경우 '깽쯧 따오후'가 되고, 다진 돼지고기를 넣을 경우 '깽쯧 무쌉'이 된다.

똠얌 Tom Yam

태국을 대표하는 음식으로 라오스에서도 어렵지 않게 맛볼 수 있다. '똠얌'은 매운맛 · 신맛 · 단맛을 동시에 내는 음식으로 유명하다. 레몬그라스, 라임, 고수, 생강 같은 다양한 향신료를 넣어 만든다. 처음에는 독특한 향 때문에 입맛을 괴롭히지만, 익숙해지면 중독성이 있다. 태국에서는 새우(꿍)를 넣은 '똠얌꿍'이 보편적이지만, 바다가 없는 라오스에서는 생선(빠)을 넣은 '똠얌빠'를 주로 요리한다.

똠빠 Tom Pa

시큼한 맛의 생선찌개. 레몬그리스와 생선 소스, 타마린드 등을 넣어 만든다. 토마토와 파인애플을 넣어 단맛과 향을 추가하기도 한다. 매콤한 맛의 쌈장인 '째우'를 넣어 '똠째우 빠'를 만들기도 한다.

똠카 Tom Kha

코코넛 밀크를 이용해 만든 찌개. 고추, 생강, 레몬그라스, 라임 같은 향신료를 넣는 것은 다른 찌개와 큰 차이가 없다. 일반적으로 닭고기를 넣은 '똠카 까이'를 즐겨 먹는다.

오람(어람) Or Lam(Au Lam)

루앙프라방을 포함한 라오스 북부 지방에서 즐겨 먹는 매콤한 찌개다. 싸칸(나무 형태의 매콤한 향신료)을 넣는 것이 특징이다. 레몬그라스, 가지, 버섯, 바질, 고추, 파를 넣고 함께 끓인다. 푸른색 채소를 주로 사용하며 고기를 함께 넣기도 한다.

볶음 요리 Fried Dish

밥과 곁들여 식사하기 좋은 반찬에 해당한다. 굴 소스를 넣고 볶기 때문에 한국인 입맛에도 잘 맞는다. 중국 음식의 영향을 받은 것으로 고추, 생강, 마늘 등을 함께 넣고 볶는다. 라오스뿐만 아니라 태국과 베트남에서 흔하게 접할 수 있는 음식이다. 음식에 사용되는 소스들은 대부분 태국에서 수입해 사용한다.

팍봉파이댕 / Phakbong Faidaeng / Fried Morning Glory

고추와 마늘을 넣고 볶은 모닝글로리 볶음. 밥반찬으로 인기가 있다. '쿠아 팍봉'이라고도 부른다.

쿠아 킹 까이 / Khua Khing Kai / Fried Chicken with Ginger

쿠아 킹 까이

생강(킹)을 넣고 볶은 음식을 '쿠아 킹'이라고 한다. 굴 소스를 사용하며, 생선 소스도 살짝 첨가한다. 생강 볶음으로는 닭고기를 넣은 '쿠아 킹 까이'가 가장 잘 어울린다. 돼지고기를 넣은 '쿠아 킹 무' Fried Pork with Ginger도 괜찮다.

팟 펫 팍 / Phat Phet Phat / Fried Vegetable with Chilli

팟 펫 팍

굴 소스를 이용해 다진 고추를 넣은 볶음 요리를 '팟 펫'이라고 한다. 채소를 넣을 경우 팟 펫 팍 Fried Vegetable with Chilli, 돼지고기를 넣으면 팟 펫 무 Fried Pork with Chilli가 된다. 단순히 채소만 넣고 굴 소스로 볶으면 '쿠아 팍' Fried Vegetable이 된다.

삐아우 완 / Piaw Wan / Sweet & Sour

삐아우 완

새콤달콤한 소스(삐아우 완)로 요리한 음식. 즉 라오스식 탕수육이다. 고기를 튀겨서 만드는 게 아니고, 미리 제조한 탕수육 소스를 팬에 넣고 볶아서 만든다. 돼지고기를 넣은 '쁘리아우 완 무' 또는 닭고기를 넣은 '쁘리아우 완 까이'가 일반적이다.

태국 카레 Thai Curry

카레 파우더가 아니라 장처럼 숙성시켜 만든 카레 페이스트를 사용한다. 다양한 향신료(레몬그라스, 바질, 고수, 라임 잎, 생강)를 넣기 때문에 한국에서 먹던 카레와는 차이가 난다. 코코넛 밀크로 간을 조절하기 때문에 첫맛은 맵고 뒷맛은 달콤한 것이 특징. 웬만한 라오스 음식점에서 태국 카레를 함께 요리한다.

깽 끼아우 완 / Kaeng Kiaw Wan / Green Curry

깽 끼아우 완

파란 고추를 주재료로 만들기 때문에 녹색을 띈다. 깽 끼아우 완은 달콤한 녹색 카레라는 뜻이다. 영어로 그린 커리 Green Curry로 표기한다. 코코넛 밀크를 듬뿍 넣어 다른 카레보다 국물이 많다.

깽 펫 / Kaeng Phet / Red Curry

깽 펫

가장 보편적인 태국 카레로 매운 카레라는 뜻이다. 빨간 고추를 주재료로 만들어 카레 색깔이 붉다. 붉은 카레라는 뜻으로 레드 커리 Red Curry라고 표기한다.

파냉(깽 파냉) / Phanaeng(Paneng)

파냉

다른 카레에 비해 땅콩가루를 많이 넣은 것이 특징이다. 깽 펫에 비해 매운맛이 덜하고, 깽 끼아우 완에 비해 느끼한 맛이 덜하다. 외국인들의 입맛에 가장 부담 없는 태국 카레 요리다.

깽 까리 / Kaeng Kari

강황 가루가 들어간 노란색 카레 분말을 이용해 만든

라오스 음식 LAOS FOOD

깽 까리

다. 태국 카레보다는 인도 카레에 가깝다. 코코넛 밀크를 섞어서 만든다. 태국 카레와 비교하면 부드럽고 단맛이 더 강하다.

베트남 음식 Vietnamese Food

베트남과 국경이 접해 있고, 베트남 이민자들도 제법 많아서 라오스에서도 베트남 음식을 어렵지 않게 접할 수 있다. 물론 베트남만큼 베트남 음식이 다양하진 않지만 베트남 쌀국수와 스프링 롤 같은 음식은 어디서건 어렵지 않게 접할 수 있다.

요(여) / Yo(Yaw) / Spring Roll

요(여)

춘권으로 알려진 스프링 롤 Spring Roll을 통칭해 '요(요와 여의 중간 발음에 가깝다)'라고 부른다. 라이스페이퍼(쌀로 만든 만두피)에 채소와 허브를 넣고 쌈처럼 싸서 만든 '요 카우'는 우리가 흔히 말하는 월남 쌈으로 생각하면 된다. 향신료가 강한 허브와 민트를 함께 넣기 때문에 한국인 입맛에 안 맞는 경우도 있다. 기름에 튀긴 스프링 롤은 '요 쯘'이다(북부 지방에서는 '냄 쯘'이라고 부른다). 요 쯘은 고기와 당면, 버섯을 넣고 튀기기 때문에 부담 없이 먹을 수 있다.

넴느엉 / Nem Nuong(Nem Neuang)

넴느엉

일종의 미트 볼 Meat Ball로 돼지고기를 갈아서 둥글게 만들어 석쇠에 구운 음식이다. 고기만 먹기도 하지만, 라이스페이퍼에 채소와 허브를 함께 넣고 싸 먹기도 한다. 간장이나 생선 소스보다는 땅콩 소스를 찍어 먹으면 더욱 맛이 좋다. 베트남 음식 중에 라오스에서 가장 보편화되었다. 라오스에서는 '냄느엉'이라고 발음한다.

비분 / Bi Bun / Vietnamese Dry Noodle

비분

대표적인 베트남 비빔국수다. 베트남에서 흔히 먹는 '분'(가는 면발의 생쌀국수)을 이용해 만든다.

과일

라오스는 열대지방에서만 볼 수 있는 독특한 과일들이 많다. 바나나(막꾸어이), 파인애플(막낫), 수박(막모), 코코넛(막파우) 같은 과일은 어디서나 쉽게 구입이 가능하다. 망고와 망고스틴, 두리안은 계절의 영향을 받는다.

막파우(코코넛) Coconut

코코넛

야자수 열매로 밋밋한 맛을 낸다. 시원하게 먹어야 제맛을 느낄 수 있다. 포도당 성분이 많아 영양 섭취에 좋으니 땀을 많이 흘렸다면 코코넛 음료를 한 통씩 마셔두자. 코코넛을 칼로 쪼개 하얀 과육을 함께 먹는다.

막무앙(망고) Mango

막무앙(망고)

열대 과일 중에서 가장 사랑 받는 과일이다. 5월부터 더운 여름에 주로 생산된다. 노란 망고와 파란 망고 두 종류가 있다. 외국인들은 단맛이 강한 노란 망고를, 현지인들은 신맛이 강한 파란 망고를 선호한다.

막훙(파파야) Papaya

파파야

오렌지색 파파야는 과일로 먹고, 그린 파파야는 채소처럼 음식 재료로 쓰인다. 파파야 특유의 냄새가 약하게 나지만 과일 맛은 부드럽고 달다.

막응아우(람부탄) Rambutan

람부탄

성게처럼 털이 달린 빨간색 과일. 보기에 우스꽝스럽지만 껍질을 까면 과즙이 가득한 하얀 알맹이가 단맛을 낸다. 살짝 얼려 먹어도 맛있다.

막망쿳(망고스틴) Mangosteen

망고스틴

자주색 껍데기에 하얀 열매를 가진 열대 과일의 여왕. 딱딱한 겉 모습과 달리 부드러운 과육 때문에 널리 사랑받는다. '망쿳'이라고도 불린다.

투리안(두리안) Durian

두리안

열대 과일의 제왕이라 불리지만 냄새 때문에 선뜻 시도하기 힘든 과일이다. 도깨비 방망이처럼 생김새도 요상하다. 껍질을 까면 노란색 과일이 나오는데 입맛을 들이면 중독성이 강해 헤어나기 힘들다. 고약한 냄새로 인해 반입을 금지하는 건물들이 많다.

막미(잭프루트) Jack Fruit

두리안과 비슷한데, 더 크고 껍데기가 부드럽다. 속은 노란색 과육이다. 향은 강하지만 맛은 부드럽다.

잭프루트

용안

막얌야이(용안) Longan

용의 눈이라는 독특한 이름을 가진 과일. 갈색 알맹이가 나무줄기에 대롱대롱 매달려 있다. 살짝 얼려 먹으면 좋다. '람야이'라고 부르기도 한다.

망꼰(드래건 프루트) Dragon Fruit

드래건 프루트

선인장 열매로 모양이 독특하다. 빨갛고 둥근 모양으로 껍질을 벗기면 깨 같은 검은 점들이 가득 박힌 하얀색 알맹이가 나온다. 맛은 심심한 편이다.

음료

신선한 과일을 이용한 생과일주스나 셰이크가 흔하다. 라오스 남부의 볼라벤(볼라웬) 고원 Bolaven Plateau에서 생산한 신선한 '라오 커피'도 유명하다. 코카콜라(현지 발음은 '콕'), 펩시콜라(현지 발음은 '뻡씨') 같은 탄산음료도 어렵지 않게 구할 수 있다. 하지만 라오스에서 생산된 것이 아니라 태국에서 수입한 것이다.

생수

라오스에서는 마음 놓고 수돗물을 마실 수 없다. 석회질 성분이 많아 정수된 물을 마셔야 한다. 식당에서 물을 공짜로 제공하는 곳이 거의 없다. 생수는 정수 상태에 따라 가격이 다르다. 슈퍼마켓에서 파는 생수는 작은 병(500㎖)이 3,000K, 큰 병(1,500㎖)이 5,000K 정도다. 생수 중에 가장 유명한 브랜드는 타이거 헤드 Tiger Head라고 적힌 '남듬 후아쓰아'다. 식당에서 물을 주문할 때는 마시는 물이란 의미로

LAOS FOOD

'남듬'이라고 말하지 말고, 그냥 물이란 의미로 '남빠우'라고 하면 된다. 찬물을 달라고 할 때는 '남옌'이라고 한다.

과일 음료

신선한 과일이 많기 때문에 과일 음료도 풍부하다. 특히 더위를 식히기 좋은 과일 셰이크가 인기가 있다. 생과일주스 중에서 코코넛 주스(남막파우), 사탕수수 주스(남어이), 라임 주스(남막나오)를 즐겨 마신다. 과일 셰이크는 '막마이빤' 또는 '남빤 막마이'이라 부르는데 연유와 설탕을 넣어 달달하다. 바나나 셰이크(남빤 꾸어이 또는 꾸어이 빤) Banana Shake, 파인애플 셰이크(남빤 막낫 또는 막낫 빤), 망고 셰이크(남빤 막무앙 또는 막무앙 빤) Mango Shake, 수박 셰이크(남빤 막모 또는 막모 빤) Watermelon Shake가 흔하다. 요즘은 전용 플라스틱 용기에 담아 주지만, 시골 동네에 가면 비닐봉지에 고무줄을 감아서 주기도 한다. 비닐봉지에 담아서 테이크아웃하는 것을 '싸이 통'이라고 한다.

커피

라오스에서는 커피가 재배될 뿐만 아니라 프랑스 식민 지배의 영향으로 커피 문화도 발달했다. 커피 산지에서 직접 배송해 원두를 가공하기 때문에 신선하다. 라오스에서 커피는 '까페'로 발음하는데, 라오스 전통 커피는 '까페 라오'라고 부른다. 우리가 마시는 커피에 비해 묵직하고 강한 맛을 낸다. 진한 커피를 희석하기 위해 연유를 듬뿍 넣는 것이 특징이다. 커피도 에스프레소 기계나 필터에 내리는 것이 아니라, 체에 커피 가루를 넣고 뜨거운 물을 부어 내리기 때문에 투박하다.

아무것도 넣지 않은 블랙커피는 '까페 담'이라고 한다. '담'은 검다는 뜻이다. 연유(놈)를 넣은 밀크 커피는 '까페 놈'이 된다. 연유가 바닥에 깔려 있고 커피가 그 위에 층을 이루고 있는데, 적당량의 연유를 스푼으로 저어서 당도를 조절하면 된다. 뜨거운 밀크 커피는 '까페 놈 혼', 얼음을 넣은 밀크 커피는 '까페 놈 옌'이 된다. '혼'은 뜨겁다, '옌'은 차갑다는 뜻이다. 참고로 아이스커피인 '까페 옌'을 주문하면 습관적으로 연유를 넣기 때문에 '까페 놈 옌'과 큰 차이가 없다. 더운 나라라 당도가 필요해서인지 연유와 함께 설탕(남딴)도 넣는다. 설탕을 넣고 싶지 않으면 '버 싸이 남딴'이라고 말하면 된다.

차 茶

커피에 비해 차는 다양하지 못하다. 차 문화도 발달하지 않아서 고급스런 차를 판매하는 찻집도 보기 힘들다. 라오스어로 차를 '싸'라고 부른다. 뜨거운 차는 '싸 혼', 연유가 들어간 뜨거운 차는 '싸 놈혼'이다. 얼음을 넣은 차가운 차는 '싸 옌'이 된다. 얼음과 연유를 넣어 시원하고 달달한 맛을 내는 '싸 놈옌'이 현지인들에게 인기가 있다. 라오스에서는 녹차보다는 홍차를 즐겨 마신다. 마트에서는 페트병에 들어 있는 음료수 형태의 차를 판매한다. 태국 회사에서 대량으로 생산한 제품으로, 기본적으로 설탕이나 꿀이 함유되어 단맛을 낸다.

에너지 드링크

태국의 영향을 받아서 라오스에도 에너지 드링크가 흔하다. 운전기사, 노동자 할 것 없이 몸이 찌뿌듯하다 싶으면 한

연유가 가득한 까페 라오

라오스의 대표 커피 브랜드 다오 커피

병씩 들이켠다. 한국의 박카스에 비해 카페인 함량이 높은 것이 특징이다. 대표적인 상표는 레드 불 Red Bull로 알려진 '끄라틴 댕'이다. '엠로이 하씹 M-150' 도 인기 있다.

술

음식과 마찬가지로 술 종류도 한정적이다. 하지만 '라오 맥주'로 대표되는 맥주 덕분에 술이 부족하다는 느낌이 들진 않는다. 가격도 저렴해 부담 없이 마실 수 있다.

맥주 Beer

라오스 하면 '라오 맥주 Beer Lao'를 떠올릴 정도로 맥주에 관한 한 정평이 나 있다. 맥주는 현지어로 '비아'라고 발음하는데, '비아 라오 ເບຍລາວ'라고 하면 누구나 알아듣는다. 동남아시아에서 생산된 맥주 중에 가장 맛이 좋다고 평가된다. 체코 맥주 기술로 만들어졌으며, 알코올 도수 5도인 라거 맥주다. 알코올 도수 6.5도짜리인 흑맥주(라오 맥주 다크 Beer Lao Dark)도 생산한다. 독점기업이라고 해도 과언이 아닐 정도로 라오스 맥주시장의 95% 이상을 점유하고 있다. 경쟁 맥주로는 남콩 맥주 Namkhong Beer가 있는데, 소비자 선호도는 미미하다. 참고로 생맥주는 '비아 쏫'이라고 하는데, 비엔티안이나 루앙프라방 같은 관광객이 많은 도시를 제외하고는 흔치 않다.

위스키(라오 라오) Lao Lao

라오스에서 위스키라고 하면 '라오 라오 ເຫຼົ້າລາວ'를 의미한다. 쌀로 만든 곡주로 소주와 비슷한데 알코올 도수가 50도나 된다. 전국적으로 즐기는 서민 술이기 때문에, 집집마다 제조해 마신다. 가격도 맥주에 비해 월등히 저렴하다. 재래시장에 가면 플라스틱 통에 담아서 팔기 때문에, 얼핏 봐선 술인지 모를 때가 많다. 술 회사에서 생산한 위스키 브랜드는 '짬빠 카우'가 있다. 영어 상표도 없이 라오스어로만 적혀 있는데, 라오스 국화인 '짬빠'가 그려진 녹색 딱지가 붙어 있어 눈에 쉽게 띈다.

'라오 라오'와 비슷한 '라오 하이 Lao Hai'는 축제 때 마시는 술이다. 쌀로 만든 곡주로 항아리에 담겨 있는 것이 특징이다. 술을 따라 마시지 않고, 대나무 빨대를 꽂아 여러 명이 동시에 마신다. 물을 부어 술을 우려내 마시는데, 마시다 보면 막걸리 비슷한 맛이 난다. 현지인들은 정제되지 않은 물을 그냥 부어 마시기 때문에 주의가 필요하다.

재래시장에서 흔하게 판매되는 라오 라오

짬빠 카우

버킷(양동이 칵테일) Bucket

양동이를 뜻하는 버킷 Bucket은 위스키를 섞어 만든 폭탄주를 의미한다. 얼음을 담는 자그마한 양동이에 위스키와 에너지 드링크(박카스), 콜라, 소다, 얼음을 넣고 섞으면 폭탄주가 쉽게 제조된다. 비싼 수입 위스키나 보드카보다는 저렴한 '라오 라오'를 주로 이용한다. 양동이 칵테일은 에너지 드링크 향이 강해서 술이 약하게 느껴지지만, 독한 술을 섞었기 때문에 생각보다 취기가 빨리 올라온다. 과음은 절대 금물이다.

비엔티안(위앙짠) & 주변 지역

● 비엔티안(위앙짠) ● 방비엥(왕위앙) ● 농카이(태국 국경 도시)

Vientiane

비엔티안(위앙짠)

라오스 최대 도시로 메콩 강을 연해 태국과 국경을 마주하고 있다. 1563년 쎗타티랏 왕(재위 1548~1571) King Setthathirat이 루앙프라방에서 이곳으로 천도하면서 라오스의 수도가 됐다. 1828년 싸얌 Siam(오늘날의 태국)의 침략을 받아 약탈당했던 탓에 화려한 옛 수도의 모습은 찾아볼 수 없다. 프랑스 식민 지배 기간 동안 도시가 정비되긴 했지만, 1990년대 후반까지 외부 세상과 단절된 채 가난한 나라의 수도로 명맥만 유지했을 뿐이다. 도로가 포장되고 21세기로 들어서면서 빠르게 도시화가 진행되고 있다(우리에게 익숙한 대도시에 비하면 비엔티안은 여전히 지방 소도시 분위기를 풍긴다). 인구는 82만 명에 불과하며, '동남아시아에서 가장 조용한 수도'라는 불명예를 안고 있다.

비엔티안은 여행자들에게는 라오스의 관문도시 역할을 한다. 새롭게 건설된 사원이 많아 고풍스러운 느낌은 없지만 한적한 가로수 길과 콜로니얼 건축물들은 바쁜 발걸음을 느리게 만든다. 반듯하게 정비된 강변도로와 메콩 강의 정취도 나쁘지 않다. 볼거리가 많은 도시는 아니지만 하루 정도 머물며 탓루앙과 왓 씨싸겟, 왓 프라깨우(왓 파깨우)를 방문해볼 만 하다. 비엔티안의 정확한 지명은 '위앙짠'이며 백단향의 도시 City of Sandalwood(또는 달의 도시 City of the Moon)라는 의미를 지니고 있다. 수도임을 강조하기 위해 '나콘루앙 위앙짠'이라고 부르기도 한다.

레스토랑

- R1 문 더 나이트 Moon The Night **A2**
- R2 피디알-피자 다 로비 PDR-Pizza da Roby **B2**
- R3 레이 그릴 Ray's Grille **B2**
- R4 땀무아 Tummour **A2**
- R5 메콩 강변 레스토랑 Mekong Riverside Restaurant **A2**
- R6 스피릿 하우스 Sprit House **B2**
- R7 PVO 비엣나미스 푸드 PVO Vietnamese Food **C2**
- R8 PVO 비엣나미스 누들 수프 PVO Vietnamese Noodle Soup **C2**
- R9 리틀 하우스 카페 Little House Cafe **C2**
- R10 꿍 카페 라오 Kung's Cafe Lao **C3**
- R11 도이 카 노이 Doi Ka Noi **D2**
- R12 한상차림(한식당) **C1**
- R13 땀낙 라오 Tamnak Lao **C1**
- R14 조마 베이커리(탓 루앙 지점) Joma Bakery Cafe **D1**
- R15 네이키드 에스프레소 Naked Espresso **D2**
- R16 카페 씨눅(지점) Cafe Sinouk **D2**
- R17 Pizza Company **D2**
- R18 엄마네 반찬 & 식료품 **D2**
- R19 롯데리아 **C1**
- R20 싼타라 레스토랑 Suntara **C3**

호텔

- H1 라 센 호텔 La Seine Hotel **B2**
- H2 크라운 플라자 호텔 Crown Plaza Hotel **B2**
- H3 서머셋 비엔티안 Somerset Vientiane **B2**
- H4 메콩 호텔 Mekong Hotel **B2**
- H5 시즌스 리버사이드 호텔 Seasons Riverside Hotel **A2**
- H6 완싸나 리버사이드 호텔 Vansana Riverside Hotel **A2**
- H7 호텔 보리바쥬 메콩 Hotel Beau Rivage Mekong **B2**
- H8 드림 홈 호스텔 2 Dream Home Hostel 2 **B2**
- H9 비엔티안 가든 호텔 Vientiane Garden Hotel **B2**
- H10 Phasouk Vien Chantra Hotel **C1**
- H11 Muong Thanh Luxury Vientiane Hotel **D2**
- H12 빌라 탓 루앙 Villa That Luang **D1**
- H13 라오 플라자 호텔 Lao Plaza Hotel **C2**
- H14 그린 파크 부티크 호텔 Green Park Boutique Hotel **C3**
- H15 만다라 부티크 호텔 Mandala Boutique Hotel **C3**
- H16 빌라 마노리 Villa Manoly **C3**
- H17 돈짠 팰리스 호텔 Don Chan Palace Hotel **C3**
- H18 라오 골든 호텔 Lao Golden Hotel **D2**
- H19 라웅다오 호텔 La Ong Dao Hotel **D2**
- H20 Grand Hotel Vientiane **D2**

INFORMATION

여행에 유용한 정보

은행

은행과 환전소뿐만 아니라 ATM까지 설치되어 있어 현금 수급에 큰 어려움이 없다. 영업 시간은 월~금 08:30~15:30까지다. 은행보다 늦게까지 문을 여는 환전소들도 시내 곳곳에 있다. 가장 편리한 환전소는 타논 빵캄과 타논 파응움 삼거리 코너에 위치한 BCEL 은행 환전소(Map P.70-B3)이다. 월~금 08:30~19:00, 토~일 08:30~15:30에 문을 연다.

환전

미국 달러(USD)와 유로(EUR)뿐만 아니라 태국 밧(THB)과 중국 위안(CNY)도 큰 어려움 없이 환전이 가능하다. ATM은 1회 사용 한도가 150만~200만K이며, 수수료는 2만~4만K이다. 하지만 환율도 안 좋고 '깁'으로만 인출된다. 태국과 인접해 있기 때문에 태국 돈을 사용해도 큰 문제가 안 된다. 보통 1만K에 40밧으로 환산해서 사용하면 된다(환율 1THB=290K).

여행안내소

타논 란쌍(딸랏 싸오와 빠뚜싸이 중간)에 정부가 운영하는 여행안내소 Tourist Information Centre(주소 3556 Thanon Lan Xang, 전화 021-212-251, 홈페이지 www.tourismlaos.org)가 있다. 비엔티안 지도뿐 아니라 라오스 문화와 축제, 소수민족에 관한 정보를 얻을 수 있다. 주중(월~금 08:30~12:00, 13:00~16:00)에만 문을 연다.

한국대사관 ສະຖານທູດ ເກົາຫລີໃຕ້
Embassy of the Republic of Korea

대사관 신축 공사로 인해 2019년 2월부터 비엔티안 시내에 있는 로열 스퀘어 빌딩 내부로 이전했다. 크라운 플라자 호텔 사무동에 해당하는데, 라오스어로 '싸탄툿 까올리 따이, 호헴 크라운 파자 뚝 로얄 스퀘'라고 말하면 된다. 영사과는 4층, 대사관은 5층에 있다.

주소 4-5F, Royal Square Office Building, 20 Samsenthai Road
전화 021-352-031~3(대사관), 021-255-770~1(영사과), 020-5839-0080(긴급 연락처)
홈페이지 overseas.mofa.go.kr/la-ko/index.do
운영 월~금 08:30~12:00, 14:00~17:00

여행 시기

우기보다는 건기(11~4월)에 여행하면 좋다. 3~4월은 매우 덥기 때문에 그리 쾌적하지 못하다. 우기(5~10월)라고 해도 장마처럼 비가 계속해서 내리지 않기 때문에 여행하는 데 특별히 지장은 없다. 여행하기 가장 좋은 시기는 11~2월이며, 12~1월이 가장 붐빈다. 성수기에는 방 값이 인상된다. 신년 축제가 열리는 삐마이 라오 기간(4월 15일 전후)에는 방을 구하기 어렵다.

안전·주의사항

사회주의 국가라 치안 상태는 양호하다. 다만 환전소 주변에서 오토바이를 이용한 날치기 사고가 종종 발생하므로 주의를 요한다. 특히 강변의 BCEL 은행 환전소 주변에서 사고가 자주 발생했다. 외국인에게 바가지를 씌우는 뚝뚝 기사들도 골칫거리 중 하나다.

지리 파악하기

비엔티안은 메콩 강을 끼고 있다. 메콩 강을 연해 강변도로가 잘 정비되어 있다. 도시를 남북으로 가르는 타논 란쌍 Thanon Lan Xang(Lane Xang Avenue)을 중심으로 시내 중심가가 형성된다. 레스토랑과 카페들은 남푸(분수대) 주변에 많은 편이다. 남푸에서 이어지는 타논 쎗타티랏과 강변도로인 타논 파응움 사이에 호텔과 게스트하우스가 밀집해 있다.

메콩 강 건너에 태국 땅이 보인다.

여행사

비엔티안과 방비엥 지역의 투어 예약, 항공권 예약, 호텔 팩, 공항 픽업과 가방 보관 서비스 등 자유 여행에 필요한 도움을 받을 수 있다.

폰 트래블 Phone Travel
Map P.70-A3 주소 Thanon Chao Anou
전화 021-244-386, 070-8242-4945(인터넷전화)
홈페이지 www.laokim.com

트래블 라오(동배 하우스) Travel Lao
Map P.71-B2 주소 Thanon Yonnet
전화 070-8259-3200(인터넷 전화)
홈페이지 www.travellao.com

등대 쉼터
Map P.70-A3 주소 Thanon Inpeng
전화 020-5610-8679
홈페이지 cafe.naver.com/lighthouseatlaos

알아두세요
비엔티안이 아니고 '위앙짠'입니다

프랑스의 식민 지배를 받았기 때문에 도시 이름과 거리 이름에 프랑스의 흔적이 많이 남아 있다(관공서, 은행, 우체국 등은 아직도 영어가 아닌 프랑스어를 사용한다). 덕분에 라오스 현지어와 알파벳 표기가 많은 차이를 보여서 발음상 오류가 흔하게 나타난다. 라오스 문자를 프랑스어로 표기했고, 그걸 영어식으로 발음하기 때문이다.
비엔티안 Vientiane이라고 알려진 라오스 수도의 정확한 발음은 '위앙짠 ວຽງຈັນ'이다. 프랑스어 V는 W처럼 발음하고, '짠'은 프랑스어로 표기가 불가능하기 때문에 이와 비슷한 tiane으로 표기한 것이다. 이걸 영어식으로 발음해서 비엔티안이 된 것. 최근 현지 발음대로 표기하려는 경향 때문에 Wiang Chan 또는 Vieng Chan(역시나 비엥찬이 아니라 위앙짠으로 읽는다)으로 표기하기도 한다.

ACCESS
비엔티안(위앙짠) 가는 방법

라오스의 수도답게 전국을 연결하는 교통망이 발달돼 있다. 항공은 국내선과 인접 국가를 연결하는 국제선까지 다양하고 태국 농카이 Nong Khai와 우돈타니 Udon Thani까지는 국제버스도 운행된다.

항공

비엔티안 공항의 공식 명칭은 왓따이 국제공항(싸남빈 왓따이) Wattay International Airport이다. 국제선 청사와 국내선 청사로 구분되어 있다. 라오스를 대표하는 공항이지만 운항 편수가 많지 않아서 공항 청사의 구조는 단순하다. 입국 심사대로 가기 전에 도착 비자 Visa on Arrival 받는 곳이 있는데, 한국인은 무비자로 30일간 여행이 가능하기 때문에 별도로 비자를 받을 필요는 없다. 참고로 항공에서 사용하는 비엔티안의 공식 도시 코드는 VTE이다. 항공기 이착륙에 관한 정보는 공항 홈페이지(www.vientianeairport.com)를 통해 확인이 가능하다.

어아시아, 중국동방항공이 취항한다. 방콕(태국) Bangkok, 하노이(베트남) Hanoi, 프놈펜(캄보디아) Phnom Penh, 싱가포르 Singapore, 쿠알라룸푸르(말레이시아) Kuala Lumpur, 쿤밍(중국) Kunming 노선은 직항으로 운항한다. 한국(인천)과의 직항 노선은 진에어, 제주항공, 티웨이항공, 라오항공에서 운항 중이다. 공항세(출국세)는 항공권에 포함되어 있어 별도로 낼 필요는 없다.

왓따이 국제공항

국제선

인접한 주변 국가로 국제선이 운항된다. 라오항공을 포함해 타이항공, 베트남항공, 방콕에어웨이, 에

주요 항공사(국제선)

라오항공(QV) www.laoairlines.co.kr
제주항공(7C) www.jejuair.net
진에어(LJ) www.jinair.com
티웨이항공(TW) www.twayair.com
타이항공(TG) www.thaiairways.com
방콕에어웨이(PG) www.bangkokair.com
에어아시아(AK) www.airasia.com

국내선

국영 항공사 라오항공 Lao Airlines과 민간 항공사 라오스카이웨이 Lao Skyway가 국내선을 운항한다. 루앙프라방, 우돔싸이, 루앙남타, 퐁쌀리, 폰싸완(씨앙쿠앙), 훼이싸이(보깨우), 싸완나켓, 빡쎄 노선을 취항한다.

주요 항공사(국내선)

라오항공 www.laoairlines.com
라오스카이웨이 www.laoskyway.com

기차

현재 태국의 국경 도시인 농카이에서 우정의 다리를 건너 타나랭 Thanaleng 기차역까지 국제 열차(P.131 참고)가 운행 중에 있다. 또한 2021년 개통을 목표로 중국 철도 회사에서 중국·라오스를 연결하는 철도를 건설 중이다. 이는 비엔티안→방비엥→루앙프라방→우돔싸이→루앙남타→보뗀(라오스 국경)을 거칠 예정이다.

버스

라오스의 수도이기도 하고 라오스 중앙에 위치해 있어 전국을 연결하는 버스가 출발한다. 버스 터미널은 모두 세 곳으로, 가고자 하는 목적지에 따라 버스 터미널도 달라진다. 버스 터미널이 시내에서 멀리 떨어져 있어 불편하다. 버스 티켓은 여행사나 숙소에서 예약이 가능한데, 픽업 서비스가 포함되는 대신 수수료가 추가된다.

Travel Plus

공항에서 시내로 들어가기

왓따이 국제공항은 시내에서 서쪽으로 4㎞ 떨어져 있다. 도심과 가깝기 때문에 공항 택시(자가용 택시)나 공항버스를 이용하면 된다.

①공항 택시

입국 절차를 마치고 수화물을 찾아서 나오면 공항 택시 안내 데스크가 있다. 미리 돈을 내고 쿠폰을 받아 택시를 타면 된다. 인원에 따라 4인승 택시는 7US$(6만K), 7인승 미니밴은 8US$(6만8,000K)를 받는다.

②공항버스

공항버스(에어포트 셔틀 버스 Airport Shuttle Bus)는 에어컨 시설을 갖춘 시내버스로, 입국장에 '버스 티켓 Bus Ticket'이라고 적힌 데스크에서 안내를 받으면 된다. 왓따이 국제공항→파응움 공원(파응움 왕 동상) Fa Ngum Park→메콩 호텔 Mekong Hotel→타논 쎗타티랏 Thanon Setthathirat→왓 옹뜨 Wat Ongteu→왓 미싸이 Wat Mixay→남푸(분수대) Nam Phu→타논 란쌍(왓 씨싸껫 우측 도로) Thanon Lan Xang→AV 호텔 AV Hotel→타논 빵캄 Thanon Pangkham→쎗타 팰리스 호텔 Settha Palace Hotel→싸이쏨분 부티크 호텔 Xaysombun Boutique Hotel→딸랏 싸오 버스 터미널 방향으로 운행된다. 08:35~21:40까지 40분 간격(1일 19회)으로 출발하며, 종점까지는 30분 정도 걸린다. 편도 요금은 1만 5,000K이다.

딸랏 싸오 버스 터미널에서 공항으로 갈 때(운행 시간 07:55~21:05)는 타논 쌈쎈타이 Thanon Samsenthai 거리를 지난다. 라오 플라자 호텔 Lao Palaza Hotel→국립박물관→크라운 플라자 호텔 Crown Plaza Hotel을 지나 공항까지 간다. 공항버스 노선도 www.vientianebus.org.la/Airport_Shuttle.html 참고.

공항버스

③시내에서 공항으로 가기

호텔이나 게스트하우스에 문의하면 공항 가는 택시를 불러준다. 편도 요금은 6US$로 정해져 있다.

VIENTIANE

딸랏 싸오 버스 터미널

비엔티엔 주변 지역을 오가는 시내버스(P.77 참고)와 태국을 연결하는 국제버스가 출발한다. 국제버스는 태국 국경 도시인 농카이 Nong Khai를 비롯해 우돈타니 Udon Thani(Oudonthany), 콘깬 Khon Kaen, 코랏(나콘 랏차씨마) Khorat(Nakhon Ratchasima), 방콕(끄룽텝) Bangkok까지 노선이 다양하다.

딸랏 싸오 버스 터미널
Talat Sao Bus Terminal

시내 중심가에 있는 딸랏 싸오(아침 시장) 뒤쪽에 있다. 공식적인 명칭은 비엔티안 수도 버스 터미널(싸타니 롯메 나콘루앙 위앙짠) Vientiane Capital Bus Station이지만, 여전히 버스 터미널의 위치를 의미하는 '딸랏 싸오'라는 이름으로 통용된다.

북부 버스 터미널(싸이 느아)
Northern Bus Station

'싸타니 콘쏭 도이싼 싸이 느아(북부 버스 터미널)'라는 공식적인 이름보다는 '키우 롯 싸이 느아(북부 방향 버스 정류장)'라고 불린다. 방비엥(왕위양)과 루앙프라방을 포함한 북부행 버스가 모두 출발한다. 중국 쿤밍까지 국제버스도 출발(14:00, 18:00)한다. 북부행 버스들은 산길을 돌아가는 데다가 이동 시간이 길기

딸랏 싸오 버스 터미널에서 출발하는 국제버스

노선	출발 시간	요금	소요 시간
농카이	07:30, 09:30, 12:40, 15:30, 18:00	1만5,000K	1시간 30분
우돈타니	08:00, 09:00, 10:30, 11:30, 14:00, 15:00, 16:30, 18:00	2만2,000K	2~3시간
콘깬	08:15, 14:45	5만K	4~5시간
방콕(끄룽텝)	18:00	24만8,000K	12시간

북부 버스 터미널에서 출발하는 버스

노선	출발 시간	요금	소요 시간
방비엥(왕위양)	07:30, 09:30, 10:30, 11:30, 13:00, 14:00	4만K	4시간
루앙프라방	06:30, 07:30, 08:00(VIP), 08:30, 09:00(VIP), 11:00, 13:30, 16:00, 18:00, 19:30(VIP), 20:00(VIP)	11만~15만K	9~10시간
폰싸완(씨앙쿠앙)	06:30, 07:30, 09:30, 16:00, 18:40, 20:00(VIP)	11만~15만K	10~11시간
우돔싸이	06:45, 13:45, 16:00(VIP), 17:00	19만K	17~19시간
루앙남타	08:30, 17:00	22만K	20~22시간
훼이싸이(보깨우)	10:00(VIP), 17:30	25만K	24~26시간
퐁쌀리	07:15, 18:00(VIP)	23~25만K	25~28시간
쌈느아	07:00, 09:30, 12:00, 14:00(VIP), 17:00	17만~21만K	18~20시간

남부 버스 터미널에서 출발하는 버스

노선	출발 시간	요금	소요 시간
타켁	04:00, 05:00, 06:00, 12:00, 13:00(VIP)	6만~8만K	6시간
씨완나켓	05:30~09:00(30분 간격), 20:30(VIP)	7만5,000~9만K, 12만K(VIP)	8~10시간
빡쎄	05:15, 10:00, 12:30~16:00(30분 간격), 18:00, 18:30, 19:00, 20:00, 20:30(VIP)	11만~14만K, 17만K(VIP)	12~16시간
앗따쁘	07:15, 09:30, 17:00, 20:30(VIP)	14만~18만K, 22만K(VIP)	18~22시간
폰싸완(씨앙쿠앙)	06:30, 08:30, 19:00, 20:30(VIP)	11만~13만K, 15만K(VIP)	8~9시간

때문에 일반 버스보다 에어컨 버스(VIP 버스)를 타는 게 좋다. 방비엥을 가기 위해 굳이 불편한 북부 버스 터미널까지 갈 필요는 없다. 여행사에서 운영하는 미니밴(롯뚜)이 훨씬 편하다.

북부 버스 터미널은 시내에서 북쪽으로 6km로 떨어진 타논 씨통 Thanon Sithong에 있다. 대중교통은 딸랏 싸오 버스 터미널에서 출발하는 8번 시내버스를 타면 된다(편도 요금 5,000K). 뚝뚝이나 썽태우를 합승할 경우 2만~3만K 정도에 흥정하면 된다. 혼자 타고 가면 6만K 이상을 부른다.

남부 버스 터미널(싸이 따이)
Southern Bus Terminal

남부 방향 버스 정류장이라는 뜻으로 '키우 롯 싸이 따이'라고 부른다. 현지인들은 줄여서 '싸이 따이'라고 말하기도 한다. 비엔티안에서 남쪽으로 가는 모든 버스가 출발한다. 또한 베트남행 국제버스가 출발한다. 하노이 Hanoi(18:00 출발, 편도 요금 US$ 25)와 다낭

북부 버스 터미널

남부 버스 터미널

Travel Plus
비엔티안에서 방비엥(왕위앙) 가기

비엔티안에서 방비엥까지 가는 방법은 여러 가지가 있지만 대부분 여행자들은 에어컨 미니밴을 타고 간다. 대중교통을 이용할 경우 북부 버스 터미널(싸이 느아)을 이용하면 된다. 방비엥까지 3~4시간 걸린다. 방비엥 버스 터미널은 마을 북쪽에 있기 때문에, 마을 입구 공터에서 내려달라고 해야 한다. 미니밴을 탈 경우 마을 안쪽의 게스트하우스까지 데려다 준다.

①공항에서 출발할 경우
공항에서 방비엥까지 직행하는 대중교통은 없다. 여러 명이 함께 여행한다면 공항에서 자가용 택시(편도 요금 90US$)나 미니밴(편도 요금 100US$)을 대절하면 된다.

②여행사 또는 게스트하우스에서 출발할 경우
여행자들이 가장 선호하는 방법이다. 버스 터미널까지 갈 필요 없이 예약한 곳에서 차를 타면 되기 때문에 편리하다. 굳이 여행사를 찾아가지 않더라도 본인이 묵고 있는 게스트하우스에서 예약을 대행해 준다. 다만 예약하는 곳에 따라 출발 시간과 요금이 조금씩 다르기 때문에 몇 군데 비교해 보고 예약하는 게 좋다. 에어컨 시설의 미니밴(출발 시간 09:00, 13:00)과 VIP 버스(출발 시간 10:00, 14:00) 두 종류가 운행된다. 보통 오전과 오후에 1대씩 하루 2편이 출발한다. 편도 요금은 미니밴 6만K, VIP 버스 5만K이다(저렴한 여행사는 4만 5,000K로 판매하기도 한다). 3~4시간 정도가 걸리는데 미니밴이 조금 더 빨리 도착한다.

③대중교통을 이용할 경우
대중교통을 이용하는 것도 어렵지 않지만 버스 요금은 크게 차이 나지 않는다. 방비엥행 버스는 북부 버스 터미널(싸이 느아)에서 출발한다. 딸랏 싸오 버스 터미널에서 8번 시내버스(편도 요금 5,000K)를 타고 '싸이 느아'라고 외치면 북부 버스 터미널에 내려준다. 버스 터미널에 도착하면 예매 창구로 갈 필요 없이 5번 탑승구로 가면 된다(방비엥이라고 외치면 사람들이 안내해준다). 방비엥으로 가는 미니밴이 대기하고 있는데, 승객 11명이 모이는 대로 출발한다(편도 요금은 5만K). 막차는 오후 4시경에 출발하므로 너무 늦게 가지 말 것.
돈을 조금이라고 절약하고 싶다거나 현지인들이 어떤 버스를 타는지 궁금하다면 9번 탑승구(영어로 '방비엥 Vang Vieng, 까씨 Kasy'라고 적혀 있다)로 가서 일반 버스를 타면 된다. 일반 버스는 에어컨이 없어서 창문을 열고 달린다. 1일 6회(07:30, 09:30, 10:30, 11:30, 13:00, 14:00) 출발하며 편도 요금은 4만K이다. 참고로 까씨행 버스도 방비엥을 경유한다.

Da Nang(17:30 출발, US$ 25)으로 매일 출발한다. 남부 버스 터미널은 시내에서 남쪽으로 8㎞ 떨어져 있다. 시내버스가 수시로 드나들기 때문에 대중교통을 이용해 갈 만하다. 딸랏 싸오 버스 터미널에서 동독 Dong Dok행 29번 시내버스(06:00~17:30, 15분 간격 운행, 편도 요금 5,000K)를 타면 된다.

여행사 버스

시내에 위치한 게스트하우스나 여행사에서 운영하는 일종의 투어리스트 버스다. 방비엥(왕위양)까지는 미니밴(롯뚜)이 운행된다. 예약한 여행사나 숙소에서 기다렸다가 미니밴을 타면 된다. 편도 요금은 5만~6만K이다(자세한 방법은 P.76 참고). 방비엥 이외에 루앙프라방은 물론 방콕(태국)까지 가는 버스표도 예약이 가능하다.

단거리 구간을 이동하는 미니밴을 제외하고, 나머지 버스들은 터미널에서 출발한다. 여행사는 단순히 예약을 대행해주는 것으로, 예약 수수료가 추가된다.

TRANSPORTATION

시내 교통

에어컨 시설이 갖춰진 시내버스가 도입되면서 대중교통이 한 단계 업그레이드됐다. 미터 택시는 존재하지 않는다. 현지인들처럼 뚝뚝을 대절하거나 썽태우를 합승해야 한다.

에어컨 시설의 시내버스

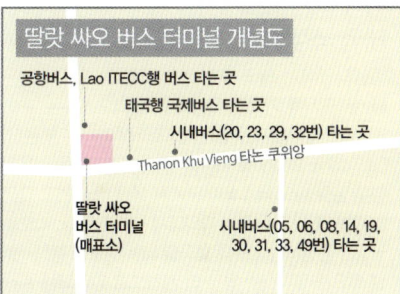

딸랏 싸오 버스 터미널 개념도

공항버스, Lao ITECC행 버스 타는 곳
태국행 국제버스 타는 곳
시내버스(20, 23, 29, 32번) 타는 곳
Thanon Khu Vieng 타논 쿠위앙
딸랏 싸오 버스 터미널 (매표소)
시내버스(05, 06, 08, 14, 19, 30, 31, 33, 49번) 타는 곳

시내버스

시내 중심가와 가까운 딸랏 싸오 버스 터미널에서 모든 시내버스가 출발한다. 에어컨 시설이 있어 쾌적하지만 영어 안내판은 미비하다. 탑승 전 기사에게 목적지를 확인하도록 하자. 운행시간은 06:00~17:30까지며, 거리에 따라 4,000~8,000K를 받는다. 잔돈을 미리 준비해 기사에게 요금을 내면 된다. 태국 국경이 있는 우정의 다리(쿠아 밋따팝)를 오가는 14번 버스(편도 요금 8,000K)는 승객이 많고 복잡해서 차장이 돌아다니며 요금을 받는다. 시내버스 타는 곳은 두 곳으로 분산되어 있다. 14번 버스는 터미널 건물 맞은편 삼거리 코너에서 출발한다. 시내버스 노선은 홈페이지(lao.busnavi.asia) 참고.

주요 버스 노선

8번 딸랏 싸오→타논 쌈쎈타이→북부 버스 터미널
14번 딸랏 싸오→왓 씨므앙→우정의 다리 Friendship Bridge→붓다 파크(씨앙쿠안)→타드아 Tha Deua
23번 딸랏 싸오→빠뚜싸이→남부 버스 터미널→타응온 Tha Ngon
29번 딸랏 싸오→빠뚜싸이→남부 버스 터미널→동독 Dong Dok
공항버스 딸랏 싸오→Vientiane Plaza Hotel→Lao Plaza Hotel→국립 문화회관→Crown Plaza Hotel→왓따이 국제공항
Lao ITECC행 버스 딸랏 싸오→빠뚜 싸이→탓 루앙→Asean Mall→Lao ITECC

뚝뚝·점보·썽태우

뚝뚝은 가까운 거리를 이동할 때 택시처럼 타면 된다. 외국인들에게 바가지요금이 심하기 때문에 반드시 요금을 미리 흥정해야 한다. 여행자 숙소 주변에서 정차해 놓고 영어로 말을 걸어오는 뚝뚝 기사들은 현지인보다 두세 배 비싸게 부른다. 가짜 요금표까지 보여주며 외국인을 현혹하는 기사도 있다. 1~2㎞를 가는 데 1만K 정도에 흥정하는 게 보통이다.

가능하면 지나가는 뚝뚝을 세워서 목적지를 말하고 요금을 흥정하는 게 좋다. 뚝뚝이라고 해도 다른 승객과 목적지가 맞으면 합승해서 태운다. 자세히 보면 뚝뚝 앞쪽 상단에 (라오스어로)목적지가 적혀 있다. 합승 뚝뚝은 '점보(쨤보) Jumbo'라고도 불리는데, 일반 뚝뚝보다 커서 여러 명이 탈 수 있다. 픽업트럭을 개조한 '썽태우'도 여러 명이 합승해서 타고 간다. 합승 요금은 시내 지역을 이용할 때 5,000K(하판낍) 정도에 흥정하면 된다. 기사들은 거리에 상관없이 으레 1만K(씹판낍)을 요구한다.

요금을 미리 흥정해야 하는 뚝뚝

자전거

시내와 가까운 볼거리만 다녀올 경우 자전거를 이용하면 된다. 빠뚜싸이를 지나 탓 루앙까지 어렵지 않게 다녀올 수 있다. 자전거 대여는 시내에 있는 게스트하우스에서 가능하며, 하루에 1만~2만K을 받는다.

Travel Plus
태국 국경 넘기 또는 라오스 비자 연장하기

비엔티안에서 태국 국경을 건너면 농카이가 나온다. 두 도시를 가려면 우정의 다리(라오스에는 '쿠아밋따팝', 태국에서는 '싸판 밋뜨라팝'이라고 부른다) Friendship Bridge를 지나야 한다. 대중교통을 이용할 경우 딸랏 싸오 버스 터미널에서 14번 버스(편도 요금 8,000K)를 타고 우정의 다리에서 내리면 된다. 라오스 국경은 통행세가 있는데 출국할 때는 별도의 통행세를 낼 필요는 없다. 단, 업무 외 시간으로 간주되는 토~일요일과 평일 06:00~08:00, 16:00~22:00에 국경을 통과할 때는 1만 1,000K(또는 태국 화폐 50밧)의 통행세를 내야 한다(태국 국경이라 태국 화폐가 통용된다). 통행세를 내면 교통카드처럼 생긴 '원 웨이 티켓 One Way Ticket'을 준다. 통행세가 해결됐으면 출입국 심사대로 직진한다. 여권과 출국 카드를 제시하고 출국 스탬프를 찍으면 라오스 출국 절차가 끝난다.

출국 절차를 마치면 우정의 다리를 건너 태국 출입국 사무소까지 가는 셔틀 버스(4,000K 또는 20밧)를 탄다. 태국 입국사무소에서 입국 카드를 작성하고 입국 절차를 밟으면 된다. 태국은 무비자로 90일간 체류가 가능하다. 태국 국경에서 농카이 버스 터미널 또는 기차역까지는 뚝뚝(40밧)을 타면 된다. 이런 일련의 과정이 번거롭다면 딸랏 싸오 버스 터미널에서 국제버스(P.75 참고)를 타면 된다. 국제버스는 농카이 버스 터미널까지 직행한다.

라오스 출입국 관리소

만약 라오스 비자를 연장할 목적이라면 농카이까지 갈 필요 없이 다시 라오스로 입국하면 된다. 태국 입국 절차를 마치면 길 건너 맞은편에 있는 태국 출국사무소에서 출국 스탬프를 받고, 셔틀 버스를 타고 우정의 다리를 건너 라오스 입국 심사를 받으면 된다. 국경은 06:00~22:00에 개방된다. 육로로 라오스에 입국해도 무비자로 30일 체류 가능한 입국 스탬프를 찍어준다. 태국 국경에서는 한국인 무비자 90일 규정에 대해 엄격하게 심사한다. 태국을 입국했던 경험(여권에 태국 스탬프가 찍혀 있는 경우)이거나 장기 체류자(태국에서 90일을 꽉 채워 출국할 경우)일 경우, 여행자임을 증명할 수 있는 왕복 티켓과 호텔 예약 증명서 등을 미리 준비해두면 도움이 된다. 농카이→비엔티안 국경 넘기 정보는 P.133을 참고하자.

BEST COURSE Vientiane

비엔티안의 추천 코스

시내 중심가에 볼거리들이 몰려 있어 하루면 충분하다. 비교적 멀리 떨어져 있는 탓 루앙과 왓 씨므앙은 뚝뚝을 타고 가면 좋다. 자전거를 대여해서 천천히 여행하는 것도 나쁘지 않다. 시간이 빠듯하다면 반나절 일정으로 왓 프라깨우→왓 씨싸껫→빠뚜싸이→탓 루앙을 방문하면 된다.

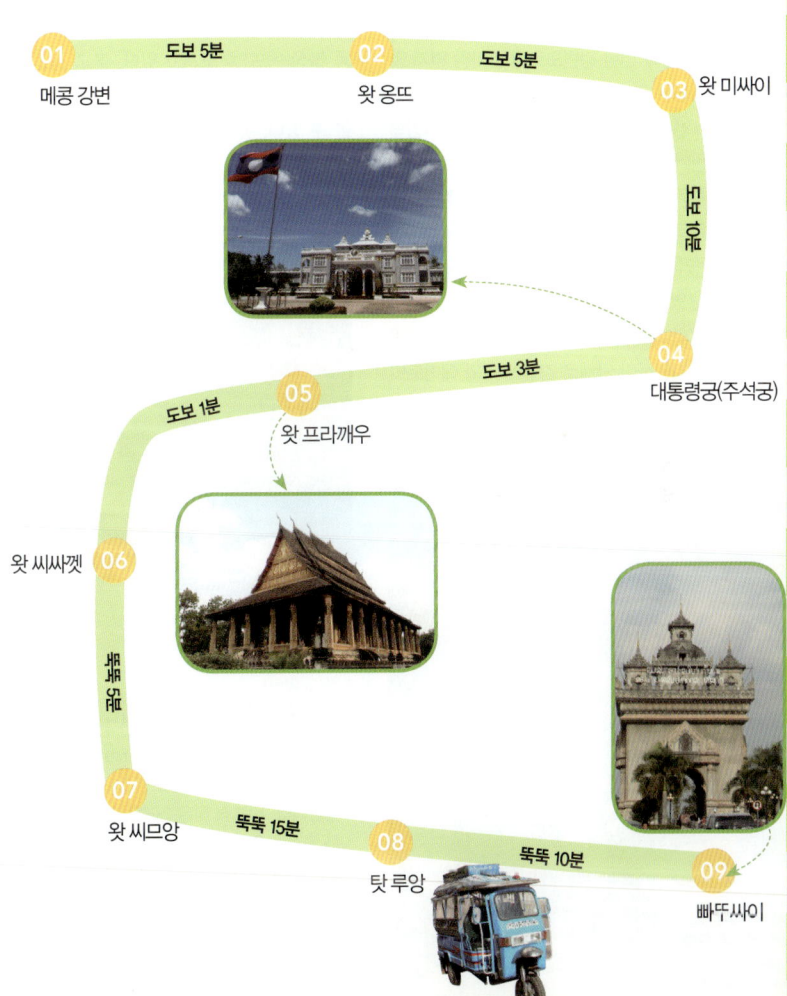

01 메콩 강변 — 도보 5분 —
02 왓 옹뜨 — 도보 5분 —
03 왓 미싸이 — 도보 10분 —
04 대통령궁(주석궁) — 도보 3분 —
05 왓 프라깨우 — 도보 1분 —
06 왓 씨싸껫 — 뚝뚝 5분 —
07 왓 씨므앙 — 뚝뚝 15분 —
08 탓 루앙 — 뚝뚝 10분 —
09 빠뚜싸이

ATTRACTION

비엔티안의 볼거리

시내 중심가에 사원이 많다. 역사적으로 중요시되는 왓 프라깨우, 원형을 보존한 왓 씨싸껫, 라오스의 상징처럼 여기는 탓 루앙을 빼놓지 말자. 해질 무렵 메콩 강변에 앉아 강 건너 태국 풍경을 감상하는 것도 나쁘지 않다.

다운타운(시내 중심가) ★★
Downtown

불교 국가답게 시내 곳곳에 사원이 가득하다. 하지만 20세기 들어 새롭게 건설된 사원이라 고색창연한 맛은 없다. 메콩 강과 연한 강변도로에서 가장 먼저 만나게 되는 사원은 왓 짠 Wat Chan(또는 왓 짠타부리 Wat Chanthabuli, Map P.70-A3)이다. 1828년 싸얌의 침략 때 사원이 파괴됐던 것을 재건축한 것으로, 본존불로 모신 황동 불상은 피해를 입지 않았다. 강변도로는 타논 파응움 Thanon Fa Ngum(Quai Fa Ngum)이다. 란쌍 왕국을 건국한 파응움 왕(재위 1353~1373)의 이름을 붙였다. 왓 짠 앞쪽의 강변도로에 저녁이 되면 야시장(나이트 바자, Map P.70-A3)이 생긴다. 해질 무렵 현지인들이 단체로 강변에 나와 에어로빅을 하는 모습도 흥겨움을 더한다.

왓 짠에서 한 블록 위로 올라가면 왓 옹뜨 Wat Ongteu (Map P.70-A3)가 나온다. 비엔티안으로 수도를 이전한 쎗타티랏 왕(재위 1548~1571) 때 건설된 사원이다. 역시나 싸얌의 침략으로 폐허가 된 사원을 새롭게 복원한 것이다. 크기 5.8m, 무게 1,200kg의 황동 불상(옹뜨)을 모시고 있다. 불교 경전을 연구하는 학교를 겸하고 있기 때문에 젊은 승려들을 많이 볼 수 있다. 왓 옹뜨 오른쪽에 있는 왓 미싸이 Wat Mixay(Map P.70-B3)는 버마(오늘날의 미얀마)와의 전쟁에서 승리를 기념하기 위해 쎗타티랏 왕이 건설했다(미싸이는 승리라는 뜻이다). 법당과 본존불로

왓 미싸이

메콩 강변에 들어서는 야시장

왓 옹뜨

알아두세요

거리는 '타논'이라고 합니다

라오스에서는 도로를 '타논 ກະໜົນ'이라고 합니다. 하지만 도로 표지판에는 프랑스어와 영어가 혼재되어 있답니다. 비교적 작은 거리는 프랑스어로 '뤼 Rue', 큰 도로는 영어로 '로드 Road'라고 구분했고, 강변도로는 프랑스어로 '케 Quai'라고 표기했답니다. 대로는 '애비뉴 Avenue'와 '불러바드 Boulevard'라고 적혀 있기도 합니다. 하지만 라오스에서는 도로의 크기를 구분하지 않고 모두 '타논'이라고 합니다. 참고로 주요 도로 명칭은 역대 왕들의 이름을 사용하고 있답니다.

VIENTIANE

남푸(분수대)

모신 불상, 벽화까지 태국 사원의 건축 양식을 그대로 따랐다. 사원 입구에는 약사 Yaksha(거인 모양의 수호신) 동상을 세웠다.

왓 미싸이에서 타논 쎗타티랏 Thanon Setthathirat을 따라 오른쪽으로 가다 보면 남푸(분수대) Nam Phu(Map P.70~C2)가 나온다. 비엔티안 시내 중심가의 분수대로 1960년대에 건설됐다. 남푸의 문자적인 의미는 물로 만든 산('남'은 물, '푸'는 산을 의미함)이란 뜻이다. 분수대 주변으로 레스토랑이 많아서 낮보다 선선한 저녁 때 활기를 띤다.

강변도로 & 짜오 아누웡 공원 ★★
Riverside & Chao Anouvong Park

Map P.70~71-C3

태국과 국경을 이루는 메콩 강을 따라 산책로가 잘 정비되어 있다. 산책로를 따라가면 짜오 아누웡 공원(쑤언 짜오 아누웡) Chao Anouvong Park이 나온다. 짜오 아누웡(쎗타티랏 5세)은 비엔티안 왕국 Vientiane Kingdom의 마지막 왕(재위 1805~1828)을 지냈던 인물이다. 씨암 Siam(오늘날의 태국)의 속국으로 전락했던 시절, 군대를 이끌고 씨암과의 전쟁을 승리로 이끌었던 라오스의 전쟁 영웅이기도 하다. 하지만 군사력의 우위를 점했던 씨암이 세력을 재정비해 비엔티안을 침략하며 비엔티안 왕국은 패망하고

강변도로 & 짜오 아누웡 공원

말았다. 그는 씨암의 라마 3세(재위 1824~1851)에게 포로로 잡혀 방콕(태국의 수도)으로 끌려가 죽임을 당했다고 한다.

메콩 강변에는 짜오 아누웡 왕의 동상을 세워 그의 업적을 기리고 있다. 2010년에 세워진 6m 높이의 동상은 한 손에는 칼을 차고, 다른 한 손으로 태국을 가리키고 있다. 마치 잃어버린 국토의 수복 의지를 보여주는 듯하다. 태국 입장에선 반역자에 불과한 그의 동상을 무척이나 못마땅하게 여긴다. 이런 역사적인 관계 때문인지 태국을 가리키는 손은 명령을 내리는 게 아니라 태국과 악수를 청하는 환영의 의미를 담고 있다고 에둘러 말하기도 한다.

탓 담 ★
That Dam

Map P.71-C2 주소 Thanon Chantha Koummane (Rue Chantha Koummane) 운영 24시간 요금 무료 가는 방법 남푸에서 북쪽 방향으로 타논 짠타 꿈만에 있다. 남푸에서 도보 6분.

탓 담

16세기에 건설된 전탑 양식의 오래된 탑이다. 시내에 남아 있는 몇 안 되는 탑으로

알아두세요

메콩 강의 유래

메콩 강은 총 길이 4,350km로, 세계에서 12번째로 긴 강이다. 티베트 고원에서 발원해 중국 윈난성, 미얀마, 라오스, 태국, 캄보디아, 베트남의 메콩 델타를 거쳐 남중국해까지 흐른다. 메콩 강은 매남콩 ແມ່ນ້ຳຂອງ에서 유래했다. 매남콩은 '콩 강'이라는 뜻으로 '매남'은 강(江)을 의미한다(어머니를 뜻하는 '매'와 물을 뜻하는 '남'이 합쳐져 매남이 됐다). 매남콩을 줄여서 라오스에서는 '남콩', 태국에서는 '메콩'이라고 부른다. 외국인들(태국과 교역했던 유럽 상인들)에게는 메콩 Mekong으로 들렸고 '매'가 강을 뜻하는지 몰랐기 때문에 강 River을 덧붙여 메콩 강 Mekong River이 된 것이다.

1995년에 재건축했다. 탑이 검은색을 띠고 있어서 탓담 Black Stupa('담'은 검다는 뜻이다)이라고 불린다. 7개의 머리를 가진 나가 Naga(힌두교와 불교 신화에 등장하는 신성한 뱀)가 살고 있다는 전설을 간직하고 있다. 싸얌이 비엔티안을 침략했을 때 나가가 탑에서 나와 도시를 보호했다고 한다. 비엔티안은 1828년 싸얌에 점령당했기 때문에 전설은 전설 속의 이야기로만 남아 있다.

국립 박물관(현재 폐관. 이전 공사 중) ★★
Lao National Museum

Map P.70-B2 **현지어** 호 피핏따판 행쌋 **주소** Thanon Samsenthai **전화** 021-212-461 **운영** 08:00~12:00, 13:00~16:00(공휴일 휴무) **요금** 1만K(카메라 촬영 1만K 추가) **가는 방법** 타논 쌈쎈타이에 있는 국립 문화회관 맞은편에 있다.

프랑스 식민 지배 때 만들어진 콜로니얼 양식의 건물이다. 박물관 1층에 들어서면 크메르(앙코르 왓을 건설한 크메르 제국으로 오늘날의 캄보디아) 조각상, 공룡 뼈, 도자기 파편, 돌 항아리를 포함한 고대 유물이 전시되어 있다. 2층은 라오스 현대사에 초점을 맞추고 있다. 싸얌의 침략, 프랑스의 라오스 식민지화, 인도차이나 전쟁(베트남 전쟁 포함)과 라오스의 독립, 사회주의 정부 수립에 관한 내용으로 꾸며졌다. 흑백 사진과 문서를 포함해 전쟁 기간 동안 미군이 투하한 불발탄 UXO도 전시되어 있다. 현재 시내에 있는 국립 박물관은 이전 공사로 인해 휴관 중이며 시내에서 남부 버스터미널 방향으로 6㎞ 떨어진 곳으로 이전될 예정이다. 새로운 국립 박물관은 2017년 12월에 신축 공사를 마쳤으나, 공식적인 개관은 아직 이루어지지 않고 있다.

국립 문화회관 ★
Lao National Culture Hall

국립 문화회관

Map P.70-B2 **현지어** 호 왓타나탐 행쌋 **주소** Thanon Samsenthai(Rue Samsenthai) **가는 방법** 타논 쌈쎈타이에 있는 국립 박물관 맞은편에 있다.

국립 박물관 맞은편에 있는 건물로 독특한 외관 때문에 눈길을 끈다. 중국 정부의 재정 지원을 받아 2000년에 건설했다. 음악과 무용 공연을 위해 만든 문화회관으로 1,500석을 갖추고 있다. 라오스에는 국가에서 지원하는 국립 무용단, 국립 오케스트라 같은 문화예술단체가 없기 때문에 공연이 열리는 날은 많지 않다.

대통령궁(주석궁) ★
President Palace(Palais Presidentiel)

Map P.71-C3 **현지어** 탐니압 빠탄 빠텟 **주소** Thanon Setthathirat(Rue Setthathirath) & Thanon Lan Xang(Lane Xang Avenue) **운영** 24시간(내부 입장 불가) **가는 방법** 타논 쎗타티랏과 타논 란쌍이 교차하는 삼거리에 있다. 남푸(분수대)에서 도보 5분.

1893년 프랑스가 라오스를 프랑스령 인도차이나에 편입시키며 총독 관저로 건설했다. 독립 이후에 씨싸

시내에 있던 구 국립 박물관

새로 지어진 국립 박물관. 언제 개관할 지는 알 수 없다.

대통령궁(주석궁)

왕월 왕 King Sisavangvong(재위 1904~1959. 루앙프라방의 왕궁에 거주했다)이 비엔티안을 방문할 때 거주했던 곳이다. 현재는 대통령궁(주석궁)이라고 불리지만 사회주의 공화국의 주석이 거주하지는 않는다. 빈 건물로 남아 있으며 일반인의 출입이 제한된다. 주석이 주관하는 각료회의가 열리거나 해외 귀빈이 방문할 때 접견 장소로 사용될 뿐이다. 주석궁 앞쪽으로 비엔티안에서 가장 큰 도로인 타논 란쌍 Thanon Lan Xang(Lane Xang Avenue)이 빠뚜싸이까지 직선으로 이어진다.

왓 씨싸껫(씨싸껫 박물관) ★★★☆
Wat Sisaket(Sisaket Museum)

Map P.71-C2~D3 주소 Thanon Setthathirat(Rue Setthathirath) & Thanon Lan Xang(Lane Xang Avenue) 운영 08:00~17:00 요금 1만K 가는 방법 대통령궁 옆에 있는 왓 프라깨우 맞은편에 있다.

1818년 짜오 아누웡 Chao Anouvong(재위 1805~1828) 시절에 건설된 사원이다. 특이하게도 태국(방콕) 양식으로 건설됐다. 싸얌 Siam(오늘날의 태국)의 속국에서 벗어나기 위해 짜오 아누웡이 반기를 들고 전쟁을 벌여 일시적으로 영토를 회복했으나(1826년), 전쟁에 패하며 다시 싸얌의 지배를 받게 된다(1828년). 이때 비엔티안을 약탈하는 과정에서 태국 양식으로 건설된 왓 씨싸껫은 피해를 입지 않고 살아남게 된다. 덕분에 비엔티안에서 현존하는 가장 오래된 사원으로 군림하고 있다. 왓 씨싸껫은 국왕에 대한 영주들의 충성 서약이 행해지던 곳인데, 싸얌의 지배를 받는 동안에는 생존한 라오스 왕족들이 새로운 지배자에게 충성을 서약한 굴욕적인 장소이기도 하다.

옛 모습 그대로 보존한 왓 씨싸껫은 회랑(종교 건축에 쓰이는 중요한 건물을 둘러싸고 있는 지붕이 있는 복도)과 대법전(씸)이 볼 만하다. 대법전은 승려들의 출가 의식이 행해지던 곳이다. 대법전 내부에는 붓다의 전생을 기록한 벽화가 희미하게 남아 있다. 회랑은 작은 감실을 만들어 불상을 보관하고 있다. 불상들은 16세기에서 19세기에 걸쳐 만들어진 것들이다. 사원에 보관된 불상은 무려 6,840개로 마치 불상 박물관을 연상케 한다. 대법전 이외에 장경고와 법고가 남아 있다. 불경을 보관하던 장경고는 버마(오늘날의 미얀마) 양식으로 건설됐다. 장경고에 보관됐던 불경들은 싸얌의 침략으로 인해 방콕(태국의 수도)로 옮겨 보관 중이다.

국가적으로 신성시되는 곳인 만큼 노출이 심한 옷은 삼가야 한다. 무릎이 보이는 짧은 치마나 어깨가 보이는 민소매 옷은 예의에 어긋난다.

불상이 가득 전시된 회랑

왓 씨싸껫 입구

왓 씨싸껫의 대법전

왓 프라깨우(호 파깨우) ★★★
Wat Phra Kaew(Hor Phrakeo Museum)

Map P.71-D3 주소 Thanon Setthathirat 운영 08:00~17:00 요금 1만K 가는 방법 타논 쎗타티랏에 있는 왓 씨싸껫 맞은편에 있다. 대통령궁을 바라보고 왼쪽에 있다.

루앙프라방에서 비엔티안으로 란쌍 왕조의 수도를 옮긴 쎗타티랏 왕이 1565년에 건설한 사원이다. 에메랄드 불상으로 알려진 '프라깨우 Phra Kaew'를 모시기 위해 건설했다. 왕실 사원으로 만들었기 때문에 승려들은 거주하지 않는다. 에메랄드 불상이 비엔티안에 모셔져 있던 기간은 200여 년에 불과하다. 1779년 싸얌(태국)의 침략을 받아 불상은 약탈당했으며(에메랄드 불상은 현재 방콕에 모셔져 있다). 싸얌과의 전쟁에서 패해 싸얌의 지배를 받기 시작한 1828년에는 사원이 완전히 전소되어 폐허가 됐다. 사원의 기단만 남아 있던 왓 프라깨우는 1940년대 들어 복원됐다. 높다란 연꽃 모양의 기둥이 받치고 있는 3겹 지붕으로 된 대법전(씸)이 남아 있을 뿐이다. 기단부의 계단은 나가(뱀) 장식이 되어 있고, 출입문은 목조 조각 장식이 원형 그대로 남아 있다. 대법전 주변은 공원으로 꾸며져 있다. 현재는 사원의 기능을 하지 못하고 불상을 전시한 박물관으로 변모했다. 대법전 내부에는 왕이 사용하던 황금빛 왕좌, 왕실에서 기우제 때 사용했던 황동으로 만든 개구리 모양의 북, 라오스어와 태국어로 적힌 비문, 크메르 불상과 힌두 석상, 래커를 칠한 목조 불상과 황동 불상이 전시되어 있다. 대법전 외부에도 벽면을 따라 불상을 전시해 회랑처럼 꾸몄다. 내부보다 규모가 큰 청동 불상을 전시하고 있다. 명상에 잠긴 불상을 포함해 비를 부르는 불상(양손을 곱게 내리고 서 있다), 설법을 전파하는 불상(양손을 들어 손바닥을 펴고 있다. 이웃과 다투지 말라는 의미로 해석되기도 한다), 악을 방지하고 지혜를 부르는 불상(가부좌를 튼 자세에서 오른손을 내리고 있다) 등 다양한 포즈의 라오스 불상을 볼 수 있다.

참고로 왓 프라깨우는 사원이 아니라 법당만 남아 있기 때문에 호 프라깨우(호 파깨우) Ho Phra Kaew라고 불리기도 한다. 프라깨우는 줄여서 '파깨우'로 발음하기도 한다. 법당 내부는 사진 촬영이 불가하다. 국가적으로 신성시되는 곳인 만큼 노출이 심한 옷은 삼가야 한다. 무릎이 보이는 짧은 치마나 어깨가 보이는 민소매 옷은 예의에 어긋난다.

왓 프라깨우에 전시된 불상

왓 프라깨우 대법전

왓 프라깨우

빠뚜싸이 ★★☆
Patuxai

Map P.69-C1 주소 Thanon Lan Xang(Lane Xang Avenue) 운영 월~금 08:00~16:00, 토~일 08:00~

승리의 문이란 뜻의 빠뚜싸이

17:00 요금 3,000K(내부 입장료) 가는 방법 타논 란 쌍 끝자락에 있다. 딸랏 싸오에서 도보 10분.

승리의 문이란 뜻('빠뚜'는 문, '싸이'는 승리를 의미함)으로 1969년에 건설되었다. 사회주의 정부 수립 이전에 프랑스와의 독립 전쟁에서 사망한 사람들을 기리기 위해 건설했다. 아이러니하게도 전체적인 모습은 프랑스 파리의 개선문을 흉내 내 만들었다. 건축자재는 비엔티안 공항 활주로를 건설하기 위해 미국에서 지원한 시멘트를 사용했다.

개선문을 닮은 겉모양과 달리 치장은 전형적인 라오스 양식으로 이루어졌다. 불상과 낀나리 Kinnari(새와 사람이 합쳐진 신), 라마야마(힌두 신화) 이야기가 조각되어 있다. 빠뚜싸이 주변에 공원을 만들어 시민들의 휴식 공간으로 사랑받는다. 멀리서 보면 그럴싸하지만, 시멘트로 만들었기 때문에 가까이서 보면 조잡하다.

빠뚜싸이 전망대로 올라가려면 입장료(3,000K)를 내야 한다. 내부 계단을 통해 올라가면(중간에 기념품 상점이 있다) 비엔티안 시내 풍경이 파노라마로 펼쳐진다. 특히 정면으로 곧게 뻗은 타논 란쌍(란쌍 거리) 풍경이 눈길을 끈다.

타논 란쌍(란쌍 거리) ★★
Thanon Lan Xang(Avenue Lane Xang)

Map P.71-D2

타논 란쌍은 라오스에서 가장 넓은 8차선 도로다('타논'은 도로를 의미함). 비엔티안의 중심도로로, 대통령궁(주석궁)에서 딸랏 싸오(아침 시장)를 지나 빠뚜싸이(승리의 문)까지 직선 도로가 곧게 뻗어 있다. 대로변이지만 고층 빌딩들은 거의 없다. 호주 은행인 ANZ 은행, 태국 은행인 싸얌 상업 은행 Siam Commercial Bank을 포함한 외국계 은행들이 대거 포진해 있다. 경제부, 교육부, 통신부, 관광청 등의 관공서와 유엔 UN, 아시아 개발 은행 ADB, 프랑스 문화

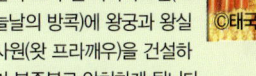
빠뚜싸이에서 바라 본 타논 란쌍(란쌍 거리)

알아두세요

국가의 번영을 가져다주는 '프라깨우(파깨우)'

프라깨우는 엄밀히 말해 에메랄드가 아닌 푸른색 옥으로 만든 불상입니다. 불상이 만들어진 정확한 시기는 알지 못하지만 인도에서 만들어져 스리랑카를 거쳐 태국으로 전해진 것으로 여겨진답니다. 태국에서 에메랄드 불상이 발견된 것은 1434년으로, 태국 북부의 치앙라이 Chiang Rai에서 최초로 발견됐답니다. 석고 회반죽으로 감싼 불상이 실수로 파손되며 불상의 존재가 세상에 알려졌답니다.

그후 불상은 란나 왕국 Lanna Kingdom(씨암과 다른 태국 북부의 독립 왕조로 1939년 태국에 완전히 편입됐다)의 수도였던 치앙마이 Chiang Mai와 라오스의 수도 비엔티안을 거쳐 방콕으로 옮겨집니다. 란나 왕국에서 라오스로 불상이 옮겨지는 과정은 자연스럽게 이루어졌습니다. 당시 란나 왕국을 통치하고 있었던 쎗타티랏 왕(당시는 왕세자 신분이었다)이 리오스 루앙프라방으로 돌아오며 신성시하는 에메랄드 불상도 함께 가져오게 됩니다(1547년). 그후 루앙프라방에서 비엔티안으로 수도를 옮기며 불상도 비엔티안으로 옮겨간 것이죠. 하지만 에메랄드 불상을 방콕으로 옮겨가는 과정은 조금 다릅니다. 전쟁을 통해 불상을 약탈해 간 것인데, 씨암 Siam(오늘날의 태국)의 새로운 수도가 된 라따나꼬씬(오늘날의 방콕)에 왕궁과 왕실 사원(왓 프라깨우)을 건설하며 본존불로 안치하게 됩니다.

ⓒ태국관광청

프라깨우를 모셨던 사원은 모두 왓 프라깨우라 불리는데 치앙라이, 치앙마이, 비엔티안, 방콕에 같은 이름의 사원이 지금도 실존하고 있어 불상의 중요성을 짐작하게 하지요. 66㎝ 크기밖에 되지 않는 작은 불상을 이처럼 여러 나라에서 중요하게 여기는 이유는 새로운 왕조의 번영과 왕실의 행운을 가져온다는 믿음 때문입니다.

원 Institut Français 같은 국제기구도 눈에 들어온다. 딸랏 싸오 몰(P.99 참고)이 그나마 높은 건물이다. 도로 표지판에는 애비뉴 란쌍 Avenue Lane Xang이라고 적혀 있다. Lane Xang은 프랑스 식민지배 때 표기한 것으로 레인쌍이 아니라 '란쌍'으로 발음해야 한다. 란쌍 ລ້ານຊ້າງ은 백만의 코끼리라는 뜻으로, 라오스 최초 독립 왕국의 이름이다(당시엔 루앙프라방이 수도였다). 특별한 볼거리는 아니지만 비엔티안(위앙짠)을 여행하면 한 번쯤은 지나게 되는 도로다.

탓 루앙(파 탓 루앙)
That Luang(Pha That Luang) ★★★☆

Map P.69-D1 **주소** Thanon That Luang **운영** 08:00~17:00 **요금** 1만K **가는 방법** 빠뚜싸이에서 북동쪽으로 2㎞ 떨어져 있다. 딸랏 싸오 버스 터미널 옆 공항버스 정류장에서 출발하는 Lao ITECC행 시내버스(운행 09:20~17:30까지 40분 간격, 편도 요금 4,000K)를 타고 가도 된다.

라오스의 상징이자 라오스에서 가장 신성시되는 종교적인 건축물이다. 위대한 탑이라는 뜻을 갖고 있다. 1566년 쎗타티랏 왕 때 건설했다. 건설 당시에는 '프라 쩨디 로카쭐라마니(세상에서 가장 귀중한 탑) Phra Chedi Lokha Chulamani'라고 불렀다. 전설에 따르면 3세기경에 인도 승려들이 가져온 붓다의 사리를 안치했던 장소라고 한다(당시 라오스까지 불교 사절단이 왔던 기록은 존재하지 않는다). 18~19세기 버마와 싸암의 침략을 받아 대부분 파괴됐다. 그후 프랑스가 통치하던 1900년에 들어서야 복원 공사가 완료됐다. 1930년대에 재공사가 이루어졌으며, 1995년(라오스 인민민주주의 공화국 탄생 20주년)에 황금색을 입혀 탑이 반짝이게 됐다. 건설 당시에는 450㎏의 금을 사용해 화려했으나, 재건축된 탓 루앙은 콘크리트 건물에 금색을 칠한 것이라 미적인 매력은 현저히 떨어진다.

성벽(회랑을 겸한다)에 둘러싸여 있는 탓 루앙은 연꽃봉오리를 형상화한 첨탑 모양의 탑이다. 69m의 직사각형 기단 위에 45m 높이의 탑을 세웠다. 30개의 작은 탑이 기단부를 둘러싸고 있다. 깨달음의 과정을 형상화한 것이라고 한다. 탓 루앙과 함께 건설한 네 개의 사원(탑을 중심에 두고 동서남북 방향으로 사원을 건설했다)은 현재 두 개만 남아 있다. 북쪽에 있는 사원이 왓 탓 루앙 느아 Wat That Luang Neua, 남쪽에 있는 사원이 왓 탓 루앙 따이 Wat That Luang Tai다. 탓 루앙 입구에는 탓 루앙을 건설한 쎗타티랏 왕의 동상이 세워져 있다.

11월 대보름에 열리는 탓 루앙 축제(분 탓 루앙) That Luang Festival 때가 되면 신성함이 더해진다. 전통 복장을 입고 참여한 인파들이 어우러져 화려하다. 승려들이 대거 참여하는 딱밧(탁발) 의식이 행해지고, 프라쌋 프앙(바나나 줄기에 꽃을 장식해 만든 탑 모양의 꽃다발)을 들고 탑 주변을 돌면서 종교적인 의

쎗타티랏 왕 동상과 탓 루앙

알아두세요

사원은 왓 Wat이라 부릅니다

불법승을 갖춘 사원을 라오스에서 '왓'이라 부릅니다. 사원에서 가장 신성한 공간은 '씸'으로 우리나라 사원의 대웅전과 같은 곳입니다. '씸' 내부에 본존불을 모시고 승려들의 출가 의식이 행해집니다. 사원 경내에는 불탑을 세우고 법고를 보관할 정자를 만듭니다. 불경(패엽경)을 보관한 장경고(호따이)와 승려들의 머무는 승방(꾸띠)도 빼놓을 수 없지요. 불탑은 '탓'이라고 하는데 피라미드 모양(보통 연꽃을 형상화한다)과 종 모양의 탑('쩨디'라고 부르기도 한다)으로 구분됩니다. 불교 국가인 라오스에서 사원은 마을의 중심이 됩니다. 아침마다 딱밧(탁발) 의식이 진행되기 때문에 생활의 중심이 되는 곳이며, 남자라면 누구나 수행을 해야 하기 때문에 교육기관의 역할도 수행하는 곳이 사원이랍니다. 참고로 '왓'의 영문 표기는 Wat으로 쓰지만, 프랑스의 영향을 받아 Vat으로 표기한 곳도 있답니다.

연꽃을 형상화한 탓 루앙

미를 되새긴다.
국가적으로 신성시되는 곳인 만큼 노출이 심한 옷은 삼가야 한다. 무릎이 보이는 짧은 치마나 어깨가 보이는 민소매 옷은 예의에 어긋난다. 복장 규정을 어겼을 경우 입구에서 싸롱(기다란 천)을 대여해 허리에 두르면 된다.

왓 씨므앙 ★★
Wat Si Muang

Map P.69-C2 **주소** Thanon Setthathirat & Thanon Samsenthai & Thanon Tha Deua **운영** 06:00~19:00 **요금** 무료 **가는 방법** 왓 프라깨우를 바라보고 타논 쎗타티랏을 따라 왼쪽으로 1㎞ 떨어져 있다.

과거에는 므앙(성벽에 둘러싸인 도시)을 만들 때마다 도시의 번영을 기원하는 기둥을 세웠다. '락므앙' Lak Muang(City Pillar)으로 불리는 기둥은 도시를 수호하는 신을 모시고 있다고 여겨 신성시된다. 왓 씨므앙은 쎗타티랏 왕이 비엔티안으로 수도를 옮기고 락므앙을 세운 자리에 건설된 사원이다(1563년). 1828년 싸얌의 침략으로 폐허가 됐다가 1915년에 재건됐다. 왓 씨므앙은 비엔티안에서 가장 활기 넘치는 사원으로 순례자들과 관광객의 발길이 끊임없이 이어진다. 꽃과 과일을 들고 와 보시하는 순례자들을 어렵지 않게 볼 수 있다. 사원에 모신 불상들은 소망이 이루어지는 힘을 갖고 있다고 믿기 때문이다. 또한 미래의 중대사를 결정할 때 불상이 답해준다고 여긴다. 사원 앞쪽(동쪽)으로 씨싸왕웡 왕 King Sisavangvong(재위 1904~1959) 동상을 세운 작은 공원이 있다.

왓 씨므앙

락므앙 ★☆
City Pillar

Map P.69-C2 **주소** Thanon Setthathirat **운영** 24시간 **요금** 무료 **가는 방법** 왓 씨므앙에서 150m 떨어진 타논 쎗타티랏에 있다.

락므앙은 도시를 건설할 당시 번영을 기원하며 세운 기둥을 말한다. 황금색으로 빛나는 탑 모양의 건물 내부에 기둥이 모셔져 있다. 도시가 발전하고 규모도 커지면서 상징적 의미를 담아 2012년에 락므앙도 새로이 건설됐다. 영어로 뉴 시티 필러 템플 New City Pillar Temple이라고 알려지기도 했으나, 엄밀히 말해 사원은 아니다. 건물이 쉽게 눈에 띄기 때문에 이정표로 삼기 좋다.

락므앙

코프 방문자 센터 ★★☆
COPE Visitor Center

Map P.69-C3 **주소** Thanon Khu Vieng(Boulevard Khou Vieng) **전화** 021-241-972 **홈페이지** www.copelaos.org **운영** 09:00~18:00 **요금** 무료 **가는 방법** 딸랏 싸오 버스 터미널에서 타논 쿠위앙을 따라 동쪽으로 1㎞ 떨어진 그린 파크 부티크 호텔 Green Park Boutique Hotel 맞은편에 있다. 보건부에서 운영하는 재활의료 센터 Health Center of Medical Rehabilitation 간판이 보이면 내부로 들어가면 된다. 자전거를 타고 가거나 뚝뚝을 흥정(약 2만K 정도)해서 타고 가는 게 편하다.

코프 COPE는 Cooperative Orthotic and Prosthetic Enterprise(정형을 위한 지지대와 보철 협력 사업)의 약자로, 전쟁 피해자를 지원하는 NGO 단체

COPE Visitor Center

다. 불발 폭탄 Unexploded Ordnance(UXO)으로 인해 피해를 입은 사람들에 대한 의료 지원과 재활 활동을 펼치고 있다. 의족과 의수, 신체 보정기구, 휠체어, 환자용 세발자전거를 제작해 보급하고 있다. COPE 방문자 센터는 단순히 NGO 단체의 홍보 장소가 아니라 라오스의 현대사를 들여다볼 수 있는 교육장이다. 불발 폭탄(UXO)으로 인한 피해 상황과 불발 폭탄 제거 활동사진, 불발 폭탄을 녹여 만든 생활 용품(쟁반, 식기, 그릇, 칼)이 전시되어 있다. 영어로 제작된 다큐멘터리 영화도 볼 수 있다.

방문자 센터 내부에는 테니스공처럼 생긴 구슬이 주렁주렁 매달려 있는데, 대량 인명 살상 무기로 사용됐던 클러스터 폭탄 Cluster Bomb을 해체해 전시한 것이다. 커다란 폭탄 하나에 600개의 작은 폭탄을 넣어 넓은 지역을 폭격했다고 한다(베트남 전쟁이 한창이던 시절 미군은 베트남과 국경을 맞댄 라오스도 비밀리에 폭격을 가했다). 1964년부터 1973년까지 하루도 빠지지 않고 라오스에 폭탄을 투하했는데, 이로 인해 약 30만 명이 사망(당시 라오스 전체 인구의 10분의 1 이상이 사망)한 것으로 추정하고 있다. 미국의 '비밀 전쟁 Secret War'과 불발 폭탄(UXO)에 관한 자세한 내용은 P.145를 참고하자.

붓다 파크(씨앙쿠안) ★★★☆
Buddha Park(Xieng Khuan)

위치 비엔티안 동쪽으로 25㎞ **운영** 08:00~17:00 **요금** 1만5,000K **가는 방법** 딸랏 싸오 버스 터미널에서 14번 시내버스를 타면 된다. 우정의 다리를 지나 붓다 파크 입구까지 간다. 05:35~17:30까지 운행된다(오전에는 10분 간격, 오후에는 15분 간격으로 운행). 편도 요금은 8,000K이다. 우정의 다리(라오스-태국 국경)에서 대부분의 승객이 내리는데, 이때 당황하지 말고 운전기사한테 붓다 파크까지 가는지 물어보면 된다.

비엔티안에서 동쪽으로 25㎞ 떨어진 메콩 강변에 만든 조각 공원이다. 영혼의 도시라는 뜻으로 씨앙쿠안이라고도 불린다. 길이 50m가 넘는 와불상을 포함해 200여 개의 종교적인 조각상들을 전시하고 있다. 불상 조각뿐만 아니라 힌두교 관련 신(시바 Shiva, 비슈누 Vishnu, 인드라 Indra, 아르주나 Arjuna)들의 조각상도 있다. 시멘트로 만들었기 때문에 정교함보다는 기괴한 느낌을 들게 한다. 하지만 숲과 강변이 어우러져 차분하고 평화롭다(메콩 강 건너에는 태국 농카이 Nong Khai가 보인다). 종교적인 신성함보다는 사진 찍는 장소로 여행자들이 즐겨 찾는다. 호박처럼 생긴 커다란 조형물(거인을 형상화했다) 꼭대기에 오르면 붓다 파크 전경이 눈에 들어온다. 전체적으로 3층 구조로 돼 있는데 지옥, 현생 세계, 천국을 상징한다. 악마의 입처럼 생긴 입구로 들어가면 좁은 내부 계단을 통해 꼭대기까지 올라갈 수 있다.

붓다 파크는 불교와 힌두 브라만 사상에 심취했던 루앙 분르아 쑤리랏 Luang Bunleua Surirat(존엄한 할아버지라는 의미로 '루앙 뿌 Luang Pu'라고도 부른다)의 작품이다. 그는 태국 출신으로 베트남에서 힌두 그루(스승)를 사사했으며 라오스에서 생활하다가, 라오스가 공산화하자 태국으로 건너와 작업을 지속했다. 태국 농카이에 머물면서 또 다른 조각 공원인 쌀라 깨우 꾸 Sala Kaew Ku(P.134 참고)를 건설했다.

붓다 파크로 알려진 씨앙쿠안

RESTAURANT

비엔티안의 레스토랑

지방 도시에 비하면 음식이 발달했다. 프랑스의 영향으로 카페가 많고, 태국과 국경을 접하고 있어 태국 음식점도 어렵지 않게 발견할 수 있다. 한식당도 여러 곳 있는데, 시내 중심가에 있는 밥집(Map P.70-A2)과 대장금(Map P.70-A2)이 드나들기 편리하다.

카페, 베이커리, 아이스크림

프랑스 식민 지배를 받는 동안 바게트와 커피가 대중화됐고, 비엔티안은 라오스의 다른 지역과 비교해 월등히 많은 인구와 높은 경제 수준으로 카페가 많은 편이다. 쌀국수 대신 크로와상과 에스프레소로 아침 식사를 해결하거나, 시원한 에어컨 시설이 구비된 카페에서 와이파이를 사용하며 잠시 한낮의 더위를 식히고 쉬어가기 좋다.

르 바네통 ★★★☆
Le Banneton

Map P.70-B3 주소 10 Thanon Nokeo Koummane 전화 021-217-321 영업 월~토 07:00~18:30, 일 07:00~13:00 메뉴 영어, 프랑스어 예산 2만~5만 5,000K 가는 방법 타논 노까우 꿈만에 있는 피멘톤(레스토랑) Pimenton 옆에 있다.

비엔티안의 대표적인 프렌치 카페로 베이커리를 겸한다. 커피를 곁들인 아침 식사와 브런치를 즐기기 좋다. 직접 만든 바게트와 크루아상이 인기 있다. 페이스트리를 비롯해 키쉬, 타르트, 타르틴, 파니니 샌드위치도 맛이 좋다. 여행자 숙소가 몰려 있는 시내 중심가에 있다. 좌석은 복고풍의 실내와 야외 테라스로 구분된다.

르 바네통

베노니 카페 ★★★
Benoni Cafe

Map P.70-B2 주소 Thanon Setthathirat(Rue Setthathirat) 전화 021-213-334 홈페이지 www.facebook.com/BenoniCafe 영업 07:00~20:30 메뉴 영어, 라오스어 예산 2만5,000~4만5,000K 가는 방법 조마 베이커리를 바라보고 왼쪽에 있다.

조마 베이커리와 더불어 비엔티안에서 오랫동안 인기를 얻고 있는 카페. 에어컨 시설의 복층 건물로 다른 곳보다 널찍한 실내가 여유롭다. 카페지만 단순히 커피와 케이크만 파는 건 아니다. 크루아상과 커피를 포함한 아침 세트, 바게트 샌드위치, 버거, 파스타, 볶음 국수까지 다양한 식사 메뉴를 갖추고 있다.

베노니 카페

조마 베이커리 카페 ★★★★
Joma Bakery Cafe

Map P.70-B2 주소 Thanon Setthathirat 전화 021-215-265 홈페이지 www.joma.biz 영업 07:00~21:00 메뉴 영어 예산 1만8,000~5만K 가는 방법 타논 쎗타티랏에 있는 컵짜이더(레스토랑) Khop Chai Deu 맞은편에 있다.

베이커리를 겸한 카페로 캐나다 사람이 운영한다. 루앙프라방을 시작으로 비엔티안을 거쳐 베트남 하노이까지 지점을 운영한다. 아시아 음식에 지친 이방인들에게 그윽한 커피와 향긋한 베이커리를 제공하며 엄청난 단골을 보유하고 있다. 직접 만든 페이스트리, 케이크, 샌드위치, 샐러드를 맛볼 수 있다.

참고로 탓 루앙(파 탓 루앙) 앞에도 지점(주소 Thanon Nongbone & Thanon 23 Singha, 전화 021-453-618, Map P.69-D2)을 운영한다.

조마 베이커리

네이키드 에스프레소 미싸이 ★★★☆
Naked Espresso Misay

Map P.70-B2 **주소** 129/1 Thanon Nokeo Koummane **전화** 020-5522-9669 **홈페이지** www.naked-espresso.com **영업** 07:00~21:00 **메뉴** 영어 **예산** 커피 2만~2만 5,000K, 메인 요리 3만 5,000~5만 5,000K **가는 방법** 와이야꼰 하우스 Vayakorn House를 바라보고 오른쪽에 있다.

호주 시드니에서 커피를 공부한 주인장이 고향인 비엔티안으로 돌아와 만든 카페로, 숏 블랙, 롱 블랙, 라테, 플랫 화이트 등 다양한 커피를 즐길 수 있는 곳이다. 라오스의 커피 생산지로 유명한 볼라벤 고원과 태국 치앙라이 지역에서 수확한 신선한 원두를 사용한다. 버거, 샌드위치, 파스타 등 브런치 메뉴도 선보이며 레스토랑처럼 운영되기도 한다. 본점인 네이키드 에스프레소는 시내에서 조금 떨어진 타논 동파란(주소 Thanon Dongpalane, Map P.69-D2)에 있다.

네이키드 에스프레소 미싸이

커먼 그라운드 카페 ★★★
Common Grounds Cafe

Map P.70-A3 **주소** 35 Thanon Chao Anou(Rue Chao Anou) **전화** 021-255-057, 020-7872-7183 **홈페이지** www.commongroundslaos.com **영업** 월~토 07:00~20:00(일요일 휴무) **메뉴** 영어 **예산** 커피 1만3,000~2만5,000K, 메인 요리 3만~6만K **가는 방법** 타논 짜오아누에 있는 라오 오키드 호텔 옆, 폰 트래블(한인 여행사) 맞은편에 있다.

카페 스타일의 레스토랑으로 베이커리를 겸한다. 시원한 에어컨 시설에서 진한 커피, 갓 구운 빵과 쿠키, 직접 만든 아이스크림, 샌드위치를 맛볼 수 있다. 외국인 관광객에게는 카페보다 멕시코 음식점으로 더 잘 알려져 있다. 퀘사디아 Quesadilla, 부리토 Burrito, 파히타 Fajita를 맛볼 수 있다. 피타 브레드를 이용한 펠라펠 Felaffel, 망고 치킨 피타 Mango Chicken Pita도 인기 있다.

커먼 그라운드 카페

안나벨 카페 ★★★☆
Annabelle Cafe

Map P.70-B3 **주소** Thanon Fa Ngum(Quai Fa Ngum) **전화** 030-5148-610 **홈페이지** www.facebook.com/annabelle.cafe **영업** 07:00~19:00

안나벨 카페

카페 씨눅

메뉴 영어 커피 1만2,000~2만 5,000K, 메인 요리 3만5,000~8만K 가는 방법 중국 사당(福德廟) 맞은편의 강변도로(타논 파응움)에 있다.

차분한 분위기의 카페. 인테리어는 여느 카페와 다름없지만 프랑스 빵과 디저트를 만든다. 바게트, 크루아상 등 빵과 프렌치토스트, 에그 베네딕트, 파스타 같은 브런치 메뉴가 메인이다. 커피나 차를 곁들여 달달한 페이스트리를 즐겨도 좋다.

르 트리오 커피 ★★★☆
Le Trio Coffee

Map P.70-B2 주소 Thanon Setthathirat 전화 030-5016-046, 020-2255-3552 홈페이지 www.letriocoffee.com 영업 08:00~16:00 메뉴 영어 예산 1만5,000~3만5,000K 가는 방법 타논 쎗타티랏의 조마 베이커리 옆에 있다.

대중적인 조마 베이커리에 비해 전문적인 느낌의 커피숍이다. 라오스에서 생산한 생두를 매장에서 직접 로스팅해 신선한 커피를 내려준다. 핸드 드립, 프렌치 프레스, 필터에 내려주는 베트남 커피, 콜드 브루 등 다양한 형태의 커피를 즐길 수 있다. 매장에 들어서면 독일에서 수입해 온 로스팅 기계가 눈길을 끈다. 프랑스인이 운영한다.

르 트리오 커피

카페 씨눅 ★★★
Cafe Sinouk

Map P.70-B3 주소 Thanon Francois Ngin 영업 08:00~22:00 메뉴 영어 예산 2만~3만5,000K 가는 방법 강변도로와 타논 프랑수아 응인이 만나는 삼거리 코너에 있다.

라오스의 대표적인 커피 브랜드인 씨눅 커피에서 운영한다. 라오스 남부 지방의 볼라웬(볼라벤) 고원에서 재배한 신선한 원두를 사용한다. 강변도로를 끼고 있으며 에어컨 시설이 갖춰진 실내와 도로를 끼고 있는 야외 테라스로 구분된다. 치즈 케이크, 크로와상, 바게트 샌드위치를 포함해 기본적인 디저트와 샌드위치도 판매한다. 매장에서 원두(5만K/200g) 구입이 가능하다.

노이 프루트 헤븐 ★★★
Noy's Fruit Heaven

Map P.70-B2 주소 60/2 Thanon Hengboun 전화 030-526-2369 영업 07:00~21:00 메뉴 영어 예산 1만5,000~4만6,000K 가는 방법 타논 행분에 있는 KP 호텔 옆에 있다.

과일 셰이크를 판매하는 자그마한 식당이다. 노점 형태에서 탈피해 아담한 카페 분위기로 변모했다. 규모는 작지만 실내와 도로에 테이블이 놓여 있다. 설탕을 첨가하지 않은 생과일 셰이크와 스무디를 마시며 잠시 쉬어가기 좋다. 여행자들 사이에서 잘 알려진 곳으로 영어가 통하는 것도 장점이다. 샐러드와 바게트 샌드위치 같은 간단한 식사가 가능하다. 서양인 여행자들이 많이 찾아서인지 샐러드와 샌드위치에 페타 치즈 Feta Cheese와 카망베르 치즈 Camembert Cheese를 사용한다.

노이 프루트 헤븐

리틀 하우스 카페

리틀 하우스 카페
Little House Cafe ★★★☆

Map P.69-C2 **주소** Ban Si Muang **전화** 020-5540-6036 **영업** 화~일 08:00~18:00(월요일 휴무) **메뉴** 영어 **예산** 2만2,000~4만2,000K **가는 방법** 왓 씨므앙 후문이 있는 작은 골목에 있다.

왓 씨므앙 뒷골목에 숨은 카페. 자그마한 2층 주택의 일부를 카페로 사용한다. 대나무와 등나무 소재로 의자와 쿠션을 만들어 아늑하게 꾸몄다. 라오스산 원두를 직접 로스팅해 드립커피를 제공하며 식사 메뉴는 따로 없다. 번잡함 없이 조용한 분위기가 특히 매력이다.

라오스 · 태국 · 베트남 음식점 🍚추천

시내 곳곳에 라오스 음식점들이 가득하지만 딱히 최고라고 치켜세울 만한 레스토랑은 없다. 대부분 비슷비슷한 수준이다. 웬만한 라오스 음식점에서는 태국 음식을 함께 요리한다. 아침 시간에는 쌀국수를 즐겨 먹는다.

도가니 국수
Beef Noodle Soup 三和牛肉粉 ★★★

Map P.70-B2 **주소** Thanon Hengboun(Rue Hengboun) **전화** 021-214-313, 020-572-1587 **영업** 07:30~14:00, 17:30~20:30 **메뉴** 라오스어 **예산** 1만8,000~2만2,000K **가는 방법** 타논 행분의 농업진흥은행 Agricultural Promotion Bank 맞은편과 가깝다.

한글로 도가니 국수라고 적혀 있다. 테이블 몇 개 없는 단칸 짜리 식당이다. 현지인들이 점심 식사로 즐겨 먹는 소고기 쌀국수 식당인데, 한국 관광객들 사이에 도가니 국수집으로 알려졌다. 고명으로 도가니를 함께 넣어주기 때문이다. 쌀국수는 큰 그릇(라지)과 작은 그릇(스몰)으로 구분해 주문하면 된다.

도가니 국수

퍼 쌥
Pho Zap ★★★

Map P.71-C2 **주소** Thanon Phai Nam **홈페이지** www.phozap.la **영업** 07:00~15:00 **메뉴** 영어, 라오스어, 베트남어 **예산** 2만~5만K **가는 방법** 탓 담 로터리 북쪽의 타논 파이남에 있다.

비엔티안에서 유명한 베트남 쌀국수 식당. 1958년부터 영업해 현재 2개 지

퍼 쌥

점을 운영한다. 쌀국수는 그릇의 크기에 따라 투어이 노이(Pho Small), 투어이 야이(Pho Big), 투어이 짬보(Pho Jumbo)로 구분된다. 허브와 숙주나물을 적당히 넣고 라임을 짜서 먹으면 된다. 칠리소스를 첨가해 입맛에 맞게 맵기를 조절하면 된다. 참고로 '퍼'는 베트남 쌀국수를 의미하고, '쌥'은 맛있다는 뜻이다.

탓담 누들
That Dam Noodle ★★★☆

Map P.71-C2 **주소** That Dam **영업** 08:30~14:00 **전화** 020-7770-8077 **메뉴** 영어, 라오스어 **예산** 2만

미스 마니원 레스토랑 ★★★
Ms. Manivone Restaurant

미스 마니원 레스토랑

Map P.70-B3 **주소** Thanon Francois Ngin **전화** 020-2315-1659 **영업** 10:00~22:00 **메뉴** 영어, 라오스어 **예산** 1만 5,000~4만K **가는 방법** 타논 프랑수아 응인에 있는 라오 실크 호텔과 반 라오 레스토랑 사이.

가격대가 합리적인 로컬 레스토랑. 여행자 숙소가 밀집한 거리에 자리한다. 에어컨 없는 평범한 식당으로 양철 지붕 아래 테이블이 놓여 있다. 볶음밥과 덮밥, 쌀국수, 스프링 롤, 팟타이, 파파야 샐러드, 뼁 까이, 뼁 무 같은 라오스·태국 음식이 주요 메뉴. 과일 셰이크는 1만K으로 저렴하다.

퍼 쌥

~3만 5,000K 가는 방법 탓 담 로터리서 연결되는 왼쪽 골목 안쪽 끝까지 들어가면 오른쪽에 보이는 쑥위만 퀴진 라오 Soukvimarn Cuisine Lao 옆에 있다.

탓 담 옆 골목 안쪽에 숨겨져 있는 쌀국수 집이다. 일부러 찾아가지 않으면 전혀 발견할 수 없는 곳에 있다. 미 Mee(계란을 넣어 반죽한 노란색 면)를 넣어 만들기 때문에 일반적인 라오스 쌀국수와는 조금 다르다. 맑은 육수에 기본 고명으로 완탕과 어묵을 넣어준다. 오리고기(미 뻿), 닭고기(미 까이), 생선(미 빠), 새우(미 꿍) 중에 선택하면 된다. 비빔국수로 먹고 싶으면 '행'이라고 말하면 된다. 사진 메뉴판을 보고 주문하면 쉽다. 점심시간이 지나면 문을 닫는다.

한 쌈으아이넝 ★★★
Han 3 Euay Nong

Map P.70-A3 **주소** Thanon Chao Anou **전화** 020-2367-7899 **영업** 08:00~20:00 **메뉴** 영어, 라오스어 **예산** 1만5,000~3만K **가는 방법** 왓 짠 옆 골목인 타논 짜오 아누에 있다. 폰 트래블 맞은편, 라오 오키드 호텔 Lao Orchid Hotel 옆에 있다.

세 자매 식당이라는 뜻으로 라오스 자매가 운영한다. 쌀국수와 면 요리 위주라 메뉴는 간단하다. 퍼, 카우 삐악, 카우뿐, 비분(베트남식 비빔국수), 땀막훙(파파야 샐러드) 등을 맛볼 수 있다. 유독 현지인들에게 인기가 있다.

낀 잇 & 드링크 ★★★☆
Kin Eat & Drink

Map P.70-B2 **주소** Thanon Setthathirat **전화** 030-483-3347 **영업** 월~토 09:00~17:00(일요일 휴무) **메뉴** 영어, 라오스어 **예산** 2만~2만5,000K **가는 방법** 컵파이더 레스토랑을 바라보고 왼쪽. 조마 베이커리 맞은편에 있다.

에어컨 시설을 갖춘 쾌적한 실내와 부담 없는 가격이 장점인 레스토랑. 덮밥과 볶음밥, 팟타이, 볶음면, 파파야 샐러드 같은 단품 메뉴를 골고루 갖췄다. 밥과 반찬을 원 플레이트로 담아주는 메뉴가 많아 간단히 점심을 때우기 좋다.

낀 잇 & 드링크

한 쌈으아이넝

냄느앙 씨홈(위앙싸완) ★★★☆
Nemneuang Sihom

Map P.70-A2 **주소** Thanon Hengboun **전화** 021-213-990 **영업** 08:00~21:00 **메뉴** 영어, 라오스어 **예산** 넴느엉 1인분(2개) 2만 2,000K, 스프링 롤 1인분(4개) 2만K, 전골요리 4만~5만K **가는 방법** 타논 행분의 홈 아이디얼(대형 마트) 맞은편에 있다.

비엔티안에서 유명한 베트남 음식점으로, 1985년부터 영업 중이다. '위앙싸완'으로 알려져 있는데 약 10m 옆으로 이전하면서 간판이 바뀌었다. 돼지고기를 미트볼처럼 만들어 석쇠에 구운 넴느엉(라오스에서는 '냄느앙'이라고 부른다)을 전문으로 한다. 테이블마다 각종 채소와 면을 함께 내주는데, 라이스페이퍼에 골고루 넣고 말아서 소스에 찍어 먹으면 된다. 스프링 롤을 곁들이면 괜찮은 한 끼 식사가 된다. 영어가 잘 통하지 않지만 사진 메뉴판이 있어 주문하기는 어렵지 않다. 입구 진열대에 놓인 음식을 보고 주문해도 된다.

냄느앙 씨홈

꿍 카페 라오 ★★★
Kung's Cafe Lao

Map P.69-C3 **주소** Thanon Si Meuang(Rue Si Meuang) **전화** 021-219-101 **영업** 07:00~16:00 **메뉴** 영어, 라오스어 **예산** 1만 5,000~2만K **가는 방법** 왓 씨므앙 앞쪽 씨싸왕웡 왕 동상을 기준으로 왼쪽 도로에 해당하는 타논 씨므앙에 있다. 타논 씨므앙 중간의 작은 골목 안쪽으로 들어가면, 골목 끝 집이다.

서민 주택가 안쪽에 자리한 가정식 라오스 음식점이다. 집안 마당에 테이블을 놓고 장사하기 때문에 에어컨 시설은 없다. 내부는 전통적인 느낌으로 편안하게 꾸며졌다. 아침 식사는 바게트 위주, 점심 식사는 덮

꿍 카페 라오

밥 위주의 단품 메뉴로 이루어져 있다. 찾기 어렵지만 밥값이 저렴하고 친절하다. 저녁에는 문을 열지 않는다.

PVO 비엣나미스 푸드 ★★★☆
PVO Vietnamese Food

Map P.69-C2 **주소** Thanon Setthathirat **영업** 월~토 06:30~16:30, 일요일 06:30~13:30(매월 마지막 일요일 휴무) **메뉴** 영어, 라오스어 **예산** 1만 2,000~2만 8,000K **가는 방법** 혼다 Honda 오토바이 대리점을 지나서 첫 번째 골목 안쪽에 있다. 같은 골목에 있는 베이커리 바이 보리스 Bakery By Boris 맞은편.

비엔티안에서 패나 유명한 베트남 음식점이다. 시내 외곽의 골목 안쪽에 숨어 있어 찾기 어렵다. 에어컨은 없지만 규모가 제법 크고 쾌적하다. 푸짐하고 먹음직한 바게트 샌드위치(반미)가 단연 인기다. 양이 많다 싶으면 반 개 Half를 주문해도 되고, 기호에 따라 고수(팍홈)는 빼고 먹어도 된다. 짜조 Cha Gio, 반쎄오 Ban Xeo 같은 단품 요리도 있다. 달달한 아이스커피를 곁들이면 더 좋다. 쌀국수 전문점인 PVO 비엣나미스 누들 수프 PVO Vietnamese Noodle Soup(Map P.69-2)를 함께 운영하는데, 위치는 전혀 다르므로 혼동하지 말 것.

PVO 비엣나미스 푸드

메콩 강변 레스토랑
Mekong Riverside Restaurant ★★★

Map P.68-A2 **주소** Thanon Fa Ngum(Quai Fa Ngum) **영업** 17:00~23:00 **메뉴** 영어, 라오스어 **예산** 맥주 1만~2만K, 식사 2만~10만K **가는 방법** 시즌스 리버사이드 호텔 Seasons Riverside Hotel 앞쪽의 강변도로에 있다. 야시장에서 강변도로를 따라 1km.

저녁이 되면 메콩 강변을 따라 생기는 노천 레스토랑이다. 야외에 테이블이 놓이기 때문에 저녁 때 문을 연다. 강 건너 태국 풍경을 감상하며 식사할 수 있다. 시내 중심가에서 살짝 빗겨나 있지만 차량 통행이 적어서 오히려 오붓하다.

이곳은 시원한 맥주와 함께 저녁 시간을 보내려는 현지인들이 많이 찾는다. 숯불에 구운 바비큐와 파파야 샐러드를 포함해 일반적인 라오스 음식을 요리한다. 현지인들은 씬쭘 Hot Pot이라 불리는 전골 요리도 즐긴다. 여러 곳의 식당이 있으므로 메뉴판을 비교해 보고 원하는 곳에 자리를 잡으면 된다. 땀무아 Tummour와 땀쭉 Tum Jork 두 곳이 규모도 크고 메뉴도 다양한 편이다.

메콩 강변 레스토랑

도이 카 노이
Doi Ka Noi ★★★☆

Map P.69-D2 **주소** 242 Soi Sapang Mor, Thanon Sisangvong(Sisangvone Road) **전화** 020-5589-8959 **홈페이지** www.facebook.com/DoiKaNoi **영업** 화~목 10:00~14:30, 금~일 10:00~21:00(월요일 휴무) **메뉴** 영어, 라오스어 **예산** 3만~5만K **가는 방법** 타논 씨쌍웡에 있는 일본 대사관 옆 골목(Soi Sapang Mor) 안쪽으로 30m.

도이 카 노이

시내 중심가에서 조금 떨어져 있지만 라오스 음식점으로 인기 있다. 가정집을 연상시키는 복층 건물로 포근하게 레스토랑을 꾸몄다. 정원과 텃밭이 있어 아늑하다. 텃밭에서 직접 재배한 채소와 허브를 사용하기 때문에 유기농 음식을 맛볼 수 있다. 식재료에 따라 메뉴는 매일 조금씩 변동이 있다.

미니 막펫
Mini Makphet ★★★☆

Map P.71-C2 **주소** Thanon Phai Nam **전화** 021-260-587 **홈페이지** www.tree-alliance.org **영업** 월~토 11:30~21:00(휴무 일요일) **메뉴** 영어 **예산** 메인 요리 2만 5,000K **가는 방법** 타논 파이남의 퍼 쌥(쌀국수 식당)을 바라보고 왼쪽에 있다.

집 없이 생활하는 거리의 아이들에게 요리를 배울 수 있는 기회를 제공하는 NGO 단체 '프렌즈 인터내셔널 Friends-International'에서 운영하는 곳이다. 요리학교를 겸하고 있어 견습생들이 음식을 만들고 서빙한다. 기존 위치에서 이곳으로 옮기면서 가게 규모를 줄여 현재는 미니 버전으로 운영하고 있다. 라오스 음식을 메인으로 하나, 음식 종류가 많지는 않다. 참고로 막펫은 고추라는 뜻이다. 루앙프라방의 카이팬 레스토랑을 함께 운영한다.

미니 막펫

리빙 라이브러리
The Living Library ★★★☆

Map P.70-C2 **주소** Thanon Setthathirat **전화** 020-2909-2019 **홈페이지** www.facebook.com/thelivinglibraryoflaos **영업** 08:00~22:00 **메뉴** 영어, 라오스어 **예산** 3만~5만K **가는 방법** 타논 쎗타티랏의 남푸 파크 맞은편에 있다.

국립 도서관으로 사용하던 건물을 레스토랑으로 리모델링했다. 비엔티안에 남아있는 대표적인 콜로니얼 건물이라 운치 있다. 특히 넓은 실내와 높은 층고가 머무는 이에게 여유로움을 선사한다. 서고에는 여전히 책들이 꽂혀 있다. 카페와 레스토랑을 겸하는데 야외 정원에도 테이블이 있어 여유롭게 식사하기 좋다. 채식 전문 식당으로 두부, 버섯, 각종 곡물과 채소 등을 이용해 건강한 식단을 제공한다. 쌀국수와 밥을 메인으로 한 라오스 음식을 요리한다.

라오 키친
Lao Kitchen ★★★

Map P.70-B2 **주소** 140/1 Thanon Hengboun **전화** 021-254-332 **홈페이지** www.lao-kitchen.com **영업** 11:00~22:00 **메뉴** 영어, 라오스어 **예산** 2만 5,000~6만K **가는 방법** 타논 행분에 있는 KP Hotel 맞은편에 있다.

라오스 사람이 운영하는 라오스 음식점이다. 두 자매가 정성스럽게 음식을 요리한다. 소규모 레스토랑이지만 깔끔하게 세팅되어 있다. 랍, 째우, 스프링 롤, 파파야 샐러드, 그릴 피시, 그릴 치킨 같은 무난한 메뉴로 구성되어 있다. 볶음밥과 덮밥으로 구성된 단품 요리도 가능하다. 외국인들이 많이 오는 곳이라서 음식의 맵기를 적절히 조절할 수 있다.

반 라오 레스토랑
Ban Lao Restaurant ★★★

Map P.70-B3 **주소** 172/1 Thanon Francois Ngin **전화** 021-212-930 **영업** 07:30~23:00 **메뉴** 영어, 라오스어 **예산** 2만~4만5,000K **가는 방법** 타논 프랑수아 응인에 있는 라오 실크 호텔 Lao Silk Hotel을 바라보고 왼쪽으로 20m.

목조 가옥과 야외 테라스, 정원을 갖춘 여유로운 레스토랑이다. 정원과 테라스에도 테이블을 놓았다. 특별한 인테리어보다는 자연스러움에서 오는 편안함이 좋다. 비어 가든을 겸하고 있기 때문에 시원한 라오 맥주를 마시며 시간을 보내는 손님들도 많다.

쿠아 라오
Kua Lao ★★★

Map P.71-C2 **주소** 141 Thanon Samsenthai **전화** 021-214-813, 020-5551-8911 **홈페이지** www.kualaorestaurant.com **영업** 11:00~14:00, 18:30~22:00 **메뉴** 영어, 라오스어 **예산** 메인 요리 5만~9만K, 세트 메뉴 18만~20만K(+10% Tax) **가는 방법** 타논 쎗타티랏 & 타논 짠타 꿈만 사거리 코너에 위치해 있다. 탓 담에서 도보 2분.

콜로니얼 양식의 오래된 건물을 레스토랑으로 꾸며 분위기가 좋다. 랍, 깽쏨, 목빠, 뼁빠, 째우봉, 땀막훙을 포함해 다양한 라오스 음식을 요리한다. 저녁 시간에는 전통 악기와 무용을 연주한다. 라오스 음식 초보자들을 위한 세트 메뉴가 잘 갖추어져 있다. 음식 맛이나 가격에서 보듯 다분히 외국 관광객을 위한 투어리스트 레스토랑이다. 단체 관광객들이 즐겨 찾는다.

프랑스·이탈리아 음식점

국제적이라고 하긴 힘들지만 서양 음식을 요리하는 레스토랑을 어렵지 않게 발견할 수 있다. 쌀국수, 랍, 땀막훙에 질렸다면 피자와 파스타로 입맛을 달래보자.

컵짜이더 ★★★
Khop Chai Deu

Map P.70-B2 **주소** 54 Thanon Setthathirat **전화** 021-251-564 **영업** 08:00~24:00 **메뉴** 영어 **예산** 메인 요리 4만~15만K **가는 방법** 남푸(분수대)에서 도보 1분.

각종 여행책자에서 추천하는 대중적인 레스토랑이다. 그래서인지 외국인과 여행자들에게도 잘 알려진 인터내셔널 레스토랑이다. 칵테일과 생맥주를 마실 수 있는 바와 라운지를 겸한다. 시내 중심가에 있어 위치도 좋고, 콜로니얼 양식의 건물과 넓은 야외 정원 때문에 쉽게 눈에 띈다.

라오스·태국 음식을 기본으로 인도·일본 요리, 피자, 파스타, 스테이크, 바비큐까지 기호에 따라 음식을 선택할 수 있다. 밤 시간에는 시원한 생맥주를 마시며 사람들과 어울리기 좋다. '컵짜이더'는 라오스어로 '매우 감사합니다'라는 뜻이다.

컵짜이더

스테이트 오브 파스타 ★★★★
The State of Pasta

Map P.70-B2 **주소** 2 Thanon Manthatourath **전화** 021-253-322 **홈페이지** www.thestateofpasta.com **영업** 11:00~22:00 **메뉴** 영어 **예산** 3만 5,000~4만 7,000K **가는 방법** 타논 만타투랏의 짬파 스파(3호점)를 바라보고 왼쪽에 있다.

시내 중심가 여행자 숙소 밀집 지역에 있는 파스타 전문점이다. 외국 여행자를 겨냥한 아담한 레스토랑이지만 홈메이드 파스타를 정성껏 만들어 낸다. 파스타 면은 스파게티 Spaghetti, 딸리아뗄레 Tagliatelle, 뇨끼 Gnocchi, 파르팔레 Farfalle, 마카로니 Macaroni, 까사레체 Casarecce, 푸실리 Fusilli 등 총 일곱 종류로, 소스와 면의 조리 정도를 선택해 주문하면 된다. 식전 빵은 무료로 제공된다. 파스타 외에 라자냐 Lasagne와 포카치아 Focaccia도 요리한다.

수제트 ★★★☆
Suzette

Map P.70-B2 **주소** Thanon Setthathirat **전화** 020-5865-5511 **홈페이지** www.facebook.com/suzette.vientiane **영업** 08:00~21:00 **메뉴** 영어, 라오스어 **예산** 5만~7만K **가는 방법** 타논 쎗타티랏의 조마 베이커리를 바라보고 오른쪽에 있다.

유명 카페가 몰려 있는 거리에 위치한 프렌치 카페로, 야외 테이블이 놓인 아담한 공간이다. 메인 요리는 갈레트 Galettes. 이는 크레페와 비슷한데 메밀가루로 만든다는 점이 크레페와 다르다. 달걀, 버섯, 햄, 베이컨, 치즈 등을 토핑으로 올려서 요리한다. 크레페 수제트, 와플, 파니니 샌드위치도 디저트나 브런치로 즐기기 좋다. 여기에 커피를 곁들이면 금상첨화다.

피디알-피자 다 로비 ★★★☆
PDR-Pizza da Roby

Map P 68-B2 **주소** Thanon Sihome **전화** 020-5998-9926 **영업** 월~토 11:30~14:00, 17:30~22:00 **휴무** 일요일 **메뉴** 영어 **예산** 피자 5만~7만 5,000K

가는 방법 타논 씨홈의 캐피탈 레지던스 Capitol Residence 맞은편에 있다.

이탈리아 현지인이 운영하는 아담한 목조 건물의 피자집이다. 저녁 시간에만 영업한다. 중심가에서 조금 떨어져 있으나 주변에 여행자 숙소가 제법 있어서 외국 관광객이 많이 찾아온다. 캐주얼하게 피맥(피자+맥주)하기 좋다. 파스타, 라자냐, 아란치니 Arancini도 이 집의 인기 메뉴다.

레이 그릴 ★★★
Ray's Grille

Map P.68-B2 **주소** 17/1 Thanon Sihome(Sihom Road) **전화** 020-5896-6866 **홈페이지** www.facebook.com/raysgrilleLaopdr **영업** 11:30~15:30, 18:00~21:30(토요일 휴무) **메뉴** 영어 **예산** 4만 8,000~5만2,000K **가는 방법** 씨홈 거리(타논 씨홈) 초입에 있는 주유소 맞은편, 킴스 마사지 Kim's Massage 옆에 있다.

중심가에서 살짝 벗어난 곳에 있는 수제 버거 식당. 그릴에서 구운 소고기, 베이컨, 닭 가슴살, 버섯을 이용해 버거를 만든다. 감자튀김이 딸려 나온다. 필리 치즈 스테이크 바게트 샌드위치 Philly Cheese Staek Baguette도 인기 메뉴다. 주변에 호스텔이 몇 곳 있어서 외국인 여행객들이 즐겨 찾는다. 현재 리모델링 공사로 인해 같은 거리에 있는 캐피탈 레지던스(호텔) 10층에서 영업하고 있다.

라드헤스 퀴진 바이 티나이 ★★★☆
L'adresse Cusine by Tinay

Map P.70-A3 **주소** Behind Wat Ongteu **전화** 020-5691-3434 **홈페이지** www.ladressedetinay.net **영업** 17:00~22:00 **메뉴** 영어, 프랑스어 **예산** 13만~23만K **가는 방법** 왓 옹뜨 뒷골목(사원 후문)에 있다.

비엔티안에서 인기 있는 프랑스 음식점이다. 벽돌과 지붕이 아늑한 느낌을 주는 건물이지만 실내는 복층으로 구분해 비주얼을 강조하면서도 편안한 느낌으로 꾸몄다. 메인 요리는 생선, 소고기, 오리 가슴살 요리다. 고트 치즈 롤 Goat Cheese Rolls이나 토마토 모차렐라 Tomato Mozzarella 같은 신선한 애피타이저로 시작해 크렘블뢰 Crème Brulee 또는 모엘르 핫 초콜릿 케이크 Moelleux Hot Chocolate Cake 같은 디저트로 마무리하면 된다. 라드헤스 드 티나이 L'Adresse de Tinay로도 알려져 있으므로 간판 때문에 혼동하지 말자.

피멘톤 ★★★☆
Pimenton

Map P.70-B3 **주소** 5 Thanon Nokeo Koummane (Rue Nokeoukoumane) **전화** 021-215-506 **홈페이지** www.pimentonrestaurant-vte.com **영업** 월~토 11:00~14:30, 17:00~22:00(일요일 휴무) **메뉴** 영어 **예산** 스테이크 15만~37만K **가는 방법** 타논 노깨우 꿈만에 있는 르 바네통 Le Banneton 카페 옆에 있다.

시내 중심가에 있는 스테이크 레스토랑이다. 1층은 와인 바, 2층은 다이닝 룸으로 구성된다. 다양한 와인과 칵테일, 술과 어울리는 파타스 메뉴를 제공한다. 스테이크는 태국 소고기를 기본으로 하며, 캐나다·뉴질랜드·고베 소고기를 선택할 경우 가격이 인상된다. 건식 숙성시킨 소고기는 숯불을 이용한 그릴에서 굽는다. 대표적인 스페인 요리 빠에야 Paella는 요리하는데 30분 정도 걸린다. 점심시간에는 세트 메뉴(9만5,000K)도 제공한다.

탓 담 와인 하우스 ★★★
That Dam Wine House

Map P.71-C2 **주소** That Dam Stupa Roundabout **전화** 021-222-647 **영업** 10:30~22:00 **메뉴** 영어 **예산** 메인 요리 12만~55만K, 와인(1병) 13만~26만K **가는 방법** 탓 탐 로터리에 있다.

강변의 레스토랑에 비해 차분하게 식사하기 좋다. 탓 담을 바라보며 야외 테라스에서 식사하거나 에어컨 시설의 아늑한 실내에서 식사하면 된다. 파스타, 생선 요리, 스테이크를 메인으로 요리한다. 기본적인 라오스·태국 음식도 있다. 와인 바를 겸한다.

SHOPPING

비엔티안의 쇼핑

라오스 최대 도시라고는 하지만 이렇다 할 백화점은 없다. 딸랏 싸오 몰 Talat Sao Mall과 비엔티안 센터 Vientiane Center 정도가 에어컨 시설을 갖춘 쇼핑몰이다. 저녁 시간에는 메콩 강변에 야시장이 생긴다.

야시장(나이트 바자) ★★☆
Night Market

Map P.70-A3 주소 Thanon Fa Ngum 영업 18:00~22:00 가는 방법 왓 짠(사원) 앞쪽의 강변에 야시장이 형성된다.

시내 중심가와 가까운 메콩 강변의 야시장이다. 저렴한 옷과 가방, 티셔츠, 간단한 기념품과 액세서리, 스마트 폰 관련 소품을 판매한다. 강바람 쐴 겸 저녁 시간이 되면 으레 한번은 들리게 된다. 현지인뿐만 아니라 관광객도 즐겨 찾는다.

왓 짠 사원 앞쪽 메콩 강변에 야시장이 들어선다

홈아이디얼 ★★☆
Home ideal

Map P.70-A2 주소 Thanon Hengboun(Rue Hengboun) & Thanon Chao Anou 전화 020-5553-6990 영업 09:00~21:00 가는 방법 타논 헹분 & 타논 짜오아누 사거리 코너에 있다. 마트 입구는 대장금(한식당) 옆에 있다.

비엔티안 시내에서 가장 큰 할인 마트. 3층 건물로 의류와 가전제품을 함께 판매한다. 1층에 있는 마트에는 각종 생필품과 식료품을 할인된 가격에 판매한다. 라오 맥주, 말린 과일, 커피, 헤어팩 AHA Formula 등의 기념품을 구입하기 좋다. 과자와 음료를 포함한 대부분의 식료품은 태국 제품이다.

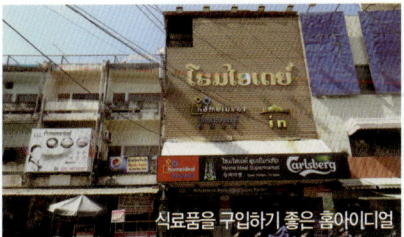
식료품을 구입하기 좋은 홈아이디얼

딸랏 싸오 몰 ★★
Talat Sao Mall

Map P.71-D2 주소 Thanon Lan Xang(Avenue Lane Xang) 전화 021-285-001 홈페이지 www.talatsaomall.com 영업 07:00~16:00 가는 방법 타논 란쌍 & 타논 쿠위앙 사거리에 있다. 타논 란쌍의 ANZ 은행 맞은편에 쇼핑몰 정문이 있다. 딸랏 싸오 버스 터미널 맞은편에는 쇼핑몰 후문이 있다.

비엔티안의 이정표 역할을 하는 곳이다. 비엔티안 시내 중심가에서 있는 쇼핑몰로 흔히들 '딸랏 싸오'라고 부른다. '딸랏'은 시장, '싸오'는 아침이라는 뜻이다(영어로 모닝 마켓 Morning Market). 재래시장 형태의 아침 시장이 있었던 자리에 2009년에 쇼핑몰을 건설하며 현대적으로 변모했다. 에어컨 시설을 갖춘 쇼핑몰이지만 한국의 백화점을 상상했다면 실망하기 십상이다. 두 개의 건물로 구분되어 있으며, 중간에는 옛 모습을 간직한 재래시장이 남아 있다.

딸랏 싸오 몰

비엔티안 센터 (위앙짠 쎈떠) ★★☆
Vientiane Center

비엔티안 센터

Map P.69-C2 **주소** Thanon Khou Vieng **홈페이지** www.facebook.com/vientianecenter **영업** 10:00~21:00 **가는 방법** 딸랏 싸오 버스 터미널에서 동쪽으로 500m 떨어진 타논 쿠위앙에 있다.

2015년에 건설된 쇼핑몰이다. 비엔티안이 발전하면서 강 건너 태국으로 빠져나가던 쇼핑 인구를 자국으로 유입시키기 위해 만들었다. 화장품, 의류, 신발, 가방, 보석, 액세서리, 전자제품 매장을 포함해 150개 상점이 입점해 있다. 시세이도, SK-II, 삼성 같은 국제적인 브랜드는 물론이고 4층에는 라오스 최초의 현대적인 극장인 메이저 플래티넘 시네플렉스 Major Platinum Cineplex가 있다. 3층에 있는 푸드 코트에서는 에어컨 시설에 저렴한 식사가 가능하다.

SPA & MASSAGE
비엔티안의 스파 & 마사지

시내 중심가에는 관광객들을 위한 마사지 업소가 제법 있다(강 건너에 있는 태국에 비해 마사지 수준은 전체적으로 떨어진다). 에어컨 시설을 갖춘 일반 마사지 업소는 1시간에 6만K 정도 받는다. 참고로 마시지는 라오스어로 '누엇'이라고 부른다(전통 안마는 '누엇 팬 보란'이라고 한다). 마사지를 받다가 아플 경우 '쨉(아프다는 뜻)', 한 손으로 휴대전화를 붙잡고 친구와 떠들면서 안마를 설렁설렁 할 때는 '행행(세게 눌러달라는 뜻)', 아주 세게 안마를 받고 싶으면 '막 행(매우 세게라는 뜻)', 너무 세게 눌러서 근육이 아플 때는 '바우 바우(약하게라는 뜻)'라고 말하면 된다.

짬빠 스파 ★★★☆
Champa Spa

주소 ①1호점 Thanon Fa Ngum(강변도로에 있는 BCEL 은행 맞은편, Map P.70-B3) ②2호점 Thanon Pangkham(남푸 분수대 북쪽 폰파쌋 게스트하우스 옆, Map P.70-C2) ③3호점 Thanon Manthatourath(타논 마하투랏의 럭키 백팩커스 호스텔 옆, Map P.70-B3) **전화** 021-251-926, 021-215-203 **홈페이지** www.champaspa.com **영업** 09:00~22:00 **요금** 전통 마사지(60분) 8만K, 허벌 마사지(90분) 14만K, 스파 패키지(150분) 25만~35만K **가는 방법** 3개 지점이 시내 중심가에 몰려 있다. 숙소와 가까운 곳을 찾아가면 된다.

외국인 관광객들에게 잘 알려진 마사지 업소. 비엔티안 시내에만 3개의 업소가 있다. 에어컨 시설을 갖춰 쾌적하며 마사지 받는 매트리스마다 커튼이 쳐 있어 불편하지 않다. 마사지 받기 전에 발을 먼저 씻겨준다. 제공해주는 편안한 복장으로 갈아입고 마사지를 받으면 된다. 전통 마사지 이외에 허벌 마사지 Herbal Massage(19가지 허브를 넣어 만든 둥근 천을 뜨겁게 해서 몸에 누른다)도 가능하다. 다른 곳보다 규모가 큰 3호점은 엘리베이터까지 있는데 단체 관광객들이 많이 오기 때문에 소란스러울 때가 있다.

NIGHTLIFE

비엔티안의 나이트라이프

나이트클럽과 술집들이 있긴 하지만 휘황찬란하진 않다. 나이트클럽들은 대부분 타이 팝(태국 대중음악)을 틀어주며 외국인보다는 현지인들이 즐겨 찾는다. 시내 중심가와 강변도로에 있는 레스토랑을 겸한 술집들은 저녁에 맥주 한잔하며 시간 보내기 좋다. 대부분 밤 11시가 되면 문을 닫는다.

촉디 카페 ★★★☆
Chokdee Cafe

Map P.70-B3 주소 Thanon Fa Ngum(Quai Fa Ngum) 전화 021-263-847 영업 10:00~23:00(월요일 휴무) 메뉴 영어 예산 맥주 4만~15만K, 메인 요리 5만~12만K 가는 방법 강변도로(타논 파응움)에 있는 왓 씨앙응언 Wat Xieng Ngeun을 바라보고 왼쪽에 있다.

카페라는 이름과 달리 맥주를 전문으로 판매한다. 비엔티안에 처음으로 생긴 벨기에 맥주 전문점으로, 오랫동안 외국인 여행자들의 사랑을 받아왔다. 벨기에 맥주(스텔라 아르투아 Stella Artois, 레페 브론드 Leffe Blonde, 호가든 Hoegaarden)를 포함해 100여 종의 수입 맥주를 맛볼 수 있다. 파스타, 스테이크, 햄버거, 케밥, 기본적인 라오스 음식을 함께 요리한다. '촉디'는 행운을 빈다는 뜻이다.

어스 바 ★★★☆
Earth Bar

Map P.70-A2 주소 Thanon Chao Anou 전화 030-927-2435 홈페이지 www.facebook.com/earthvientiane 영업 17:00~24:00 예산 라오 맥주 1만 5,000~6만K, 칵테일 4만K 가는 방법 타논 짜오 아누의 광동주루(중국식당) 맞은편, 마이 박스 호스텔 옆에 있다.

외국인이 운영하는, 외국인 여행자를 겨냥한 전형적인 술집이다. 특별한 치장은 없지만 거리 풍경을 바라보며 캐주얼하게 맥주 한 잔 하기 좋다. 라오 맥주가 저렴하며, IPA를 포함한 수제 맥주도 판매한다. 탭에서 시원한 생맥주를 바로 뽑아준다. 식사 메뉴로는 수제 버거가 있다. 자그마한 무대에서는 어쿠스틱·재즈 음악을 라이브로 연주한다. 라이브 밴드 공연 시간은 홈페이지(페이스북)를 통해 확인 가능하다.

보뻰양 ★★★
Bor Pen Nyang

Map P.70-A3 주소 Thanon Fa Ngum(Quai Fa Ngum) 전화 021-261-373 홈페이지 www.borpennyangvientiane.com 영업 11:00~24:00 메뉴 영어 예산 맥주·칵테일 1만5,000~3만5,000K, 식사 3만~8만K 가는 방법 강변도로에 있는 아마존 커피 Amazon Coffee를 바라보고 왼쪽으로 50m.

강변도로에 위치해 전망이 좋은 바를 겸한 레스토랑이다. 4층 옥상의 루프 톱 야외 테라스에서는 메콩 강이 시원스레 보인다. 해 질 무렵 저렴한 맥주를 마시면서 강 건너 태국 풍경을 감상하기 좋다. 라오스 음식, 태국 음식, 피자, 파스타, 버거, 나초스까지 메뉴가 다양하다.

남푸 파크 ★★★
Nam Phou Park

Map P.71-C2 주소 Thanon Setthathirat & Thanon Pangkham 전화 020-9888-4777 영업 17:00~23:00 메뉴 영어, 라오스어 예산 맥주 1만 5,000~3만K 가는 방법 타논 쎄타티랏 & 타논 빵캄 삼거리에 있는 남푸(분수대)를 둘러싼 광장. 아이비스 호텔을 바라보고 왼쪽.

공원이라기보다 남푸를 둘러싼 작은 광장처럼 보인다. 분수대를 빙 둘러싸고 원형으로 레스토랑과 바가 들어서 있다. 야외에 테이블을 놓아 비어가든처럼 꾸몄고 라이브 밴드가 음악을 연주하기도 한다. 저녁이 되면 분수에 조명이 비춰져 화려함을 더한다.

HOTEL

비엔티안의 호텔

여행자 숙소는 시내 중심가에 몰려 있으며 메콩 강과 가깝다. 라오스의 수도답게 다른 도시에 비해 방 값이 비싸다. 오래된 숙소들이 많아서 가격에 비해 시설이 떨어지는 편이다. 허름한 선풍기 방도 8만K(10US$)은 예상해야 한다. 쓸 만한 에어컨 방을 얻고자 할 경우 15만K은 줘야 한다. 태국 국경과 가까워 태국 화폐(밧)로 방 값을 받는 곳도 있다.

싸이롬옌 호스텔
Sailomyen Hostel
★★★☆

Map P.71-C1 주소 Thanon Saylom(Sailom Road) 전화 020-7837-4941 홈페이지 www.facebook.com/sailomyenhostel 요금 도미토리 7만~8만K 가는 방법 타논 싸이롬에 있다.

여행자 거리에서 조금 떨어져 있어 위치는 불편하지만, 리모델링을 마쳐 시설이 좋은 편이다. 아침 식사가 제공되며 1층에 트렌디한 카페도 있다. 도미토리 객실은 에어컨이 갖춰져 있고 침대마다 커튼이 달려 있어 프라이빗한 공간이 제공된다.

마이 박스 호스텔
My Box Hostel
★★★☆

Map P.70-A2 주소 92/5 Thanon Chao Anou 전화 030-567-1199 홈페이지 www.facebook.com/Myboxhostel 요금 도미토리 8만~10만K(에어컨, 공동욕실, 아침식사) 가는 방법 타논 짜오아누의 광동주루(중국식당) 맞은편에 있다.

2018년에 문을 연 호스텔로 시내 중심가에 있는 오래된 호스텔들에 비해 시설이 좋다. 도미토리가 있는 여행자 숙소로, 공동욕실을 사용해야 한다. 도미토리는 에어컨 시설을 갖췄지만 낮 시간에는 에어컨을 끈다. 성별 구분 없이 12명이 한 방을 사용한다. 그래도 침대마다 커튼이 달려 있어 편리하다. 짐은 개인 사물함에 보관하면 된다.

반 1920s 호스텔
Barn1920s Hostel
★★★

Map P.70-A1 주소 Thanon Phai Nam 전화 020-5449-3355 홈페이지 www.facebook.com/Barn1920s 요금 도미토리 7만~8만K(에어컨, 공동욕실, 아침식사) 가는 방법 반 아누 야시장 Ban Anou Night Market이 생기는 타논 파이남에 있다. Swedish Pizza & Baking House을 바라보고 타논 파이남 방향으로 10m.

콜로니얼 양식이 가미된 아담한 건물로 안마당이 일종의 정원 역할을 한다. 도미토리에는 붙박이 2층 침대가 놓여있는데 침대마다 커튼이 설치되어 있다. 깨끗하게 관리되는 것이 장점이다. 공동 사용 가능한 주방도 있다. 드립 커피를 내려주는 카페도 함께 운영한다. 참고로 '반'은 집이란 뜻이다.

드림 홈 호스텔
Dream Home Hostel
★★★

Map P.68-B2 주소 56 Thanon Sihome 전화 020-9559-1102 홈페이지 www.dreamhomehostel.com 요금 도미토리 6~7.5US$, 트윈 25~32US$(에어컨, 개인욕실, TV, 아침 식사) 가는 방법 타논 씨홈에 있는 비엔티안 가든 호텔 Vientiane Garden Hotel 옆에 있다.

배낭 여행자들이 즐겨 찾는 호스텔이다. 드림 홈 호스텔 1과 드림 홈 호스텔 2가 같은 거리에 있다. 도미토리는 4인실, 6인실, 8인실, 16인실로 다양하다. 16인실은 침대가 많아서 방이 좁게 느껴진다. 객실은 신발을 벗고 드나들어야 한다.

도미토리라고 해도 에어컨 시설이 있어 시원하며 간단한 아침 식사가 포함된다. 화장실과 욕실은 공동으로 사용해야 한다. 여름에는 수영장에서 파티가 열리기도 한다. 유럽인이 운영하는 곳으로 젊은 유럽 여행자들이 즐겨 묵는다. 시내 중심가에서 조금 떨어져 있지만, 걸어 다니는 데 크게 불편하지 않다.

미싸이 파라다이스
Mixay Paradise ★★★

Map P.70-B3 **주소** 2/1 Thanon Frangcois Ngin **전화** 021-254-223~4 **요금** 싱글 9만K(선풍기, 공동욕실), 더블 10만K (에어컨, 공동욕실), 더블 13만~16만K(에어컨, 개인욕실, TV) **가는 방법** 왓 미싸이를 지나서 타논 프랑소아 응인 방향으로 20m.

미싸이 게스트하우스에서 새롭게 만든 게스트하우스다. 5층짜리 건물로 주변의 게스트하우스에 비해 규모가 크다. 객실은 타일이 깔려 있어 깨끗하다. 요금에 따라 객실 시설도 다양하다. 선풍기를 사용하는 저렴한 방들은 객실 크기가 작고 공동욕실을 사용한다. 에어컨 방은 개인욕실이 딸려 있으며, TV가 있는 방은 방 값이 인상된다. 객실 내에서의 금연, 금주, 세탁 금지 등 투숙객이 지켜야 할 사항이 많다. 아침 식사를 포함하면 1인당 2만K이 추가된다.

미쏙 인
Mixok Inn ★★☆

Map P.70-B2 **주소** 188 Thanon Setthathirat **전화** 021-254-781, 021-251-606 **요금** 싱글 12만K(에어컨, 개인욕실, TV, 아침 식사), 더블 16만K(에어컨, 개인욕실, TV, 아침 식사), 트리플 20만K(에어컨, 개인욕실, TV, 아침 식사) **가는 방법** 타논 쎗타티랏에 있는 왓 미싸이 맞은편에 있다.

같은 거리에 있는 미쏙 게스트하우스(더블 12만~13만K)에서 운영한다. 저렴한 게스트하우스로 시내 중심가에 있다. TV와 작은 책상, 온수 샤워가 가능한 개인욕실을 갖추고 있다. 도로 쪽 방들은 밝지만 차량 소음 때문에 시끄럽다. 간단한 아침 식사가 포함된다.

문라이트 짬빠
Moonlight Champa ★★★

Map P.70-C1 **주소** 13 Thanon Pangkham **전화** 021-264-114 **홈페이지** www.moonlight-champa.com **요금** 더블 29~33US$(에어컨, 개인욕실, TV) **가는 방법** 타논 빵캄에 있는 쎗타 팰리스 호텔 Settha Palace Hotel 맞은편에 있다.

전체적인 시설을 리노베이션했기 때문에 모든 시설이 깔끔하다. 타일이 깔린 객실과 침대는 물론 개인욕실까지 산뜻하다. 벽면에 LCD TV까지 걸려 있다. 객실이나 욕실은 크지 않지만 허름한 게스트하우스에 비해 시설이 쾌적하다. 간단한 아침 식사(베이글과 커피)를 제공해 준다. 자전거를 무료로 사용할 수 있다.

FAA 아파트먼트
FAA Apartment ★★★☆

Map P.70-B2 **주소** 137 Thanon Nokeo Khoumane **전화** 020-5558-1169 **요금** 더블 25~30US$(에어컨, 개인욕실, TV, 냉장고) **가는 방법** 국립 문화회관 옆 골목에 있는 짠타빤야 호텔 Chanthapanya Hotel을 바라보고 왼쪽에 있다.

간판은 아파트지만 호텔처럼 하루씩 숙박이 가능한 곳이다. 시내 중심가에 있는데도 숙소 주변 골목은 북적대지 않는다. 객실은 넓고 깨끗하며 발코니도 딸려 있다. 여느 호텔들과 달리 싱크대와 전자레인지를 구비하고 있다. 에어컨은 물론 선풍기와 기본적인 가구도 갖추어져 있다. 단, 객실이 많지 않고 장기 체류자가 많아 빈 방을 구하기 힘든 편이다.

뉴 유쑥 부티크 호텔(유쑥 호텔)
New Usouk Boutique Hotel(Usouk Hotel) ★★★☆

Map P.70-C2 **주소** 8 Thanon Pangkham **전화** 021-254-001, 021-254-002 **홈페이지** www.usoukhotel.com **요금** US$20~28(에어컨, 개인욕실, TV, 냉장고) **가는 방법** 라오 플라자 호텔을 바라보고 오른쪽 도로에 해당하는 타논 빵캄에 있다.

시내 중심가에서 가까운 중급 호텔이다. 건물은 오래됐지만 엘리베이터가 있어 편리하고 객실도 리모델링을 마쳐 깔끔하다. 객실은 안전금고가 갖춰져 있고 아침 식사는 제공되지 않는다. 창문이 없는 방도 있으니 예약할 때 확인하자. 간판에는 유쑥 호텔 Usouk Hotel이라고만 적혀 있다.

쑤파폰 게스트하우스 ★★★
Souphaphone Guest House

Map P.70-B3 주소 Behind Wat Ongteu 전화 021-261-468, 021-264-931 홈페이지 www.souphaphone.net 요금 더블 22~27US$(에어컨, 개인욕실, TV, 냉장고) 가는 방법 왓 옹뜨 후문과 연결된 사원 뒷 골목에 있다.

위치도 좋고 객실도 깨끗해서 인기 있는 숙소다. 평범한 건물 외관이나 로비와 달리 객실이 산뜻하다. 객실은 넓은 편으로 창문도 커서 밝은 느낌이 든다. 저렴한 방은 창문이 없다. 와이파이는 객실에서 감도가 떨어진다. 4층 건물로 엘리베이터가 없다. 아침 식사 포함 여부는 선택할 수 있다.

와이야꼰 인 ★★★☆
Vayakorn Inn

Map P.70-B2 주소 19 Thanon Hengboun Noy 전화 021-215-348 홈페이지 www.vayakorn.biz/ 요금 더블 35US$(에어컨, 개인욕실, TV, 냉장고) 가는 방법 타논 쎘타티랏에 있는 미쏙 게스트하우스 옆 골목(타논 행분 노이) 안쪽으로 100m.

하얀색의 호텔 외관과 발코니마다 놓인 녹색 식물들로 인해 쾌적한 느낌을 준다. 나무 바닥을 포함해 객실은 목재를 이용해 꾸며 깨끗하다. 창문이 커서 밝고 시원스럽다. 개인욕실에는 샤워 부스가 설치되어 있다. 안마당을 겸한 정원은 휴식 공간으로 이용하기 좋다. 인접한 곳에 있는 와이야꼰 하우스 Vayakorn House(더블 19US$)를 함께 운영한다.

오베이지 쌀라 인뺑 ★★★
Auberge Sala Inpeng(Mekong Riverside Inn)

Map P.70-A3 주소 63/6 Thanon Inpeng 전화 021-242-021 홈페이지 www.salalao.com 요금 이코노미 레지던스 25~30US$(에어컨, 개인욕실, 냉장고, 아침 식사), 스탠더드 레지던스 30~40US$(에어컨, 개인욕실, TV, 냉장고, 아침 식사), 슈피리어 레지던스 40~50US$(에어컨, 개인욕실, TV, 냉장고, 아침 식사) 가는 방법 강변도로에서 타논 인뺑 방향으로 100m 더 가면 된다.

메콩 강과 가까운 시내에 있으면서도 숲과 자연이 어우러진 한적한 시골에 들어온 느낌이 들게 한다. 잘 가꾸어진 정원에 방갈로들이 독립적으로 들어서 있다. 모두 9개의 방갈로를 운영한다. 방갈로는 에어컨 시설과 테라스가 딸려 있다. 현지어 발음은 '흐안팍 쌀라 인뺑'이다.

선빔 호텔 ★★★
Sunbeam Hotel

Map P.70-B3 주소 Behind Wat Ongteu 전화 021-216-675 요금 싱글 30US$, 더블 42US$(에어컨, 개인욕실, TV, 냉장고, 아침 식사) 가는 방법 왓 옹뜨 후문과 연결된 사원 뒷골목에 있다.

시내 중심가에 있는 중급 호텔이다. 사원 뒤쪽의 조용한 골목에 있다. 새롭게 리노베이션해서 객실이 깨끗하다. 도로 쪽 방들은 작은 발코니가 딸려 있고 햇볕도 잘 든다. 비엔티안의 소규모 호텔들이 그러하듯 엘리베이터는 없다. 창문이 없는 방도 있으므로 체크인하기 전에 확인 할 것.

호텔 캄윙싸 ★★★☆
Hotel Khamvongsa

Map P.70-A3 주소 Thanon Khounboulom(Boulevard Khounboulom) 전화 021-223-257 홈페이지 www.hotelkhamvongsa.com 요금 싱글 50US$, 더블 55US$, 스위트(3인실) 90US$ 가는 방법 강변도로에서 타논 쿤부롬 방향으로 200m. 타논 쎘타티랏에서 올 경우 왓 인뺑을 지나서 타논 쿤부롬 방향으로 100m. 비엣인 은행 Vietin Bank 옆에 있다.

아담한 부티크 호텔로 여행자들에게 인기가 높다. 프렌치 빌라 양식의 콜로니얼 건물을 호텔로 사용한다. 천장이 높아 시원스럽고 나무 바닥과 네 기둥 침대로 인해 운치가 있다. 샤워 시설을 갖춘 개인욕실, 대형 냉장고, 안전금고가 갖추어져 있다. 아침 식사가 포함된다. 앞쪽에 있는 건물은 리셉션과 레스토랑으로 쓰이고, 안마당을 통해 객실이 들어선 뒤쪽 건물로 연결된다. 모두 26개의 객실을 운영한다.

라오 오키드 호텔
Lao Orchid Hotel ★★★☆

Map P.70-A3 **주소** Thanon Chao Anou **전화** 021-264-134~6 **홈페이지** www.lao-orchid.com **요금** 슈피리어 75~85US$ **가는 방법** 강변도로에서 왓 짠 옆 골목인 타논 짜오 아누 방향으로 80m.

시내 중심가에서 인기가 높은 중급 호텔이다. 발코니가 딸려 있는 반듯한 호텔 외관에서도 알 수 있듯 편안한 객실을 제공한다. 목재와 실크, 자연 재료를 이용해 객실을 꾸몄다. 모든 객실은 발코니가 딸려 있다. 앞쪽(도로와 접한)에 있는 방들이 메콩 강이 보이기 때문에 훨씬 전망이 좋다. 도로 소음에 민감하다면 높은 층에 있는 방들이 좋다. 침실과 거실이 구분된 스위트룸은 60㎡ 크기로 널찍하다.

호텔 아이비스 비엔티안 남푸
Hotel Ibis Vientiane Nam Phu ★★★☆

Map P.70-C2 **주소** Nam Phu Square, Thanon Setthathirat **전화** 021-262-280 **홈페이지** www.ibis.com/gb/hotel-8074-ibis-vientiane-nam-phu/index.shtml **요금** 더블 62~72US$ **가는 방법** 남푸(분수대)에서 도보 1분.

'아이비스 호텔'에서 라오스에 첫 번째로 오픈한 호텔이다. 국제적인 호텔 체인을 구축한 아코르 호텔 그룹에서 관리한다. 경제적인 호텔로 2013년 8월에 새롭게 문을 열었다. 남푸(분수대) 바로 옆의 시내 중심가에 있어 편리하다. 다른 도시에 있는 아이비스 호텔과 동일한 디자인으로 객실을 꾸몄다. 목재로 인테리어를 꾸며 심플하면서도 깔끔하다. 객실이나 창문은 작은 편으로 LCD TV와 냉장고가 설치돼 있다.

시디 인 비엔티안
City Inn Vientiane ★★★☆

Map P.70-C2 **주소** Thanon Pangkham **전화** 021-218-333 **홈페이지** www.cityinnvientiane.com **요금** 디럭스 65~75US$, 주니어 스위트 90~100US$ **가는 방법** 타논 빵캄 & 타논 파이남 사거리 코너에 있다.

발코니가 딸려 있는 하얀색 호텔 건물 외관이 단아한 느낌을 준다. 비교적 새로 생긴 호텔이라 객실이 깨끗하고 쾌적하다. 객실은 타일과 시멘트로 마감해 반들거린다. 전통적인 느낌보다 도시적인 느낌이 더 강하게 든다. 개인욕실은 욕조와 샤워기가 설치돼 있다. 스위트룸은 침실과 거실이 구분되며, 전자레인지까지 구비해 레지던스처럼 꾸몄다. 도로와 접한 곳에 위치한 방들은 차량 소음 때문에 시끄러울 때가 있다. 수영장은 없다.

아빌라 파쑥 호텔
Avilla Phasouk Hotel ★★★☆

Map P.70-B3 **주소** 57/4 Soi Wat Xieng Gneun, Thanon Setthathirat **전화** 021-243-415 **홈페이지** www.avillaphasoukhotel.com **요금** 더블 45~55US$(에어컨, 개인욕실, TV, 냉장고, 아침 식사) **가는 방법** 타논 쎗타탓에 있는 조마 베이커리 옆 골목 안쪽으로 40m.

모두 22개 객실을 운영하는 소규모 호텔이다. 나무 바닥과 목조 침대, 목조 가구로 인테리어를 꾸몄다. 객실은 에어컨 시설이 돼 있으며 TV, 냉장고, 커피포트, 와이파이까지 두루 갖추고 있다. 발코니가 딸린 스위트룸은 45㎡ 크기로 욕실에 욕조까지 있다. 4층짜리 건물로 엘리베이터가 없다. 시설에 비해 방 값이 다소 비싼 편이다.

브룸 부티크 호텔
Bloom Boutique Hotel ★★★★

Map P.70-B3 **주소** 46 Wat Xieng Ngeun Alley, Thanon Setthathirat **전화** 021-216-140 **홈페이지** www.facebook.com/bloomhotelandcafe **요금** 더블 50~60US$(에어컨, 개인욕실, TV, 냉장고, 아침식사) **가는 방법** 조마 베이커리를 바라보고 오른쪽에 있는 골목 안쪽. 아빌라 파쑥 호텔 Avilla Phasouk Hotel 옆에 있다.

시내 중심가에 위치한 3성급 신축 호텔이다. 2018년에 오픈해 시설이 깨끗한 편이며, 16개 객실만을 소규모로 운영한다. 부티크 호텔답게 타일과 원목을 활용, 모던하게 꾸민 것이 특징이다. 직원들이 상당히 친절한데, 엘리베이터가 없어도 직원들이 짐을 들어다준다. 수영장이 없는 걸 감안해도 가성비가 좋은 편이다. 1층의 카페도 분위기가 좋다.

센터포인트 부티크 호텔
Center Point Boutique Hotel ★★★

Map P.70-A2 **주소** 208 Thanon Samsenthai **전화** 021-211-222 **홈페이지** www.centerpointboutiquehotel.com/vientiane-city **요금** 더블 50~60US$(에어컨, 개인욕실, TV, 냉장고, 아침 식사) **가는 방법** 타논 쌈쎈타이 & 타논 쿤부롬 Thanon Khounboulom(Khun Bu Lom Road) 사거리에 있다.

시내 중심가에 새로 생긴 중급 호텔이다. 트렌디한 느낌은 없지만 타일이 깔린 객실은 깨끗하다. LCD TV, 냉장고, 책상을 갖추고 있다. 객실은 샤워부스가 설치되어 있다. 대로변에 있어 찾기 쉽지만 오토바이 소음이 신경 쓰일 수 있다. 간단한 아침 식사가 포함된다. 18개 객실을 운영한다.

라오 포잇 호텔
Lao Poet Hotel ★★★★

Map P.70-B2 **주소** Thanon Hengboun Noy **전화** 021-253-537 **홈페이지** www.laopoethotel.com **예산** 더블 70~85US$(에어컨, 개인욕실, TV, 냉장고, 아침 식사) **가는 방법** 타논 헹분 노이의 모노룸 부티크 호텔 옆에 있다.

시내 중심가에 새로 지은 4성급 호텔이다. 신축 건물이라 시설이 깨끗하며 현대적이다. 객실은 실크, 카펫 등을 활용해 동양적인 느낌으로 꾸몄다. 욕실이 통유리로 되어 있으며 블라인드를 이용해 개폐가 가능하다. 루프톱의 수영장에서는 멋진 주변 경관까지 볼 수 있다.

싸라나 부티크 호텔
Salana Boutique Hotel ★★★★

Map P.70-A3 **주소** 112 Thanon Chao Anou **전화** 021-254-252~5 **홈페이지** www.salanaboutique.com **요금** 슈피리어 125US$, 디럭스 145US$ **가는 방법** 타논 쎗타티랏에 있는 왓 옹뜨 지나서 타논 짜오 아누 방향으로 20m.

2010년에 문을 연 부티크 호텔이다. 비엔티안 시내에 있어 접근성이 좋다. 객실 크기는 28㎡로 보통이지만, 부티크 호텔답게 인테리어가 세련되고 시원스럽다. 나무 바닥과 푹신한 침구, 벽면에 걸린 LCD TV까지 모던한 느낌을 준다. 개인욕실에는 샤워 부스가 설치되어 있으며 목욕용품도 잘 갖춰져 있어 편리하다. 수영장은 없으며 부대시설로 스파와 라운지가 있다. 소규모 호텔을 찾는 여행자들에게 인기 있으며 고객 만족도도 높다. 모두 41개의 객실을 운영한다.

라오 플라자 호텔
Lao Plaza Hotel ★★★★

Map P.70-C2 **주소** 63 Thanon Samsenthai **전화** 021-218-800 **홈페이지** www.laoplazahotel.com **요금** 슈피리어 140~185US$ **가는 방법** 타논 쌈쎈타이 & 타논 빵캄 사거리에 있다.

시내 중심가에 위치한 고급 호텔이다. 비엔티안 시내에 등장한 최초의 국제적인 호텔로 10년이 넘는 역사를 자랑한다. 모두 142개의 객실을 운영한다. 5성급 호텔이지만 객실 시설 수준은 그다지 럭셔리하지 않다. 객실 크기는 30㎡로 나쁘지 않다. 야외 수영장과 피트니스 센터, 레스토랑 등 대형 호텔다운 부대시설을 보유하고 있다.

안사라 호텔
Ansara Hotel ★★★★☆

Map P.70-A3 **주소** Thanon Fa Ngum(Quai Fa Ngum), Ban Wat Chan **전화** 021-213-514 **홈페이지** www.ansarahotel.com **요금** 더블 135~160US$, 스위트 240~275US$ **가는 방법** 강변도로에 있는 왓 짠을 바라보고 오른쪽에 있는 골목 안쪽으로 100m 들어가면 된다.

콜로니얼 양식의 빌라로 이루어진 부티크 호텔이다. 하얀색 건물 외관과 높다란 천장, 아치형 창문과 발코니가 어우러져 우아함을 선사한다. 객실 내부는 나무 바닥과 등나무 가구, 전통 수공예품으로 인테리어를 꾸몄다. 객실 28개를 운영하며 차분하고 아늑하다. 잔디가 곱게 깔린 야외 정원이 매력적이다. 수영장을 갖추고 있다.

돈짠 팰리스 호텔 ★★★★
Don Chan Palace Hotel

Map P.69-C3 주소 Thanon Fa Ngum(Quai Fa Ngum), Ban Phiawat 전화 021-244-288 홈페이지 www.donchanpalacelaopdr.com 요금 클래식 118US$, 슈피리어 135US$ 가는 방법 강변도로 동쪽에 있는 왓 피아왓을 지나면 강변에 커다란 호텔이 보인다.

메콩 강변에 위치한 대형 호텔이다. 236개의 객실을 갖추고 있다. 클래식 룸은 32㎡로 비엔티안 시내가 내려다보인다. 시원스러운 메콩 강 전망을 원한다면 슈피리어 룸이나 디럭스 룸을 얻어야 한다. 수영장과 피트니스 센터, 스파 & 마사지, 레스토랑, 연회실과 회의실까지 다양한 부대시설을 갖추고 있다. 5성급 호텔이라고 광고하지만 사실 수준은 5성급 호텔에 못 미친다. 시내 중심가에서 떨어져 있어 관광하기에는 조금 불편하다. 단체 관광객이 선호한다.

크라운 플라자 호텔 ★★★★☆
Crowne Plaza Hotel

Map P.68-B2 주소 20 Thanon Samsenthai 전화 021-908-888 홈페이지 www.vientiane.crowneplaza.com 요금 딜럭스 더블 145~178US$ 가는 방법 파움응 왕 동상이 있는 공원과 가깝다. 시내 중심가(남푸 분수대)에서 서쪽으로 1.5㎞.

2016년에 새롭게 오픈한 국제적인 호텔이다. 전형적인 5성급 호텔로 무던한 객실을 운영한다. 객실은 카펫이 깔려 있으며 데스크와 소파, LCD TV, 전기포트까지 다양한 시설을 갖추고 있다. 욕실은 샤워 부스와 욕조가 분리되어 있다.

객실은 35㎡ 크기로 무난하다. 금연실과 흡연실로 구분해 예약이 가능하다. 모두 198개 객실을 운영한다. 야외 수영장과 조식 뷔페까지 가격 대비 무난한 시설을 제공한다.

그린 파크 부티크 호텔 ★★★★☆
Green Park Boutique Hotel

Map P.69-C3 주소 12 Thanon Khu Vieng(Boulevard Khou Vieng) 전화 021-264-097 홈페이지 www.greenparkvientiane.com 요금 클래식 150US$, 디럭스 170US$ 가는 방법 딸랏 싸오 버스 터미널에서 타논 쿠아양을 따라 동쪽으로 1㎞ 떨어져 있다.

부티크 호텔답게 조경과 객실 인테리어에 신경을 썼고 전형적인 라오 양식의 건축물로 우아함을 더했다. 수영장과 연못, 잔디, 야자수가 어우러져 평화로운 분위기를 연출한다. 나지막한 복층 건물이 수영장과 정원을 감싸고 있다.

객실은 45㎡ 크기로 널찍하며 발코니도 딸려 있다. 침대에 모기장이 설치돼 있으며 나무 바닥과 산뜻한 객실 디자인이 고급스럽다. 2층 건물이라 엘리베이터는 없다. 시내 중심가까지 걸어서 20분 정도 걸리며, 시내 중심가까지 무료 셔틀 버스를 운행한다.

쎗타 팰리스 호텔 ★★★★☆
Settha Palace Hotel

Map P.70-C1 주소 6 Thanon Pangkham 전화 021-217-581 홈페이지 www.setthapalace.com 요금 스탠더드 175US$, 디럭스 265US$ 가는 방법 타논 빵캄 초입에 있다. 탓 담에서 도보 5분, 남푸에서 도보 8분.

비엔티안을 대표하는 클래식한 호텔이다. 프랑스 식민 지배 시대에 건설된 콜로니얼 양식의 건물이다. 1932년에 건설됐으며 1999년에 리노베이션을 통해 우아하고 럭셔리한 호텔로 거듭났다. 객실 내부의 가구와 인테리어는 앤티크하면서도 넓고 현대적이다. 객실(디럭스 룸)은 35㎡ 크기로 나무바닥에 네 기둥 침대를 놓아 낭만적인 느낌을 배가했다. 잘 가꿔진 열대 정원 속 야외 수영장은 여유롭게 휴식하기에 좋다.

Vang Vieng

방비엥(왕위앙)

　　자연이 만들어 내는 아름다움은 방비엥이란 이름을 세상에 알리는 데 결정적인 역할을 했다. 한적한 강 풍경과 석회암 산으로 이루어진 카르스트 지형이 만들어 내는 수려한 경관은 한 폭의 그림처럼 아름답다. 중국의 계림, 베트남의 하롱베이를 축소한 듯하다. 한적하던 마을에 튜빙(튜브 타기)과 강변의 배(술집)에서 파티가 열리면서 이 아시아의 작은 마을은 외국인 여행자들(특히 젊은 유럽인들)에 의해 점령되어 갔다. 저렴한 물가와 자유롭고 히피스러운 분위기가 더해져 배낭 여행자의 천국처럼 변모했다. 라오스 최고의 여행지라 여겨질 정도다. 인구 3만 명이 사는 마을이지만 연간 20만 명의 관광객이 밀려들었다. 하지만 밤낮없이 이어지는 시끄러운 파티와 매년 익사 사고가 발생하면서 라오스 정부에서 강변의 술집들을 철거하기로 결정했다. 이러한 조치는 방비엥을 좀 더 차분한 모습으로 되돌려 놓고 있다.

　　방비엥은 이방인이 주인 행세를 하는 이상한 마을이다. 역사와 문화를 체험하기 위해 가는 곳이 아니라 '놀러 가는 곳'이라 여전히 분위기는 들떠 있다. 튜빙, 카약, 동굴 탐방, 트레킹까지 마을을 벗어나 자연과 어우러진 다양한 액티비티가 즐거움을 선사한다. 강변에서 아름다운 풍경을 벗 삼아 '멍 때리며' 평화로운 시간을 보내는 것도 나쁘지 않다. TV 예능프로그램 '꽃보다 청춘' 라오스편이 방송된 이후 한국인 여행자들이 몰려오면서 '리틀 코리아 타운'으로 변모했다.

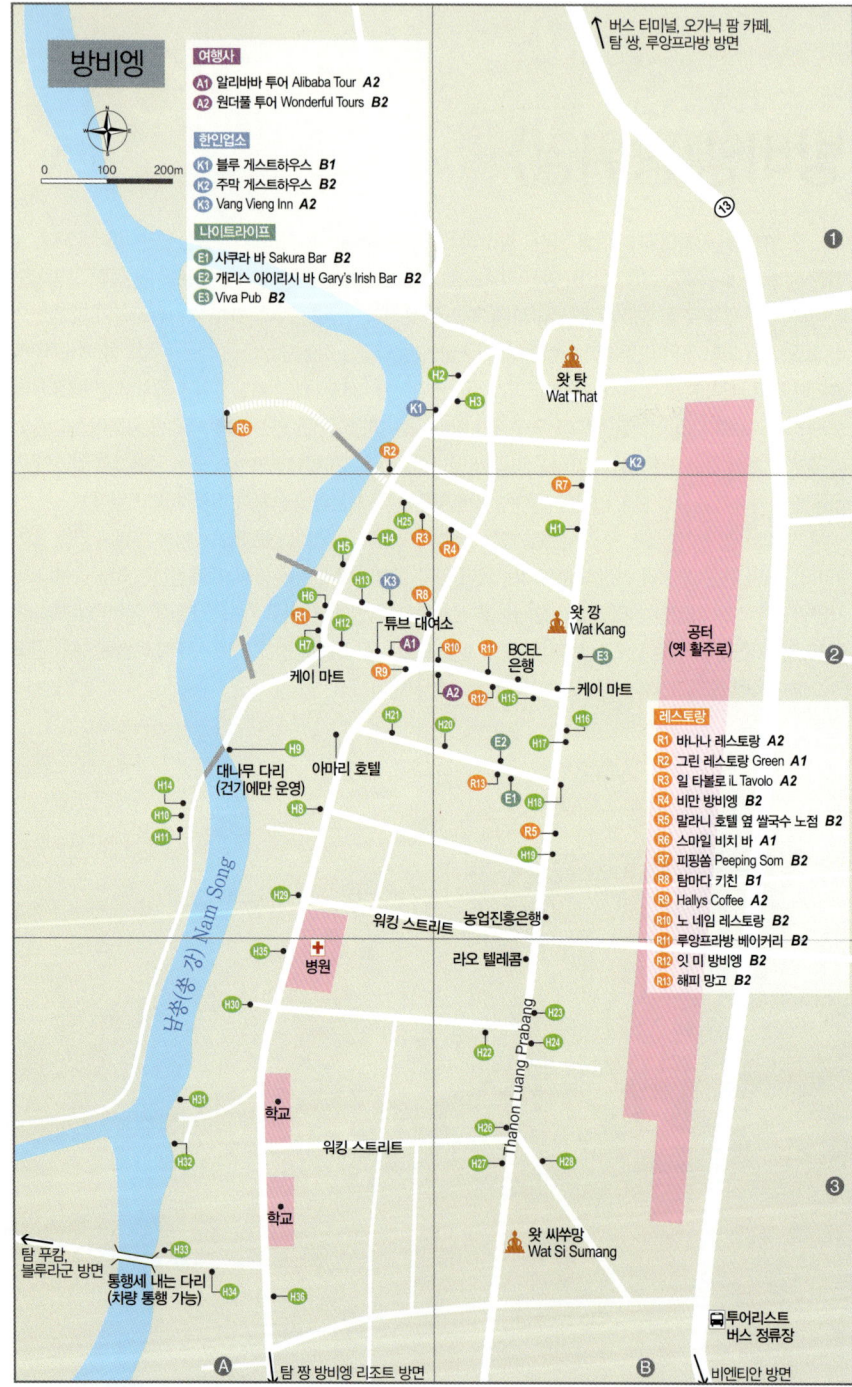

VANG VIENG

INFORMATION

여행에 유용한 정보

현지 발음

방비엥의 정확한 발음은 '왕위앙'이다. 위앙짠을 비엔티안으로 발음하는 것과 마찬가지로 프랑스식 알파벳 표기로 인한 발음상의 오류다. 하지만 'Wang Wiang'으로 된 도로 표지판이나 간판은 찾아볼 수 없다.

은행·환전

마을에 은행이 몇 곳 있어 환전에 큰 어려움이 없다. 마을 중심가에 있는 BCEL 은행(월~일 08:30~15:30)이 가장 크고 편리하다. ATM도 설치되어 있다.

주의·안전사항

건기가 되면 마을 중심가에 대나무 다리가 놓인다

얼핏 보면 평화롭고 흥겨운 곳이지만 부주의한 여행자들로 인해 사고가 빈번히 발생하기도 한다. 방비엥에서 가장 주의해야 할 것은 강물이다. **모든 여행자들이 튜빙(튜브 타기)을 즐기는데, 강물이 불어나고 유속이 빨라지는 우기에는 각별한 주의가 필요하다.** 수영에 익숙지 않다면 안전조끼를 착용하는 게 좋다. 만취한 상태에서 튜브 타기도 삼가야 한다. 해가 지면 금방 어두워지기 때문에 너무 늦은 시간에 튜빙을 하는 것도 좋은 방법이 아니다. 주변 지역 동굴을 탐방할 때도 안전사고에 유의해야 한다. 동굴 내부는 어둡고 미끄럽기 때문에 랜턴을 반드시 휴대해야 한다. 수영복이나 노출이 심한 옷을 입고 마을을 돌아다니는 것도 예의에 어긋난 행동이다. 현지 문화를 존중해 주자.

지리 파악하기

방비엥 마을 풍경

방비엥은 큰 길 두 개가 전부인 작은 마을이다. 도로 이름도 없지만, 마을이 작아서 길을 찾는 데 그리 어렵지 않다. 마을 앞을 흐르는 남쏭(쏭 강) Nam Song을 기준으로 강 오른쪽에 마을이 형성되어 있다. 강을 건너는 다리는 마을 남쪽(리버사이드 부티크 리조트 Riverside Boutique Resort 옆)에 있다. 다리를 건널 때마다 통행료를 내야 한다. 건기 때는 마을 중심가에 있는 푸반 게스트하우스 Phoubane Guest House 옆에 대나무 다리가 추가로 설치된다. 참고로 남쏭은 남쏭 강 Nam Song River이라고 부르기도 하는데, '남'은 강(또는 물)을 뜻하므로 '남쏭'이라고 표현하는 게 정확하다.

다리 통행료

차량 통행이 가능한 마을 남쪽의 다리

블루 라군을 갈 때 마을 남쪽에 있는 다리를 통과해야 하는데, 이 다리는 통행료(왕복 요금)를 받는다. 그냥 걸어서 건널 경우 1인당 4,000K, 자전거를 타고 갈 경우 6,000K, 오토바이 또는 썽태우를 타고 갈 경우 1만K을 내야 한다. 통행료를 아끼고 싶으면 마을 중심가에 있는 대나무 다리를 이용하면 된다. 대나무 다리는 건기에만 운영되며, 차가 지나다닐 수 없다.

방비엥(왕위앙) **VANG VIENG**

편의점

'꽃보다 청춘'이 방송된 이후에 한국인 관광객이 몰려들면서 한국어 간판은 기본이고 한국 식품을 판매하는 상점도 어렵지 않게 볼 수 있다. 컵라면, 즉석밥, 소주 같은 한국식품은 케이 마트 K Mart에서 구입이 가능하다.

여행사

방비엥 주변 지역을 둘러보는 투어는 동굴 탐방과 트레킹, 카약, 짚라인 Zip Line을 적절히 조합해 반나절 또는 하루 일정으로 진행한다. 1일 투어 비용은 15~38US$ 정도로, 코스와 인원에 따라 달라진다. 기본적인 투어는 동굴 탐방+카약 타기를 하루 일정으로 진행한다. 건기와 우기에 따라 방문하는 동굴과

남팁 투어와 알리바바 투어 사이에 있는 튜브 대여소

카약 타는 지점이 변동될 수 있다. 블루 라군+짚라인 1일 투어도 가능하다. 여행사마다 요금 차이가 많이 나기 때문에 몇 군데 비교해보고 예약하는 게 좋다. 한국인이 운영하는 게스트하우스에서도 웬만한 투어 예약이 가능하다. 튜빙만 할 경우 튜브 대여소 Tubing Service(P.118 참고)를 이용하면 된다.

ACCESS
방비엥(왕위앙) 가는 방법

비엔티안(위앙짠)에서 미니밴(롯뚜)을 타고 방비엥으로 가는 것이 가장 편리한 방법이다(P.76). 방비엥에서는 폰싸완(씨앙쿠앙)과 루앙프라방까지 버스와 미니밴을 운행한다. 버스 티켓은 여행사나 게스트하우스에서 예약 대행을 해준다. 숙소에서 픽업해주는 대신 수수료가 포함된다. 방비엥 버스 터미널은 마을 중심가에서 북쪽으로 2km 떨어져 있다. 비엔티안→방비엥→루앙프라방→쿤밍(중국 운남성)을 연결하는 기차 노선을 공사 중에 있으며 2021년 완공 예정이다. 참고로 비엔티안까지 160km, 루앙프라방까지 230km다.

비엔티안(위앙짠)→방비엥

미니밴이 가장 빠르다. 비엔티안의 북부 버스 터미널까지 갈 필요 없이 여행사나 숙소에서 예약하면 된다. 예약한 곳에서 미니밴을 타기 때문에 편리하다. 편도 요금은 5만~6만K이다. 자세한 내용은 P.76를 참고하자.

방비엥→비엔티안(위앙짠)

일반 버스, VIP 버스(익스프레스 버스), 미니밴이 운행된다. 일반 버스는 선풍기 시설이 돼 있지만 불편하고 속도가 느리다. 가능하면 미니밴을 타는 게 좋다. 숙소에서 픽업해 비엔티안의 시내 중심가에 내려준다. 미니밴은 여행사마다 출발 시간이 조금씩 다른데, 보통 09:30과 13:30에 출발한다. 15:00에 출발하는 곳도 있으므로 몇 군데 둘러보고 예약하면 된다. 편도 요금은 5만~6만K이다.

방비엥→루앙프라방

루앙프라방으로 가는 도로가 새로 포장되면서 2시간 정도 이동시간이 빨라졌다. 2014년부터 방비엥 북쪽에 있는 까씨 Kasi 마을을 지나서 왼쪽 도로를 타고 가면서 산길을 넘는다. VIP 버스보다 미니밴이 이동 속도가 빠른 대신 요금이 비싸다(미니밴을 탈 경우 5~6시간 정도면 루앙프라방에 도착한다). 미니밴은 07:00~15:00까지 1일 4~5회 운행된다. 편도 요금은 9만~11만K이다. 참고로 우기에는 안전을 이유로 푸쿤 Phou Khoun(Phu Khun)을 경유하는 기존 도로를 이용해 먼 길로 돌아가는 경우도 있다.

방비엥→폰싸완(씨앙쿠앙)

방비엥 북쪽으로 이어진 13번 국도를 타고 가다가 푸쿤 Phou Khoun(Phu Khun)에서 우회전해서 7번 국도를 타고 간다. 해발 2,000m 가까운 산길을 넘어야 하기 때문에 거리에 비해 이동 속도가 느리다. 굽이굽이 이어진 커브 길이 많지만 그만큼 풍경이 아름답다. 아침 일찍 출발하는 미니밴을 타는 게 좋다.

방비엥→태국(농카이, 우돈타니)

태국 농카이까지 운행되는 국제버스가 있다. 09:00에 하루 한 번 출발한다. 농카이까지는 9만K, 우돈타니까지는 10만K이다. 국제버스는 마을 초입에 있는 투어리스트 버스 정류장 Tourist Bus Station에서 출발한다(버스 터미널까지 갈 필요가 없다). 농카이까지 5~6시간, 우돈타니까지 7~8시간 걸린다.

방비엥 가는 길

방비엥 버스 터미널

방비엥 버스 터미널에서 출발하는 버스

노선	출발 시간	요금	소요 시간
비엔티안	08:00, 09:00(미니밴), 10:00, 13:00	4만K(일반 버스), 6만K(미니밴, VIP)	4~5시간
루앙프라방	09:00, 14:00(미니밴), 10:00(VIP)	9만K(VIP), 10만K(미니밴)	7~8시간
폰싸완(씨앙쿠앙)	9:30(미니밴)	10만K	7시간

TRANSPORTATION

시내 교통

마을이 작아서 중심가는 걸어서 다니면 된다. 자전거 대여는 하루에 1만~2만K, 산악자전거는 3만~4만K이다. 오토바이 대여는 6만~7만K(수동)과 8만~9만K(오토)으로 구분된다. 버기카 Buggy Car 대여는 1시간에 10만K 정도 예상하면 된다. 오토바이와 버기카 탈 때는 반드시 안전에 유의해야 한다. 길이 울퉁불퉁하고 비포장도로가 많아서 초보 운전자들은 오토바이 이용을 자제할 것! 블루 라군을 갈 때는 여러 명이 함께 모여서 썽태우(픽업트럭) 또는 뚝뚝을 대여하는 게 편하다. 마을 북쪽에 있는 버스 터미널을 갈 경우 13번 국도에서 뚝뚝이나 썽태우를 합승하면 된다. 합승 요금은 1인당 5,000K(썽태우)~1만K(뚝뚝)을 받는다. 뚝뚝을 혼자 탈 경우 2만K을 요구하는 기사가 많다.

뚝뚝

버기카

ATTRACTION

방비엥의 볼거리

마을 주변으로 펼쳐진 수려한 카르스트 지형이 가장 큰 볼거리다. 남쏭(쏭 강) 건너편으로 펼쳐지는 풍경은 그림처럼 아름답다. 방비엥을 대표하는 볼거리인 블루 라군도 놓치기 아깝다.

사원 Temples ★

마을 규모도 작고 인구도 적기 때문에 사원이 많지 않다. 마을 중심가에 왓 깡 Wat Kang(Map P.110-B2), 마을 북쪽에 왓 탓 Wat That(Map P.110-B1), 마을 남쪽에 왓 씨쑤망 Wat Si Sumang(Map P.110-B3)이 있다. 소박한 사원들로 입장료를 받지 않기 때문에 오다가다 들르면 된다.

왓 깡

워킹 스트리트 Walking Street ★★

Map P.110-A3 **운영** 17:30~23:00 **가는 방법** 라오 텔레콤 옆 골목으로 V-Town The Walking Street라고 쓰인 입간판이 세워져 있다.

방비엥을 찾는 관광객이 늘면서 새로이 생겨난 야시장이다. 워킹 스트리트는 비슷하게 생긴 두 개의 골목으로 나누어져 있는데, 낮에는 썰렁했던 거리가 저녁이면 차량이 통제되고 보행자 전용도로로 변모한다. 라오 맥주 로고가 새겨진 기념 티셔츠와 지갑, 가방 등의 몽족 수공예품 같은 기념품을 판매한다. 루앙프라방 야시장에 비해 규모는 작다.

탐 짱(짱 동굴) Tham Chang(Tham Jang) ★★

Map P.111-B2 **운영** 07:30~16:30 **요금** 1만 5,000K **가는 방법** 마을 남쪽으로 1㎞ 떨어져 있다.

방비엥에서 가장 가깝고 유명한 동굴이다. 전쟁 때는 주민들의 피난처로 사용됐다고 한다. 동굴 내부에 조명을 달았을 정도로 규모도 크다. 서서 걸어 다니며 종유석과 석순을 관찰하는 데 전혀 불편하지 않다. 동굴 입구까지는 가파른 계단을 올라가야 한다(계단이 시작되는 곳에 동굴 매표소가 있다. 매표소에는 Jang Cave라고 영어가 적혀 있다). ==동굴 내부를 가로질러 끝까지 가면 전망대가 있는데, 남쏭(쏭 강)과 어우러진 방비엥 주변 풍경이 시원스럽게 펼쳐진다.== 동굴에서 흘러나온 물은 푸른빛을 띠는데, 바위에 둘러싸인 물웅덩이는 작은 야외 수영장이 되기도 한다(동굴로 올라가는 계단을 지나쳐 옆으로 조금 더 가면 보인다). 동네 아이들은 동굴이 아니라 물놀이를 하려고 이곳을 찾아온다.

탐 짱은 강변도로를 따라 내려가다가 방비엥 리조트 Vang Vieng Resort 또는 잼미 게스트하우스 Jammee Guest House 간판이 보이는 갈림길에서 오른쪽 길로 들어가면 된다. 잼미 게스트하우스

탐 짱 동굴 입구

워킹 스트리트

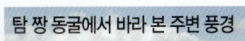

탐 짱 동굴에서 바라 본 주변 풍경

를 지나면 비포장도로가 시작되고 길 끝에는 방비엥 리조트가 나온다. 방비엥 리조트에서 별도의 통행료 5,000K를 내고 리조트를 가로질러 다리를 건너면 동굴 입구에 닿는다. 자전거를 타고 갈만한 거리로 설렁설렁 걸어가는 여행자들도 있다.

도 지나다닐 수 있는 비좁은 등산로는 경사가 심하고 미끄럽기 때문에 안전에 주의해야 한다. 산을 오르면 정자가 하나 보이는데 여기서 되돌아오지 말고, 뒤쪽으로 이어진 길을 따라 두 번째 정자가 있는 바위 꼭대기까지 올라가야 정상에 닿는다. 주변 카르스트 지형에 둘러싸인 논과 길들이 그림처럼 펼쳐진다.

파응언 전망대(실버 클리프) ★★★
Pha Ngeun(Pha Ngern) View Point

Map P.111-A2 **운영** 08:00~17:00 **요금** 1만K **가는 방법** 방비엥에서 남쏭(쏭 강)을 건너 블루 라군 방향으로 42번째 전봇대(비포장도로 옆으로 전봇대가 세워져 있다)를 지나면 삼거리가 나타난다. 오른쪽으로 200m 들어가면 전망대 매표소가 있다. 삼거리 입구에 'View The Top'이라고 적힌 노란색 간판이 세워져 있다.

블루 라군 가는 길에 있는 카르스트 지형의 바위산 이다. 반 폰응언(폰응언 마을) Ban Phone Ngeun (Phone Ngeun Village)에 있다. 파응언은 은색 절벽 Silver Cliff라는 뜻인데 실버 마운틴 Silver Mountain으로 불리기도 한다. 해발 500m 높이로 봉긋하게 솟아 있다. 산 정상에는 전망대가 있어 주변 경관을 관람할 수 있다. 입구부터 30분 정도 걸어 올라가야 한다(매표소에는 20분 걸린다고 쓰여 있다). 한두 명 정

파응언 전망대 입구의 삼거리

파응언 전망대에서 바라 본 풍경

탐 푸캄(푸캄 동굴) ★★
Tham Phu Kham(Phu Kham Cave)

Map P.111-A2 **요금** 무료(블루 라군 입장료에 포함) **가는 방법** 블루 라군(P.117) 참고.

방비엥에서 서쪽으로 7㎞로 떨어진 석회함 동굴이다. 블루 라군 옆에 있기 때문에 블루 라군과 탐 푸캄이 같은 곳처럼 여겨진다. 블루 라군 뒤쪽(오른쪽)에 있는 동굴 입구까지는 200m 정도 미끄러운 산길을 올라가야 한다. 동굴 내부에 청동으로 만든 자그마한 와불상을 모시고 있다. 와불상까지는 햇볕이 들지만 동굴 내부로 더 깊이 들어가려면 랜턴(대여료 1만K)을 휴대하고 가는 게 좋다.

블루 라군 ★★★
Blue Lagoon

Map P.111-A2 **운영** 07:00~17:30 **요금** 1만K **가는 방법** 방비엥 서쪽으로 7㎞ 떨어져 있다. 방비엥 남쪽에 위치한 통행세 받는 다리를 건너 길 따라 쭉 가면 된다. 약 4㎞ 지점에 있는 반 나통(나통 마을) Ban Na Thong을 지나 안내판(삼거리에서 북쪽으로 우회전)을 따라가면 블루 라군에 닿는다. 중간에 가짜 블루 라군으로 안내하는 간판이 있는데, 반드시 탐 푸캄(푸캄 동굴)까지 가야 제대로 된 블루 라군을 만날 수 있다. 가짜 블루 라군에서 2㎞를 더 가면 진짜 블루 라군이 나온다.

방비엥에서 가장 유명한 볼거리(또는 놀거리)다. TV 예능 프로그램 '꽃보다 청춘'에 등장한 이후 방비엥을 찾은 한국인 여행자들의 필수 코스가 돼버렸다. 탐 푸캄(푸캄 동굴) 앞을 흐르는 강물에 형성된 작은 석호(라군)로, 푸른색(에메랄드빛)으로 반짝이기 때문에 블루 라군이라고 불린다. 외국인 여행자들에게는 자연 속 천연 야외 수영장으로 인식돼 물놀이 장소로 인기가 높다. 수영을 하거나 나무에 매단 그네에 앉아 물놀이를 하면서 더위를 식히는 여행자들로 활기 넘친다. 단체 관광객까지 밀려들어 북적대는 경우가 더 많다. 나뭇가지 위로 올라가 다이빙하는 사람도 많은데, 수심이 깊기 때문에 안전사고에 주의해야 한다(물과의 마찰 때문에 수직으로 떨어져야 안 다친다). 수영을 못할 경우 반드시 안전장비를 착용해야 한다. 구명조끼(대여료 1만K)와 튜브(대여료 1만K) 대여가 가능하다.

블루 라군은 방비엥에서 남쏭(쏭 강) 건너 서쪽으로 7㎞ 떨어져 있다. 카르스트 지형을 가로지르기 때문에 가

와불상을 모신 탐 푸캄

블루 라군 가는 길

블루 라군

는 동안 펼쳐지는 풍경이 아름답다. 건기(라오스의 겨울철)에는 종종 걸어가는 여행자도 있지만, 걸어 갈 만한 거리는 아니다. 체력이 된다면 자전거를 타고 가면 된다. 오토바이를 탈 줄 알면 오토바이를 빌려서 다녀와도 되지만 반드시 안전에 유의해야 한다. 바퀴가 네 개 달린 ATV 대여도 가능하다. 자전거나 오토바이를 탈 경우 마을 북쪽에 있는 대나무 다리를 건너면 통행료를 아낄 수 있다. 뚝뚝은 기다리는 시간을 포함해 왕복 요금으로 10만~12만K 정도를 부른다. 5~8명 정도가 함께 모여서 1인당 2만~3만K에 다녀오는 것도 좋은 방법이다. 참고로 블루 라군 주변에 짚라인 Zip Line 타는 곳(20만K)도 있다. 짚라인을 탈 경우 블루 라군+짚라인 1일 투어를 이용하면 교통편까지 포함되어 편리하다.

블루 라군

Travel Plus

튜빙(튜브 타기) Tubing

방비엥을 찾는 대부분의 여행자들이 튜빙(튜브 타기)을 즐긴다. 남쏭(쏭 강)을 따라 내려오며 한가로이 풍경을 감상할 수 있다. 튜브에 몸을 맡기고 주변의 카르스트 지형에 빠져들면 된다. 튜브 대여소(Map P.110-A2)는 루앙나콘 방비엥 팰리스 호텔 옆에 있다. 남팁 투어와 알리바바 투어 사이에 튜빙 서비스 Tubing Service란 간판이 있는 곳이다. 09:00부터 16:00까지 대여해 준다. 대여료는 6만K이며, 보증금(디포짓) 2만K을 추가로 받는다(보증금은 튜브를 반납할 때 돌려받으면 된다). 튜브 반납 시간은 18:00까지 정해져 있으며 튜브를 분실하면 6만K을 벌금으로 내야 한다. 튜빙은 마을 북쪽으로 4km 떨어진 오가닉 팜 Organic Farm 앞(Map P.111-B1)에서 시작한다. 튜빙 시작하는 곳까지는 뚝뚝을 타고 가는데 튜브 대여료에 포함된다(4명 이상 출발). 우기에는 물이 불어나고 유속도 빨라서 2시간 정도 걸리고, 건기에는 강물이 느리게 흐르기 때문에 3시간 정도 걸린다. 중간에 휴식 시간 포함해서 최소 4시간 정도 예상하면 된다.

튜브를 타고 내려오다 보면 강변에 레스토랑을 겸한 바(술집)가 몇 곳 있다. 해먹과 농구대를 갖춰 놓고 여행자들을 맞는다. 음악을 틀어 파티 분위기를 연출하지만 과거에 비해 엄청 순화됐다. '버킷 Bucket'이라고 부르는 양동이 칵테일(위스키를 섞어 만든 일종의 폭탄주)도 판매한다. 라오라오(라오스 위스키) 또는 쌩쏨(태국 럼주)을 섞는데, 술 도수가 높기 때문에 과음하지 않도록 주의해야 한다. 만취한 상태에서 튜브를 타는 건 그리 좋은 생각이 아니다. 자신의 몸을 스스로 통제 가능하도록 해야 한다.

한때 튜빙은 라오스뿐만 아니라 동남아시아를 여행하는 배낭 여행자(특히 젊은 유럽인)들 사이에서 유명세를 떨쳤다. 강변 술집에서 즐기는 파티가 물놀이와 어우러졌기 때문이다. 하지만 매년 사망사고가 발생(2011년 27명의 여행자가 사망했다고 한다)하고 파티 문화(마약과 어우러진)가 도를 넘어서면서 라오스 정부(라오스는 사회주의 국가다)에서 특단의 조치를 취했다. 2012년 9월 강변 술집들을 철거하기로 한 것이다. 현재는 두 세 곳만 영업하고 있다.

튜브 대여하는 곳

강물이 잔잔한 건기의 남쏭(쏭 강)

우기에는 유속이 빨리진다

남싸이 전망대(파남싸이) ★★★☆
Nam Xay Top View

Map P.116 **전화** 020-9894-4244 **운영** 일출~일몰 **요금** 1만K **가는 방법** 방비엥에서 서쪽으로 9km 떨어져 있다. 블루 라군 입구 삼거리에서 왼쪽 방향 도로를 따라 2.5km, 진행 방향으로 도로 오른쪽에 안내판이 설치되어 있다.

카르스트 지형의 산봉우리 정상에 만든 전망대. 마을 주민들이 입구부터 산 정상까지 등산로를 내고 전망대(정자)를 만들었다. 입구에서 정상까지는 250m, 약 30분 정도 걸린다. 길이 가파르며 정상 부분은 바위산이라 등반할 때 안전에 주의해야 한다(흙길이라 우기에는 미끄럽다). 뾰족탑 모양의 산 정상에 서면 360°로 둘러싸인 주변 산들이 시원스럽게 펼쳐진다. 입구 안내판에 영어 표기를 잘못 써놔서 '놈싸이 톱 뷰' Nom Xay Top View로 알려지기도 했다.

남싸이 전망대

블루 라군 2 ★★★
Blue Lagoon 2

Map P.116 **전화** 020-9666-6327 **요금** 1만K **운영** 08:30~17:30 **가는 방법** 방비엥에서 서쪽으로 8.5km 떨어져 있다. 방비엥에서 다리를 건너 블루 라군 방향으로 가다가, 반 나통 Ban Nathong 마을 입구 삼거리에서 좌회전해서 비포장도로를 따라 4km 더 간다. 부싸완 파워 Bousavanh Power라고 적힌 주유소 옆에 입구가 있다. 중간 중간 설치된 안내판을 따라가면 된다.

블루 라군 1과 블루 라군 3에 비해 한국 관광객에게 많이 알려지진 않았다. 카르스트 지형과 푸른색의 라군이 어우러지는 것은 다른 곳과 동일하다. 튜브와 뗏목, 다이빙용 점프대에서 물놀이를 즐길 수 있다. 라군 주변으로 부대시설을 다양하게 만들어 유원지 분위기를 풍긴다.

블루 라군 3(시크릿 가든) ★★★★
Blue Lagoon 3

Map P.116 **주소** Ban Naxay(Naxay Village) **운영** 08:30~17:30 **요금** 1만K **가는 방법** ①방비엥에서 서쪽으로 14km 떨어져 있다. 뚝뚝으로 50분 정도 걸린다. 왕복 요금은 15만~18만K 정도에 흥정하면 적당하다. 여행사에서 운영하는 투어를 이용해도 된다. ②방비엥에서 다리를 건너 블루 라군 방향으로 가다가, 반 나통 Ban Nathong 마을 입구 삼거리에서 좌회전해 비포장도로를 따라 10km 더 간다. 블루 라군 2를 지나서 한참을 더 가면 반 폰싸이(폰싸이 마을) Ban PhoneXay(Phonsay)에 닿는다. 이곳에서 Phboun Cave & Blue Lagoon 3이라고 적힌 안내판을 바라보고 왼쪽 길로 1km 더 들어간다. 블루 라군 3 옆에 있는 탐빠똥(빠똥 동굴) & 버블 스프링 Patong Cave & Bubbling Springs과 혼동하지 말 것. ③블루 라군 1 입구 삼거리에서 왼쪽 길로 남싸이 전망대(P.119)를 지나서 계속 가면 된다.

블루 라군 2

카르스트 지형과 어우러진 블루 라군 3

블루 라군이 혼잡해지면서 새롭게 개발된 곳으로 시크릿 라군 Secret Lagoon이라고 불린다. 카르스트 지형의 바위산 아래 연못처럼 라군이 자리하고 있다. 라군 남쪽으로 탐파분(파분 동굴) Tham Phaboun(또는 Phabun Cave)이 있다. 동굴에서 샘물이 흘러나와 라군을 형성하기 때문에 물이 깨끗하고 푸른빛을 띤다. 튜브, 대나무 뗏목, 다이빙용 점프대, 루프 라인 점프, 스윙 점프 등의 놀이 시설이 있다. 구명조끼는 별도의 대여료(5,000K)를 받는다.

방비엥에서 멀리 떨어진 만큼 여유롭게 물놀이를 즐길 수 있다. 특히 오전에는 평화롭기까지 하다. 물놀이를 하기 위해 현지인들도 많이 찾아온다. 울퉁불퉁한 비포장도로를 지나야 한다. 폰 트래블(P.113)에서 블루 라군 3+짚 라인 투어를 반나절 일정으로 운영한다. 하루 일정으로 반 나통(나통 마을) 입구→블루 라군 1→블루 라군 3→블루 라군 2→반 나통(나통 마을) 입구 방향(또는 반대 방향)으로 길을 따라 한 바퀴 돌아도 된다.

탐 쌍, 탐 호이, 탐 룹 ★☆
Tham Xang, Tham Hoi, Tham Loup

방비엥에서 북쪽으로 14㎞ 떨어져 있다. 탐 쌍을 중심으로 4개의 동굴이 인접해 있다. 동굴은 강 건너편에 있기 때문에 다리를 건너야 한다(통행료 5,000K 별도). 탐 쌍은 자그마한 종유석 동굴이다. 코끼리 모양의 종유석 때문에 탐 쌍이라고 불린다('쌍'은 코끼리라는 뜻). 동굴 내부에는 붓다의 족적과 불상이 모셔져 있다. 동굴 입장료는 5,000K이다. 탐 쌍에서 논길을 따라 북서쪽으로 1㎞ 올라가면 탐 호이가 나온다. 조개 동굴이란 뜻으로 동굴 내부 길이가 4㎞에 이른다. 탐 호이 옆에는 자그마한 탐 룹이 있다. 다른 동굴보다 인상적인 종유석과 석순을 볼 수 있다. 두 개 동굴은 합쳐서 입장료 1만K을 받는다.

탐 남(워터 케이브) ★★☆
Tham Nam(Water Cave)

탐 호이 남쪽으로 400m 지점에 또 다른 동굴인 '탐 남'이 있다. 동굴 내부에 물이 흐르기 때문에 붙여진 이름이다. 영어로 워터 케이브 Water Cave로 불린다. 탐은 동굴, 남은 물이란 뜻이다. 물이 많은 우기에는 동굴 내부에서 튜브를 탈 수 있다(동굴 내부에 루프가 연결되어 있다). 건기에는 수위가 낮기 때문에 걸어서 들어가는 경우도 있다. 동굴 내부는 천장이 낮은 곳도 있으니 머리 부딪히지 않도록 주의하자. 동굴 입장료(헤드 랜턴, 튜브 포함)는 1만K이다. 여행사에서 운영하는 1일 투어에 참여할 경우 방문하는 동굴이다. 대부분의 투어 회사들이 오전에 동굴을 방문하고 오후에 카약을 타서 남쏭(쏭 강)을 내려간다. 성수기가 되면 오전 시간에는 동굴 주변이 북적댄다.

블루 라군 3 가는 길

새로이 주목받는 블루 라군 3

물에 잠겨 있는 탐 남 동굴
ⓒ조현숙

ACTIVITY

방비엥의 즐길 거리

방비엥은 아름다운 자연 경관과 더불어 다양한 액티비티로 인기를 얻고 있다. 육해공(강, 도로, 하늘)을 총망라해 레저 활동을 즐길 수 있다. 가장 대표적인 것은 남쏭(쏭 강)에서의 튜빙(P.118)과 카약 타기(카약킹)다. 튜빙은 튜브 하나만 빌리면 누구나 즐길 수 있고, 카약 타기는 초보자도 어렵지 않게 즐길 수 있다. 열대우림 지역에 설치된 짚라인 Zipline은 와이어를 이용해 숲 속을 이동하며 자연을 체험할 수 있다. 여행사에서 운영하는 블루 라군+짚라인 투어를 이용하면 된다.

Hot Air Balloon

방비엥 외곽 지역은 비포장도로가 많아서 버기카 Buggy Car 또는 ATV(4륜 오토바이)를 타고 여행하기 좋다. 속도감을 느낄 수 있지만 안전 운전에 유념해야 한다. 우기에는 진흙탕 길로 변하기 때문에 더욱 주의해야 한다. 대여료는 4시간에 40만~50만K 정도 예상하면 된다.

하늘 위에서 방비엥 경관을 감상할 수 있는 열기구 타기 Hot Air Balloon는 일출과 일몰 시간에 맞춰서 진행된다. 중국의 여행사에서 운영하며 요금은 95US$(30~40분 탑승)로 비싼 편이다. 날씨의 영향을 받기 때문에 청명한 건기가 풍경을 감상하기 좋다.

RESTAURANT

방비엥의 레스토랑

레스토랑 수는 적지 않지만 그렇다고 특별히 추천할 만한 곳은 없다. 자그마한 마을이라서 레스토랑이 발달하지 못했고, 뜨내기 여행자들이 스쳐가는 곳이라 깊이 있는 음식을 만들 필요도 없었다. 가게마다 볶음밥, 볶음국수, 피자와 같은 외국인을 위한 비슷한 메뉴를 제공한다. 에어컨 시설을 갖춘 곳은 매우 드물다.

루앙프라방 베이커리 ★★★
Luang Prabang Bakery

Map P.110-B2 전화 023-511-145 영업 07:00~22:00 메뉴 영어 예산 3만~8만K 가는 방법 BCEL 은행을 바라보고 왼쪽에 있다.

여행자들에게 잘 알려진 레스토랑이다. 방비엥이 오늘날처럼 개발되기 전부터 영업하고 있었기 때문에 오랫동안 여행자들의 입에 오르내렸다. 커피와 빵을 곁들인 아침 식사와 바게트 샌드위치를 기본으로 팟타이(볶음국수), 피자, 스파게티까지 여행자들이 좋아하는 식단을 꾸린다.

노 네임 레스토랑 ★★★
No Name Restaurant

Map P.110-B2 전화 020-5503-7607 영업 07:30~18:00 메뉴 영어, 라오스어 예산 1만 5,000~2만 5,000K 가는 방법 메인 도로의 카페 프린스 Cafe Prince를 바라보고 왼쪽에 있다.

간판도 없던 허름한 로컬 레스토랑인데, 관광객들이 찾아오면서 노 네임 레스토랑이란 간판을 달았다. 한국 관광객에게는 '나PD 카우삐약'으로 알려졌는데, TV 예능 프로그램 '꽃보다 청춘' 촬영 당시 나영석 PD가 들렀던 곳이라 그렇다. 쌀국수 이외에 볶음밥과 기본적인 볶음 요리가 가능하며, 저렴한 식사가 가능하다.

바나나 레스토랑
Banana Restaurant ★★☆

Map P.110-A2 전화 029-5665-9242 영업 08:00~23:00 메뉴 영어 예산 2만~6만K 가는 방법 도몬 게스트하우스(도몬 호텔)와 그랜드 뷰 게스트하우스 사이에 있다.

방비엥에서 흔하게 볼 수 있는 'TV 바' 스타일의 여행자 레스토랑이다. 도로 쪽부터 강변까지 레스토랑이 길게 이어진다. 남쏭 강변에 있어 다른 곳보다 전망이 좋다. 강변 쪽에 놓인 테이블은 테라스 형태로 되어 있다. 바게트 샌드위치, 볶음밥, 볶음국수, 피자, 스파게티, 과일 셰이크 등 메뉴는 다른 레스토랑과 동일하다. 바로 옆에 있는 아더사이드 2 레스토랑 Otherside 2 Restaurant과 리버 힐스 레스토랑 River Hills Restaurant도 분위기나 전망이 비슷하다.

그린 레스토랑
Green Restaurant ★★★

Map P.110-A2 영업 07:00~23:00 메뉴 영어, 라오스어 예산 1만8,000~6만K 가는 방법 스마일 비치 바로 내려가는 다리 입구 오른쪽에 있다.

카르스트 지형을 조망할 수 있는 레스토랑. 마을 중심가에서 살짝 북쪽에 있어 쏭 강(남쏭) 대신 산 풍경이 펼쳐진다. 풍경을 감상할 수 있는 야외 테라스가 마련되어 있다. 식사 메뉴는 아메리칸 브렉퍼스트부터 팟타이 같은 태국 음식까지 다양하다. 메인 요리를 주문하면 밥이 함께 나온다.

피핑쏨
Peeping Som ★★★

Map P.110-B2 전화 020-2241-4672 영업 11:00~23:00 메뉴 영어, 한국어, 중국어 예산 4만~8만K 가는 방법 주막 게스트하우스 맞은편에 있다.

'꽃보다 청춘' 라오스 편에 방영되어 한국 여행자들에게 급속도로 알려졌다. 한국어 간판과 메뉴판이 인기를 방증한다. '라오스 스타일 삼겹살 샤브샤브, 칠봉이가 선택한 맛집'이라고 한국어로 써 있다. 씬닷(또는 무까따)으로 불리는 샤브샤브는 둥근 솥뚜껑처럼 생긴 얕은 철판에 고기를 굽고, 육수에 채소를 데쳐서 먹을 수 있다. 뷔페가 아니라 1인용 세트(4만~7만K)로 제공된다. 핫팟 Hot Pot(전골 요리), 피자, 스테이크, 김치 볶음밥, 기본적인 라오스 음식을 함께 요리한다. 야외 마당에 테이블이 놓여 있는데 저녁때는 한국인 여행자들로 북적댄다.

탐마다 키친
Thammada Kitchen ★★★

Map P.110-A2 전화 020-5650-5725 영업 월~화,

알아두세요
방비엥 길거리 음식

노점이 가득한 방비엥 거리

오래전부터 배낭여행자들이 몰려들던 곳이라 라오스의 다른 지역과 달리 외국인 여행자들을 위한 길거리 노점이 많다. 거리 곳곳에 영어(방송의 영향으로 한국어도 흔하다)로 메뉴를 적어 놓고 장사하는 노점을 흔하게 볼 수 있다. 방비엥의 대표적인 길거리 음식은 바게트 샌드위치다. 프랑스 식민 지배를 받았기 때문에 쉽게 접할 수 있는 바게트에 오믈렛, 베이컨, 햄, 치즈(그리고 마요네즈 듬뿍)를 넣으면 샌드위치가 완성된다. 간식이나 디저트로 인기 있는 음식은 팬케이크. 둥글게 만든 반죽을 펼쳐서 바나나를 넣고 철판에서 구워낸다. 설탕과 연유, 초콜릿을 듬뿍 넣어 입맛을 자극한다(더운 나라에서는 달달한 디저트를 즐긴다). 팬 케이크는 1만~2만K, 샌드위치는 2만~3만K으로 첨가하는 내용물에 따라 가격이 달라진다. 열대 과일을 이용한 셰이크도 여행자들이 애용하는 길거리 음식이다. 생과일이 듬뿍 들어간 셰이크는 1잔에 1만K으로 저렴하다.

목~일 07:30~15:00, 17:00~21:00(수요일 휴무) **메뉴** 한국어, 영어 **예산** 2만 5,000~3만K **가는 방법** 사바이디 호텔 Sabaidee Hotel을 바라보고 오른쪽에 있다. 방비엥 인(한인업소)와 같은 골목에 있다.

한국인이 운영하는 아담한 식당이다. 깔끔한 가정집 분위기로 한식이 아닌 라오스·태국 음식을 요리한다. 메뉴는 많지 않지만 아무래도 한국인 입맛에 맞게 요리해 준다. 카오삐약과 태국식 돼지족발을 메인으로 요리한다. 볶음밥, 팟타이, 바질 볶음 덮밥도 가능하다. '탐마다'는 보통이라는 뜻이다.

잇 미 방비엥 ★★★☆
Eat Me Vang Vieng

Map P.110-B2 **영업** 07:30~20:30 **메뉴** 영어, 라오스어 **예산** 2만~4만 5,000K **가는 방법** 메인 도로의 루앙 프라방 베이커리 맞은편에 있다.

메인 도로에 있는 노천카페 형태의 아담한 레스토랑. 커피와 스무디를 기본으로 바게트 샌드위치, 쌀국수, 볶음국수, 스파게티, 바질 볶음 덮밥 같은 기본적인 식사를 제공한다. 망고 찰밥, 아이스크림, 요거트 과일 샐러드와 같은 디저트 메뉴도 있다. 에어컨이 없어 불편하지만 메인도로에 위치해 오가다 들러 식사나 음료를 즐기기 좋다.

해피 망고 ★★★
Happy Mango

Map P.110-B2 **홈페이지** www.facebook.com/Happymangolaos **영업** 12:00~22:30 **메뉴** 영어, 한국어 **예산** 망고 디저트 1만 5,000~3만K, 태국 음식 3만~5만K **가는 방법** 사쿠라 바를 바라보고 오른쪽, 개리스 아리리시 바 맞은편에 있다.

망고 찰밥, 망고 아이스크림, 망고 셰이크, 말린 망고 등 망고를 이용한 디저트를 판매하는 곳으로 레스토랑을 겸하나. 태국 음식을 메인으로 요리한다. 팟타이, 파인애플 볶음밥, 바질 볶음, 태국식 카레, 치킨 윙 등 메뉴가 다양하다. 한국 관광객을 포함해 외국인에게 인기가 있다. 입구에 망고를 진열해 놓고 있어 금방 눈에 띈다.

비만 방비엥(위만 왕위양) ★★★
Viman Vang Vieng

Map P.110-B2 **전화** 020-5892-6695 **영업** 10:00~22:00 **메뉴** 영어 **예산** 5만~10만K **가는 방법** 애비 부티크 게스트하우스를 바라보고 왼쪽으로 50m.

방비엥에서 제법 알려진 태국·독일 음식점이다. 태국 음식은 타이 커리 Thai Curry, 독일 음식은 슈니첼(독일식 돈가스) Schnitzel이 대표 메뉴다. 방콕 출신으로 독일에서 34년간 생활했던 주인장이 직접 요리한다는 점이 특징이다. 손님이 몰릴 경우 서비스가 느려질 수 있다.

스마일 비치 바 ★★★
Smile Beach Bar

Map P.110-A1 **영업** 10:00~21:00 **메뉴** 영어 **예산** 음료 1만K, 식사 2만~3만K **가는 방법** 남쏭(쏭 강) 안쪽의 자그마한 섬에 있다. 마을 북쪽의 강변도로(방비엥 오키드 게스트하우스를 바라보고 오른쪽 방향) 중간에 설치된 안내판을 보고 나무다리를 건너 150m 걸어간다. 튜브를 타고 왔을 경우 엔드 튜빙 End Tubing이라고 적힌 간판이 보인다.

강변에 있는 바(Bar)를 겸한 레스토랑이다. 강변 풍경을 즐길 수 있도록 오두막을 만들고 해먹을 걸어 놨다. 풍경을 감상하며 한가롭게 시간 보내기 좋다. 과일 셰이크와 맥주, 버거, 볶음밥 같은 간단한 메뉴로 구성되어 있다. 음료 하나를 주문하면 해먹을 1시간 이용할 수 있다. 외부 음식을 들고 가면 이용 요금을 받는다.

개리스 아이리시 바 ★★★☆
Gary's Irish Bar

Map P.110-B2 **전화** 030-940-7039 **홈페이지** www.facebook.com/GarysIrishBar **영업** 09:00~23:30 **메뉴** 영어 **예산** 2만~5만K **가는 방법** 사쿠라 바 맞은편에 있다.

아일랜드 사람들이 운영하는 술집이지만 레스토랑으로도 손색이 없다. 매운 음식을 못 먹는 유럽인 여행자들이 선호하는 햄버거, 피자, 스파게티, 치킨 너겟, 피시 & 칩스 등을 부담 없이 맛볼 수 있다. 치킨 카레와 라오 비프 스테이크 같은 기본적인 라오스 음식도 요리한다. 음식 양이 많은 편이고 음식 맛도 괜찮다. 밤 늦은 시간에는 술집으로 변모한다.

일 타볼로 ★★★☆
iL Tavolo

Map P.110-A2 전화 020-2345-4321 홈페이지 www.facebook.com/iltavolorestaurant 영업 목~화 17:30~23:00(화요일 휴무) 메뉴 영어 예산 5만~8만K 가는 방법 아비 부티크 게스트하우스를 바라보고 왼쪽에 있다.

방비엥에서 인기 있는 피자 전문 레스토랑. 이탈리아 출신의 아버지와 아들이 함께 운영한다. 장작을 이용해 화덕에서 구워내는 10여 종류의 나폴리 피자와 파스타, 리소토, 스테이크 같은 단품 요리도 있다. 참고로 저녁 시간에만 영업한다.

오가닉 팜 카페 ★★★
Organic Farm Cafe

Map P.111-B1 전화 023-511-220 홈페이지 www.laofarm.org 영업 07:30~21:00 메뉴 영어 예산 3만~9만K 가는 방법 방비엥 북쪽으로 4㎞ 떨어진 남쏭 강변에 있다.

방비엥 북쪽에 있는 오가닉 팜 Organic Farm에서 운영하는 레스토랑이다. 직접 재배한 신선한 유기농 채소를 이용해 음식을 요리한다. 볶음 요리와 카레로 이루어진 라오스·태국 요리가 대부분이다. 물베리 Mulberry로 만든 팬케이크, 셰이크, 오믈렛도 맛볼 수 있다.

남 쏭 강변의 레스토랑

NIGHTLIFE
방비엥의 나이트라이프

정부 정책에 의해 술집들이 영업정지 되면서 예전에 비해 동네가 조용해지긴 했지만, 젊은 여행자들이 찾는 곳인 만큼 그들만을 위한 술집들은 여전히 존재한다. 시골 동네답게 시설들은 허름해도 다양한 국적의 '꽃청춘'들이 흥겹게 어우러진다. 저녁 8시경부터 사람들이 모이기 시작해 밤늦도록 파티 분위기가 이어진다. 포켓볼을 치거나 술 마시기 게임을 하면서 시간을 보내다 음악이 흘러나오면 클럽으로 변모한다.

사쿠라 바

사쿠라 바 Sakura Bar(Map P.110-B2, 홈페이지 www.facebook.com/SAKURABARVV)는 저녁 8시부터 공짜 술을 제공해 사람들을 끌어모은다. 개리스 아이리시 바 Gary's Irish Pub(Map P.110-B2, 홈페이지 www.facebook.com/GaryslrishBar)는 기네스 맥주를 판매하며 성수기에는 저녁 9시 30분부터 라이브 음악을 연주한다. 두 곳 모두 입장료를 받지 않는다. 밖에서 내부가 들여다보이기 때문에 사람이 많고 분위기 좋은 곳을 찾아가면 된다. 맥주와 칵테일은 1만~3만K 정도 한다.

HOTEL

방비엥의 호텔

작은 마을에 숙소가 150개가 넘는다. 대형 호텔보다는 소규모 게스트하우스들이 대부분이다. 최근 몇 년 사이에 신축공사가 급속도로 진행됐으며, 대부분 콘크리트 건물이라 비슷비슷하다. 강변에 고급 숙소들이 하나 둘 생기고 있는데, 5성급 호텔 체인인 아마리 호텔 Amari Hotel도 문을 열었다. 한국인 여행자들이 많이 찾는 인기 여행지임을 반영하듯 작은 마을에 한인 업소도 많이 있다. 게스트하우스와 한식당, 여행사까지 여행에 필요한 것들을 한국어로 해결할 수 있다.

쑷짜이 게스트하우스 ★★★
Soutjai Guest House

Map P.110-B2 주소 Thanon Luang Prabang 전화 020-5505-0477 요금 더블 10만~12만K(에어컨, 개인욕실, TV) 가는 방법 마을 중심가에 해당하는 BCEL 은행 맞은편에 있다.

방비엥 중심가에 있는 무난한 여행자 숙소다. 평범한 콘크리트 건물이다. 객실은 에어컨 시설로 깨끗하다. LCD TV를 갖추고 있으며 냉장고는 없다. 1층은 레스토랑으로 사용하기 때문에 2층보다 3층에 있는 방이 조용하다. 도로 쪽에 공동으로 사용하는 발코니가 있다.

판 플레이스 ★★☆
Pan's Place

Map P.110-B3 주소 Thanon Luang Prabang 전화 023-511-484 요금 더블 6만K(선풍기, 공동욕실), 더블 9만K(선풍기, 개인욕실) 가는 방법 농업진흥은행을 바라보고 오른쪽으로 150m.

라오스-뉴질랜드 커플이 운영하는 호스텔 분위기의 게스트하우스. 노란색 건물과 음양을 상징하는 둥근 아이콘이 그려져 있다. 마을 중심가에서 살짝 남쪽으로 떨어져 있지만 방 값이 싸서 인기가 있다. 모든 객실은 선풍기 시설이 돼 있다. 저렴한 만큼 방이 작고, 방음도 잘 안 되는 편이나.

바나나 방갈로 ★★★
Banana Bungalows

Map P.110-A2 주소 Otherside of the river 전화 020-5501-4937 요금 더블 15만~20만K(에어컨, 개인욕실, 냉장고) 가는 방법 푸반 Phoubane 게스트하우스 옆에 있는 대나무 다리를 건너면 된다. 아더사이드 방갈로와 클리프 뷰 방갈로 사이에 있다.

강 건너에 있는 방갈로 형태의 숙소다. 시멘트와 목재로 만든 평범한 방갈로들이 한적한 자연 풍경과 어우러진다. 객실 요금은 방갈로 크기에 따라 달라진다. 방갈로마다 작은 발코니가 나있고 휴식할 수 있는 해먹이 달려 있다. 선풍기와 모기장이 설치되어 있다. 대나무 다리가 없어지는 우기에는 드나들기 불편한 단점이 있다.

아더사이드 방갈로 ★★★
Otherside Bungalow

Map P.110-A2 주소 Otherside of the river 전화 020-5510-6288 요금 더블 10만K(선풍기, 개인욕실), 더블 20만~25만K(에어컨, 개인욕실, TV) 가는 방법 푸반 게스트하우스 Phoubane Guest House 옆에 있는 대나무 다리를 건너면 된다. 바나나 방갈로 옆에 있다.

강 건너 다른 쪽(아더사이드)에 있는 방갈로 형태의 숙소다. 공동욕실을 사용하는 오래된 방갈로보다 개인욕실이 딸린 방갈로들이 그나마 시설이 좋다. 방갈로 내부는 침대, 선풍기, 모기장이 설치되어 있다. 방갈로마다 해먹이 걸려 있어 한가하고 평화로운 시간을 보낼 수 있다. 강변에 새롭게 만든 반갈로들은 에어컨과 TV가 갖춰져 있다. 디크 나무 방갈로로 견고하며 통유리로 만든 창문이 시원스럽다. 대나무 다리가 없어지는 우기에는 드나들기 불편한 단점이 있다.

방비엥 가든 방갈로 ★★★
Vang Vieng Garden Bungalows

Map P.110-B3 **전화** 023-511-683, 020-7874-6666 **요금** 더블 12만~18만K(에어컨, 개인욕실, 아침 식사) **가는 방법** 마을 남쪽에 있는 왓 씨쑤망 옆 골목 안쪽으로 20m.

다른 게스트하우스들과 달리 목조 방갈로 형태의 숙소다. 주인이 외국인으로 바뀌면서 야외 수영장도 생겼다. 마당과 레스토랑을 중심으로 객실이 들어서 있다. 롱 하우스 Long House처럼 기다란 단층 건물로 연결되어 있다. 방마다 테라스가 딸려 있다. 목조 건물이라 방음에 취약하다. 마을 중심가에서 살짝 비켜나 있어 조용하게 지낼 수 있다.

방비엥 인 ★★★
Vang Vieng Inn

Map P.110-A2 **카카오톡** vangvieninn **요금** 더블 10만~14만K(에어컨, 개인욕실) **가는 방법** 도몬 게스트하우스(도몬 호텔) 앞 골목, 루앙나콘 방비엥 팰리스 호텔 뒷골목에 있다.

한국인이 운영하는 게스트하우스 중 한 곳으로, 골목 안쪽에 있는 평범한 콘크리트 건물이다. 객실은 기본적으로 에어컨에 개인욕실을 갖추고 있다. 여행사를 겸하고 있어 투어 예약과 차량 예약이 가능하다. 숙소에 딸린 커피 인 Coffee Inn을 함께 운영한다. 카카오톡(vangvieninn)으로 예약 문의하면 된다.

블루 게스트하우스 ★★★
Blue Guest House

Map P.110-B1 **주소** Riverside **전화** 020-2388-0000, 070-4685-6608(인터넷폰) **홈페이지** cafe.naver.com/laobulehouse/ **요금** 더블 12만~14만K(에어컨, 개인욕실, TV), 3인실 17만K(에어컨, 개인욕실, TV) **가는 방법** 마을 북쪽의 강변에 있다.

한국인이 운영하는 게스트하우스로 강변을 끼고 있다. 파란색이 칠해진 일반 객실은 평범한 시설을 갖추고 있지만 방 크기는 넓은 편이다. 에어컨 시설이 돼 있고 온수 샤워가 가능한 개인욕실과 발코니가 딸려 있다. 객실의 위치에 따라 방 값이 달라진다. 참고로 한식당 '비원'을 함께 운영한다. 김치찌개, 된장찌개, 제육볶음, 삼겹살, 닭백숙 같은 한식(4만~20만K) 메뉴를 내놓는다.

메레 게스트하우스 ★★★
Maylay Guest House

Map P.110-A2 **전화** 023-511-136, 020-5652-0698 **요금** 더블 16만~18만K(에어컨, 개인욕실, TV, 냉장고, 아침식사) **가는 방법** 도몬 게스트하우스(도몬 호텔) 앞쪽 골목, 루앙나콘 방비엥 팰리스 호텔 뒷골목에 있다.

마을 중심가의 뒷골목에 있다. 깨끗한 시설의 게스트하우스로 객실에 안전금고가 갖춰져 있고 간단한 아침식사가 제공된다. 여느 게스트하우스처럼 신발을 벗고 드나들어야 하고 엘리베이터는 없다. 특히 한국 여행자들이 많이 묵는 숙소 중 하나고 주인과 직원들이 친절하다. 골목 안쪽이라 특별한 전망은 없다.

도몬 게스트하우스(도몬 호텔) ★★★☆
Domon Guest House

Map P.110-A2 **주소** Riverside **전화** 030-522-3855, 020-9989-8678 **홈페이지** www.domonguesthouse.com **요금** 더블 12만K(선풍기, 개인욕실, TV), 더블 15만~20만K(에어컨, 개인욕실, TV) **가는 방법** 루앙나콘 방비엥 팰리스(호텔) Rouang Nakhon Vang Vieng Palace를 지나 삼거리에서 오른쪽으로 30m.

견고한 콘크리트 건물로 2010년에 문을 열었다. 타일이 깔린 객실은 깨끗하며 창문도 커서 밝다. 도로 쪽 방과 강변 쪽 방이 있는데, 아무래도 전망이 좋은 강변 쪽 방이 매력적이다. 발코니에도 테이블과 의자가 놓여 있어 주변 경치를 보며 시간 보내기에 좋다. 주변의 술집에서 나는 소음 때문에 밤에 시끄러울 수도 있다.

방비엥 오키드 게스트하우스 ★★★
Vang Vieng Orchid Guest House

Map P.110-A2 주소 Riverside 전화 023-511-172 홈페이지 www.vangviengorchidguesthouse.com 요금 더블 9만~10만K(선풍기, 개인욕실, TV), 더블 12만~15만K(에어컨, 개인욕실, TV) 가는 방법 강변에 있는 도몬 게스트하우스(도몬호텔) 옆에 있다.

마을 중심가에 위치해 있으며 남쏭 강을 끼고 있다. 콘크리트 건물로 객실은 타일이 깔려 있다. 객실은 TV와 테이블이 있는 기본적인 시설로 온수 샤워가 가능한 개인욕실을 갖추고 있다. 선풍기 방은 전망이 안 좋지만, 발코니가 딸린 에어컨 방은 주변 경관이 시원스럽다.

방비엥 센트럴 파크 호텔 ★★★★
Vangvieng Central Park Hotel

Map P.110-B2 전화 023-511-781 요금 18만~24만K(에어컨, 개인욕실, TV, 냉장고, 아침식사) 가는 방법 개리스 아이리시 바를 바라보고 왼쪽에 있다.

가성비 좋은 여행자 숙소 중 한 곳으로 방비엥 중심가에 있다. 수영장이 있으며, TV, 냉장고, 안전금고까지 기본적인 객실 시설을 잘 갖추고 있다. 간단한 아침 식사까지 포함된다. 단, 엘리베이터는 없다. 방 청소를 원할 때는 따로 요청을 해야 한다.

재스민 방비엥 호텔 ★★★☆
Jasmine Vangvieng Hotel

Map P.110-A2 전화 020-9226-6789 요금 더블 25만~30만K(에어컨, 개인욕실, TV, 냉장고, 아침식사) 가는 방법 도몬 호텔 지나서 강변도로 북쪽의 난티 호텔 Nanthy Hotel 맞은편에 있다.

2018년에 신축한 콘크리트 건물이라 주변 숙소에 비해 깨끗하다. 에어컨, TV, 냉장고, 안전금고 등을 갖춘 중급 호텔이지만, 도로 안쪽에 위치해 강변 쪽 숙소에 비해 전망은 별로다. 공동으로 사용하는 발코니가 있으며, 4층에서는 강 건너 주변 풍경이 보인다. 수영장도 갖추어져 있어 가성비가 좋다. 부적대지 않은 곳에서 차분히 머물기 좋다.

PM 호텔 ★★★☆
PM Hotel

Map P.110-A2 전화 0-23511-119 홈페이지 www.pmhotelvangvieng.com 요금 슈피리어 28만~34만K, 디럭스 45만K(에어컨, 개인욕실, TV, 냉장고, 아침식사) 가는 방법 아마리 호텔 앞으로 이어지는 도로에 있다.

마을 중심가에 위치한 중급 호텔이다. 2019년에 신축한 건물로, 딱 봐도 호텔처럼 생겼다. 발코니가 딸려 있는 것은 아니지만, 높은 층 객실에서는 창문을 통해 주변 풍경을 볼 수 있다. 디럭스 룸은 욕조까지 갖춘 반면 저렴한 방은 창문이 없다. 6층짜리 건물로 옥상에 자그마한 수영장이 있다.

인티라 호텔 ★★★★
Inthira Hotel

Map P.110-A3 주소 Riverside 전화 023-511-088 홈페이지 www.inthira.com 요금 디럭스 98~108US$, 퀸 룸 128~148US$ 가는 방법 마을 남쪽에 있는 병원 맞은편의 강변에 있다.

마을 중심가에서 강변으로 위치를 이전했다. 2017년 6월에 호텔을 새롭게 건설해 오픈했다. 강변에 야외 수영장을 갖추고 있어 여유롭다. 객실은 38개로 발코니가 딸려 있다. 남쏭(쏭 강)을 끼고 펼쳐지는 카르스트 지형을 감상하며 시간을 보내기 좋다. LCD TV와 미니 바(냉장고), 안전 금고, 헤어드라이어 등 기본적인 객실 설비도 갈 갖추어져 있다. 모든 객실은 금연실로 운영된다.

엘리펀트 크로싱 호텔 ★★★☆
The Elephant Crossing Hotel

Map P.110-A3 주소 Riverside 전화 023-511-232 홈페이지 secure.theelephantcrossinghotel.com 요금 스탠더드 더블 45~50US$, 디럭스 더블 60US$, 패밀리 80US$ 가는 방법 마을 남쪽의 강변에 있다.

아침 식사가 제공되는 경제적인 호텔이다. 남쏭 강

변에 위치한 4층 건물이라 주변 숙소에 비해 더 높은 곳에서 전망을 즐길 수 있는데 객실 발코니에서 바라보는 풍경이 특히 훌륭하다. 나무 바닥의 객실은 TV와 냉장고, 에어컨까지 산뜻하게 갖춰져 있다. 객실은 작은 편이며, 엘리베이터는 없다. 강변에 테라스 형태의 레스토랑을 운영한다.

다이아몬드 골드 호텔 ★★★☆
Diamond Gold Hotel

Map P.110-A3 **전화** 023-511-096, 020-5888-8881 **홈페이지** www.facebook.com/diamondgold.resort **요금** 가든 뷰 45~50US$, 리버 프런트 65~70US$ **가는 방법** 마을 남쪽 강변에 있는 남쏭 가든(호텔) 맞은편에 있다.

타원쑥 리조트 Thavonsouk Resort에서 간판을 바꿔 달았다. 고급 리조트는 아니지만 강을 끼고 있어 전망이 좋고 잔디 가득한 야외 정원이 널찍해 여유롭다. 야외 정원에서 수려한 주변 풍경이 막힘없이 보인다. 객실은 복층 건물로 이루어진 가든 룸 Garden Room과 단층 방갈로 형태의 리버 룸 River Room으로 구분되어 있다. 객실과 욕실은 넓은 편이며 에어컨 시설로 TV와 냉장고를 갖추고 있다. 객실마다 발코니도 딸려 있어 여유롭다. 마을 중심가로부터 적당히 떨어져 있어 조용히 지내기 좋다. 강변의 야외 레스토랑에서 아침 식사를 제공해 준다. 수영장은 없다.

빌라 남쏭 ★★★☆
Villa Nam Song

Map P.110-A3 **주소** Riverside **전화** 023-511-637, 020-554-4210 **홈페이지** www.villanamsong.com **요금** 더블 75~85US$(비수기 60~70US$) **가는 방법** 마을 남쪽의 초등학교 맞은편 강변에 있다.

한적한 강변과 정원이 잘 어우러진 빌라 형태의 숙소다. 방비엥 주변의 아름다운 자연 경관을 볼 수 있는 최적의 위치에 있다. 단층 건물이다.

객실에는 나무 바닥이 깔려 있고 에어컨이 설치돼 있다. 조용한 분위기를 유지하기 위해 객실에 TV를 두지 않은 것이 특징이다. 객실이 16개뿐이라 북적대지 않는다. 강변의 레스토랑이나 파라솔 아래 놓인 데크 체어에 앉아 평화로운 시간을 보낼 수 있다. 하지만 객실 시설에 비해 방 값은 비싼 편이다. 아침 식사가 포함된다.

아마리 호텔(아마리 방비엥) ★★★★☆
Amari Hotel(Amari Vang Vieng)

Map P.110-A2 **전화** 023-511-800 **홈페이지** www.amari.com/vang-vieng **요금** 더블 100~120US$(에어컨, 개인욕실, TV, 냉장고, 아침식사) **가는 방법** 마을 중심가 강변도로 초입에 있다.

태국의 대표적인 호텔 체인인 아마리에서 운영하는 곳이다. 2018년에 신축한 대형 호텔로 현대적인 시설을 갖추고 있다. 4성급 수준으로 객실 크기는 32㎡ 정도다. 객실 위치에 따라 리버 뷰와 시티 뷰로 나뉜다. 발코니가 딸린 리버 뷰 객실이 아무래도 좋다. 수영장, 피트니스, 조식 뷔페까지 고급 호텔다운 면모를 자랑한다. 마을 중심가에 있어 위치적으로 편리하다.

리버사이드 부티크 리조트 ★★★★★
Riverside Boutique Resort

Map P.110-A3 **주소** Riverside **전화** 023-511-726~8 **홈페이지** www.riversidevangvieng.com **요금** 클래식 더블(가든 뷰) 142US$, 디럭스 더블(리버 뷰) 178US$ **가는 방법** 마을 남쪽의 통행료를 받는 다리 옆에 있다.

2012년 7월에 오픈한 부티크 호텔로, 아마리 호텔과 더불어 방비엥의 대표적인 고급 호텔이다. 남쏭 강변에 위치한 호텔 중 멋들어진 야외 수영장을 갖추고 있다. 다양한 소수민족의 수공예품으로 객실을 꾸며 분위기를 더했다. 즉 객실마다 사용된 장식이 다르다. 클래식 룸과 디럭스 룸의 크기는 같지만 정원을 끼고 있느냐, 수영장을 끼고 있느냐에 따라 요금이 다르다. 강변의 잔디 정원과 수영장에서 바라보는 풍경도 좋다.

นองคาย

농카이(태국)

Nong Khai

농카이는 태국과 라오스를 연결하는 최초의 육로 국경으로 개방된 이래 라오스로 향하는 관문 역할을 하고 있다. 메콩 강을 사이에 두고 마주한 두 나라는 우정의 다리(싸판 밋뜨라팝 타이-라오) Thai-Lao Friendship Bridge를 통해 국제 버스와 국제 열차가 끊임없이 드나든다. 농카이를 찾는 여행자들은 당연히 라오스를 염두에 둔다. 곧장 버스를 타고 태국을 빠져나가기도 하지만 메콩 강의 한적한 풍경을 즐기며 시간을 보내는 여행자들도 많다.

치앙콩 Chiang Khong, 묵다한 Mukdahan 등 다른 국경도시에 비해 볼거리도 많고 낭만적이다. 타싸뎃 시장(딸랏 타싸뎃) Tha Sadet Market 덕분에 도시는 낮에도 생기를 띤다. 국경도시 특유의 활기는 물론 메콩 강을 따라 태국의 나른한 시골 풍경도 펼쳐진다. 도시 자체가 편안한 느낌으로 다가와서 생각보다 오래 머무르는 여행자들도 많다. 특히 연륜이 쌓인 사람들일수록 한가한 소도시 생활에 빠져든다. 농카이에 머무르는 동안 시원한 맥주로 낮술을, 메콩 강의 노을로 저녁의 낭만을, 특유의 이싼(태국 북동부 지방) 음식으로 미각을 확대하자.

INFORMATION

여행에 유용한 정보

환율

태국 화폐는 '밧 Bhat'이다. 환율은 1US$=31B이다.

은행·환전

시내 중심가의 타논 미차이 Thanon Meechai와 타논 쁘라짝 Thanon Prajak에 주요 은행들이 들어서 있다. 방콕 은행, 까씨꼰 은행, 끄룽타이 은행, 끄룽씨 은행, 싸얌 상업 은행 SCB, 태국 군인 은행 TMB에서 환전하면 된다. ATM은 은행뿐만 아니라 편의점을 포함해 곳곳에서 발견할 수 있다. 참고로 태국에서는 라오스 화폐를 사용할 수 없다. 경제적으로 우위에 있는 태국에서 라오스 돈의 가치를 인정하지 않기 때문이다. 라오스 여행을 끝내고 태국으로 넘어 갈 예정이라면, 라오스에서 남은 돈을 태국 화폐로 미리 환전해 두도록 하자. 이와는 반대로 태국 돈은 라오스에서 통용되기 때문에, '밧'을 '낍'으로 환전할 필요는 없다.

태국에서 바라본 라오스

볼거리

- V1 왓 씨촘춘 Wat Si Chomchuen
- V2 왓 씨싸껫 Wat Si Saket
- V3 쌀라 짜오푸야(중국 사원) Sala Chao Phu Ya
- V4 왓 씨쿤므앙 Wat Si Khun Muang
- V5 왓 뚱싸왕 Wat Tung Sawang
- V6 왓 람두언 Wat Lamduan
- V7 왓 포차이 Wat Pho Chai

레스토랑

- R1 나가리나 Nagarina
- R2 반 투엇 카페 Baan Thuad Cafe
- R3 남똑 림콩 Nam Tok Rim Khong
- R4 댕 냄느앙 Daeng Namnuang
- R5 라비앙 매 콩 레스토랑 Rabiang Mae Khong Restaurant
- R6 케이크 앳 토이스 Cake at Toey's
- R7 디디 포차나 D D Phochana
- R8 도이 창 @ 농 카이 카페 Doi Chang @ Nong Khai Cafe
- R9 카페 비엣 Ca Phe Viet
- R10 마라꺼 Ma-La-Gor

호텔

- H1 맛미 게스트하우스 Mut Mee Guest House
- H2 판타위 호텔 Pantawee Hotel
- H3 씨리 게스트하우스 Siri Guest House
- H4 림콩 농카이 호텔 Rimkhong Nongkhai Hotel
- H5 루안타이 게스트하우스 Ruan Thai Guest House
- H6 반 매림남 Baan Mae Rim Nam
- H7 나 림콩 리버 뷰 호텔 Na Rim Khong River View Hotel
- H8 쭘말리 게스트하우스 Joom Malee Guest House
- H9 이싼 게스트하우스 E-San Guest House
- H10 피꾼 아파트먼트 Pikul Apartment

농카이 NONG KHAI

ACCESS
농카이 가는 방법

방콕에서 출발한 기차와 버스가 드나든다. 방콕에서 멀리 떨어져 있어 야간 기차나 야간 버스를 이용하는 승객이 많다.

항공

농카이에는 공항은 없다. 하지만 우돈타니 공항 Undon Thani Airport과 인접하고 있어 항공을 이용해도 큰 불편은 없다. 농카이에서 우돈타니 공항까지는 55km 떨어져 있다. 타이 항공(www.thaiairways.com), 타이 라이언 에어(www.lionairthai.com), 녹 에어(www.nokair.com), 에어 아시아(www.airasia.com)가 취항한다. 자세한 내용은 P.42를 참고하자.

버스

국제버스

시내와 인접한 버스 터미널에서 모든 버스가 출발한다. 국내선은 우돈타니 Udon Thani를 포함해 방콕과 치앙마이까지 버스가 운행된다. 라오스행 국제 버스는 비엔티안(위앙짠)과 방비엥(왕위앙) 두 개 노선이 있다.

농카이→우돈타니, 방콕, 치앙마이

농카이와 인접한 우돈타니까지는 버스가 수시로 운행된다. 운행 시간은 06:00~17:40으로, 편도 요금은 55~60B이다. 방콕행 버스는 06:00~20:30까지 운행된다(20:00에 밤 버스가 몰려 있다). 편도 요금은 에어컨 버스 364~423B, VIP 버스 658B이다. 치앙마이행 버스는 19:00에 출발한다(편도 요금 820~907B). 방콕과 치앙마이까지는 야간 버스를 타면 편리하다.

기차

농카이 기차역

방콕(후아람퐁 역)↔농카이 노선이 하루 4회 왕복한다. 야간 기차는 수요가 많아 미리 예약해 두는 게 좋다. 편도 요금은 2등 침대칸(선풍기) 488~538B, 2등 침대칸(에어컨) 688~758B이다. 자세한 출발 시간과 요금은 태국 철도청 홈페이지(www.railway.co.th) 참고.
농카이에서 라오스까지는 철도로 이어져 있다. 국경에서 4km 북쪽에 있는 타나랭 Thanaleng까지만 기차가 운행된다. 태국(농카이)↔라오스(타나랭) 국제기차는 1일 2회 운행된다(농카이 출발 시간 07:30, 14:45). 기차 탑승 전에 출국 수속을 마쳐야 하므로, 기차 출발 시간보다 미리 도착해야 한다. 두 역은 기차로 15분 거리로 편도 요금은 20~30B이다. 타나랭에서 비엔티안까지 가려면, 기차 도착 시간에 맞춰 대기 중인 썽태우(편도 요금 100B)를 타고 가면 된다.

농카이→라오스(국제버스)

농카이 버스 터미널에서 비엔티안과 방비엥까지 국제 버스도 출발한다. 우정의 다리(태국-라오스 국경)에서 23km 떨어진 비엔티안까지 국제버스가 활발하게 운행된다(버스의 종점은 딸랏 싸오 버스 터미널 Talat Sao Bus Terminal). 한국 여권 소지자는 무비자로 30일간 라오스를 여행할 수 있어 비자에 대한 걱정은 하지 않아도 된다. 라오스 국경 넘는 자세한 방법은 P.133을 참고하자.

방콕(후아람퐁 역)↔농카이 기차

방콕(출발)→농카이(도착)	농카이(출발)→방콕(도착)
08:20→17:30	07:45→17:10
18:35→03:45	18:30→04:35
20:00→06:25	18:50→05:45
20:45→07:55	19:40→06:00

농카이에서 출발하는 국제버스

노선	출발시간	요금
비엔티안	07:30, 09:30, 12:40, 14:30, 15:30, 18:00	60B
방비엥	09:40	270B

TRANSPORTATION

시내 교통

메콩 강을 중심으로 도시가 동서로 길게 늘어져 있다. 뚝뚝을 이용할 경우 버스 터미널→왓 하이쏙 Wat Hai Sok 주변 숙소까지 30~40B, 버스 터미널→기차역까지 50~60B, 기차역→우정의 다리까지 30~40B 정도에 흥정하면 된다. 버스 터미널에서 상대적으로 가까운 왓 씨쿤므앙 Wat Si Khun Muang 주변의 숙소는 걸어가도 무방하다.

ATTRACTION

농카이의 볼거리

메콩 강과 국경도시 분위기 자체가 볼거리다. 메콩 강과 연한 타논 림콩 Thanon Rim Khong에서 강 건너 라오스를 바라보는 것만으로 충분하다.

우정의 다리 ★
Thai-Lao Friendship Bridge

Map P.130 **현지어** 싸판 밋뜨라팝 타이-라오 **운영** 24시간 **요금** 무료 **가는 방법** 왓 하이쏙에서 동쪽으로 타논 깨우워라웃 Thanon Kaew Worawut 강변도로를 따라 2.5km 떨어져 있다.

1994년에 개통한 태국과 라오스를 연결하는 다리로 총 길이는 1,137m다. 호주 정부에서 3천만 달러를 지원해 건설했다. 때문에 개통식에는 태국 국왕과 양국의 지도자뿐만 아니라 호주 총리도 참석했다. 버스만 넘나들던 우정의 다리는 2009년 3월에 철도가 놓였다. 타나랭 Thanalaeng까지 3.5km에 불과하지만, 향후 라오스 수도인 비엔티안(위앙짠)까지 철도가 연결될 예정이다.

국경을 넘지 않을 생각이라면 배를 빌려 우정의 다리를 둘러봐도 된다. 대단한 풍경이 펼쳐지지는 않지만 한 시간 정도 여유롭게 메콩 강을 떠도는 배 위에서 두 나라 국경 모습을 감상할 수 있다. 일몰 시간(17:30)에 맞춰 출발하면 좋다.

우정의 다리

타싸뎃 시장 ★★★
Tha Sadet Market

Map P.130 **현지어** 딸랏 타싸뎃 **주소** Thanon Rim Khong **운영** 07:00~18:30 **요금** 무료 **가는 방법** 타싸뎃 선착장 주변의 강변도로에 있다.

'타'는 선착장을 의미하는데, 싸뎃 선착장 주변에 형성된 국경 시장을 타싸뎃 시장이라 부른다. 메콩 강변에 형성된 시장으로 라오스와 이싼 지방에서 생산된 수공예품과 기념품을 비롯해 저렴한 옷, 전자 제품, 주방용품, 생활용품을 판매한다. 국경시장답게 베트남과 중국산 제품도 눈에 띈다. 시장 앞쪽의 강변을 따라 산책로가 형성되어 있고, 강변에 카페와 레스토랑도 많다.

타싸뎃 시장

왓 포차이 ★★
Wat Pho Chai

Map P.130 **주소** Thanon Pho Chai **요금** 무료 **가는**

NONG KHAI

왓 포차이

방법 타논 쁘라짝에서 연결되는 타논 포차이에 있다. 버스 터미널 옆의 포차이 시장(딸랏 포차이)에서도 사원으로 들어가는 골목이 있다.

'왓 피피우 Wat Phi Phiu'라고도 하는데 농카이에서 가장 중요한 사원이다. 순금으로 만든 신성한 불상으로 유명하다. '루앙 퍼 프라 싸이 Luang Pho Phra Sai'로 불리는 불상으로 라마 1세가 라오스와의 전쟁 기념으로 약탈해 온 불상이다. 얼굴 부분이 순금으로 만들어져 그 가치를 높게 평가받는다. 불상은 태국으로 가져오는 과정에서 전해지는 신비한 전설로 인해 가치가 더욱 높아졌다. 비엔티안에서 약탈한 불상은 뗏목을 이용해 메콩 강을 건너다 강물에 빠뜨렸는데, 불상이 다시 수면 위로 떠올라 무사히 왓 포차이로 옮겨왔다고 전해진다. 법당 내부에 당시 상황을 자세히 기록한 벽화가 그려져 있다.

프라탓 농카이(프라탓 끄랑남)
Phra That Nong Khai ★

Map P.130 **주소** Thanon Rim Khong **요금** 무료 **가는 방법** 타 싸뎃 선착장에서 강변도로(타논 림콩)를 따라 동쪽으로 2.5㎞ 떨어져 있다.

농카이에서 신성시하는 불탑이다. 강 중간에 있다 하여 '프라탓 끄랑남 Phrathat Klang Nam'이라고도 부른다. 15~17세기에 건설되었으며 높이는 28.5m다. 오랜 세월 동안 메콩 강변이 침식하면서 1847년부터 프라탓(탑)이 메콩 강 속으로 잠겼다. 우기에는 프라

Travel Plus

태국—라오스 육로 국경(우정의 다리) 건너는 방법

우정의 다리에 도착하면 태국 출입국 관리소로 향한다. 태국에서 라오스로 가는 진행 방향으로 봤을 때 왼쪽에 태국 출국 심사대가 있다(도로 맞은편에는 입국 심사대가 있다). 태국 출국 절차는 간단하다. 여권과 출국 카드(입국할 때 작성한 입국 카드를 제외한 나머지 부분)를 제시하면 출국 스탬프를 찍어 준다. 태국 출국 절차가 끝나면, 타고 왔던 국제버스를 다시 타면 된다(모든 승객이 태국 출국 절차를 마칠 동안 기다려준다). 뚝뚝을 타고 왔다면 우정의 다리를 건너는 셔틀 버스를 타면 된다. 편도 요금 20B으로 우정의 다리 건너 라오스 입국 관리소 앞까지 운행된다.

라오스 출입국 관리소에 도착하면 통행세 내는 창구와 도착 비자를 발급하는 카운터가 보인다. **한국인은 비자를 받을 필요가 없기 때문에 통행세만 내면 된다.** Custom Fee Point By RFID Systems이라고 영어로 적힌 창구에서 통행세를 내고 '원 웨이 티켓 One Way Ticket'이라고 적힌 카드를 받는다. 통행세는 1,000K(또는 5B)이다. 업무 외 시간으로 간주되는 평일 06:00~08:00, 16:00~22:00와 토·일요일에는 1만 2,000K(또는 55B)으로 인상된다.

통행세를 냈으면 곧바로 입국 카드를 받아서 작성한 다음 입국 심사대 Immigration Check In로 향하면 된다. 간단한 입국 심사가 끝나면 여권에 30일 여행 가능한 입국 스탬프가 찍힌다. 입국 심사가 끝났으면 개찰구를 통과해 나가면 된다(통행세를 내고 받은 원 웨이 티켓을 넣는다). 모든 입국 절차가 끝났으면 대기 중인 국제 버스를 타거나, 버스 정류장(약 100m 전방의 도로 오른쪽 편에 있다)까지 걸어가 14번 시내버스를 타고 딸랏 싸오로 향하면 된다(편도 요금 8,000K). 종점인 딸랏 싸오 버스 터미널에 내리면 된다. 참고로 국경에서 비엔티안 시내까지 뚝뚝이나 썽태우를 대절할 경우 5만K(또는 200B)을 받는다.

① 라오스 국경에 도착한다

② 도착 비자 받는 곳(사진 왼쪽)과 통행세 내는 곳(사진 오른쪽)

③ 통행세를 내고 직진해서 입국 심사를 받는다

실제 크기로 재현한 프라탓 농카이

탓을 볼 수 없고 강물의 수위가 낮아지는 건기에만 모습을 드러낸다. 프라탓이 수면 위로 보일 때면 깃발을 꽂아 위치를 표시해준다. 강변에는 실제 크기로 재현한 프라탓 농카이 모형이 있다.

쌀라 깨우 꾸 ★★★
Sala Kaew Ku

Map P.130 위치 농카이에서 동쪽으로 4.5㎞ 운영 08:30~18:00 요금 20B 가는 방법 농카이에서 자전거로 25분. 뚝뚝으로 10분(왕복 요금 120~150B).

농카이에서 가장 큰 볼거리다. 1978년부터 건설된 쌀라 깨우 꾸는 일종의 조각 공원이다. 태국에서 볼 수 있는 일반적인 종교 건축물과 달리 불교와 힌두교가 공존한다. 돌과 시멘트를 이용해 만든 다양한 조각들과 힌두 사원(왓 캑 Wat Kheak)도 있어 볼거리가 다양하다.

주요 작품으로는 붓다가 출가해 불교가 아시아로 전래되는 장면, 공작새 위에 앉아 있는 붓다, 앵무새 위에 조각된 시바 Shiva와 비슈누 Vishnu, 머리 7개의 나가 Naga가 붓다의 명상을 도와주는 25m 크기의 대형 불상 등이 있다. 종교적인 내용 이외에도 개들에게 공격당하는 코끼리 조각(악행을 행하지 않았다면 개가 짖든 말든 코끼리는 개의치 않는다는 태국의 속담을 형상화한 것), 기다란 터널(생명이 탄생하는 과정을 상징한다)을 통해 삶과 죽음을 묘사한 조각 등 독특한 조각들도 많다. 조각들은 정교함보다는 투박함이 느껴진다. 엽기적이며 괴팍해서 오히려 재미를 선사한다.

쌀라 깨우 꾸는 불교와 힌두 브라만 사상에 심취했던 '루앙 분르아 쑤리랏 Luang Bunleua Surirat'의 작품이다. 그는 태국 출신으로 베트남에서 힌두 그루(스승)한테 사사받았으며 라오스에서 생활하다가, 라오스가 공산화되자 태국으로 건너와 작업을 지속했다. 라오스에 머무르는 동안 비엔티안 인근에 붓다 파크 Buddha Park(씨앙 쿠안 Xiang Khuan)를 건설했다 (P.88 참고).

조각공원, 쌀라 깨우 꾸

RESTAURANT

농카이의 레스토랑

도시 규모에 비해 레스토랑들이 다양하다. 태국 음식은 기본이고 라오스와 베트남 음식까지 국경도시의 특징이 음식에도 잘 나타난다. 강변도로는 메콩 강을 바라보며 식사할 수 있어 분위기가 좋고, 타논 쁘라짝은 저녁이 되면 야시장을 포함해 노점 식당들이 생겨서 저렴한 식사를 할 수 있다.

디디 포차나(디디 레스토랑) ★★★
DD Phochana

Map P.130 주소 1155/9 Thanon Prajak 전화 0-4241-1548 영업 12:00~22:00 메뉴 영어, 태국어 예산 90~220B 가는 방법 왓 씨쫌쭌 뒤쪽의 타논 쁘라짝에 있다.

시내에 위치해 있다. 화교가 운영하는 전형적인 서민 식당으로 각종 식재료를 걸어 놓고 장사한다. 다양한 볶음 요리와 태국 요리가 가능하다. 점심 때보다는 저녁 때 손님이 더 많다.

마라꺼 ★★★
Ma-La-Gor

Map P.130 **주소** Thanon Meechai **전화** 08-7944-9943 **영업** 11:00~23:00 **메뉴** 영어, 태국어 **예산** 50~70B **가는 방법** 버스 터미널에서 한 블록 북쪽에 있는 타논 미차이에 있다.

태국 북동부의 이싼 음식 전문점으로 현지인들에게 인기 있는 곳이다. 쏨땀 Thai Papaya Salad, 랍무 Spicy Minced Pork, 얌운센 Spicy Noodle Salad 같은 매콤한 태국식 샐러드를 맛 볼 수 있다. 향신료가 부담된다면 삑까이텃 Fried Chicken Wing, 무텃 Fried Pork을 곁들이면 된다. 참고로 마라꺼는 태국어로 파파야를 뜻한다.

카페 비엣(까페 위엣) ★★★
Ca Phe Viet

Map P.130 **주소** 85 Moo 6 Thanon Rim Khong **전화** 08-3458-8885 **홈페이지** www.facebook.com/capheviet.nk **영업** 08:00~18:00 **메뉴** 영어, 태국어 **예산** 커피 50~70B, 식사 80~220B **가는 방법** 강변도로(타논 림콩)에 있다. 타싸뎃 시장 방향에도 입구가 있다.

베트남 커피라는 뜻의 레스토랑이다. 메콩 강변에 있는 3층짜리 건물로 강변을 조망하며 식사할 수 있다. 1층은 에어컨 시설이다. 정통 베트남식이라기보다 태국 음식을 접목시킨 퓨전 베트남 요리를 제공한다. 쌀국수도 있으므로 가벼운 식사도 가능하다.

댕 냄느앙 ★★★★
Daeng Namnuang

Map P.130 **주소** 526~527 Thanon Rim Khong **전화** 0-4241-1961, 0-4241-3999 **영업** 08:00~20:00 **메뉴** 영어, 태국어 **예산** 180~260B **가는 방법** 왓 하이쏙과 타 싸뎃 선착장 중간의 강변도로(타논 림콩)에 있다. 매콩 게스트하우스 Mae Khong Guest House를 바라보고 왼쪽에 있다.

농카이의 대표적인 베트남 음식 전문점이다. 냄느앙은 베트남의 대표적인 요리인 '넴느엉'의 태국식 발음이다. 다진 돼지고기를 소시지처럼 만들어 석쇠에 구운 음식이다. 야채와 허브와 함께 라이스페이퍼에 싸 먹는다. 월남쌈(뽀삐야 쏫)과 스프링 롤(뽀삐야 텃) 같은 전형적인 베트남 음식도 즐길 수 있다.

HOTEL 농카이의 호텔

도시에 규모에 비해 숙소가 많다. 태국인 가족들이 운영하는 곳이 많으며, 목조건물을 개조해 분위기도 좋다. 대도시에 비해 방 값이 저렴하고 동네가 조용해서 장기 체류하는 여행자들이 많은 편이다.

맛미 게스트하우스 ★★★☆
Mut Mee Guesthouse

Map P.130 **주소** 1111/4 Thanon Kaew Worawut **전화** 0-4246-0717 **홈페이지** www.mutmee.com **요금** 싱글 220B(선풍기, 공동욕실), 더블 400~600B(선풍기, 개인욕실), 더블 600~1,200B(에어컨, 개인욕실) **가는 방법** 왓 하이쏙에서 타논 깨우 워라웃을 따라 왼쪽으로 30m 떨어져 있다.

농카이에서 일종의 여행자 센터 역할을 하는 곳으로 레스토랑, 디너 크루즈, 갤러리, 서점, 요가 등의 다양한 부대시설을 갖추고 있다. 저렴한 선풍기 방부터 깨끗한 에어컨 방까지 예산에 따라 객실을 선택할 수 있다.

쭘마리 게스트하우스 ★★★
Joom Malee Guest House

Map P.130 주소 419 Soi Si Khun Muang, Thanon Meechai 전화 08-5010-2540 요금 트윈 350B(선풍기, 개인욕실, TV), 트윈 450~600B(에어컨, 개인욕실, TV, 냉장고) 가는 방법 왓 씨쿤무앙 맞은편의 싸왓디 게스트하우스 오른쪽 골목(쏘이 씨쿤므앙) 안쪽으로 70m 들어간다.

높다란 기둥 위에 목조건물을 올린 전통 가옥 형태를 그대로 유지해 숙소로 사용했다. 모든 객실은 온수 샤워가 가능한 개인욕실을 갖추고 있으며, 에어컨 사용 유무에 따라 요금이 달라진다. 객실과 욕실은 무난한 크기로 깨끗하다. 게스트에게 자전거를 무료로 대여해주고 있다.

이싼 게스트하우스 ★★★
E-San Guesthouse

Map P.130 주소 538 Soi Si Khun Muang, Thanon Meechai 전화 0-4241-2008, 08-62421860 요금 트윈 500~600B(에어컨, 개인욕실, TV, 냉장고) 가는 방법 왓 씨쿤무앙 앞쪽의 쏘이 씨쿤므앙 골목 안쪽에 있다. 싸왓디 게스트하우스를 끼고 왼쪽 골목(쏘이 씨쿤므앙) 안쪽으로 100m 들어간다.

조용한 주택가에 위치해 있어 시끄럽지 않으면서도 메콩 강과 시장이 가까워 편리하다. 단층짜리 목조건물을 숙소로 사용하는데, 여행객들 사이에 인기가 높아지자 마당 쪽에 에어컨 방을 신설했다. 선풍기 방의 시설은 평범하면서 깔끔하고, 에어컨 방은 발코니가 있어 여유롭다. 전체적으로 깨끗하고 조용한 것이 매력이다.

피꾼 아파트먼트 ★★★☆
Pikul Apartment

Map P.130 주소 465 Soi Cheunjit 1 전화 0-4241-3567, 08-7373-6258 홈페이지 www.pikulapartment.com 요금 더블 500~600B(에어컨, 개인욕실, TV, 냉장고) 가는 방법 왓 씨촘촌 사원을 바라보고 오른쪽 골목(쏘이 츤찟 1) 안쪽으로 50m 들어간다.

아파트라고 간판을 달았지만 하루씩 숙박이 가능하다. 강변에 있는 숙소에 비해 건물도 깨끗하고 객실도 쾌적하다. 넓은 객실은 바닥에 타일이 깔려 있으며 작은 발코니도 딸려 있다. 선풍기만 사용하면 방값이 할인된다. 조용한 골목 안쪽에 있다.

반 매림남 ★★★
Baan Mae Rim Nam

Map P.130 주소 410 Thanon Rim Khong 전화 0-4242-0256, 08-1873-0636 홈페이지 www.baanmaerimnam.com 요금 더블 600~900B(에어컨, 개인욕실, TV, 냉장고) 가는 방법 타싸뎃 시장 중간의 작은 골목(쏘이 쁘라이싸니 Soi Praisani)을 따라 메콩 강변으로 나가면 왼쪽에 있다.

'강변과 접한 집'이라는 뜻을 가진 이곳의 이름처럼 메콩 강과 접해 있는 숙소다. 깔끔한 콘크리트 건물로 복층 구조다. 모든 객실은 넓고 깨끗하며 에어컨이 설치되어 있다. 창문이 넓어서 화사하다. 강변과 접한 전망 좋은 방들은 발코니까지 딸려 있어 한결 여유롭다.

나 림콩 리버 뷰 호텔 ★★★★
Na Rim Khong River View Hotel

Map P.130 주소 Rim Khong Alley 전화 0-4241-2077 홈페이지 www.narimkhong-riverview.com 요금 2,500~2,800B(에어컨, 개인욕실, TV, 냉장고, 아침식사) 가는 방법 메콩 강을 끼고 있는 강변 산책로에 있다.

강변 산책로에 새롭게 등장한 호텔이다. 복층 건물이 메콩 강을 향하고 있다. 강변을 끼고 있는 호텔 중에 시설이 가장 좋고 시내 중심가에 있어 관광하기 편리하다. 객실은 넓은 편으로 친환경 원목 가구를 이용해 모던하게 꾸몄다. 또한 객실에 통창이 있어 강 건너 라오스 풍경까지 감상할 수 있다. 테라스가 딸린 2층 방의 전망이 좋다. 소규모 호텔이라 직원들이 친절하다. 수영장은 없다.

라오스 북부

● 폰싸완(씨앙쿠앙) ● 루앙프라방 ● 농키아우 ● 므앙 응오이
● 우돔싸이(므앙싸이) ● 루앙남타 ● 므앙씽 ● 훼이싸이(보깨우)

Phonsavan (Xieng Khouang)

ໂພນະຫວັນ
(ຊຽງຂວາງ)

폰싸완(씨앙쿠앙)

폰싸완보다는 씨앙쿠앙이라는 이름이 아직까진 더 익숙한 라오스 북부의 고원 지역이다. 세계에서 가장 많은 폭탄이 투하된 지역이라는 아픈 역사를 간직하고 있는 곳이기도 하다. 베트남 전쟁 기간 동안 베트남과 라오스의 공산화를 꺼린 미국은 비밀리에 공습 작전을 진행했다. 융단 폭격이 이어지던 공습은 1964년부터 1973년까지 하루도 쉬지 않고 이루어졌다. 현재도 불발 폭탄 UXO과 폭탄으로 인해 움푹 파인 웅덩이가 산재해 있어 전쟁의 상처를 쉽게 목격할 수 있다.

폰싸완은 단순히 전쟁의 유산만 남겨진 곳이 아니다. 항아리 평원 Plain of Jars으로 알려진 요상하게 생긴 돌 항아리들이 독특한 풍경을 선사한다. 거대한 돌 항아리가 만들어 내는 선사시대 유적은 신비함으로 가득하다. 해발 1,100m 고원의 하늘과 맞닿은 경치는 가슴을 시원하게 해준다. 유수한 관광자원을 보유한 폰싸완은 도로가 포장되면서 접근이 한결 수월해졌다. 2005년 항아리 평원 일대의 불발 폭탄이 제거되면서 안전한 여행도 가능해졌다. 덕분에 폰싸완은 새로운 여행지로 부각되고 있다. 폰싸완은 전쟁이 끝나고 1975년부터 새롭게 건설된 도시로 '낙원의 언덕'이란 뜻을 갖고 있다.

INFORMATION

여행에 유용한 정보

은행·환전

은행은 메인 도로에 해당하는 7번 국도에 많다. COECCO 씨앙쿠앙 호텔 COECCO Xieng Khouang Hotel 옆에 있는 BCEL 은행이 크고 ATM도 설치되어 있어 편리하다.

여행안내소

정부에서 운영하는 인포메이션 센터. 폰싸완 주변의 볼거리와 역사 정보를 제공한다. 시내에서 남서쪽으로 2.5km 떨어져 있다. 공항 가는 길에 있어서 일부러 찾아가긴 힘들다. 항아리 평원으로 가는 투어 차량이 등록을 위해 잠시 들러간다.

여행 시기

해발 1,100m에 위치한 고원지대라 기온이 선선하다. 7월 평균 기온이 23℃이며, 낮에도 30℃를 넘지 않

폰싸완 시내 중심가

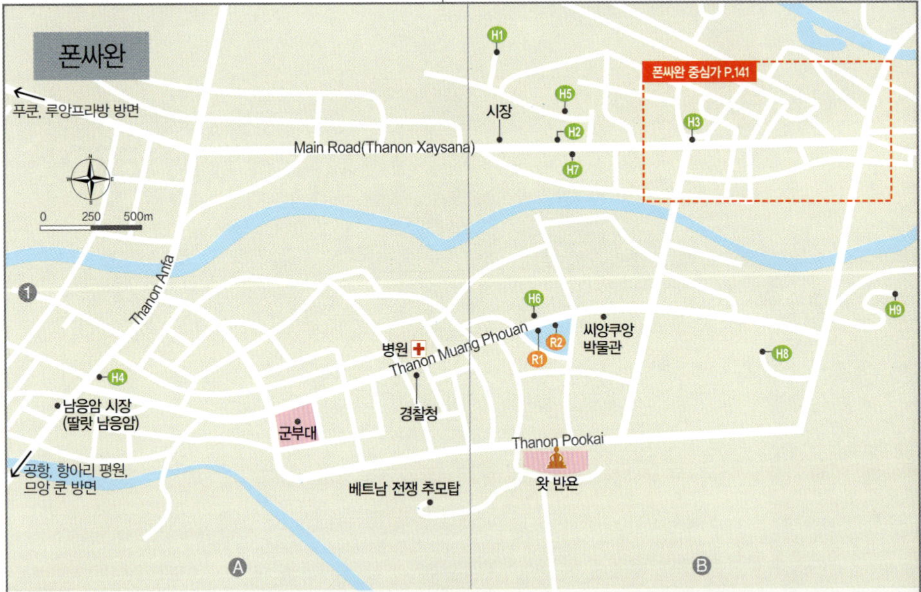

폰싸완

- 푸쿠, 루앙프라방 방면
- 시장
- 폰싸완 중심가 P.141
- Main Road(Thanon Xaysana)
- Thanon Anfa
- 병원
- Thanon Muang Phouan
- 씨앙쿠앙 박물관
- 남응암 시장 (딸랏 남응암)
- 군부대
- 경찰청
- Thanon Pookai
- 공항, 항아리 평원, 므앙 쿤 방면
- 베트남 전쟁 추모탑
- 왓 반온

레스토랑
- R1 씬닷 레스토랑 Sindard Restaurant B1
- R2 데차 레스토랑 Decha Restaurant B1

호텔
- H1 완싸나 프레인 오브 자 호텔 Vansana Plain Of Jars Hotel B1
- H2 찟따완 호텔 Chittavanh Hotel B1
- H3 씨앙쿠앙 호텔 COECCO Xieng Khouang Hotel B1
- H4 두앙깨우마니 호텔 Duangkeomany Hotel A1
- H5 힐사이드 레지던스 The Hillside Residence A2
- H6 말리 호텔 Maly Hotel B1
- H7 파완마이 호텔 Favanhmay Hotel B1
- H8 푸위앙캄 리조트 Phou Vieng Kham Resort B1
- H9 오베르주 프렌 데 자르 호텔 Auberge Plaine Des Jarres Hotel B1

는다. 11~2월은 밤 기온이 10℃ 밑으로 내려가기 때문에 쌀쌀한 편이다. 비가 많이 내리는 7~8월보다는 건기(11~3월)가 여행하기 좋다. 날이 추우므로 두꺼운 옷을 챙겨가도록 하자. 4~5월은 덥고 공기가 탁하다(농사를 짓기 위해 불을 지른다).

분지 지형으로 이루어진 폰싸완

안전·주의사항

관광객이 방문할 수 있는 항아리 평원은 불발 폭탄과 지뢰가 모두 제거된 지역이다. 하지만 안전을 위해 정해진 길 외에 울타리를 벗어나 아무 데나 돌아다니지는 말아야 한다. 호기심에 이상하게 생긴 물체를 들거나 발로 차는 것도 삼가자. 불발 폭탄이 제거된 안전 지역에는 MAG(P.144 참고)라고 적힌 표지가 설치되어 있다.

지리 파악하기

메인 도로에 해당하는 7번 국도를 중심으로 도시가 발달했다. 도시 규모는 큰 편이지만 COECCO 씨앙쿠앙 호텔 COECCO Xieng Khouang Hotel에서 딸랏 쑤언 푸캄(시장) Phoukham Garden Agriculture Wet Market 사이에 주요 시설이 몰려 있다. 나이스 게스트하우스 Nice Guest House를 중심으로 주변에 게스트하우스와 여행사가 많이 있다.

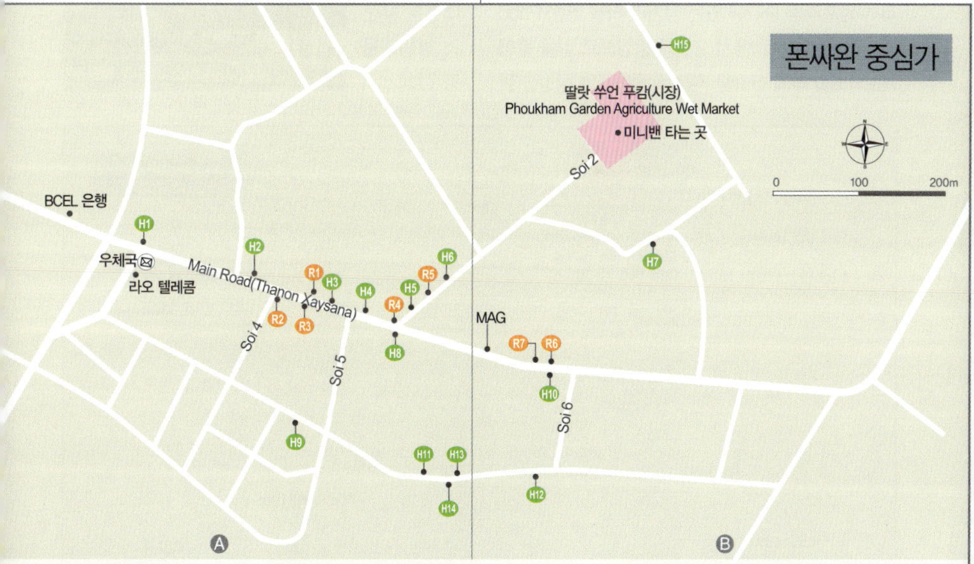

폰싸완 중심가

레스토랑
- 크랭키-티 카페 Cranky-T Cafe A1
- 씸미리 레스토랑 Simmaly Restaurant A1
- 크레이터스 펍 Craters Pub A1
- 폰싸이 레스토랑 Phone Xay Restaurant A1
- 라오-팔랑 레스토랑 Lao-Falang Restaurant A1
- 니샤 레스토랑 Nisha Restaurant B1
- 뱀부즐 레스토랑 Bamboozle A2

호텔
- H1 COECCO Xieng Khouang Hotel A1
- H2 씨앙만로우 게스트하우스 Xiangmanlou Guest House A1
- H3 쩬니다 게스트하우스 Jennida Guest House A1
- H4 독큔 게스트하우스 Dok Khoune Guest House A1
- H5 화이트 오키드 게스트하우스 White Orchid Guest House A1
- H6 아누락캔 라오 호텔 Anoulack Khen Lao Hotel A1
- H7 꽁깨우 게스트하우스 Kong Keo Guest House B1
- H8 나이스 게스트하우스 Nice Guest House A1
- H9 싸바이디 게스트하우스 Sabaidee Guest House A1
- H10 므앙푸안 게스트하우스 Muang Phuan Guest House B1
- H11 남싸이 게스트하우스 Namchai Guest House A1
- H12 리에우삐 미싸이 게스트하우스 Lieyphi Guest House B1
- H13 쩬니 2 게스트하우스 A1
- H14 쌩싸완 호텔 Sengsavanh Hotel A1
- H15 씨판야 게스트하우스 Siphanya Guest Houses B1

ACCESS

폰싸완(씨앙쿠앙) 가는 방법

비엔티안(위앙짠), 방비엥(왕위앙), 루앙프라방에서 버스가 운행된다. 방비엥이나 루앙프라방에서 출발할 경우 버스보다 미니밴을 타면 편리하다. 항공은 수도인 비엔티안 노선이 유일하다.

항공

라오 항공(홈페이지 www.laoairlines.com)에서 비엔티안↔폰싸완(씨앙쿠앙) 노선을 매일 1회 운항한다. 비행 시간은 30분이며, 편도 요금은 80US$이다. 공항(현지어로 '싸남빈')은 시내 중심가에서 남서쪽으로 4㎞ 떨어져 있다. 공항은 옛 이름인 씨앙쿠앙 Xieng Khouang을 사용하며, 도시 코드는 XKH로 표기한다.

버스

비엔티안(위앙짠), 방비엥(왕위앙), 루앙프라방에서 폰싸완(씨앙쿠앙)까지 버스가 연결된다. 방비엥과 루앙프라방 중간에 있는 삼거리 마을 푸쿤 Phou Khoun(Phu Khun)에서 오른쪽 방향으로 길을 틀어 7번 국도를 타고 산길을 지난다. 굽이굽이 산길을 돌아가기 때문에 거리에 비해 이동 시간이 오래 걸린다. 푸쿤에서 폰싸완까지 거리는 134㎞다. 도시는 작지만 버스 터미널이 여기저기 분산되어 있어 불편하다. 버스보다는 미니밴(롯뚜)을 이용하는 게 편리하다.

씨앙쿠앙 버스 터미널(북부 버스 터미널)

시내에서 북서쪽으로 4㎞ 떨어져 있다. 폰싸완의 메인 버스 터미널로 일반 버스와 에어컨 버스가 출발한다. 비엔티안과 루앙프라방을 포함해 베트남행 국제 버스가 출발한다. 비엔티안행 버스는 대부분 푸쿤과 방비엥을 경유한다. 시

푸캄 가든 버스 정류장 매표소

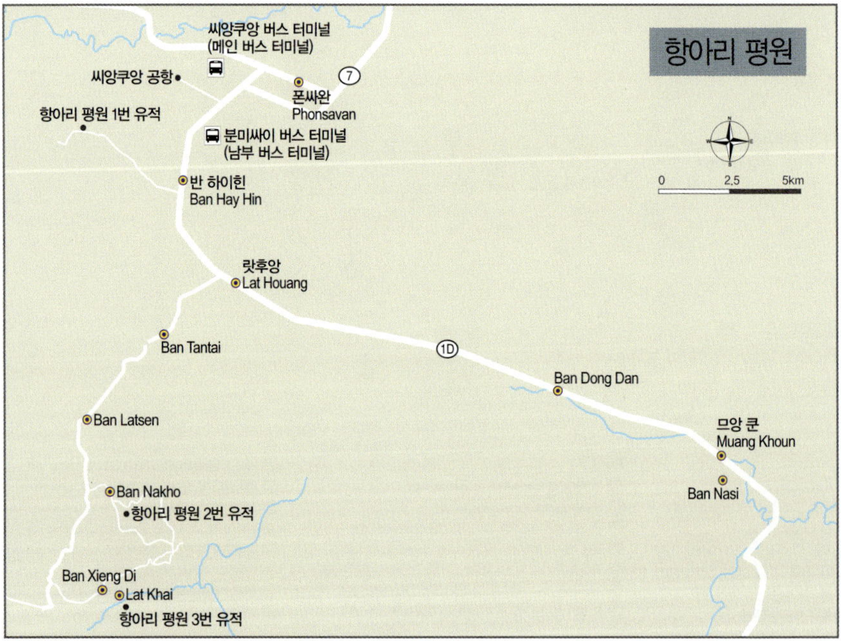

내에서 터미널까지 뚝뚝이나 썽태우를 합승할 경우 1인당 1만~1만5,000K에 흥정하면 된다. 여행사나 게스트하우스에 예약할 경우 픽업 서비스 요금을 포함해 3만K를 추가로 받는다. 참고로 베트남 국제버스는 빈 Vinh(라오스에는 빙 Ving으로 표기한다)까지만 운행된다.

분미싸이 버스 터미널(남부 버스 터미널)

분미싸이 버스 터미널 Bounmixay Bus Terminal은 시내에서 남쪽으로 4㎞ 떨어져 있다. 남부 버스 터미널(키우 롯 싸이따이)로 불리기도 한다. 폰싸완 남쪽 도로인 1D 국도를 따라 빡싼 Paksan을 경유해 비엔티안(남부 버스 터미널)까지 버스가 운행된다. 1일 3회 (06:30, 08:30, 20:30) 운행된다. 편도 요금은 11만~13만K이며, 야간에 운행되는 침대 버스는 13만~15만K이다. 365㎞ 거리로 약 8~9시간이 소요된다.

미니밴(롯뚜)

미니밴 정류장은 시내 중심가에 있는 딸랏 쑤언 푸캄(시장)과 붙어 있다. 푸캄 가든 버스 정류장(키우롯 쑤언 푸캄) Phoukham Garden Bus Station이라고도 불리는데 사설 버스 회사에서 운영하는 버스 정류장이다. 미니밴은 일반 버스에 비해 이동 속도가 빨라서 외국인 여행자들이 가장 선호하는 교통편이다. 미니밴은 방비엥(08:30 출발, 편도 요금 10만K), 루앙프라방(08:30 출발, 편도 요금 11만K) 두 개 노선을 운영한다.

딸랏 쑤언 푸캄(시장) 입구

씨앙쿠앙 버스 터미널에서 출발하는 버스

노선	출발 시간	요금	소요 시간(거리)
비엔티안(푸쿤, 방비엥 경유)	07:00, 08:00, 10:30, 16:30, 18:30, 20:00	11만~13만K, 15만K(침대 버스)	9~10시간(400㎞)
방비엥	07:30	10만K	6~7시간(219㎞)
루앙프라방	08:30	9만5,000K	8~9시간(262㎞)
쌈느아	08:00	8만~10만K	10시간(250㎞)
빈(베트남) Vinh	06:00(화·목·금·일요일)	15만K	10시간 소요(270㎞)

TRANSPORTATION 시내 교통

시내를 돌아다닐 때는 뚝뚝을 타야 한다. 목적지를 말하고 요금을 흥정해야 해서 불편하다. 인포메이션 센터와 므앙쿤행 미니밴 정류장(키우 롯 남응암)까지는 2만K 정도에 흥정하면 된다.

여행자들에게 유용한 미니밴

BEST COURSE Phonsavan

폰싸완(씨앙쿠앙)의 추천 코스

하루 일정으로 항아리 평원을 다녀오면 된다. 항아리 평원에 목적을 둔다면 1~3번 유적 모두를 방문하면 된다. 2번 유적에서 3번 유적까지 트레킹을 하면 더 좋다. 역사 유적에 관심이 많다면 항아리 평원을 오전에, 므앙 쿤을 오후에 다녀온다. 대중교통이 비비하기 때문에 투어를 이용하는 게 편리하다.

ATTRACTION

폰싸완의 볼거리

씨앙쿠앙 주(州)의 주도이지만 전쟁 이후에 새롭게 건설된 도시라 특별한 볼거리는 없다. 시내 곳곳에서 불발 폭탄을 장식한 건물들을 볼 수 있는데, 폰싸완은 베트남 전쟁 기간 동안 미국의 폭격이 지속적으로 이루어졌던 곳이다(P.145 참고). 폭탄으로 인해 생긴 웅덩이들이 한때 볼거리가 됐던 시절도 있었다. 가장 큰 폭탄 웅덩이는 너비 15m, 깊이 7m나 된다. 시내 중심가에 있는 MAG(Mines Advisory Group) 사무실에 불발 폭탄 관련 내용을 전시하고 있다.

중요한 볼거리들은 도시에서 멀리 떨어져 있다. 대표적인 볼거리는 항아리 평원(텅 하이 힌) Plain of Jars 이다. 독특한 모양의 돌 항아리들이 고원 지대와 어우러져 신비한 매력을 선사한다. 옛 씨앙쿠앙 왕국의 수도였던 므앙 쿤 Muang Khoun도 폰싸완에서 가깝다. 전쟁으로 인해 역사 유적이 대부분 파괴돼 쓸쓸한 마을로 남아 있다.

MAG ★★
Mines Advisory Group

Map P.141-A1 주소 Main Road(Thanon Xaysana) 홈페이지 www.maginternational.org 운영 10:00~20:00 요금 무료 가는 방법 메인 도로에 있는 뱀부즐 레스토랑 옆에 있다.

폰싸완 시내에서 가볼 만한 곳은 MAG(Mines Advisory Group) 사무실이다. MAG는 영국에 기반을 둔 국제적인 단체로 1994년부터 폰싸완 지역을 중심으로 불발 폭탄 제거 작업을 진행하고 있다. 라오스에 투하된 폭탄과 불발 폭탄 제거 장비를 전시해 작은 박물관처럼 꾸몄다. 미국의 공습으로 인한 피해 현황과 '비밀 전쟁'과 관련한 다큐멘터리를 상영하기도 한다. 입장료는 없으나 기부금을 받는다.

유네스코 세계문화유산

항아리 평원(텅 하이 힌) ★★★★★
Plain of Jars

항아리 평원은 거대한 돌 항아리(라오스어로 '하이 힌'이라고 한다)가 발견된 모든 지역을 일컫는 말이다. 프랑스어로 프렌 데 자르 Plaine des Jarres, 영어로 플레인 오브 자 Plain of Jars, 라오스어로 '텅 하이 힌 ທົ່ງໄຫຫິນ'이라고 부른다. 평균 해발 1,100m 고원의 평지에 흩어져 있는데, 총 면적 450㎢로 동서로 20km, 남북으로 30km에 걸쳐 있다. 현재까지 60개 지역에서 4,000여 개의 돌 항아리가 발견됐다. 씨앙쿠앙에서 발견된 돌 항아리들은 사암을 깎아서 만들었으며, 평균 크기가 1.5m로 가장 큰 것은 2m가 넘는다. 거대한 돌 항아리들을 왜 만들었는지, 어디서 가져왔는지는 오랫동안 논란의 대상이 됐다. 쌀을 저장했다는 설도 있었고, 술을 발효하기 위해 만든 것이라는 설도 있었다.

1930년대 들어 돌 항아리에 대한 본격적인 연구가 이루어졌다. 프랑스령 인도차이나의 동아시아학회에서 고고학을 연구했던 마들렌 콜라니 Madeleine Colani(1866~1943)에 의해 돌 항아리 유적의 신비함이 세상에 알려졌다. 콜라니는 당시 코끼리를 타고 다니며 3년 동안이나 유적을 연구했다고 한다. 연구 결과에 따르면 2,500~3,000년 전인 선사시대에

가장 큰 돌 항아리로 알려진 하이 쨔움

> 알아두세요

미국의 '비밀 전쟁 Secret War'과 불발 폭탄 UXO

씨앙쿠앙(오늘날의 폰싸완)에서 빼놓을 수 없는 것이 전쟁 이야기다. 씨앙쿠앙은 전 세계에서 인구 대비 가장 많은 폭탄을 맞은 지역으로 평가된다.

1953년부터 시작된 라오스 내전은 왕립 라오 정부 Royal Lao Government(친 프랑스 인사로 구성된 왕당파)와 빠텟 라오 Pathet Lao('조국 라오스'라는 뜻을 지닌 라오스 공산당)와의 전쟁이었다. 하지만 베트남 전쟁(2차 인도차이나 전쟁)을 계기로 라오스 내전은 미국과 북부 베트남(호찌민이 이끄는 비엣민)이 참전하며 국제전으로 변모한다.

산악 지역으로 뒤덮인 북부 라오스 지역에서 넓은 평원으로 이루어진 씨앙쿠앙은 양쪽 모두에게 중요한 전략적 요충지였다. 베트남 국경과 인접해 있으며 북부 베트남의 수도였던 하노이로 가는 길목이기도 했다. 미국은 (베트남과 라오스를 포함해) 인도차이나가 공산화되는 걸 원치 않았고, 북부 베트남은 씨앙쿠앙이 미국의 손에 넘어갈 경우 하노이가 위협을 받기 때문에 빠텟 라오를 지원하며 방어에 나섰던 것이다. 또한 북부 베트남은 국경 너머 라오스와 캄보디아의 산악 지역을 따라 호찌민 트레일 Ho Chi Minh Trail이라는 군사 보급로를 확보했다. 이를 통해 남부 베트남의 사이공(오늘날의 호찌민 시)까지 병력과 군수 물자를 지원할 수 있었다. 미국은 이에 대해 공군 전투기를 이용한 폭격과 고엽제 살포로 맞섰다. 전쟁은 베트남의 승리로 끝났고, 1975년 베트남과 라오스에 사회주의 국가가 들어섰다.

베트남 전쟁에 모든 시선이 쏠려 있었던 당시, 미국은 씨앙쿠앙 지역에 대한 비밀 작전을 수행했다. 미군사령부의 작전 통제를 받은 게 아니라 CIA에서 관할하던 '에어 아메리카 Air America'에 의해 군사 작전이 이루어졌다. 특별부대에 참여한 라오스 정부군은 CIA가 비밀리에 지원한 몽족(라오스 산악지대에 사는 소수민족)들이다. 약 3만 명으로 이루어진 용병들은 몽족 출신 장성이었던 왕빠오 Vang Pao(1929~2011)가 지휘했다. 미국은 1964년부터 1973년까지(1973년에 미군은 베트남에서 철수했다) 하루도 빠지지 않고 씨앙쿠앙 지역에 폭탄을 투하했다. 미국이 새로 개발한 폭탄을 라오스에서 가장 먼저 시험했다는 설도 있다. 총 58만944번의 출격을 통해 200만 이상의 폭탄을 투하했다. 이는 2차 대전 동안 독일과 일본에 투하한 폭탄보다 많은 양이다. 산술적으로 계산하면 9년 동안 8분 간격으로 폭탄이 떨어졌다는 의미가 된다.

미국이 투하한 폭탄은 일명 집속 폭탄으로 불리는 클러스터 폭탄 Cluster Bomb이다. 하나의 폭탄으로 넓은 지역을 타격하기 위해 만든 무기로 대량 인명살상용으로 쓰인다. 1.5m 정도 되는 어뢰 모양의 큰 폭탄 속에 6000여 개의 작은 폭탄(테니스공만 한 크기)이 들어 있다. 폭탄 한 발로 5,000㎡를 동시에 타격할 수 있었다고 한다. 당시 에어 아메리카의 군사 기지는 (라오스 국경과 인접한) 태국 북동부의 우돈타니 Udon Thani에 있었다.

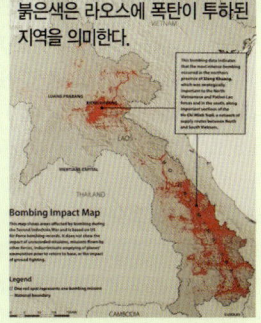

붉은색은 라오스에 폭탄이 투하된 지역을 의미한다.

하노이를 직접 타격할 수 있는 거리에서 전투기가 출격했지만, 북부 베트남의 방어망이 견고하거나 기상 악화 등으로 하노이까지 비행할 수 없을 경우 남은 폭탄을 씨앙쿠앙에 투하하는 경우도 많았다고 한다. 폭탄을 장착한 채 전투기가 공군 기지로 회항할 수 없기 때문이다.

공식적인 사망자 숫자는 집계된 적이 없지만, 북부 라오스와 남부 라오스(베트남과 국경을 접한 남부 라오스 지방도 폭격이 이루어졌다) 인구의 80% 정도가 사망한 것으로 추정하기도 한다. 약 30만 명이 사망(당시 라오스 전체 인구의 10분의 1 이상이 사망)한 것으로 보는 곳도 있다. 불발 폭탄 Unexploded Ordnance(UXO)으로 인해 2차 피해자도 양산하고 있다. 미국이 투하한 폭탄 중 30%가 터지지 않고 땅속에 그대로 박혔는데, 불발 폭탄은 대략 3,000만 개로 추산된다. 불발 폭탄은 산과 언덕뿐만 아니라 도로와 집, 학교 운동장, 논두렁에 그대로 남아 있었다. 아이들이 불발 폭탄을 가지고 놀다가 폭탄이 터지거나, 농사를 짓다가 폭탄이 터지면서 사망자가 속출했다. 더 안타까운 것은 전쟁 이후 궁핍한 생활을 해야 했던 라오스 사람들은 돈을 마련하기 위해 불발 폭탄을 수집해 팔았다고 한다(이 과정에서도 많은 희생이 있었다). 전쟁 이후 불발 폭탄 폭발 사고로 인해 2만 명 이상이 사망한 것으로 여겨진다. 현재도 매년 60명 이상이 불발 폭탄 사고로 인해 사망한다고 한다(전 세계에서 발생하는 불발 폭탄으로 인한 사망사고의 50%가 라오스에서 발생했다).

만들어진 것들로 장례의식과 관련된 것이라고 한다.
돌 항아리는 일종의 무덤으로 시신을 매장하고 보존하기 위해 그 위에 돌 항아리를 올려둔 것이라고 한다. 돌 항아리 아래에서 유골 등이 발견되면서 무덤임이 증명됐다. 돌을 깎는 데 썼던 철제 도구들과 청동 장신구들이 함께 발견됐다고 한다.

주변의 산과 동굴에서 채취한 사암을 깎아서 돌 항아리를 만들었는데 형태와 크기가 다르다. 대부분 둥근 항아리 모양을 하고 있으며, 뚜껑도 있었던 것으로 여겨진다(둥글게 홈을 판 이유는 화장을 했기 때문이라고 여겨지기도 한다). 신분이 높을수록 크고, 모양도 정교하다. 무덤이라서 그런지 돌 항아리들은 다른 곳보다 높은 언덕에 위치해 있다. 엄청난 무게의 돌 항아리를 운반해 온 것으로 보아 당시로서는 상당히 앞선 문명으로 보인다. 어떻게 운반했는지, 누구의 무덤인지 등 수많은 의문이 아직도 밝혀지지 않고 있는 상태다. 콜라니가 연구했던 자료들은 전쟁 기간 동안 사라졌고, 미국의 엄청난 폭격으로 인해 항아리 평원 일대는 오랫동안 접근 불가능한 지역으로 남아 있었다(1994년에 연구가 재개됐다). 한 가지 더 미스터리한 점은 '비밀 전쟁' 기간 동안 미군의 엄청난 폭탄 투하에도 불구하고 돌 항아리 유적이 비교적 잘 보존되어 있다는 것이다.

돌 항아리 유적은 60개 지역에서 발견됐지만, 미비한 도로 사정과 불발 폭탄이 대거 남아 있는 상태라서 방문할 수 있는 곳이 제한되어 있다. 폰싸완에서 가깝고, 대량의 돌 항아리 유적이 밀집해 있는 유적 세 곳을 주로 방문한다. 관광객이 접근 가능한 돌 항아리 유적들은 불발 폭탄과 지뢰가 90% 이상 제거된 지역이다. 유적 주변(울타리가 쳐진 경계선) 너머에는 아직까지 불발 폭탄이 남아 있을 수 있으므로, 반드시 안전 표시가 있는 곳만 들어가야 한다.

유적의 이름은 건설연도도 명확하지 않고, 누구의 것인지도 모르기 때문에 발견된 순서대로 번호를 붙였다. 폰싸완 시내에서 1번 유적은 10㎞, 2번 유적은 24㎞, 3번 유적은 30㎞ 떨어져 있다. 세 곳 모두 둘러볼 경우 총 이동 거리는 68㎞다. 1번 유적까지는 도로가 포장되어 있지만 아직까지 비포장 구간이 많아서 차를 타고 이동하는 데도 시간이 오래 걸린다. 입장료는 1번 유적은 1만5,000K, 2번 유적은 1만K, 3번 유적은 1만K을 받는다. 10~2월은 07:00~17:00, 3~9월은 08:00~16:00까지 입장이 가능하다.
시내에서 멀리 떨어져 있고 대중교통이 없기 때문에 투어를 이용하는 게 편리하다. 3개의 돌 항아리 유적을 모두 방문하는 1일 투어는 1인당 20만~25만K이다. 입장료 세 곳과 점심 식사(쌀국수), 영어 가이드가 포함된다. 2번 유적에서 3번 유적까지 트레킹이 포함된 상품도 있다. 오는 길에 '라오 라오'(라오스 위스키) 만드는 마을(위스키 빌리지 Whisky Village)과 고철로 변모한 러시아 탱크 Russian Tank를 들른다. 차량(기사 포함 4인승 자가용)만 렌트할 경우 4명 기준으로 40만K 정도에 흥정하면 된다. 차량 렌트는 가고자 하는 목적지에 따라 요금이 달라진다.

1번 유적(텅 하이 힌 능) Site 1

폰싸완에서 가장 가깝고, 규모도 가장 크다. 1번 유적에는 모두 334개의 돌 항아리가 남아 있다. 언덕 제

항아리 평원 주변은 가볍게 걷기도 좋다.

항아리 평원 1번 유적

항아리 평원 1번 유적

일 높은 곳에 가장 큰 돌 항아리가 있다. 항아리 평원에서 현재까지 발견된 돌 항아리 중에 가장 크며 크기가 2.5m가 넘는다 (무게 6t). 하이 째움 Hai Chaeum(째움 항아리)이라고 불리는데, 당시 이 지역에 평화를 가져온 군주(째움)를 칭송하기 위해 만들었던 것으로 보인다. 전쟁에서 승리한 기념으로 축배를 돌렸는데, 술을 발효하기 위해 돌 항아리를 만들었을 것이란 전설이 바로 이곳에서 유래했다.

언덕 아래로 내려가면 더 많은 돌 항아리가 들판에 세워져 있다. 돌 항아리 유적 왼쪽에는 자그마한 동굴이 있다. 전쟁 기간 동안 빠텟 라오의 은신처로 쓰였던 곳으로, 침식 작용으로 천장이 뚫려 있다. 때문에 돌 항아리를 만들던 가마로 쓰였다는 학설과 (돌 항아리를 만들지 못하는) 일반인들의 화장터였을 거라는 주장도 제기되고 있다.

최근 연구 결과 1번 유적에 있는 돌 항아리들은 폰싸완에서 북서쪽으로 15km 떨어진 푸 껭(껭 산) Phu Keng(해발 1,433m)에 있는 채석장에서 운반한 것으로 확인됐다. 엄청난 무게의 사암들은 코끼리를 통해 육로로 운반하기도 했지만, 뗏목을 이용해 강과 수로로 운반하기도 했다고 한다.

2번 유적(텅 하이 힌 썽) Site 2

푸 싸라또(싸라또 산) Phu Salato에 있기 때문에 '하이 힌 푸 싸라또 Hai Hin Phu Salato'라고 불린다. 폰싸완 시내에서 남쪽으로 25km 떨어져 있다. 90개의 돌 항아리가 두 개의 언덕에 흩어져 있다. 매표소(입구)에서 700m를 걸어 올라가야 한다. 첫 번째 언덕에 있는 돌 항아리들은 커다란 수목들이 우거진 숲 속에 있다. 나무뿌리에 휘감겨 있는 이끼 낀 돌 항아리들이 세월의 흔적을 고스란히 보여준다. 두 번째 언덕에서는 사람 문양이 조각된 원반 모양의 석판이 발견됐다. 이곳에선 주변 풍경이 막힘없이 펼쳐진다.

세월의 흔적이 느껴지는 2번 유적

3번 유적(텅 하이 힌 쌈) Site 3

폰싸완에서 30km 떨어져 있다. 랏카이 마을에 있기 때문에 '하이 힌 랏카이 Hai Hin Lat Khai'라고 불리기도 한다. 150개의 돌 항아리가 남아 있다. 돌 항아리들은 다른 곳보다 크기가 작지만, 주변 풍경이 아름다워 일부러 찾아오는 관광객도 있다. 매표소(입구)에서 논길을 지나면 시골의 전원이 펼쳐지고, 초록의 나지막한 언덕을 오르다 보면 목가적인 풍경이 눈에 들어온다. 좀 더 아름다운 풍경을 감상하고 싶다면 3번 유적에서 2번 유적까지 걸어가는 방법이 있다. 언덕길을 걷다 보면 파란 하늘과 어우러진 평온한 고

항아리 평원 2번 유적

항아리 평원 3번 유적

원지대 풍경을 감상할 수 있다. 언덕길을 걸을 땐 반드시 지뢰와 불발 폭탄이 제거된 안전한 길(MAG에서 만든 안전 표시판이 설치된 곳)을 따라가야 한다. 혼자 길을 찾기는 힘들고 가이드의 안내를 따라야 한다. 트레킹이 포함된 1일 투어 상품에 참여하면 된다.

3번 유적 주변 풍경

므앙 쿤(올드 씨앙쿠앙) ★★
Muang Khoun(Old Xieng Khouang)

푸안 왕국(또는 씨앙쿠앙 왕국) Phuan Kingdom의 수도가 있었던 곳이다. 푸안 왕국은 라오스 북부 지역에 건설된 불교 국가로 란쌍 왕국으로부터 독립된 지위를 누렸다. 가장 번성했던 16세기에는 무려 62개의 사원과 탑을 만들었다고 한다. 프랑스가 라오스를 지배하던 시절에는 루앙프라방과 견주어지던 곳으로 400여 개의 콜로니얼 건물, 30여 개의 사원, 산에 둘러싸인 분지 지형까지 아름다움을 갖추고 있었다. 하지만 전쟁 이후 폐허가 된 마을은 쓸쓸하고 볼품없다. 미국의 공습이 지속되던 '비밀 전쟁' 기간 동안 도시는 완전히 망가졌다. 전쟁 이후에는 인접한 폰싸완에 신도시가 건설되면서, 옛 씨앙쿠앙은 시골 마을로 남아 있다. 마을의 이름도 므앙 쿤으로 개명돼 씨앙쿠앙이 어디를 가리키는지도 혼돈스러울 정도다. 16~19세기에는 불교 사원들로 가득했던 역사도시였지만 현재는 사원 몇 개와 탑 두 개만이 쓸쓸히 남아 있다. 므앙 쿤에 도착하면 버스 정류장 뒤편 언덕에 있는 탓 푼 That Foun(That Phun)이 눈에 들어온다. 벽돌을 쌓아 만든 30m 높이의 전탑으로 1576년에 만들어졌다. 붓다의 사리를 모셨기 때문에 신성시되는 탑이다. 탓 푼을 지나서 언덕길을 더 올라가면 탓 쫌펫 That Chomphet이 나온다. 탓 푼과 비슷한 시기에 건설됐다. 보석 뾰족탑이라는 의미로, 탑 상단부에서 국왕이 하사한 다이아몬드를 박아 반짝거렸다고 한다. 1969년 미군이 투하한 폭탄에 맞아 현재는 일부분만 남아 있다. 탓 푼 입구에 매표소가 있으며 입장료 1만K을 받는다.

전쟁의 피해를 입지 않은 유일한 사원은 왓 피아왓 Wat Phiawat이다. 1372년에 란쿰끄룽 왕 King Lan Khum Klung이 신성한 불상을 모시기 위해 건설했다. 버마(오늘날의 미얀마)에서 기증받은 불상은 황금빛으로 반짝였다고 하나, 현재는 슬픈 얼굴을 머금은 무심한 표정으로 사원에 덩그러니 남겨져 있다(왼쪽 눈과 이마에 총 맞은 흔적이 있다). 불상 앞쪽에

시골 마을로 변모한 므앙 쿤

왓 피아왓

있는 법당은 폭격을 맞아 석주 기둥만 남아 있다. 왓 피아왓은 마을 남쪽 끝자락에 있으며, 입장료 1만K을 받는다.

마을 중심가에는 왓 씨폼 Wat Si Phom이 있다. 루앙 프라방에서 온 장인들이 1390년에 만들었다고 한다. 푸안 왕국에서 건설한 사원 중에 가장 아름다운 것으로 평가받았지만 역시나 전쟁 기간 동안 폭격을 받아 폐허가 됐다. 현재의 모습은 전후에 현대적인 사원으로 재건축한 것이다.

므앙 쿤은 폰싸완에서 남쪽으로 32㎞ 떨어져 있다. 일반적으로 항아리 평원과 함께 1일 투어로 다녀온다. 폰싸완에서 개별적으로 대중교통을 이용해 다녀올 수도 있다(외국인 관광객이 거의 없고 영어가 거의 통하지 않기 때문에 언어 소통에 문제가 생길 수 있다). 남응암 시장(딸랏 남응암) Nam Ngam Market 맞은편에 있는 남응암 정류장(키우 롯 남응암)에서 미니밴 또는 합승 썽태우를 타면 된다. 오전에 수시로 출발하는데, 정해진 출발 시간과 상관없이 사람이 모이는 대로 출발한다. 므앙 쿤까지 도로가 포장되어 있으며 40분 정도 걸린다. 편도 요금은 2만K이다. 돌아오는 막차는 14:00경에 있다(막차시간을 미리 확인해두자).

폐허처럼 남아있는 탓 쫌펫

탓 푼

RESTAURANT
폰싸완의 레스토랑

나이스 게스트하우스 주변에 영어 메뉴판을 갖춘 레스토랑들이 있다. 음식의 다양성은 떨어지지만 하루나 이틀 정도 머무는 동안 식사 때문에 고생할 일은 없다. 유럽인 여행자들이 즐겨 가는 곳과 현지 식당 분위기의 저렴한 레스토랑으로 분위기가 확연하게 구분된다.

씸마리 레스토랑 ★★★
Simmaly Restaurant

Map P.141-A1 주소 Main Road(Thanon Xaysana) 전화 061-211-013 영업 07:00~22:00 메뉴 영어, 라오스어 예산 2만~3만K 가는 방법 메인 도로의 크레이터스 펍 옆에 있다.

여행자 숙소와 가까운 시내 중심가에 있다. 현지인들에게 인기 있으면서 외국인 여행자들도 많이 찾는다. 쌀국수, 볶음국수, 볶음밥, 덮밥 같은 간단한 음식이 주를 이룬다. 음식 맛은 특별할 게 없다. 저렴하고 양이 많아 부담 없이 들르기 좋다.

크랭키-티 카페 ★★★☆
Cranky-T Cafe

Map P.141-A1 주소 Main Road(Thanon Xaysana) 전화 030-5388-003 홈페이지 www.facebook.com/CrankyTLaos 영업 07:00~22:00 메뉴 영어, 라오스어 예산 커피 1만2,000~3만K, 식사 5만~13만K 가는 방법 메인 도로의 쩬니다 게스트하우스 사이에 있다.

폰싸완에서 흔치 않은 카페 스타일의 레스토랑이다. 투박한 라오스 커피가 아니라 에스프레소 머신에서 커피를 내려준다. 아이스 아메리카노까지 익숙한 커피를 마실 수 있다. 팬케이크, 프렌치 토스트, 파니니 같은 아침 식사는 오후 5시까지 아무 때나 주문이 가능하다. 빵과 머핀, 케이크는 매장 오븐에서 직접 굽는다. 치킨 데리야끼 샐러드 Chicken Teriyaki Salad, 참치 타르타르 Spicy Tuna Tartar, 스파이시 살몬 랍(매콤한 라오스식 연어 샐러드) Spicy Salmon Larb, 스테이크를 메인으로 요리한다. 해피 아워(16:00~19:00)에는 칵테일이 할인된다.

니사 레스토랑 ★★☆
Nisha Restaurant

Map P.141-B1 **주소** Main Road(Thanon Xaysana) **전화** 020-5569-8140 **영업** 06:00~21:30 **예산** 2만~4만5,000K **가는 방법** 메인 도로에 있는 므앙푸안 게스트하우스 Muang Phuan Guest House 맞은편에 있다. 별것 없어 보이는 폰싸완에도 인도 식당이 있어 단출한 음식 문화에 변화를 주고 있다. 알루 고비, 탄두리 치킨, 양고기 카레, 치킨 티카 마살라까지 웬만한 인도 음식을 맛볼 수 있다. 바게트와 로티(팬케이크) 같이 가볍게 즐길 수 있는 아침 식사 메뉴도 갖추고 있다. 음식 값이 저렴한 것도 장점이다.

뱀부즐 레스토랑 ★★★
Bamboozle Restaurant

Map P.141-B1 **전화** 020-7792-8959 **홈페이지** www.facebook.com/BamboozleRestaurantBar **영업** 17:00~22:30 **메뉴** 영어 **예산** 3만~6만K **가는 방법** 메인 도로에 있는 MAG 옆에 있다.
외국 여행자들이 즐겨 찾는 레스토랑이다. 마늘 빵, 스프링 롤, 샐러드, 샌드위치, 버거, 피시 & 칩스, 치킨 케밥, 스니출, 피자, 스파게티, 똠얌, 팟타이, 카우팟(볶음밥) 등 다양한 요리를 제공한다. 내부는 대나무를 이용해 아늑하게 꾸몄다. 저녁 시간에는 어쿠스틱 음악을 라이브로 연주하기도 한다.

HOTEL
폰싸완의 호텔

60여 개의 숙소가 도시 곳곳에 흩어져 있다. 대부분의 여행자들은 메인 도로에 있는 나이스 게스트하우스 주변에 머문다. 게스트하우스들은 대개 시설이 비슷하고 가격도 대동소이하다. 고도가 높아서 에어컨 방은 드물고 선풍기 시설에 온수 샤워가 가능한 개인욕실을 갖추고 있다. 더블 침대를 쓰느냐, 트윈 침대를 쓰느냐에 따라 방 값이 차이가 난다. 비수기에는 방 값이 할인된다. 웬만한 숙소에서도 와이파이를 무료로 제공하지만 인터넷 속도는 느리다.

싸바이디 게스트하우스 ★★☆
Sabaidee Guest House

Map P.141-A1 **주소** South of main road **전화** 020-5506-8174 **요금** 더블 6만~8만K(선풍기, TV, 개인욕실) **가는 방법** 나이스 게스트하우스를 바라보고 오른쪽에 있는 골목(Soi 5) 안쪽으로 들어가서 첫 번째 사거리에서 오른쪽으로 20m.
라오스 가족이 운영하는 저렴한 여행자 숙소다. 최근 객실을 리노베이션하면서 시설이 좋아졌다. 객실은 콘크리트 건물에 타일이 깔려 있으며, 온수 샤워 가능한 욕실이 딸려 있다. 방값이 저렴한 걸 빼면 큰 매력은 없다.

꽁깨우 게스트하우스 ★★★☆
Kong Keo Guest House

Map P.141-B1 **주소** Main Road(Thanon Xaysana) Soi 2 **전화** 061-211-354 **요금** 도미토리 4만K(선풍기, 공동욕실), 더블 10만~12만K(선풍기, 개인욕실) **가는 방법** 나이스 게스트하우스 맞은편 골목(Soi 2) 안쪽으로 300m.

오래된 여행자 숙소로 시내 중심가에서 골목 안쪽으로 떨어져 있다. 평범한 시설이지만 타일이 깔린 객실과 개인 욕실을 갖추고 있다. 새롭게 신축한 건물이라 깨끗한 편이다. 라오스 가족이 운영하며, 주인장이 직접 운영하는 투어가 평판이 좋다.

나이스 게스트하우스 ★★★
Nice Guest House

Map P.141-A1 **주소** Main Road(Thanon Xaysana) **전화** 061-312-454, 020-2222-8638 **요금** 더블 8만K(선풍기, 개인욕실, TV), 트윈 10만K(에어컨, 개인욕실, TV) **가는 방법** 메인 도로에 있는 독쿤 호텔 맞은편에 있다.

오랫동안 영업한 덕에 폰싸완에서 가장 유명한 게스트하우스가 되었다. 마을 중심가 삼거리에 있어 위치가 좋다. 시설은 다소 낡았지만 방값이 저렴해 배낭 여행자들에게 여전히 인기가 있다. 3층 건물로 객실엔 타일이 깔려 있다. 온수 샤워가 가능한 개인욕실은 크지도, 작지도 않은 크기다. 모든 객실은 선풍기 시설을 갖췄으며 TV를 구비하고 있다. 주변에 여행사, 레스토랑, 미니 마트, 재래시장까지 있어 여러모로 편리하다.

쩬니다 게스트하우스 ★★★
Jennida Guest House

Map P.141-A1 **주소** Main Road(Thanon Xaysana) **전화** 020-9666-6262 **요금** 8만~10만K(선풍기, 개인욕실, TV) **가는 방법** 메인 도로에 있는 독쿤 호텔 옆에 있다.

겉에서 보면 단출한 2층 건물로 보이지만, 게스트하우스는 리셉션을 지나 안쪽에 만든 3층 건물에 들어서 있다. 작은 마당을 끼고 일렬로 객실이 들어서 있다. 객실은 넓은 편으로 타일이 깔려 있고 깨끗하다. TV와 온수 샤워가 가능한 개인욕실을 갖추고 있다.

남짜이 게스트하우스 ★★★
Namchai Guest House

Map P.141-B1 **주소** South of main road **전화** 061-312-095 **요금** 더블 8만K(선풍기, 개인욕실, TV), 트윈 10만K(선풍기, 개인욕실, TV) **가는 방법** 나이스 게스트하우스에서 한 블록 남쪽으로 떨어져 있다. 쌩싸완 호텔과 같은 골목에 있다.

같은 가격대의 숙소에 비해 객실이 넓은 편이다. 객실에는 TV와 테이블이 배치돼 있다. 3층 건물이라서 다른 숙소와 달리 폰싸완 주변 풍경을 발코니에서 볼 수 있다. 메인 도로에서 벗어나 있어서인지 아직까진 외국인 여행자들의 발길이 뜸하다.

쌩싸완 호텔 ★★★
Sengsavanh Hotel

Map P.141-A1 **주소** South of main road **전화** 020-2234-2244 **요금** 더블 10만~15만K(에어컨, TV, 개인욕실) **가는 방법** 메인 도로에서 남쪽으로 한 블록 떨어져 있는 남짜이 게스트하우스 맞은편에 있다.

시내 중심가와 가까운 저렴한 호텔이다. 주변 다른 게스트하우스와 큰 차이는 없으나, 5층 건물에 엘리베이터를 갖추고 있는 점이 특징적이다. 발코니는 없지만 창문이 커서 객실에서 주변 풍경을 볼 수 있다. 넓은 주차장도 갖추고 있어 미니밴 등 차량을 이용하는 소그룹 관광객들에게 인기다.

아누락캔 라오 호텔 ★★★☆
Anoulack Khen Lao Hotel

Map P.141-A1 **주소** Main Road(Thanon Xaysana) Soi 2 **전화** 061-213-599 **홈페이지** www.anoulackkhenlao.com **요금** 더블 25만~28만K(에어컨, 개인욕실, TV, 냉장고, 아침 식사) **가는 방법** 나이스 게스트하우스 맞은편에 있는 골목(Soi 2) 안쪽으로 20m 들어가면 된다.

시내 중심가에 있는 인기 호텔이다. 고급 호텔은 아니지만 에어컨과 냉장고, TV를 갖춘 중급 호텔로 온수 샤워가 가능한 개인욕실을 갖추고 있다. 객실은 나무 바닥이라 산뜻하고, 욕실은 타일이 깔려 있어 깨끗하다. 객실 크기도 넓은 편이다.

Luang Prabang(Louang Phabang)

ຫລວງພະບາງ

루앙프라방

　루앙프라방은 라오스의 역사와 전통이 고스란히 남아 있는 문화도시다. 파응움 왕에 의해 란쌍 왕국이 건립된 1354년부터 비엔티안으로 천도한 1563년까지 란쌍 왕국(1354~1707) Lan Xang Kingdom 의 수도였던 곳으로 라오스의 영혼과 같다. 라오스 북부 산악지역에 자리해 주변 경관도 수려하다. 서쪽 으로는 메콩 강(남콩) Mekong River이 흐르고 북동쪽으로는 칸 강(남칸) Khan River이 흐른다. 나지막한 골목 사이로 고가옥들이 가득하고, 골목을 하나 돌면 사원이 반길 정도로 도시 전체가 사원을 품고 있다. 기와지붕 건물뿐만 아니라 프랑스 식민 지배 당시에 건설된 콜로니얼 건물까지 어우러져 멋을 더한다. 도시 전체가 1995년 유네스코 세계문화유산으로 지정되어 보호되고 있다.

　숨겨진 보석처럼 여겨졌던 루앙프라방은 〈뉴욕 타임스〉에 꼭 가봐야 할 여행지로 선정되면서 외부에 급속도로 알려졌다. 덕분에 독특하고 안전하면서도 알려지지 않은 여행지를 찾아 나선 관광객들 사이에서 인기가 급상승했다. 루앙프라빙의 아침은 딱밧(탁발 수행)으로 시작된다. 고요한 새벽을 깨우 는 승려들의 경건한 발걸음은 650년의 역사와 함께하고 있다. 역사와 독특한 분위기와 문화가 절묘하게 어우러진 루앙프라방에서는 바쁠 이유가 없다. 천천히 옛 골목을 걸으며 전통적인 삶을 사는 현지인들을 만나고, 강변의 야외 테라스 레스토랑에 앉아 일몰을 감상하며 여유로운 시간을 보내면 된다.

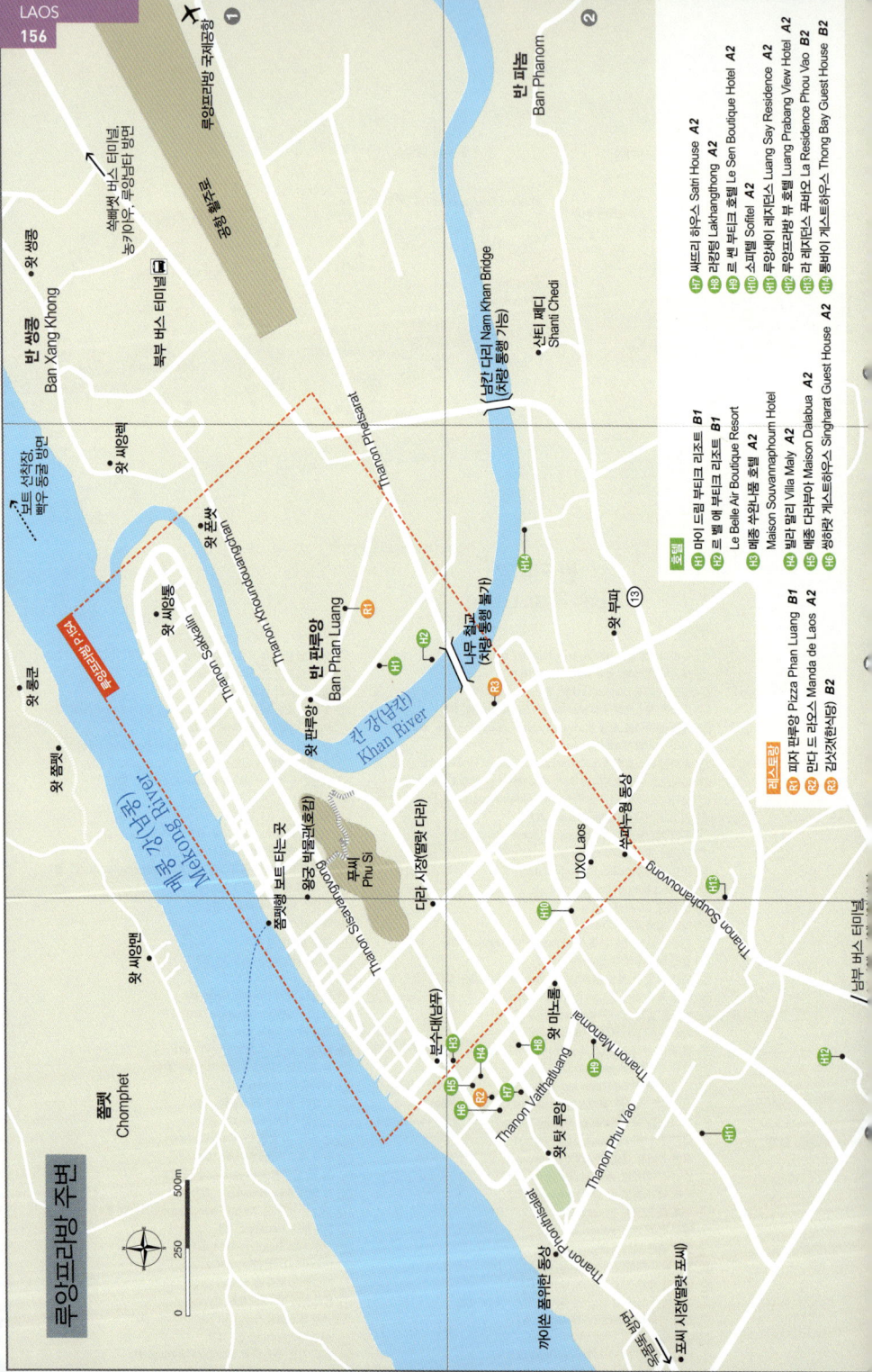

INFORMATION

여행에 유용한 정보

은행

BCEL 은행, 라오 은행, 라오 개발 은행을 포함해 주요 은행들이 지점을 운영한다. 여행자들이 많이 몰리는 지역에는 별도의 환전소를 운영한다. 은행들은 월~토요일 08:30~15:30에 문을 연다. 타논 씨싸왕윙에 있는 환전소들은 일요일에도 문을 연다.

환전

미국 달러(USD)와 유로(EUR)뿐만 아니라 태국 밧(THB)과 중국 위안(CNY)도 환전에 큰 어려움이 없다. 태국 화폐(밧)는 환전할 필요 없이 그대로 사용해도 큰 문제가 안 된다. 보통 1만K에 40밧으로 환산(환율 1THB=290K)해서 사용하면 된다.

여행안내소

야시장 입구에 해당하는 타논 씨싸왕윙 Thanon Sisavangvong과 타논 낏싸랏 Thanon Kitsalat 사거리 코너에 여행안내소 Luang Prabang Tourist Information Center가 있다. 정부에서 운영하는 곳으로 교통정보와 각종 브로슈어를 비치해두고 있다. 월~금요일 08:00~16:00에 문을 연다.

여행사

루앙프라방의 메인 도로인 타논 씨싸왕윙에 여행사가 몰려 있다. 꽝씨 폭포, 빡우 동굴, 코끼리 트레킹을 포함한 투어 상품과 교통편(항공권, 버스) 예약이 가능하다. 굳이 여행사를 가지 않더라도 숙소에서도 웬만한 투어와 버스 표 예약이 가능하다. 한국인이 운영하는 여행사는 노바 투어 Nova Tour(Map P.154-B1, 전화 020-5230-7488, 홈페이지 www.novatour.co.kr)가 있다. 왕궁 옆의 메인 도로에 있어 찾기 쉽다.

여행 시기

비가 내리지 않고 청명한 날씨를 보이는 건기가 여행하기에 좋다. 건기인 11월부터 3월까지가 성수기에 해당한다. 최고 성수기인 1월에는 관광객들로 붐비며 방 값도 대책 없이 인상된다. 삐마이 라오(4월 중순에 열리는 라오스 신년 축제) 때도 관광객이 많이 찾는다. ==겨울에는 밤 기온이 다소 쌀쌀하므로 긴 옷을 챙겨가자.== 1월에는 밤 기온이 영상 10℃까지 내려간다. 가장 더운 4월에는 낮 기온이 36℃를 넘는다.

알아두세요

발음 표기에 관해서

알파벳 표기들은 프랑스 식민 지배 때 만들어진 것들이 많아서 라오스어의 정확한 발음과 알파벳 표기가 다른 경우가 많다. 프랑스식으로 알파벳 표기한 것을 영어식으로 읽으면서 오류가 발생하기 때문이다. 예를 들면 메콩 강을 끼고 있는 강변도로인 'Souliyavongsa'는 '소우리야봉사'가 아니라 '쑤리야웡싸'로 발음된다.
사원을 뜻하는 '왓'은 'Wat'으로 표기를 통일하는 추세이지만, 'Vat'으로 표기된 안내판도 많다. '밧'으로 읽으면 이걸 사원이라고 생각하는 현지인은 아무도 없다. 왓 위쑨의 경우 Vat Visoun(밧 위소운으로 읽지 않는다)으로 표기한 경우도 있지만, 현지 발음에 맞추어 Wat Wisun으로 표기하는 곳이 증가하고 있다. 『프렌즈 라오스』는 현지 발음 표기를 그대로 따랐으며, 영문 표기도 병기했다.

메인 도로에 해당하는 타논 씨싸왕윙

푸씨 언덕에서 바라 본 루앙프라방 풍경

지리 파악하기

루앙프라방은 메콩 강 Mekong River(현지어로 남콩 Nam Khong)과 칸 강 Khan River(현지어로 남 칸 Nam Khan)에 둘러싸여 있다. 강변을 삥 둘러 강변도로가 이어진다(강변도로는 일방통행이다). 도시 정중앙에는 푸씨(신성한 산이라는 뜻) Phu Si(Phou Si)가 있어 도시 어디에서건 눈에 띈다.

루앙프라방의 메인 도로는 타논 씨싸왕웡 Thanon Sisavangvong과 타논 싹까린 Thanon Sakkalin (Sakkaline)이다. 왓 마이 Wat Mai부터 왓 씨앙통 Wat Xieng Thong까지 동서로 길게 이어진 도로를 따라 유명한 사원과 여행사, 카페가 몰려 있다. 특히 야시장이 생기는 타논 씨싸왕웡에 편의시설이 가득하다.

푸씨 오른쪽 지역인 칸 강 강변도로 Thanon Kingkitsalat (Nam Khan River Road)와 왓 위쑨나랏 Wat Wisunarat (Vat Visoun) 주변은 시내 중심가에 비해 차분하다.

조마 베이커리 옆의 여행자 숙소 밀집 지역

건기에는 칸 강에 대나무 다리가 놓인다

다라 시장(딸랏 다라) Dara Market을 지나면 관광지보다는 현지인들이 거주하는 차분한 마을 풍경이 펼쳐진다(루앙프라방이 유명 여행지가 되면서 이 지역에도 게스트하우스가 가득하다).

큰길을 제외하고는 이름 없는 도로들도 많다. 오래된 도시라 이름 없는 좁은 골목들이 많기 때문이다. 주소에도 거리 이름 대신 '반 Ban' 어쩌고 하는 지명이 등장한다. '반'은 마을을 의미하며 보통 사원과 연관되어 이름이 붙여진다. 왓 탓 주변 마을은 반 왓 탓 Ban Wat That, 왓 씨앙통 주변 마을은 반 씨앙통 Ban Xieng Thong이 된다.

ACCESS
루앙프라방 가는 방법

라오스 북부의 최대 도시답게 교통이 발달해 있다. 남쪽으로는 방비엥(왕위앙)을 거쳐 비엔티안(위앙짠)까지, 북쪽으로는 루앙남타를 거쳐 훼이싸이까지 도로가 연결된다. 태국(치앙마이), 중국(쿤밍), 베트남(하노이)까지 국제버스도 운행된다. 보트 여행도 가능해 메콩 강을 따라 훼이싸이까지 갈 수도 있다.

항공

루앙프라방 공항은 비엔티안(위앙짠) 공항과 더불어 국제공항 역할을 수행한다. 라오스 북부의 관문 도시로 인접한 태국(방콕, 치앙마이), 베트남(하노이), 캄보디아(씨엠리업)로 국제선이 취항한다.
루앙프라방↔방콕 직항 노선은 에어 아시아(www.airasia.com), 방콕에어웨이(www.bangkokair.com), 타이항공(www.thaiairways.com)에서 운항한다. 방콕까지 비행시간은 1시간 30분, 편도 요금은 130~180US$이다. 저가 항공사인 에어 아시아의 경우 60US$ 이하의 프로모션 요금을 내놓기도 한다. 루앙프라방↔치앙마이 직항 노선은 라오항공에서 독점 운항한다. 비행시간은 1시간, 편도 요금은 145US$이다.

루앙프라방 국제공항

국내선은 비엔티안↔루앙프라방 노선을 취항한다. 라오항공의 경우 편도 요금이 98US$, 비행시간은 50분이다.

공항에 도착해서 입국심사대로 가기 전에 도착 비자 Visa on Arrival를 받는 곳이 있는데, 한국인은 무비자로 30일간 여행이 가능하기 때문에 별도로 비자를 받을 필요는 없다. 참고로 루앙프라방 공항의 도시 코드는 LPQ로 표기된다. 항공기 이착륙에 관한 정보는 공항 홈페이지(www.luangprabangairport.com)를 통해 확인이 가능하다.

공항에서 시내로 들어가기

공항은 시내에서 북쪽으로 4㎞ 떨어져 있다. 공항과 시내가 가깝고, 도시가 작아서 교통편도 단순하다. 공항에서 시내까지 자가용 택시를 타면 된다. 편도 요금은 3명 기준으로 5만K(6US$)으로 정해져 있다. 공항 청사 안에 있는 택시 서비스 Taxi Service 카운터에서 안내를 받으면 된다.

기차

중국 철도 회사에서 중국·라오스를 연결하는 철도를 건설 중이다. 철도 노선은 비엔티안→방비엥→루앙프라방→우돔싸이→루앙남타→보뗀(라오스 국경)을 지날 예정이다. 2021년 개통 예정이다.

버스

루앙프라방 가는 길

다른 도시들과 마찬가지로 루앙프라방도 버스 터미널이 도시 외곽에 멀리 떨어져 있다. 루앙프라방을 기준으로 목적지에 따라 남부 버스 터미널과 북부 버스 터미널로 구분된다. 미니밴(롯뚜)과 국제버스가 출발하는 투어리스트 버스 터미널은 남부 터미널 맞은편에 있다. 대부분의 여행자들은 숙소에서 교통편을 예약하는데 터미널까지 픽업 서비스가 포함된다. 참고로 방비엥(왕위앙)으로 가는 도로가 새로 포장되면서 2~3시간 정도 이동시간이 빨라졌다(우기에는 안전을 이유로 옛길로 돌아가는 경우도 있다). 미니밴을 탈 경우 5시간 정도면 방비엥에 도착한다.

북부 버스 터미널에서 출발하는 버스

노선	출발 시간	요금	소요 시간
농키아우	09:00, 11:00, 14:00	4만K	3~4시간
우돔싸이	09:00, 12:00, 16:00	6만K	6~8시간
루앙남타	09:00	10만K	9~10시간
훼이싸이(보깨우)	17:00, 19:00(VIP)	12만~14만5,000K	13~15시간
쌈느아	08:30, 15:30	14만~15만K	15~17시간

남부 버스 터미널에서 출발하는 버스

노선	출발 시간	요금	소요 시간
비엔티안	06:30, 07:00, 08:00(VIP), 09:00(VIP), 11:00, 14:00, 16:30, 18:30, 19:30(VIP), 20:30(침대 버스)	11만~13만K / 15만K(침대 버스)	9~10시간
방비엥	09:30	9만5,000K	6~7시간
폰싸완(씨앙쿠앙)	08:30	9만5,000K	8~9시간

북부 버스 터미널

북부 버스 터미널

루앙프라방 북쪽으로 가는 모든 버스가 출발한다. 현지어로는 '싸타니 쩟롯 싸이 느아' 또는 '키우롯 싸이 느아'라고 부른다. 우돔싸이, 루앙남타, 훼이싸이(보깨우), 농키아우, 쌈느아로 갈 때 북부 터미널에서 버스를 타면 된다. 훼이싸이로 가는 버스들은 도시 이름이 아닌 행정구역 이름을 써서 '보깨우 Bo Keo'라고 표기되어 있다. 북부 버스 터미널은 시내에서 북쪽으로 4km 떨어져 있다. 뚝뚝을 타고 2만~3만K 정도에 흥정하면 갈 수 있다.

북부 버스 터미널은 이전 공사 중에 있다. 공항 북쪽의 쏙빠썻 시장 옆에 새로 만드는 터미널은 지역 이름을 붙여 쏙빠썻 버스 터미널 Sokpaseuth Bus Satation이라고 부른다. 시내까지 10km 거리로 기존 터미널보다 더 북쪽으로 멀어지게 된다.

참고로 루앙남타와 농키아우행 미니밴은 투어리스트 버스 터미널에서 출발한다.

남부 버스 터미널(나루앙 버스 터미널)

남부 버스 터미널

루앙프라방 시내에서 남쪽으로 3km 떨어져 있다. 비엔티안(위앙짠), 방비엥(왕위앙), 폰싸완(씨앙쿠앙)을 포함해 남부 방향의 버스가 출발한다. 남부 버스 터미널의 공식 명칭은 나루앙 버스 터미널(싸타니 롯메 나루앙) Naluang Bus Station이다. 일반적으로 남부 방향 버스 정류장이란 의미로 '키우롯 싸이 따이'라고 부른다. 뚝뚝을 탈 경우 2만K 정도에 흥정하면 된다. 참고로 비엔티안행 버스는 모두 방비엥을 경유한다.

투어리스트 버스 & 국제버스 정류장

투어리스트 버스 정류장

투어리스트 버스 & 국제버스 정류장 Tourist Bus & International Bus Station은 남부 버스 터미널(나루앙 버스 터미널) 맞은편에 있다. 관광객들이 타고 다니던 미니밴(롯뚜) 정류장이었으나 태국·중국·베트남을 연결하는 국제버스까지 드나들며 국제버스 정류장으로 변모했다. 치앙마이(태국) Chiang Mai, 러이(태국) Loei, 쿤밍(중국) Kunming, 빈(베트남) Vinh(Ving), 하노이(베트남) Ha Noi행 국제버스가 출발한다. 루앙프라방→치앙마이 노선에 관한 정보는 P.42, 루앙프라방→러이 노선에 관한 정보는 P.43을 참고하자.

미니밴은 남부 방향(루앙프라방, 방비엥, 비엔티안)과 북부 방향(농키아우, 루앙남타) 모두 출발한다. 미니밴은 일반 버스에 비해 이동 속도가 빠르기 때문에 외국인 여행자들은 미니밴을 선호한다. 미니밴 정류장은 '싸타니 쩟 롯뚜 텅티아우', 국제버스 정류장은 '롯 도이싼 싸이 땅빠텟'이라고 부른다.

투어리스트 버스 & 국제버스 정류장에서 출발하는 버스와 미니밴

노선	출발 시간	요금	소요 시간
비엔티안(위앙짠)	07:30, 08:30	15만5,000K	8~9시간
방비엥	08:30, 09:30, 10:00, 14:00, 15:00	10만5,000K	5~6시간
폰싸완(씨앙쿠앙)	09:00	10만5,000K	8시간
루앙남타	08:30	11만K	8~9시간
농키아우	09:30	5만5,000K	3~4시간
치앙마이(태국)	18:00(월·수·금·일요일)	31만K	18~20시간
러이(태국)	08:00	18만K	8~9시간
쿤밍(중국)	07:00	58만K	24시간
하노이(베트남)	18:00(주 6회, 목요일 제외)	35만K	24시간

보트

메콩 강(남콩)을 거슬러 올라가는 루앙프라방→빡벵(빡뱅) Pak Beng→훼이싸이 노선에 정기적으로 보트가 운항한다. 태국으로 넘어가려는 여행자들이 주로 이용한다. 하지만 도로가 포장되고 야간 버스까지 운행되면서 빠른 이동을 원하는 여행자들은 보트보다 버스 이동을 선호한다.

루앙프라방→빡벵→훼이싸이

슬로 보트, 스피드 보트, 럭셔리 크루즈 보트가 있다. 시간 많은 배낭 여행자들은 슬로 보트를 선호한다. 슬로 보트는 루앙프라방에서 빡벵까지 하루, 빡벵에서 훼이싸이까지 하루, 총 이틀이 걸린다. 중간 지점인 빡벵에서 하루를 자야 한다(보트 요금에 숙박 요금은 포함되지 않는다). 슬로 보트는 08:30에 출발한다. 출발 시간은 메콩 강의 수위와 유속 및 계절에 따라 조금씩 변동된다. 수위가 낮을 경우 보트 운항이 중단되는 경우도 있다. 강을 거슬러 올라가야 해서 훼이싸이→루앙프라방으로 내려오는 것보다 시간이 오래 걸린다(P.248 참고). 빡벵까지 외국인 요금은 11만K이다. 루앙프라방 시내에 있는 여행사에서 예약할 경우 선착장까지 픽업 요금을 포함해 15만~18만K을 받는다. 빡벵→훼이싸이 보트 티켓은 빡벵에서 직접 구입하면 된다.

보트 선착장은 시내에서 북쪽으로 7km 떨어진 반 돈 마이 Ban Don Mai(새로운 돈 마을)로 옮겼다. 북부 버스 터미널 지나서 쑤판누웡 대학교 Souphanouvong University 가는 길에 있는데, '타 흐아 반 돈 마이'라고 말하면 된다. '타 흐아'는 선착장이라는 뜻이다. 스피드 보트도 같은 선착장에서 출발한다. 루앙프라방에서 훼이싸이까지 하루 만에 갈 수 있다. 점심 식사 시간을 포함해 7시간 정도 걸린다. 슬로 보트에 비해 속도는 빠르지만 위험하다. 긴 꼬리 배에 모터를 달아서 속도를 내기 때문에 소음에 고스란히 노출된다(귀마개를 하는 게 좋다). 구명 조끼와 헬멧도 착용해야 한다. 정해진 출발 시간은 없고 최소 출발 인원 6명이 모일 때까지 기다려야 한다. 빡벵까지 19만K, 훼이싸이까지 31만K이다(루앙프라방 시내에 있는 여행사에서 예약하면 수수료가 추가된다).

보트 선착장 입구 표지판

메콩 강을 따라 움직이는 슬로 보트

TRANSPORTATION

시내 교통

생각보다 도시가 작아서 시내를 돌아다닐 때 고생할 일은 거의 없다. 비엔티안과 마찬가지로 택시는 존재하지 않는다. 뚝뚝을 타고 원하는 목적지를 가거나 자전거를 빌려서 천천히 시내를 돌러보면 된다. 뚝뚝을 탈 경우 가까운 거리는 1만K 정도에 흥정하면 된다(현지인들은 5,000K에도 간다). 공항까지 2만K, 북부 버스 터미널까지 2만~3만K, 남부 버스 터미널까지 2만K 정도에 흥정해서 가면 된다.

뚝뚝

BEST 10 Luang Prabang

놓치지 말아야 할 루앙프라방 즐길 거리

BEST 1 루앙프라방 그 자체

BEST 2 왓 씨앙통

BEST 3 꽝씨 폭포

BEST 4 딱밧(탁발 수행)

BEST 5 왓 마이

루앙프라방 LUANG PRABANG

BEST 6
푸씨

BEST 7
왕궁 박물관

BEST 8
메콩 강의 일몰과 라오 맥주

BEST 9
야시장

BEST 10
메콩 강 보트 투어

SHOPPING ITEM
Luang Prabang
루앙프라방의 쇼핑 아이템

야시장

야시장이 문을 여는 시간에 맞춰 물건 값을 흥정해봤다. 라오스어 몇 마디 던지며 흥정한 것이기 때문에, 아래 제시한 요금보다 더 깎을 수 있으면 깎아서 구매하면 된다. 계산기에 물건 값을 찍어 가면서 흥정하면 된다.

동전 지갑
5천K(소), 1만K(대)

몽족 수공예 장지갑
2만K

방석 커버
2만~4만K

실내화
어른 2만K, 아동 1만K

에코백
1만5,000~2만5,000K

스카프
4만~6만K

라오 맥주 티셔츠
2만5,000K

코끼리 프린트 바지
3만K

인디고 염색
14만~16만K

옥폽똑

수공예로 정성들여 만들기 때문에 제품이 좋다. 지갑, 가방, 침구, 인테리어 용품, 실크 제품까지 다양하다.

동전 지갑
12만~14만K

장지갑
18만~20만K

숄더백
36만~54만K

쿠션 커버
42만~48만K

치마
62만K

스카프
20만~46만K(코튼),
100만~195만K(실크)

TAEC 부티크

민속학 박물관에서 운영하는 숍답게 소수 민족이 생산한 제품을 판매한다. 가격도 무난하고 소수 민족의 생계에도 도움이 되는 공정무역 가게다.

지갑
8만~10만K

스카프(코튼)
8만~12만K

쿠션 커버
12만K

몽족 전통복장
60만K

BEST COURSE
Luang Prabang

루앙프라방의 추천 코스

서둘러 돌아보면 하루면 충분하지만, 루앙프라방의 분위기를 제대로 느끼려면 3일 정도는 머무는 게 좋다. 골목마다 볼거리들이 몰려 있기 때문에 천천히 걷거나 자전거를 빌려서 돌아다니면 된다. 하루 정도는 어슬렁거리며 메콩 강변과 칸 강변에서 커피나 맥주를 마시며 여유를 부려 보자. 새벽에 일어나 딱밧(탁발 수행)을 구경하며 하루를 시작하면 더 의미 있는 여행이 된다.

첫째 날
오전에는 중요한 볼거리인 왕궁 박물관, 왓 씨앙통, 왓 마이, 왓 위쑨나랏을 방문한다. 오후에 푸씨에 올라 일몰을 감상하고 저녁에 야시장에 들러 하루를 마무리한다. 자전거를 이용할 경우 왓 탓 루앙까지 가면 좋고, 도보 여행할 경우 왓 위쑨나랏까지만 다녀온다.

01 타논 씨싸왕웡 — 02 왓 마이 — 03 왕궁 박물관(호캄) — 04 왓 씨앙무안 — 05 왓 농씨쿤므앙 — 06 왓 씨앙통 — 07 타논 싹까린 — 08 왓 쌘 — 09 칸 강 강변도로 — 10 왓 아함 — 11 왓 위쑨나랏 — 12 왓 마노롬 — 13 왓 탓 루앙 — 14 타논 씨싸왕웡 — 15 푸씨 — 16 야시장

둘째 날
메콩 강 보트 여행을 하거나 루앙프라방 주변의 폭포를 방문한다. 대중교통으로 다녀오기 힘들기 때문에 차량 또는 보트를 대여하거나, 숙소에서 운영하는 투어를 이용하면 편하다.

01 루앙프라방 — 02 메콩 강 크루즈 — 03 빡우 동굴 — 04 루앙프라방 — 05 꽝씨 폭포

셋째 날
루앙프라방 주변 마을을 여행한다. 다라 시장 옆에 있는 전통 공예와 민속학 센터(민속학 박물관) TAEC (P.180), 옥폽똑 Ock Pop Tok에서 운영하는 리빙 크라프트 센터(P.180), 강 건너에 있는 쫌펫 Chomphet (P.181), 종이 공예마을인 반 쌍콩 Ban Xang Khong(P.180) 등을 선택해 방문하면 된다.

ATTRACTION

루앙프라방의 볼거리

루앙프라방의 볼거리는 대부분 사원이다. 란쌍 왕국 시절에는 60개 이상의 사원이 있었으나, 현재는 32개의 사원에서 약 1,000명의 승려가 수행 중이다. 왓 씨앙통과 왓 마이가 가장 중요한 사원이다. 대부분의 사원들은 06:00부터 해질 때까지 방문이 가능하다. 유명 사원들은 입장료(1만~2만K)를 받는다. 메콩 강과 칸 강을 끼고 있어 강변 풍경도 자연스럽게 볼거리 역할을 한다. 저녁 시간에 타논 씨싸왕웡 거리에 야시장이 생긴다. 란쌍 왕조에 관한 내용은 라오스 역사 P.309를 참고하자.

아침 시장 ★★
Morning Market

Map P.154-B1 **주소** Behind Wat Mai **운영** 05:30~09:00 **요금** 무료 **가는 방법** 타논 씨싸왕웡에 있는 왓 마이를 바라보고 왼쪽 골목으로 들어가면 된다.

아침 일찍 왓 마이 Wai Mai 옆 골목과 뒷골목에 생기는 재래시장이다. 좌판을 펼치고 식료품을 판매한다. 텃밭에서 직접 재배한 것들을 판매하기 때문에 싱싱하다. 각종 음식 재료와 향신료, 조미료도 볼 수 있다. 관광객이 딱히 살 것은 없지만 루앙프라방 사람들의 일상을 가까이에서 지켜보기 좋다. 09:00가 넘으면 슬슬 파장 분위기다. 왓 마이 뒷골목에서 이어지는 왓 폰싸이 Wat Phonxay 앞 골목에 있는 노점들은 15:00~16:00까지 문을 연다.

식재료가 판매되는 아침 시장

야시장 ★★★☆
Night Market

Map P.154-B1~P.155-C1 **주소** Thanon Sisavang-vong **영업** 17:00~21:30 **가는 방법** 왕궁 박물관 주변의 타논 씨싸왕웡 거리 일대에 야시장이 생긴다.

저녁 시간이면 타논 씨싸왕웡 거리에 생기는 기념품 시장이다. 한때 몽족들이 옹기종기 모여 수공예품을 만들어 장사하던 곳이 관광객이 몰려들면서 대규모 기념품 시장으로 변모했다. 해질 무렵부터 하나둘 좌판이 깔리고 물건을 진열하면 생동감 넘치는 나이트 바자로 변모한다.

라오스를 주제로 한 티셔츠부터 스카프, 이불 덮개, 산악 민족 공예품, 랜턴, 그림까지 다양한 제품을 판매한다. 아기자기하고 독특한 문양의 제품들이 많다. 바느질해서 만든 것들은 몽족 제품이라고 보면 된다. 물론 야시장에 나와 있는 물건들은 대부분 대량생산된 것들이다(태국과 중국에서 만들어온 것도 있다). 상업화된 시장이라 물건 값을 비싸게 부르기 때문에, 정성을 다해 깎아야 한다. 자세한 내용은 P.164 참고.

왕궁 앞으로 야시장이 들어선다

기념품이 판매되는 야시장

왓 탓(왓 파 마하탓) ★★
Wat That(Wat Pha Mahathat)

Map P.154-A2 **주소** Thanon Chao Fa Ngum **운영** 08:00~17:00 **요금** 무료 **가는 방법** 타논 짜오파응움에 있는 우체국과 남푸(분수대) 사이에 있다. 조마 베이커리 맞은편에 있는 왓 호씨앙 옆이다.

'탓'은 탑을 뜻하는 말로, 신성한 탑(파 마하탓) 때문에 왓 파 마하탓이라 불린다. 쎘타티랏 왕(재위 1548~1571) 때 만들어진 사원이다. 1900년에 태풍의 피해를 입었으며, 몇 차례 보수공사가 이루어졌다. 현재 모습은 1991년에 복원한 것이다. 나가(뱀 모양의 물의 신. 동남아시아에서는 중국의 영향을 받아 용 龍을 닮은 형상을 하고 있다) Naga를 조각한 계단이 사원 입구까지 이어진다. 사원은 제법 규모가 큰데, 대법전과 탑, 승방, 법고까지 갖추고 있다.

대법전 입구의 계단에는 머리가 다섯 개인 '나가'가 장식되어 있고, 박공(지붕 처마 밑에 생기는 삼각형 모양의 판)에는 법륜 法輪(둥근 수레바퀴 모양)을 장식했다. 외벽은 붓다의 일대기와 천상 세계(춤추는 모양의 '압사라 Apsara' 조각이 선명하다)를 스투코 장식으로 치장했다. 대법전 뒤쪽에는 검게 변해버린 3층탑이 있다. 16세기에 건설된 탑으로 탑 벽면에 불상을 안치하는 감실을 만들었다. 쎘타티랏 왕의 어머니를 기리기 위해 만든 탑이라고 한다. 3층탑 주변에 세운 황금빛 탑들은 왕족들의 유골을 모시고 있다.

왓 탓

왓 호씨앙 ★
Wat Ho Xieng(Wat Ho Siang)

Map P.154-A2 **주소** Thanon Chao Fa Ngum **운영** 08:00~17:00 **요금** 무료 **가는 방법** 타논 짜오파응움에 있는 왓 탓(왓 파 마하탓) 옆에 있다. 여행자 숙소가 몰려 있는 조마 베이커리 맞은편에 사원 입구가 있다.

1705년에 건설된 작은 사원이다. 바로 옆에 있는 왓 탓과 마찬가지로 나지막한 언덕에 사원을 만들었기 때문에 사원 입구까지 계단이 이어진다. 머리가 7개인 은빛 '나가' 장식이 계단을 이룬다. 대법전 벽화에는 지옥도가 사실적으로 묘사되어 있다. 사원 앞쪽으로 게스트하우스가 많아 여행자들이 거리에 흔하지만, 애써 계단을 올라 사원까지 들어가 보는 여행자들은 많지 않다.

왓 호씨앙

왕궁 박물관(호캄) ★★★
Royal Palace Museum(Ho Kham)

Map P.154-B1 **주소** Thanon Sisavangvong **전화** 071-212-021 **운영** 08:00~11:30, 13:30~16:00(매표 마감 15:30) **요금** 3만K **가는 방법** 타논 씨싸왕웡의 왓 마이 옆에 있다.

란쌍 왕국과 루앙프라방 왕국으로 이어졌던 라오스 왕국의 왕궁이다. 푸씨와 메콩 강 사이에 만든 건물로 성벽에 둘러싸여 있다. 란쌍 왕국 시절에 건설했던 왕궁(목조 건물)은 1887년 흑기군(黑旗軍) Black Flag Army(19세기 말 청나라 시대의 무장세력으로 중국 남부와 베트남 북부에서 활동했다)의 침략을 받아 소실됐고, 프랑스 식민 정부에서 같은 자리에 라오스 왕을 위해 새롭게 건설한 것이다. ==씨싸왕웡 왕 (재위 1904~1959) King Sisavangvong 때인 1904년==

에 건설을 시작해 1909년에 완공됐다(1924년까지 증축공사가 이루어졌다). 프랑스령 인도차이나 시절에 만들었기 때문에 프랑스인 건축가가 설계했다. 유럽 양식과 라오스 양식이 혼재된 건물이다. 전체적으로 십자형 구조를 띠고 있으며, 황금색 탑 장식을 지붕에 올렸다. 왕국의 힘이 기울어지던 때에 건설된 왕궁이라 그런지 웅장한 느낌은 들지 않는다. 왕궁 건설 당시에는 황금의 방이란 뜻으로 '호캄'이라 불렸다.

1975년 사회주의 정부가 수립되면서 왕정이 폐지되고 왕궁은 박물관으로 변모했다. 공식적인 명칭은 루앙프라방 국립 박물관(호피피타판 행쌋 루앙프라방) Luang Prabang National Museum이다. 왕궁 박물관을 방문하려면 복장에 신경을 써야 한다. 무릎이 보이는 반바지나 미니스커트를 입으면 입장이 제한된다. 어깨가 드러난 민소매 옷을 포함해 노출이 심한 옷도 삼가야 한다. 왕궁 내부는 신발을 벗고 들어가야 하며, 가방과 모자, 카메라도 사물함에 보관해야 한다. 왕궁 내부 사진 촬영은 금지된다.

참고로 왕궁에 거주했던 라오스의 마지막 왕(내전으로 인한 혼란기였기 때문에 공식적으로 대관식을 행하진 못했다)은 씨싸왕 왓타나 왕(재위 1959년 10월 29일~1975년 12월 2일) King Sisavang Vatthana이다. 씨싸왕웡 왕의 아들로

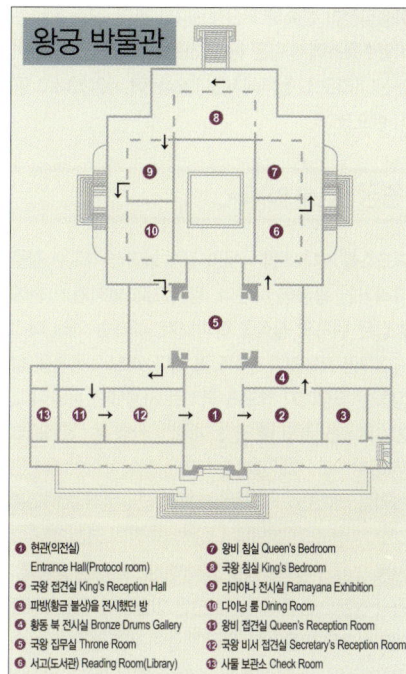

① 현관(의전실) Entrance Hall(Protocol room)
② 국왕 접견실 King's Reception Hall
③ 파방(황금 불상)을 전시했던 방
④ 황동 북 전시실 Bronze Drums Gallery
⑤ 국왕 집무실 Throne Room
⑥ 서고(도서관) Reading Room(Library)
⑦ 왕비 침실 Queen's Bedroom
⑧ 국왕 침실 King's Bedroom
⑨ 라마야나 전시실 Ramayana Exhibition
⑩ 다이닝 룸 Dining Room
⑪ 왕비 접견실 Queen's Reception Room
⑫ 국왕 비서 접견실 Secretary's Reception Room
⑬ 사물 보관소 Check Room

프랑스 정치대학을 졸업한 엘리트였다. 그는 폐위와 동시에 빠텟 라오(라오스 공산당)에 체포되어 가택연금을 당했다. 그후 1978년에 왕과 가족들은 라오스 북부의 비밀수용소로 유배됐다. 저항운동의 구심점이 될 지 모른다는 위기의식 때문에 마지막 왕과 가족을 제거하려 했던 것이다. 헬리콥터를 이용해

성벽에 둘러싸인 왕궁 박물관

왕궁 박물관

왕궁 정문

이송작전이 신속하게 진행됐다고 한다. 왕과 왕비는 비밀수용소에서 같은 해(1978년)에 사망한 것으로 여겨진다(라오스 정부에서는 1984년에 사망했다고 공식 발표했다).

왕궁 Royal Palace

매표소를 지나서 팜 나무가 길게 늘어선 가로수 길을 따라가면 왕궁이 나온다. 왕궁으로 들어가기 전에 출입문 위쪽의 장식을 살펴보자. 파라솔 아래 머리가 3개인 코끼리가 장식되어 있다. 라오스 왕족을 상징하는 휘장이자 라오스 국기로 사용됐던 문양이다. 참고로 라오스의 옛 국가 이름인 '란쌍'은 백만의 코끼리라는 뜻이다. 당시 코끼리는 동남아시아에서 군사력을 의미했다. 국왕을 포함해 장군들이 코끼리를 타고 주변 국가 정벌에 나섰다. 백만의 코끼리는 그만큼 국가가 강력했음을 상징적으로 표현한 것이다. 왕궁 정문으로 들어가는 계단은 이탈리아에서 가져온 대리석으로 만들었다. 왕궁에 들어서면 현관(또는 의전실) Entrance Hall(Protocol Room)이 나온다. 왕실의 종교행사가 이곳에서 열렸다고 한다. 현관을 기준으로 오른쪽에 있는 방이 국왕의 접견실 King's Reception Hall이다. 국왕이 외국 사절단을 접견하던 곳이다. 현재는 라오스 (마지막) 국왕 세 명의 동상(흉상)을 전시하고 있다. 내부 벽화는 프랑스 화가가 1930년대의 루앙

프라방 풍경과 생활상을 그렸다. 왕궁 오른쪽에 있는 마지막(두 번째) 방은 '파방' 불상을 전시하던 곳이다. 왕궁 내부의 방을 통해서 들어갈 수 없고, 건물 바깥에서 살짝 들여다볼 수 있다(왕궁 입구로 들어가지 말고 바깥쪽에서 오른쪽 두 번째 방 안쪽을 살피면 된다). 현관(의전실)에서 왼쪽은 국왕 비서가 사용하던 접견실 Secretary's Reception Room이다. 현재는 외국 사절단이 선물로 보낸 그림과 도자기, 은제품이 전시되어 있다. 특이하게도 공산 국가에서 보낸 선물과 자본주의 국가에서 보낸 선물을 구분해 전시하고 있다. 왼쪽 두 번째 방은 왕비가 사용하던 접견실 Queen's Reception Room이다. 방에는 마지막 왕이었던 씨싸왕 왓타나 왕과 그의 왕비 캄푸이 Queen Khamphoui, 그리고 왕세자 웡싸왕 Prince Vong Savang의 초상화가 걸려 있다. 라오스 왕국에서 유일하게 남아 있는 왕족의 초상화라고 한다. 초상화는 러시아 화가 일리야 글라주노프 Ilya Glazunov가 1967년에 그린 것이다.

왕궁의 정중앙에는 국왕의 집무실 Throne Room이 있다. 씨쌍왕웡 왕의 대관식이 이곳에서 열렸다고 한다(전통적으로 라오스 국왕의 대관식은 왓 씨앙통에서 거행됐다). 왕좌(왕이 사용하던 황금 의자)와 대관식에 사용하던 칼, 왓 위쑨나랏(P.177 참고)에서 발굴된 진귀한 불상들이 함께 전시되어 있다. 왕궁에서 가장 중요한 방이라 그런지 벽면을 유리 공예 모

> 알아두세요

신성한 황금 불상, 파방(프라방) Pha Bang(Prabang)

라오스에서 가장 신성시되는 불상이다. 90% 순금으로 만든 황금 불상으로 크기 83㎝, 무게 53㎏이다. 신비한 힘을 가진 황금 불상은 국가의 수호신으로, 파방을 소유하고 있는 왕조가 국왕의 정통성을 인정받는다고 여겨졌다. 파방은 실론(오늘날의 스리랑카)에서 만들어져, 11세기에 크메르 제국(오늘날의 캄보디아)에 건네진 것으로 보인다. 파방이 라오스로 건네진 것은 파응움 왕(란쌍 왕국의 첫 번째 왕) 때였다(1359년). 란쌍 왕국이 불교를 받아들인 걸 기념해 크메르 제국(파응움 왕은 왕자 시절에 크메르 제국에 머물며 크메르 공주와 결혼했다)에서 선물로 보냈다고 한다. 파방이 라오스로 건네지며 씨앙통(황금의 도시) Xieng Thong에서 루앙프라방(신성한 황금 불상의 도시)으로 도시 이름이 변경됐다.

쎗타티랏 왕이 비엔티안으로 천도하던 1563년에 파방도 비엔티안으로 옮겨진다. 하지만 1779년과 1828년 두 차례에 걸친 싸얌(태국)의 침략으로 불상도 약탈당했다. 싸얌 군대는 프라깨우 Phra Kaew(에메랄드 불상, P.85 참고)도 함께 약탈

해 갔다(프라깨우는 여전히 태국 방콕, 그것도 왕궁에 모셔져 있다). 싸얌의 몽꿋 왕(라마 4세)이 파방을 다시 라오스로 돌려보내며(1867년), 제자리로 돌아오게 됐다. 파방은 왓 위쑨나랏, 왓 마이 등을 거쳐 현재는 왕궁 박물관에 보관 중이다.

루앙프라방 LUANG PRABANG

자이크로 치장해 화려하다. 붉은색 벽면에 다양한 색의 유리를 이용해 꾸몄는데, 축제와 생활상까지 묘사되어 있다. 국왕의 집무실 안쪽은 국왕 침실 King's Bedroom, 왕비 침실 Queen's Bedroom, 서고(도서관) Library, 다이닝 룸 Dining Room으로 이루어져 있다.

호 파방(파방 사원) Ho Pha Bang

왕궁 박물관 입구에서 볼 때 오른쪽(매표소 맞은편)에 있다. 나가(뱀 모양의 신성한 동물) Naga를 장식한 계단 위에 세 겹 지붕의 화려한 건물이다. 파방을 안치하기 위해 만든 법당이어서 '호 파방 Ho Pha Bang'이라 불린다. 파방 사원이란 뜻으로 왓 호 파방 Wat Ho Pha Bang이라고 부르기도 한다. 황금색의 반짝이는 건물로 사원처럼 생겼다. 법당 내부의 천장까지 화려하게 꾸몄다.

1963년 씨싸왕 왓타나 왕 시절에 왕실 사원으로 건설을 시작했으나, 국왕이 폐위되고 사회주의 국가가 들어서며 공사도 중단됐다. 1993년부터 증축공사가 재개돼 2006년에 완공했다. 웅장한 사원 내부에는 황금색으로 된 제단을 만들어 '파방' 불상을 모시고 있다. 83cm 크기의 불상이라 유심히 살펴야 한다. 내부 사진 촬영은 금지된다.

왕립 극장 Royal Theatre

왕궁 박물관 입구에서 볼 때 왼쪽(매표소 뒤편)에 있는 건물이다. 건물 앞에 씨싸왕원 왕 동상이 세워져 있다. 라마야나를 주제로 한 연극 공연과 라오스 전통 무용을 비정기적으로 공연한다. 성수기에는 월·수·금·토요일 18:30에 공연이 열린다. 요금은 10만~15만K이다.

왓 씨앙통 Wat Xieng Thong ★★★★

Map P.155-D1 **주소** Thanon Souvanhnakhamphong (Khem Khong Road) & Thanon Sakkalin(Sakkaline) **운영** 08:00~17:00 **요금** 2만K **가는 방법** 타논 쑤리야웡쌔(메콩 강 강변도로)와 타논 싸까린에 걸쳐 있으며 입구는 모두 세 곳이다.

루앙프라방에서 하나의 사원만 봐야 한다면 주저할 것 없이 왓 씨앙통을 방문하면 된다. 루앙프라방에서 가장 훌륭한 사원으로 규모와 완성도, 역사적인 가치, 예술적인 아름다움에 있어 따라올 사원이 없다. 왓(사원) 씨앙(도시) 통(황금)은 '황금 도시의 사원'이란 뜻이다. 참고로 씨앙통은 루앙프라방의 옛 이름이다. 므앙 씨앙통 Muang Xieng Thong으로 알려지기도 했는데, '므앙'은 독립적인 지휘를 누리는 도시 형태의 국가를 의미한다.

왓 씨앙통은 쎗타티랏 왕(재위 1548~1571) King Setthathirat 때인 1559년 건설됐다. 비엔티안(위앙짠)으로 수도를 옮기기 전 루앙프라방에 마지막으로 건설한 사원이다. 메콩 강과 칸 강이 만나는 루앙프라방 끝자락에 있다. 메콩 강과 연해 사원을 만들었으며,

대법전 벽화

삶의 나무

호 파방

왓 씨앙통 대법전

메콩 강까지 계단이 이어진다(국왕이 드나들던 계단이라 다른 곳보다 넓게 만들었다). 사원 앞쪽의 메콩 강변은 과거 루앙프라방의 관문 역할을 했던 곳이다. 국왕이 사원에서 왕궁을 오갈 때는 물론, 외국 사절단이 방문할 때도 이곳을 이용해 라오스를 드나들었다. 왓 씨앙통은 국왕의 대관식이 열리던 왕실 사원이었다. 메콩 강 건너에 있는 왓 롱쿤 Wat Long Khun(P.182 참고)에서 배를 타고 강을 건너와 왓 씨앙통에서 국왕에 즉위하는 의식이 오랜 전통으로 이어졌다. 대관식뿐만 아니라 다양한 축제와 행사가 열렸으며 도시의 중심 사원 역할을 했다. 1975년 사회주의 정부가 들어서기 전까지 왕실 사원으로서의 지위를 유지했다. 국가적으로 신성시되는 곳이라 외국인도 사원 출입 복장 규정을 따라야 한다. 노출이 심한 옷(무릎이 보이는 반바지나 치마)을 입었을 경우, 매표소에서 싸롱(기다란 천)을 빌려 착용해야 한다(대여료 5,000K).

대법전(씸) Sim

루앙프라방 사원 건축의 모델 같은 곳이다. 나지막이 내려앉은 지붕이 지면을 향하고 있는데, 마치 새들이 날개를 편 모양처럼 우아하다. 멀리서 보면 단아한 모습이지만, 가까이서 보면 유리 공예와 황금색으로 채색한 벽화까지 화려하게 치장되어 있다. 기둥은 일정한 패턴의 꽃무늬 장식이, 외벽은 전설 속에 등장하는 동물(사자) 위에 여신들이 그려져 있다. 대법전 내부에는 붓다의 가르침을 뜻하는 법륜 法輪(둥근 수레바퀴 모양)이 천장에 동일한 패턴으로 반복해서 그려져 있다. 신화 속에 등장하는 전설적인 짠타파닛 왕 King Chanthaphanit의 업적, 붓다의 생애, 힌두 신화 라마야나 Ramayana의 주요 장면, 지옥도 등이 벽화를 가득 채우고 있다. 검은색 바탕에 금색을 칠했는데, 물감을 찍어서 만든 스텐실 기법으로 벽화를 그렸다. 대법전 북쪽 면의 기단에는 은색 유리로 만든 코끼리 머리 조각상이 있다(머리 부분이 돌출되어 있다). 힌두교에서 지혜의 신으로 여겨지는 가네샤(가네쉬) Ganesh이다. 삐마이 라오(신년 축제) 때 코끼리 입에서 물이 나온다고 하는데, 다름 아닌 불상에 고인 성수 聖水라고 한다. 현지인들은 이 물을 받아 가면 한 해가 풍요로워진다고 전해진다.

대법전에서 놓치지 말아야 할 것은 '삶의 나무 Tree of Life'라 불리는 모자이크 조각이다. 대법전 뒷면 한 판 전체를 할애해 만든 섬세한 유리 공예 모자이크다. 1960년에 만들어졌는데, 붉은 바탕의 벽면에 형형색색의 유리를 이용해 형상화한 한 그루의 나무는 세월을 뛰어넘어 생생한 모습으로 살아 숨쉰다. 노을이 유리 모자이크를 비추는 늦은 오후 시간에 가장 아름다운 빛을 발한다. 삶의 나무는 힌두교와 불교에 바탕을 둔 국가(인도와 동남아시아)에서 말하는 우주론, '악시스 문디 Axis Mundi'(우주의 축이 천상과 지상을 연결하며 우주의 중심을 이룬다는 내용이다. 우주의 중심은 신의 영역으로 축복받은 땅이란 상징성을 내포한다)를 형상화한 것이다. 악시스 문디는 다양한 형태로 나타는데 그중 하나가 나무 형상이다. 우주의 중심을 감싸고 있는 나무는 하늘(나뭇가지로 표현된다), 땅(줄기로 표현된다), 지하(뿌리로 표현된다)를 이어주고 있다.

와불 법당(붉은 예배당)
Chapel of Reclining Buddha

대법전 뒤쪽으로 두 개의 법당이 있다. 그중에서 붉은색을 띠고 있는 왼쪽 법당이 유명하다. 프랑스 식민 정부에서 '붉은 예배당 La Chapelle Rouge(The Red Chapel)'이라고 불렀던 곳. 법당 내부에 16세기 때 만든 청동 와불상을 안치했다. 외벽에서 인상적인 유리 모자이크 공예를 볼 수 있다. 붓다 탄생 2,500주년을 기념하기 위해 작업한

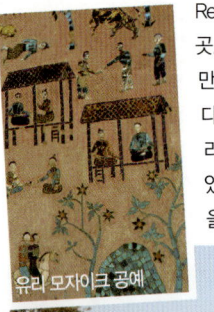

유리 모자이크 공예

와불을 모신 붉은 예배당

것이라고 한다. 실제로는 붉은색이 아니라 핑크색 바탕에 밝은 색 유리 모자이크를 이용해 생생하게 표현했다. 상단은 천상 세계, 중간 부분은 법당에 앉아 수행하는 붓다, 아래 부분에는 인간 세계가 묘사되어 있다. 인간 세계를 묘사한 모자이크 그림은 라오스 사람들의 일상생활이 꽃과 나무, 동물들과 함께 그려져 생생하고도 위트가 넘친다.

장례 마차 법당(호 랏싸롯)
Chapel of Funeral Chariot

대법전 맞은편에 있는 자그마한 법당이다. 황금색으로 반짝거려서 금방 눈에 띈다. 씨싸왕웡 왕의 시신을 운구하기 위해 만든 왕실 장례 마차를 보관하고 있어 '호 랏싸롯'이라고 불린다. 사원 건축보다 몇 백년이 지난 1962년에 건설됐다. 출입문 상단을 장식한 상인방(티크 나무판에 조각해 금색을 입혔다)에는 라마야나에 등장하는 라마 Rama(라마야나의 주인공으로 인간 모습으로 지상에 내려온 비슈누), 시타 Sita(라마의 부인), 하누만 Hanuman(라마를 돕는 원숭이 장군), 라바나 Ravana(시타를 납치한 악한 신)가 생생하게 묘사되어 있다. 참고로 씨싸왕웡 왕의 유골은 왓 탓 루앙 Wat That Luang(P.179 참고)에 안치됐다.

장례 마차 법당

왓 마이
Wat Mai ★★★☆

Map P.154-B1 **주소** Thanon Sisavangvong **운영** 08:00~17:00 **요금** 1만K **가는 방법** 타논 씨싸왕웡의 왕궁 박물관 옆에 있다. 사원 입장료는 대법당을 들어갈 때만 받는다. 사원 경내는 자유롭게 드나들 수 있다.

사원의 공식적인 명칭은 왓 마이 쑤완나품아함 Wat Mai Suwannaphumaham이다. 줄여서 왓 마이라고 부른다. 새로운 사원이란 뜻이다. 이름과 달리 루앙프라방에서 오래된 사원 중 하나이다. 정확한 건축 연대는 밝혀지지 않았지만 18세기 후반(1788년 또는 1794년)에 건설된 것으로 여겨진다. 만타뚜랏 왕 King Manthaturat(재위 1817~1836) 때인 1821년에 복원공사가 이루어지면서 '왓 마이'로 칭했다고 한다.

왓 마이는 왕족들이 수행하던 왕실 사원 중 하나였다. 한때 라오스 불교계의 최고 큰스님(프라 쌍카랏 Pra Sangkharat이라고 칭한다)이 머물던 곳이라 라오스 불교의 총본산처럼 여겨졌다. 황금 불상인 '파방'도 1894~1947년 왓 마이에 안치하며 사원의 신성함을 더했다(현재 파방은 바로 옆에 있는 왕궁 박물관에 모셔져 있다). 라오스 최대 명절인 삐마이 라오(신년 축제) 기간에는 왕궁 박물관에서 파방을 옮겨와 3일간 사원에 안치한다. 물로 불상을 씻기며 새로운 해의 행운을 기원하는 행사가 열린다.

전형적인 초기 루앙프라방 양식 사원이다. 나지막한 지붕이 지면을 향해 내려앉은 모양새를 취한다. 대법전(씸)의 붉은색 지붕은 5층으로 이루어져 웅장한 느낌을 준다. 측면(푸씨 방향)에서 바라보면 대법전이 온전하게 보인다. 대법전을 치장한 기둥과 출입문 장식, 회랑이 눈길을 끈다. 모든 것이 황금색을 입혀 반

황금색이 반짝이는 벽화

화려함이 가득한 왓 마이

짝인다. 특히나 출입문 옆을 장식한 외벽은 화려함의 극치를 보여준다. 황금 동판을 이용해 부조 기법으로 조각해 회랑을 만들었다. 붓다의 생애를 묘사하고 있다. 붓다는 궁전처럼 생긴 건물에서 왕관을 쓰고 있는 모습으로 묘사되어 있다. 중간중간 라오스 생활상과 전통 가옥도 현실적으로 표현했다. 회랑의 기단부는 황금의 땅(사원의 명칭인 '쑤완나품'이 황금의 땅이란 뜻이다)에 사는 사람들과 동물들의 풍요로운 모습을 밑그림처럼 조각해 두었다.

왓 마이 대법전

왓 쌘 ★★☆
Wat Saen(Wat Sene)

Map P.155-C1 **주소** Thanon Sakkalin(Sakkaline) **운영** 08:00~17:00 **요금** 무료 **가는 방법** 타논 싹까린에 있다.

정교한 문양이 눈길을 끄는 왓 쌘 벽화

왓 쌘

1714년 건설된 사원이다. 1932년과 1957년에 두 차례 보수공사가 이루어졌다. 루앙프라방에 최초로 건설된 태국 양식의 사원이다(다른 사원보다 지붕이 높다). 진붉은색과 오렌지색 기와를 이용해 지붕을 장식했다. 쌘은 '10만'을 뜻한다. 사원 건축에 소요된 돈을 의미하는데, 칸 강에서 발견된 보물을 기증받아 사원을 건설했다고 한다. 사원의 공식 명칭은 왓 쌘 쑤카람 Wat Saen Sukharam(Vat Sensoukharam)이다. 영문 표기가 Vat Sene라고 적혀 있는 곳도 있는데 '밧 세네'라고 발음하진 말자.

네 겹 지붕으로 된 대법전은 금빛 장식으로 화려하다. 출입문과 창문 장식도 금색으로 치장했다. 창문 장식을 자세히 보면, 나무 창살 사이로 여신들 그림이 숨겨져 있다. 창문 옆에는 왕관을 쓰고 연꽃을 들고 있는 여신이 좌우에 장식되어 있다. 사원 외벽 장식은 스텐실 도안처럼 동일한 패턴이 반복된다. 대법전 앞쪽에는 대형 청동 불상을 모신 법당이 있다. 서 있는 자세로 양손을 아래로 내리고 있다(비를 부르는 자세라고 한다).

왓 키리(왓 쑤완나 키리) ★★
Wat Khili(Wat Souvanna Khili)

Map P.155-D1 **주소** Thanon Sakkalin(Sakkaline) **운영** 08:00~17:00 **요금** 무료 **가는 방법** 타논 싹까린 방향의 왓 씨앙통 입구 맞은편에 있다.

황금 산의 사원이라는 뜻이다. 씨앙쿠앙 Xieng Khouang(P.148)에 수도를 뒀던 푸안 왕국 Phuan Kingdom에서 1773년 건설한 사원이다. 푸안 왕국의 왕자와 루앙프라방 왕국의 공주가 결혼한 것을 기념하기 위해 건설했다고 전해진다. 대법전(씸)은 아담한 겹지붕 건물이다. 대법전 정면은 황금색으로 치장

왓 키리

해 루앙프라방 사원과 큰 차이가 없지만, 유리 모자이크로 만든 꽃과 동물 장식이 눈길을 끈다. 도로에서 보이는 하얀색 2층 건물은 승방이다. 아치형 창문까지 프랑스 빌라처럼 만들었다. 지붕은 라오스 사원에서 흔히 볼 수 있는 구조로 프랑스와 라오스 양식이 혼재해 있다.

조 조각, 사원 치장과 채색, 벽화 그림, 유리 모자이크 공예, 래커 공예까지 사원 치장에 필요한 것들을 공부한다. 유네스코의 후원을 받아 시작된 기술 교육은 루앙프라방의 사원 유지와 복원에 도움을 주고 있다.

왓 씨앙무안

왓 씨앙무안 ★★
Wat Xieng Muan(Wat Xieng Mouane)

Map P.155-C1 주소 Thanon Xotikhoumman 운영 08:00~17:00 요금 무료 가는 방법 왕궁 박물관을 바라보고 오른쪽 길로 들어가서 메콩 강이 나오기 전에 좁은 골목(타논 쏘띠쿤만)으로 들어간다.

메인 도로와 메콩 강변도로 사이에 있는 아담한 사원이다. '즐거운 마을의 사원'이란 뜻으로 차분한 골목 덕분에 평온한 느낌이 든다. 1853년 건설된 사원으로 건축적인 멋과 역사적인 가치는 떨어진다. 현재의 모습은 1964년에 복원한 것이다. 왓 씨앙무안에서 수행하는 젊은 승려들은 사원 건축기술을 함께 배운다. 목

왓 농씨쿤므앙 ★
Wat Nong Sikhunmuang(Vat Nong Sikhounmuang)

Map P.155-C1 주소 Thanon Kounxoua(Khunsua), Ban Wat Nong 운영 08:00~17:00 요금 무료 가는 방법 엘레팡 L'Elephant 레스토랑 맞은편에 있다.

알아두세요

'딱밧'(탁발 수행)은 관광상품이 아닙니다!

이젠 너무 유명해져서 루앙프라방 하면 '딱밧 Tak Bat'을 연상하게 됩니다. **딱밧은 승려들의 탁발 수행을 말하는 것으로, 불교 국가인 라오스에서 하루도 빠지지 않고 행해지는 종교의식입니다.** 라오스 어디서나 딱밧을 볼 수 있지만, 역사와 사원의 도시인 루앙프라방에서는 더욱 특별합니다. 여러 곳의 사원에서 동시에 나온 수백 명의 승려들이 맨발로 줄지어 지나는 행렬이 장관을 이루기 때문입니다. 덕분에 루앙프라방의 유명 관광상품처럼 여겨집니다. 성수기에는 매일 아침 관광객들로 인해 승려들이 볼거리로 전락한 느낌도 받게 된답니다.

하지만 **딱밧은 어디까지나 승려들의 수행이기 때문에, 현지 문화가 온전히 유지되도록 존중해주어야 합니다.** 딱밧을 마주친다면 먼발치에서 침묵을 유지하고 경건하게 구경해야 합니다. 단정한 옷차림을 갖추는 것도 예의입니다. 승려들의 신행을 방해해서는 안 되고, 승려들과 신체 접촉을 해서도 안 됩니다. 승려들 얼굴에 대고 플래시를 터트리며 사진을 찍는 행위는 절대로 해서는 안 됩니다. 승려들을 배경으로 기념사진을 찍는

것도 자제해주세요. 만약 승려들에게 시주하고 싶을 경우에는 재미(또는 기념)삼아 하지 마시고, 마음의 준비가 됐을 경우에만 하도록 합시다. 현지인들처럼 신발 벗고 무릎 꿇거나 낮은 의자에 앉아서 (승려보다 낮은 자세로) 시주하면 됩니다. '싸이밧'(승려들에게 시주하는 음식, 보통 대나무통에 찰밥이 담겨 있다)은 미리 준비해 가도록 하세요. 탁발이 진행되는 길에서 판매하는 상인들에게서 구입하지 않는 것이 좋습니다.

딱밧은 매일 새벽 해 뜨는 시간(보통 05:30경)에 시작됩니다. 모든 사원에서 행해지기 때문에 숙소와 가까운 사원을 찾아가면 됩니다. 사원들이 몰려 있는 타논 씨싸왕윙과 타논 싹까린 주변의 사원에서 승려들의 기다란 행렬을 볼 수 있답니다.

1729년에 건설된 사원. 1774년 소실됐다가 1804년 재건됐다. 재건은 태국 사람들에 의해 이루어졌기 때문에 태국 사원과 비슷하다. 천장이 높고 오렌지색의 화려한 기와지붕을 얹은 대법전이 한눈에 들어온다.

왓 농씨쿤무앙

알아두세요

루앙프라방에서 느끼는 메콩 강의 일몰

루앙프라방을 여유 있게 즐기는 방법은 메콩 강의 일몰을 보는 것이다(우기에 해당하는 5월 말부터 10월 말까지는 일몰을 기대해서는 안 된다). 비가 내리지 않는 건기에는 선명하고 붉은 노을을 매일 볼 수 있다. 붉은 태양이 메콩 강에 투영돼 길게 늘어지는 동안, 건조한 하늘을 배경으로 펼쳐지는 일몰은 태양 빛이 가루처럼 부서져 흩날리는 듯한 착각을 일으킬 정도다. 그만큼 선명하고 진한 여운을 남긴다. 일몰을 관람(관객처럼 특정 장소에서 일몰을 기다리는 행위를 의미한다)하기 좋은 장소는 단연코 푸씨 언덕(P.176) 꼭대기다. 입장료(2만K)를 내고 328개의 계단을 올라야 하지만 매일 많은 인파가 몰려든다.

여유 있게 시간을 보내고 싶다면 메콩 강변에 줄지어 선 야외 테라스 레스토랑에 자리를 잡으면 된다. 강변을 향해 목조 테라스를 설치해 강바람을 쐬며 풍경을 감상할 수 있다. 시원한 라오 맥주 또는 상큼한 과일 셰이크 한 잔을 곁들이면 된다. 강을 직접 체험하고 싶다면 선셋 크루즈 Sunset Cruise가 제격이다. 거창한 유람선이 아니라 강변에서 보트 주인들과 가격을 협상해 배를 빌리면 된다. 슬로 보트로 알려진 목조 선박으로 1시간에 빌리는데 10만K 정도 한다. 특별한 목적지를 정하고 메콩 강을 유람하다 돌아온다.

푸씨
Phu Si(Phou Si) ★★★☆

Map P.154-B2 **운영** 07:00~18:00 **요금** 2만K **가는 방법** 타논 씨싸왕웡의 왕궁 박물관 맞은편에 있는 계단으로 올라가면 된다. 반대쪽에 있는 칸 강 강변도로에서는 왓 탐모타야람 Wat Thammo Thayalam을 통해 올라가도 된다.

'푸'는 산, '씨'는 신성하다는 뜻이다. 영어로 푸씨 산 Phousi Mountain 또는 홀리 마운틴 Holy Mountain이라고 쓰기도 한다. 루앙프라방 중앙에 솟아 있는 산이라서 지형적으로 신성한 기운이 느껴진다. 불교와 힌두에서 말하는 우주의 중심인 메루 산 Mount Meru을 상징한다. 탑과 사원을 건설하며 신앙의 대상으로 여기기도 했다.

도시 어디에서나 보이기 때문에 웅장한 느낌이 들지만, 실제로 가보면 특별한 게 없다. 산이라기보다는 언덕에 가깝다. 꼭대기까지는 328개의 계단이 이어진다. 정상에 황금색으로 빛나는 탑인 탓 쫌씨 That Chomsi를 세웠다. 1804년에 건설됐으며 높이는 25m이다. 정상에 오르면 메콩 강과 칸 강에 둘러싸인 루앙프라방 풍경이 파노라마로 펼쳐진다. 특히 일몰 시간에 아름답다. 많은 관광객들이 일몰 시간에 맞추어 푸씨에 올라 메콩 강 너머로 해지는 모습을 감상하며 시간을 보낸다. 고요한 루앙프라방의 모습을 보고 싶다면 아침 일찍 올라가면 된다.

탓 쫌씨

푸씨는 도시의 전망대 역할을 한다

왓 빠후악 ★★
Wat Pa Huak(Wat Pa Houak)

Map P.154-B1 **주소** Thanon Sisavangvong **운영** 08:00~17:00 **요금** 무료 **가는 방법** 타논 씨싸왕웡의 왕궁 박물관 맞은편에 있다. 푸씨로 올라가는 계단에 있는 매표소 맞은편에 있다.

푸씨 입구(매표소 맞은편)에 있는 단아한 사원이다. 1861년에 건설된 사원으로 숲 속에 있다. 오랫동안 보수공사가 이루어지지 않아 빛바랜 모습으로 남아 있다. 겹지붕으로 된 대법전(씸)은 규모가 크지 않지만 인상적인 벽화가 남아 있다. 일반적으로 붓다의 일대기를 그린 사원 벽화와 달리 역사적인 내용이 묘사되어 있다. 중국과 유럽은 물론 페르시아에 온 사절단(침략자라는 학설도 있다)을 맞이하는 내용과 루앙프라방에 거주하는 중국인들의 생활상, 군대 행렬 등이 묘사되어 있다.

대법전 상인방(출입문 상단 위에 가로로 놓인 석판)에 아이라바타 Airavata(머리가 세 개인 흰색 코끼리)를 타고 있는 인드라(하늘의 신) Indra가 조각되어 있다. 라오스에서는 머리 세 개 달린 흰색 코끼리를 에라완 Erawan이라고 부른다. 코끼리 휘장은 오랫동안 라오스 국기로 사용되기도 했다.

왓 빠후악

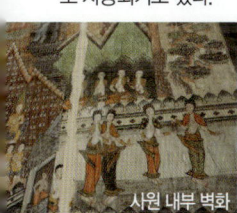
사원 내부 벽화

왓 탐모타야람 ★★
Wat Thammo Thayalam

Map P.154-B2~C2 **주소** Thanon Kingkitsalat **운영** 08:00~17:00 **요금** 무료 **가는 방법** 깐 강 강변도로(타논 깽깟싸랏)에서 사원으로 올라가는 계단(뱀 모양의 나가 Naga가 장식되어 있다)이 이어진다. 반대쪽에서 푸씨 정상을 지나 내려와도 된다.

푸씨 동쪽 경사면에 있는 사원이다. 경사진 언덕과 바위를 따라 층을 이루어 건설했다. 건축연대는 1851년으로 루앙프라방에 최초로 정착한 유럽인이 머물렀다는 설과 중국 청나라 사절단이 머물던 곳이라는 두 가지 주장이 공존하고 있다. 대법전과 다양한 모양의 불상이 곳곳에 흩어져 있어 독특하다. 암벽과 동굴에 불상을 모신 곳(동굴 사원이라 하며 왓 탐 푸씨 Wat Tham Phusi라 불린다)과 붓다의 발자국이 새겨진 석판도 볼 수 있다(이곳에서 칸 강이 시원하게 내려다 보인다). 사원 입장료는 없지만, 사원을 들어가면 푸씨 정상까지 올라가는 것으로 간주하기 때문에 입장료(2만K)를 내라고 한다. 푸씨를 이미 방문했다면 기존에 사용한 입장권을 보여주면 좋다. 푸씨 정상을 지나 반대 방향으로 내려가면 타논 씨싸왕웡에 있는 왕궁 박물관이 나온다.

왓 탐모타야람 입구

산의 경사면에 만든 왓 탐모타야람

왓 위쑨나랏(왓 위쑨) ★★★
Wat Wisunarat(Vat Visoun)

Map P.154-B2 **주소** Thanon Wisunarat & Thanon Phommathat **운영** 08:00~17:00 **요금** 2만K **가는 방법** 푸씨 동쪽에 있는 타논 위쑨나랏 & 타논 폼마탓 삼거리에 있다.

왓 위쑨의 대법전

위쑤나랏 왕(재위 1501~1520) King Wisunarat 때인 1513년에 건설됐다. 황금 불상인 '파방(P.170 참고)'을 모시기 위해 만들었다. 1513년부터 1707년까지, 그리고 1867년부터 1887년까지 두 차례에 걸쳐 파방을 본 존불로 모셨다(중간에 비엔티안으로 옮겨졌다가, 현재는 왕궁 박물관에 보관 중이다). 사원의 이름은 위쑤나랏 왕의 이름에서 따왔다. 줄여서 왓 위쑨 Wat Wisun(Vat Visoun)이라고도 불린다.

루앙프라방에서 사원 형태를 갖춘 가장 오래된 건물로 알려져 있다. 건설 당시에는 기둥뿐 아니라 창문과 외부 치장까지 모두 나무로 만든 목조 건물이었다. 4,000그루 이상의 나무를 이용해 건설했다고 한다. 하지만 1887년 흑기군(黑旗軍) Black Flag Army(19세기 말 청나라 시대의 무장세력으로 중국 남부와 베트남 북부에서 활동했다)의 침략을 받아 소실됐다. 현재 모습은 1898년에 재건축한 것이다. 원형을 그대로 유지해 재건축했지만 나무 대신 벽돌과 플라스터(흙과 회반죽을 물에 개어서 만든 재료)를 건축자재로 사용했다. 하얀색 직사각형 건물 위에 겹 지붕을 얹은 형태이다. 창문 장식은 나무로 만들었는데, 크메르 제국(앙코르 왓)에서 볼 수 있는 창살 무늬 양식과 동일하다(크메르 제국은 석조 건축물을 남겼다). 대법전(씸) 내부에 다양한 종류의 불상을 전시하고 있다. 루앙프라방에서 가장 큰 불상을 포함해 400년 넘은 불상까지 종류가 다양하다.

대법전 앞에는 탓 빠툼 That Pathum(Stupa of the Great Lotus)을 세웠다. 35m 크기의 탑으로 '위대한 연꽃 탑'이라는 뜻이다. 연꽃 모양을 형상화하고 있는데, 워낙 둥근 모양이라서 수박처럼 보이기도 한다. 덕분에 탓 막모(수박 탑이라는 뜻) That Makmo라는 별명을 갖고 있다. 최종적으로 1932년에 보수공사가 이루어졌는데, 이때 15~16세기에 만들어진 황동 불상, 황금 불상, 에메랄드 불상 179점이 발굴됐다(현재 왕궁 박물관에 보관·전시 중이다).

왓 아함 ★★
Wat Aham

Map P.154-B2 주소 Thanon Phommathat 운영 08:00~17:00 요금 1만K 가는 방법 푸씨 동쪽 왓 위쑤나랏 옆에 있다.

왓 위쑤나랏 옆에 있는 사원이다. 얼핏 보면 하나의 사원으로 느껴질 정도로 붙어 있다. 왓 아함은 '열린 마음의 사원'이라는 뜻이다. 한국어로 하면 개심사 開心寺 정도가 되겠다. 루앙프라방을 지키는 혼령을 모신 사당이 있던 자리에 사원을 건설했다고 한다(1818년). 아담한 대법전 내부에는 불교에서 말하는 지옥도가 생생하게 그려져 있다. 대법전 입구의 계단은 좌우에 사자 동상을 세웠고, 그 옆으로 라마야나(힌두 신화)에 등장하는 하누만(왼쪽) Hanuman과 라바나(오른쪽) Ravana 조각상이 있다. 대법전 앞 사원 경내에 보리수나무가 있다. 루앙프라방을 수호하는 정령이 보리수나무에 깃들어 있다고 여기기 때문에 신성시한다. 왓 아함은 관광객의 발길이 적어서 평화롭다. 평상시에도 조용하지만, 아침 시간에 방문하면 더욱 정적인 모습의 사원을 대할 수 있다.

왓 위쑨의 본존불

탓 빠툼(탓 막모)

왓 아함

왓 마노롬
Wat Manorom ★★

Map P.154-A3 주소 Thanon Manorom 운영 08:00~17:00 요금 무료 가는 방법 다라 시장을 지나 첫 번째 사거리에서 우회전해 400m.

1372년에 건설된 사원이다. 란쌍 왕국의 두 번째 왕인 쌈쎈타이 왕(재위 1353~1373) King Samsenthai의 유골을 안치하면서 중요한 사원으로 변모했다. 사원의 본존불인 대형 황동 불상의 무게만 2t이 넘는다. 하지만 프랑스가 인도차이나 식민지를 확장하며 싸암(태국)과 벌인 전쟁 때 소실됐다(1887년). 황동 불상도 불에 탔고, 불상의 팔이 부러져 나가는 피해를 입었다. 프랑스 정부는 1919년 콘크리트로 부서진 팔을 보강해 폐허가 된 사원 터에 덩그러니 세워뒀다고 한다.

1972년 재건축했기 때문에 사원은 현대적인 느낌이 든다. 대법전 앞에는 황금색으로 반짝이는 탑이 있다. 비엔티안(위앙짠)의 탓 루앙(P.86)과 비슷한 형태로 만들었으나 크기는 작다. 왓 마노롬은 관광객들이 몰려다니는 지역에서 비켜나 있다. 카페와 레스토랑 대신 한적한 주택가 골목에 있기 때문에 루앙프라방의 옛 모습을 간직한 동네를 만날 수 있다.

왓 탓 루앙
Wat That Luang ★★★

Map P.156-A2 주소 Thanon Vatthatluang(Wat That Luang) 운영 08:00~17:00 요금 무료 가는 방법 타논 짜오파응움에 있는 남푸(분수대)를 지나서 400m 더 내려가면, 공터처럼 생긴 운동장 옆에 사원이 보인다.

루앙프라방 남쪽 끝자락에 있는 나지막한 언덕에 건설한 사원이다. 만타뚜랏 왕(재위 1817~1836) King Manthaturat 때인 1818년에 건설됐다. 전설에 따르면 3세기경 인도 아소카 왕이 파견한 불교 사절단이 건설한 사원이라고 한다(당시에 라오스까지 불교 사절단이 왔던 기록은 존재하지 않는다. 다만 사원의 중요도를 강조하기 위해 전설을 퍼트린 것으로 여겨진다). 왓 탓 루앙은 란쌍 왕조에서 건설한 왕실 사원 중 하나다. 대법전(씸)과 탑(탓)으로 구성되어 있다. 대법전에 본존불로 모신 황동 불상은 무게가 600kg이나 된다. 이곳에서 왕족들의 화장이 행해졌다. 사원의 규모에 비해 법당과 승방들이 많지 않은 이유가 이 때문이다. 사원 중앙(대법전 앞쪽에 있는 탑)에 씨싸왕웡 왕의 유골을 안치하고 있다. 주변의 작은 탑들에도 왕족들의 유해가 안치되어 있다. 매년 10월 29일 왕족의 후손들이 모여 씨싸왕웡 왕을 추모하는 행사를 개최한다.

대법전 뒤쪽으로 검은색을 띠는 커다란 탑이 세워졌다. 붓다의 사리를 안치한 것으로 여겨져 신성시된다. 사각형 기단 위에 첨탑 모양으로 만든 탑은 우주의 중심을 상징한다(전체적으로 연꽃 봉우리를 형상화하고 있다). 기단부에 파란색 타일로 치장한 흔적도 남아 있다. 탑과 사원을 순례할 때는 시계 방향을 따라 돌면 된다.

왓 마노롬

왓 탓루앙의 대법전

전통 공예와 민속학 센터 ★★★
(민속학 박물관)
Traditional Arts and Ethnology Centre (TAEC)

Map P.154-B2 주소 Ban Khamyong 전화 071-253-364 홈페이지 www.taeclaos.org 요금 2만5,000K 운영 화~일 09:00~18:00(월요일 휴무) 가는 방법 다라 시장(딸랏 다라)을 바라보고 왼쪽에 있는 언덕 길로 100m 올라가면 된다.

북부 라오스에서 생활하는 산악 민족(P.234 참고)에 관한 내용을 전시하고 있는 사설 박물관이다. 산악 민족들이 정성들여 만든 전통 의상과 장신구, 공예품을 전시하고 있다. 사진과 모형을 통해 산악 민족들의 생활과 문화도 함께 설명해준다. 아카족 Akha, 몽족 Hmong, 카무족 Khamu, 야오족 Yao, 타이담족 Tai Dam에 관한 내용들로 꾸몄는데, 전시물은 많지 않지만 내용은 알차다.

기념품 상점과 카페(르 파티오 카페 Le Patio Cafe)를 함께 운영한다. 기념품 상점에서는 전통 복장과 스카프, 엽서, 사진, 책, 액세서리를 판매한다(야시장에 비해 비싸지만 고급스럽다). 르 파티오 카페에서는 라오 커피와 소수 민족 전통 음식도 함께 요리한다. 기념품 상점과 카페는 입장료를 내지 않고 후문으로 들어갈 수 있다. 시내 중심가에 TAEC 부티크 숍 (P.198)을 운영한다.

산악 민족의 생활상을 전시한 TAEC

옥폽똑(리빙 크라프트 센터) ★★★
Ock Pop Tok(Living Crafts Centre)

Map P.156-A2 주소 125/10 Ban Saylom 전화 071-212-597 홈페이지 www.ockpoptok.com 운영 09:00~17:00(국경일 제외) 요금 무료 가는 방법 루앙프라방에서 남쪽으로 2㎞ 떨어져 있다. 포씨 시장 (딸랏 포씨) Phosy Market 지나서 도로 오른쪽에 옥폽똑 입구를 알리는 안내판을 따라 골목 안쪽으로 들어가면 된다. 시내에 있는 옥폽똑 매장에서 무료로 운영하는 셔틀 버스를 타도 된다.

양질의 천과 직물을 생산·판매하는 곳이다. 볼거리라기보다는 쇼핑 상점에 가깝지만 전통적인 방식으로 옷과 스카프를 만드는 과정을 살펴볼 수 있다. 베틀을 이용해 천을 짜는 과정과 천연 재료를 이용한 실크 염색 과정을 공방에서 직접 시현한다. 리빙 크라프트 센터 Living Crafts Centre라 불리는 공방은 시내에서 2㎞ 떨어진 메콩 강변에 있다. 레스토랑(실크 로드 카페 Silk Road Cafe)과 숙소를 함께 운영하는데 한적한 강변에 있어서 분위기도 좋고 평화롭다. 짧게는 반나절(수강료 59US$), 길게는 3일 과정(수강료 195US$)으로 염색, 베틀을 이용해 천짜기, 대나무 공예 교육 프로그램도 운영한다. 교육 과정은 영어로 진행된다.

공방 이외에 시내에서 두 곳의 옥폽똑 매장(P.199 참고)을 운영한다. 매장에서 공방까지 무료로 셔틀 버스(뚝뚝)를 운행한다.

옥폽똑에서 운영하는 리빙 크라프트 센터

ATTRACTION

루앙프라방 주변 볼거리

루앙프라방 주변에도 볼거리가 많다. 꽝씨 폭포를 포함해 다양한 폭포와 자연이 여행자들을 반긴다. 가까운 마을은 자전거를 타고 갈 수 있다. 꽝씨 폭포와 빡우 동굴은 투어를 이용하면 편리하다.

쫌펫 ★★
Chomphet

흔히 강 건너 마을이라고 부르는 곳이다. 루앙프라방에서 메콩 강을 건너면 나오는 강 서쪽 마을이다. 루앙프라방과 달리 관광객의 발길이 뜸해 시골 마을 분위기가 가득하다. 배에서 내려 언덕길을 올라 마을 입구에서 오른쪽으로 들어서면 된다. 길 하나가 전부인 마을로, 자동차가 드나들지 못할 정도로 좁다(대부분 비포장도로이). 아직까진 에어컨 시설을 갖춘 식당이나 여행자 카페가 존재하지 않는다. 길을 따라 왓 씨앙맨 Wat Xieng Maen(Xiengman으로 표기하기도 한다) → 왓 쫌펫 Wat Chomphet → 왓 롱쿤 Wat Long Khun까지 갔다 오면 된다.

쫌펫을 가려면 왕궁 박물관 뒤편에 있는 메콩 강에서 배를 타면 된다. 차와 오토바이를 싣고 강을 오가는 바지선이 수시로 운항한다. 편도 요금은 5,000K이지만 외국인에게는 1만K를 요구하는 경우가 흔하다(자전거를 싣고 갈 경우 1만K를 내면 된다).

반 씨앙맨(Xiengman Cultural Village라고 간판이 세워져 있다) 입구가 나온다. 마을 입구에서 오른쪽 길을 따라 마을 안쪽으로 700m 들어간다.

천상의 도시 사원이란 뜻이다. 쎗타티랏 왕 King Setthathirat의 아들(왕자)이 1592년에 만들었다. 반 씨앙맨(씨앙맨 마을) 중간에 위치한다. 신성한 황금 불상인 '파방'이 씨얌(오늘날의 태국)에서 루앙프라방으로 반환되던 길에 이곳에 일주일가량 머물렀다고 한다(1867년).

왓 씨앙맨

반 씨앙맨 입구 표지판

왓 씨앙맨 ★
Wat Xieng Maen(Wat Xieng Mene)

Map P.156-A1 요금 1만K 가는 방법 왕궁 박물관 뒤편에 있는 쫌펫행 보트 선착장에서 배를 타고 강을 건넌다. 강 건너 선착장에 내려서 언덕길을 올라가면

왓 쫌펫 ★★☆
Wat Chomphet

Map P.156-B1 요금 1만K 가는 방법 왓 씨앙맨을 지나서 동쪽으로 이어진 오솔길을 따라 800m 더 들어가면 사원 입구(매표소)가 나온다.

언덕 위에 있는 자그마한 사원이다. 사원이 특별하다기보다는 전망이 뛰어나다. 볼품없는 대법전(씸)과 두 개의 탑, 그리고 새롭게 만든 승방(꾸띠) 하나가 전부

왓 쫌펫

왓 쫌펫에서 바라본 루앙프라방

다. 사원에 오르면 강 건너 루앙프라방 풍경이 시원스럽게 펼쳐진다. 사원까지 123개의 계단이 이어진다. 루앙프라방을 점령했던 싸얌(태국)에서 1888년에 건설했으며 오랫동안 군사 기지를 겸했다고 한다.

왓 롱쿤 ★☆
Wat Long Khun(Vat Long Khoun)

왓 롱쿤의 꾸띠(승방)

Map P.156-B1 요금 1만K 가는 방법 왓 쫌펫 입구를 지나서 동쪽으로 이어진 오솔길을 따라 500m 더 들어간다.

행복의 사원 또는 축복 받은 노래의 사원이란 뜻이다. 메콩 강을 사이에 두고 왓 씨앙통(P.171 참고)과 마주하고 있다. 메콩 강에서 사원까지 계단이 이어져 있지만 숲 속에 있어서 평온한 느낌이 든다. 규모는 작지만 왕실에서 매우 중요시하던 사원이다. 란쌍 왕국의 국왕들이 대관식을 행하기 전 이곳에 3일간 머물며 목욕 의식과 명상 수행을 했다고 한다. 대관식 하루 전날 보트를 타고 강을 건너 왓 씨앙통으로 옮겨 즉위했다고 한다.

사원의 대법전(씸)은 18세기에 건설됐으며, 1937년 (씨싸왕웡 왕 시절)에 확장공사를 통해 입구 부분이 늘어났다. 그후 1994년 프랑스의 극동아시아연구원 Ecole Francaise d'Extreme Orient에 의해 복원공사가 이루어졌다. 대법전은 작지만 우아하다. 대법전 출입문 좌우에는 수염을 기른 중국인 모습의 무사(수문장) 벽화가, 내부에는 붓다의 일대기를 묘사한 벽화가 남아 있다. 대법전 옆에는 6개의 목조 건물로 이루어진 꾸띠(승방)가 있다. 사원 주변에는 석회암 동굴 사원인 왓 탐 싹까린 Wat Tham Sakkalin(줄여서 왓 탐)이 있다. 어둑한 동굴 내부에 불상을 모시고 있다. 동굴 입구는 닫혀 있는 경우가 많은데, 외국 관광객이 오면 동네 아이들이 길을 안내해 준다며 따라온다. 물론 성의에 대한 대가로 팁을 요구한다 (5,000K 정도 주면 적당하다).

샨티 쩨디 & 반 파놈 ★★
Shanti Chedi & Ban Phanom

루앙프라방에서 동쪽으로 3㎞ 떨어져 있다. 푸씨 정상에서 오른쪽 방향(칸 강 방향)을 봤을 때 황금색으로 반짝거리는 곳이 바로 샨티 쩨디다. 루앙프라방에서 가장 큰 종교적인 건축물로 1988년 건설됐다. 해외에 거주하는 라오스 사람들이 기부금을 모아 건설했다고 한다. 샨티는 산스크리트어로 '평화'라는 의미여서 샨티 쩨디는 평화의 탑이다. 8각형 5층탑으로 평화로운 분위기에서 루앙프라방 일대의 전망을 감상하기 좋다. 탑 내부는 월~금요일(08:00~10:00, 13:30~16:30)에 개방된다. 탑 주변에 숲 속 사원인 왓 빠폰파오 Wat Pa Phonphao가 있다. 사원 입구를 지나 2㎞를 더 가면 반 파놈(파놈 마을) Ban Phanom이 나온다. 타이르족 Tai Leu이 생활하는 마을로, 베틀로 천과 전통 의상을 만드는 공예 마을로 알려져 있다.

샨티 쩨디

반 판루앙 & 반 쌍콩 ★★
Ban Phan Luang & Ban Xang Khong

칸 강을 건너면 반 판루앙(판루앙 마을) Ban Phan Luang이 나온다. 특별한 볼거리는 없지만 루앙프라방이 비대해지면서 게스트하우스와 리조트, 레스

종이공예마을로 알려진 반 쌍콩

토랑이 하나둘 생기는 추세다. 공항 가는 방향에 있는 나무 철교를 지나면 된다. 나무 철교는 너무 오래 되어서 자동차 통행을 금지하며 자전거나 오토바이를 타고 건널 수 있다. 강물이 느리게 흐르고 수위가 낮아지는 건기에는 옌싸바이 레스토랑 Dyen Sabai (Map P.155-C2 참고) 앞으로 대나무 다리(통행료 5,000K)가 놓인다.

반 판루앙의 중심 사원인 왓 판루앙 Wat Phan Luang을 시작으로 왓 폰쌋 Wat Phonsat, 왓 씨앙렉 Wat Xieng Leck을 거쳐 왓 쌍콩 Wat Xang Khong까지 비포장도로가 이어진다. 왓 쌍콩 주변은 종이 공예 마을 Paper Village로 알려진 반 쌍콩 Ban Xang Khong이다. 멀베리나무 껍질을 이용해 싸 페이퍼 Saa Paper(우리나라 닥종이 공예와 비슷하다)를 만드는 공방들을 볼 수 있다. 공방에서 만든 종이들로 그림과 엽서, 노트 등을 제작해 기념품으로 판매한다. 반 판루앙에서 반 쌍콩까지는 2㎞ 거리다.

꽝씨 폭포(땃 꽝씨) ★★★☆
Kuang Si(Kouang Si) Waterfall

운영 08:00~17:30 **요금** 2만K **가는 방법** 루앙프라방에서 뚝뚝이나 미니밴을 타고 가면 된다. 뚝뚝은 한 대를 직접 빌릴 경우 왕복 요금(5명 기준)이 20만K이다. 여행사나 게스트하우스에서 출발하는 미니밴은 1인당 5만K으로 정해져 있다. 남부 버스 터미널 맞은편에 있는 투어리스트 버스 정류장에서 꽝씨 폭포까지 운행하는 미니밴도 출발한다(출발 시간 11:30, 13:30, 왕복 요금 4만K). 하지만 터미널까지 오가는 교통비가 추가로 들기 때문에 큰 매력이 없다.

루앙프라방 주변 여행지 중 가장 유명한 곳이다. 루앙프라방에서 남쪽으로 35㎞ 떨어져 있다. 석회암 지대를 흐르는 폭포라서 맑고 청명하다. 주변의 자연과 어우러진 풍경이 매우 아름답다. 폭포가 잔잔하게 흐르는 건기에 더 아름답다. 우기에는 폭포수가 너무 많이 흘러내리고 물의 양이 엄청나기 때문에 폭포 가까이 접근하기 힘든 경우도 있다. 폭포의 최대 높이는 60m지만, 폭포수가 흘러내리며 여러 개의 작은 폭포들을 계속해서 만들어 낸다.

옥빛의 푸른 물이 고인 웅덩이는 자연 수영장 역할을 한다. 수영은 안전을 고려해 정해진 곳에서만 하도록 하자. 또한 수심을 가늠할 수 없는 곳에서 무턱대고 다이빙해서는 안 된다. 건기에는 폭포수가 많이 줄어들어 위험하다(숲 속에 있어 그늘을 제공하기 때문에 여름에는 물놀이하기 좋지만, 쌀쌀한 겨울에는 수온이 낮아서 수영하기에는 춥다). 폭포 입구에서 폭

꽝씨 폭포　　　　　　　　　　©유진 님

포수가 흐르는 계곡 옆길을 따라 산책로가 이어진다. 초입에 야생에서 구조된 20여 마리의 곰을 보호하고 있는 곰 보호 센터 Bear Rescue Centre가 있다. 루앙프라방에서 꽝씨 폭포까지 45분 정도 걸린다. 가는 길에 관광지가 돼버린 상업화된 몽족 마을을 잠시 들른다. 수영과 휴식을 포함해 반나절 일정으로 다녀오면 된다.

땃쌔 폭포 (남똑 땃쌔) ★★★
Tad Sae Waterfall

운영 08:00~17:00 **요금** 1만5,000K **가는 방법** 대중교통이 없기 때문에 뚝뚝이나 미니밴을 빌려서 가야 한다. 뚝뚝은 한 대를 빌릴 경우 왕복 요금(5명 기준)은 15만K이다. 미니밴은 여행사나 게스트하우스에서 운영하는데 1인당 5만K을 받는다. 땃쌔 폭포까지는 차를 타고 반 앤 Ban Aen까지 간 다음 보트를 타야 한다. 칸 강을 따라 10분 정도 보트를 타고 가면 도착한다.

꽝씨 폭포와 더불어 루앙프라방 주변에서 인기 있는 폭포다. 루앙프라방에서 남쪽으로 21㎞ 떨어져 있다. 꽝씨 폭포처럼 낙차 폭이 크지는 않지만 층층이 정글을 흐르는 계단식 폭포다. 석회암 지대라 옥빛의 물줄기가 석회암 바위를 타고 흐른다. 폭포수가 고인 물웅덩이에서 수영이 가능하다. 우기에 물이 차서 넘쳐야 제 멋이 난다(건기에는 물이 없어서 폭포라고 하기에는 초라한 수준이다). 꽝씨 폭포가 건기에 아름답다면, 땃쌔 폭포는 우기에 아름답다. 관광객보다는 현지인들이 더 많이 찾는다. 폭포 입구까지는 보트를 타고 가야 한다(보트 요금 2만K 별도). 코끼리 타기와 묶어서 여행사 투어 상품으로 판매 중이다. 비싼 요금(50US$)에 비해 만족도는 떨어진다.

땃통 폭포 (남똑 땃통) ★★
Tad Thong Waterfall

운영 08:00~17:00 **요금** 2만K **가는 방법** 13번 국도(비엔티안 방향)를 따라가다가 남부 버스 터미널 지나서 2㎞ 정도 더 가면 오른쪽에 땃통 폭포 방향 안내판이 있다. 안내판에서 비포장도로를 따라 2.8㎞ 더 들어가면 된다. 뚝뚝을 대절할 경우 왕복 요금(5명 기준)은 15만K이다.

루앙프라방 주변에서 가장 가까운 폭포다. 루앙프라방 남쪽으로 8㎞ 떨어져 있다. 폭포는 그다지 웅장하지 않지만, 트레킹 코스가 만들어져 있다. 폭포를 따라 산길을 올라갔다가 반대편 폭포 방향으로 내려오게 되어 있다. 약 50분 정도 걸리는데 열대 우림지역의 거대한 나무들이 울창한 숲을 이룬다. 등산로가 잘 돼 있어서 길 잃을 염려는 없다. 폭포 입구에 낚시터처럼 유원지를 만들어 놓았다.

우기에 가야 하는 땃쌔 폭포 ⓒ김삿갓 사장님

땃통 폭포

빠우 동굴(탐 빠우) ★★
Pak Ou Caves

운영 08:00~17:00 요금 2만K 가는 방법 보트를 타고 가야 한다. 정기적으로 운항하는 보트는 없고, 여행사에서 반나절 투어 형식으로 운항하는 보트를 탑승하면 된다(1인당 7만~8만K). 빠우 동굴까지 1시간 30분에서 2시간 정도 걸린다.

루앙프라방에서 메콩 강을 따라 북쪽으로 25㎞ 떨어져 있다. 석회암 절벽에 생긴 동굴이다. 수면에서 약 15m 높이에 있는데, 현재는 동굴까지 계단이 연결되어 편하게 드나들 수 있다. 동굴 앞쪽은 메콩 강과 우 강(현지어로 남우 Nam Ou)이 합류하는 지점이라 신성시된다. '빠우'라는 지명도 우 강 입구라서 생겨난 것이다. '빠'은 입, '우'는 우 강을 뜻한다. 동굴 내부에 수호신이 산다고 여겼기 때문에 오랫동안 신앙의 대상이 됐다. 쎗타티랏 왕(재위 1548~1571) King Setthathirat 시절부터는 매년 국왕이 방문하기도 했다. 동굴 내부에 하나 둘 불상을 갖다 놓으면서 마치 불상 전시장처럼 되어 버렸다. 다양한 종류의 작은 불상들(약 2,500개)로 가득 메워져 있다. 300년이 넘은 오래된 불상도 있으나 대부분 19세기에 만들어진 것들이다. 한때는 금과 은으로 만든 불상도 있었다고 하는데, 고가의 불상들은 모두 도난(또는 도굴) 당했다고 한다.

빠우 동굴은 두 개의 동굴로 구성된다. 아래쪽에 있는 동굴(탐 띵 Tam Ting)은 빛이 들기 때문에 손전등 없이도 드나들 수 있다. 위쪽에 있는 동굴(탐품 Tam Phum)은 약 10분 정도 걸어 올라가야 한다. 동굴 내부가 좁아서 한꺼번에 많은 사람이 들어갈 수 없다. 하지만 성수기에는 많은 인파로 인해 혼잡하다. 동굴 맞은편에 반 빠우 Ban Pak Ou 마을이 있는데, 강변에 레스토랑이 몇 곳 있어 점심 식사를 하며 쉬어갈 수 있다.

빠우 동굴을 가게 되면 자연스럽게 메콩 강 크루즈를 즐길 수 있어 관광객들에게 인기 있다. 동굴 자체의 볼거리보다는 보트를 타고 가며 풍경을 보는 것이 더 매력적이다. 동굴까지 가는 길에 위스키 빌리지 Whisky Village로 알려진 반 쌍하이 Ban Xang Hai를 들른다. 라오스 위스키인 '라오라오 Lao Lao'를 만드는데, 시음은 물론 직접 구입이 가능하다. 참고로 훼이싸이에서 루앙프라방까지 슬로 보트(P.248)를 타고 올 경우 빠우 동굴에 잠시 멈추었다 간다.

빠우 동굴

빠우 동굴 앞의 메콩 강 풍경

남동 파크(쑤언 남동) ★★☆
Nahm Dong Park

주소 Ban Xieng Mouk **전화** 030-5609-821, 030-5609-822 **홈페이지** www.nahmdong.com **운영** 10:00~17:00 **요금** 2만K **가는 방법** 루앙프라방에서 남쪽으로 10㎞ 떨어진 반 씨앙묵(씨앙묵 마을) Ban Xieng Mouk에 있다. 수력 댐 아래쪽에 주차장과 매표소가 있다.

루앙프라방을 완전히 벗어난 자연 속에 만든 공원이다. 도시에서 10㎞ 떨어진 산 속에 농장, 양봉장, 카페 & 레스토랑, 스파, 액티비티 시설을 만들었다. 입구에 들어서면 꽃과 채소, 과일을 재배하는 유기농 농장이 나온다. 농장을 지나면 출렁 다리와 짚 라인 Zip Line(1시간 코스 14만K) 타는 곳이 보이고, 산 아래 풍경을 감상할 수 있는 카페와 전망대도 있다. 중간 중간 야외 테이블과 오두막이 있어서 피크닉을 즐길 수도 있다.

산과 계곡을 따라 공원을 조성했기 때문에 어디서건 훼손되지 않은 자연을 만날 수 있다. 반나절 정도 여유롭게 자연 속에서 휴식하기 좋은 유원지다. 계곡으로 물이 흐르고 폭포가 생기는 9~11월이 가장 아름답다. 건기에 해당하는 1~4월은 계곡 물이 바닥을 드러낸다. 대중교통은 없고 여행사 투어도 적어서 교통이 불편하다.

자연 속에서 휴식하기 좋은 남동 파크

남동 파크 입구

RESTAURANT
루앙프라방의 레스토랑

메콩 강 강변도로에는 야외 레스토랑들이 가득하다. 강을 바라볼 수 있도록 테라스 형태로 만들어 자연적인 느낌을 살렸다. 분위기나 음식 맛은 엇비슷해서 어디가 좋고 나쁘고도 없다. 식사가 아니더라도 시원한 과일 셰이크로 더위를 식히거나 늦은 오후에는 '라오 맥주(비아 라오) Lao Beer'를 벗 삼아 일몰을 감상하며 시간을 보내기 좋다. 차분한 분위기를 원한다면 칸 강 강변도로로 자리를 옮기면 된다. 일몰을 볼 수는 없지만 고급 리조트에서 운영하는 레스토랑의 분위기가 좋다.

프랑스 식민 지배를 받기도 했고, 외국인 여행자들이 많이 들락거리기도 해서 유럽풍 카페와 베이커리도 많다. 프렌치 콜로니얼 건물을 개조해 카페로 사용하기 때문에 분위기도 좋다. 저렴한 식사는 쌀국수 식당에서 가능하다. 아침 시간이 되면 거리에 의자를 내놓고 노점 형태의 쌀국수 집이 많이 등장한다. 쌀국수의 기본 3종 세트라 할 수 있는 '퍼', '카우삐약 쎈', '카우 쏘이'를 즉석에서 말아준다.

야시장 노점식당 골목(2만낍 뷔페)
Vegetarian Buffet ★★☆

Map P.154-B1 **주소** Thanon Sisavangvong **영업** 17:00~21:00 **예산** 2만K **가는 방법** 타논 씨싸왕웡의

야시장 초입에 있는 인디고 호텔 Indigo Hotel을 바라보고 왼쪽 골목이다.

야시장 초입 좁은 골목에 생기는 먹거리 시장이다. 17:00경부터 열리는 현지인들의 반찬시장인데, 외국인들에게는 진열된 음식을 마음껏 골라 한 접시 듬뿍

야시장 노점식당 골목

담아갈 수 있는 뷔페식당으로 알려졌다. 국수와 채소 볶음 위주로 이루어진 채식 메뉴라서 '베지테리언 뷔페 Vegetarian Buffet'로 불린다. 음식 맛이 좋다기보다는 저렴해서 외국인 여행자들에게 인기가 높다. 골목에 테이블이 있으므로 앉아서 식사하면 된다. 같은 골목에 삥까이(닭고기 구이), 삥빠(생선 구이), 땀막훙(파파야 샐러드) 노점에서 추가로 음식을 구입해도 된다.

빠싸니욤 커피
Pasaniyom Coffee ★★★

Map P.203 **주소** Thanon Souliyavongsa **영업** 05:00~11:00 **메뉴** 영어, 라오스어 **예산** 커피 5,000K, 죽(카우삐약 카우) 7,000K **가는 방법** 강변도로에 있는 루앙프라방 리버 로지 Luangprabang River Lodge 옆 삼거리 코너에 있다.

빠싸니욤 커피

현지인들의 아침 식사 장소로 인기인 노점 식당. 카우삐약 카우 또는 쪽이라 불리는 죽 Rice Porridge을 판매한다. 저렴한 가격에 죽 한 그릇을 듬뿍 담아준다. 테이블에 놓인 도넛 같은 빵(카놈 쿠)은 커피와 함께 먹거나 죽에 첨가해도 되는데, 공짜는 아니고 먹은 만큼 가격을 지불하면 된다. 커피는 체에 걸러서 내리는 라오스 방식을 사용한다. 길 건너의 강변에도 테이블이 놓여 있다.

씨앙통 누들 숍(씨엥텅 카오삐약)
Xieng Thong Noodle Shop ★★★

Map P.155-D1 **주소** Thanon Sakkalin(Sakkaline) **영업** 07:00~14:00 **메뉴** 영어, 한국어, 라오스어 **예산** 1만4,000K **가는 방법** 타논 싹카린에서 왓 씨앙통 후문으로 들어가는 삼거리 코너에 있다. 한국어로 씨엥텅 카오삐약이라고 적혀 있다.

씨앙통 누들 숍(씨엥텅 카오삐약)

이것저것 다 하는 쌀국수 집이 아니라 '카우삐약 쎈'만 전문으로 한다. 쫄깃한 면발과 담백한 육수가 잘 어울린다. 튀긴 마늘을 넣어 고소함을 더했다. 돼지고기가 들어간 '카우 삐약 무 Noodle Soup Pork'가 기본이며, 달걀(카이)을 추가로 넣으면 2,000K을 더 받는다. 카우콥(누룽지와 비슷한 쌀과자 튀김)을 곁들여도 된다. 음식 값이 저렴하지만 음식 양은 다른 곳보다 적다. 준비한 육수가 다 팔리는 14:00경에 문을 닫는다.

왓 쌘 맞은편 카우 쏘이 국수집
★★★★

Map P.155-C1 **주소** Thanon Sakkalin(Sakkaline) **영업** 07:30~12:00 **메뉴** 영어, 라오스어 **예산** 2만K **가는 방법** 왓 쌘 맞은편에 있는 빌라 쌘쑥 Villa Senesouk 옆에 있다.

왓 쌘 맞은편에 생긴 자그마한 쌀국수 식당이다. 테이블이 몇 개 없으며, 아침 시간에만 잠깐 문을 연다. 메뉴는 쌀국수 두 종류뿐이다. 기본적인 쌀국수인 '퍼'보다는 북부 지방에서 맛볼 수 있는 '카우 쏘이'가 맛이 좋다. 넓적한 면발(생면)에 된장 페이스트가 첨가된 매콤한 소스를 넣는다. 현지인들에게 유명한 맛집이라 멀리서 차를 타고 찾아오는 사람도 있다.

왓 쌘 맞은편 카우 쏘이 국수집

라오 커피숍(한 까페 라오) ★★
Lao Coffee Shop

Map P.203 **주소** Thanon Chao Fa Ngum **영업** 06:30~14:00 **메뉴** 영어, 라오스어 **예산** 쌀국수 1만 5,000~2만K **가는 방법** 타논 짜오파응움의 왓 탓 입구 계단 맞은편에 있다. 조마 베이커리를 바라보고 왼쪽으로 100m.

여행자 숙소가 몰려 있는 조마 베이커리 주변에 있다. 고급스러운 카페가 아니라 평범한 서민 식당. 테이블도 있고 규모도 적당한 편이다. 체에 거른 묵직한 라오 커피와 저렴한 음료를 판매한다. 아침에는 '퍼'와 '카우삐약 쎈' 같은 국수를 만들어 낸다. 카우찌(바게트 샌드위치)와 카우팟(볶음밥) 같은 간단한 식사도 가능하다. 점심 시간이 지나면 문을 닫는다.

굿 피플 굿 푸드 굿 프라이스 ★★★
Good People Good Food Good Price

Map P.155-D1 **주소** Thanon Kounxoua(Kounxoau Road) **영업** 07:30~20:00 **메뉴** 영어, 라오스어 **예산** 1만 5,000~3만K **가는 방법** 왓 씨앙통 남쪽 출입구에서 100m. 에인션트 루앙프라방(호텔) Ancient Luang Prabang을 바라보고 왼쪽(왓 씨앙통 방향)에 있다.

현지인들이 즐겨 찾는 동네 밥집이다. 맛집이라고 칭하긴 그렇고 저렴하게 한 끼 식사하기 좋은 정도다. 쌀국수와 볶음밥, 볶음국수, 덮밥 등 단품 요리를 제공한다. 쌀국수는 '카우삐약 쎈'과 '카우쏘이' 두 종류가 있다. 한국 예능 프로그램에 등장한 바 있어 한국 관광객도 제법 찾아온다. 사진이 첨부된 영어 메뉴판을 보면 쉽게 주문할 수 있다.

뱀부 가든 레스토랑 ★★★☆
Bamboo Garden Restaurant

Map P.154-B3 **주소** T49/3 Thanon Wisunnarat (Wisunalat Road) **전화** 020-9718-8899 **홈페이지** www.facebook.com/LaoFoodRestaurant **영업** 10:00~22:00 **메뉴** 영어, 라오스어 **예산** 2만~4만 5,000K **가는 방법** 적십자를 바라보고 오른쪽 골목 안

뱀부 가든 레스토랑

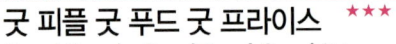

쪽으로 10m. 큰 길에서는 식당 간판이 보이지 않는다.

관광지에서 조금 떨어진 골목 안쪽에 있는 로컬 레스토랑이다. 아담한 규모의 식당으로 에어컨은 없다. 가볍게 식사하기 좋은 덮밥을 내어주며, 웍을 활용한 볶음 요리가 대부분이다. 라오스 식당에서 흔히 볼 수 있는 땀막홍(매콤한 파파야 샐러드)과 외국 관광객이 가장 무난하게 먹을 수 있는 팟타이(볶음 국수)가 인기 있다. 대표 요리는 메뉴판 1번에 해당하는 카우랏나 팟까파우무 Kao Lad Na Pat Ka Pao Moo(돼지고기 바질 볶음)이다.

파파야 샐러드 레스토랑 ★★★
Papaya Salad Restaurant

Map P.155-C1 **주소** Thanon Kounxoua(Khunsua) **전화** 020-5678-3994 **영업** 10:00~16:00 **메뉴** 라오스어 **예산** 땀막홍 1만5,000K, 단품 **메뉴** 4만~6만K **가는 방법** 왓 농씨쿤므앙(사원) 맞은편, 엘레팡(레스토랑) L'Ephant 옆에 있다.

매콤한 파파야 샐러드(땀막홍) 식당이다. 주인장 이름을 붙여서 '한 땀막홍 낭띰'(띰 아줌마 파파야 샐러드 식당이란 뜻)이라고 부른다. 가정집 분위기의 오래된 식당으로 테이블도 몇 개 없다. 입구에서 주인장이 파파야 샐러드를 만들고 있다. 젓갈을 적당히 넣어 투박하지 않고, 쥐똥 고추를 넣어 매운 맛을 살

파파야 샐러드 레스토랑

렸다. 파파야를 채 썰지 않고, 길쭉하게 슬라이스 한 것도 식감을 더해준다. 삥까이(닭고기 구이), 냄(소시지), 카우이나우(찰밥)를 곁들이면 된다. 영어는 잘 통하지 않는다. 사진 메뉴판을 보고 주문하면 된다.

폰흐앙 카페

낭애 레스토랑 ★★★
Nang Air Restaurant

Map P.154-B2 **주소** Thanon Kitsalat **전화** 071-212-734 **영업** 07:00~20:00 **메뉴** 영어, 라오스어, 태국어, 중국어 **예산** 1만5,000~3만K **가는 방법** 다라 시장(딸랏 다라) 앞 사거리 코너에 있다.

다라 시장과 인접한 현지 식당이다. 쌀국수 노점에서 제법 식당다운 분위기로 변모했다. 도로에도 테이블을 놓고 장사한다. 국수와 덮밥, 스프링 롤 같은 간단한 음식을 판매한다. 퍼(쌀국수), 카우삐악 쎈(쌀 칼국수), 카우삐악 카우(죽), 카우찌 빠떼(바게트 샌드위치) 등 간단하게 아침 식사를 하기에 좋다. 낮 시간에는 덮밥이나 볶음국수를 요리해 준다.

리버사이드 바비큐 레스토랑 ★★★
Riverside Barbecue Restaurant

Map P.154-B1 **주소** Thanon Souliyavongsa **전화** 020-5599-9945, 020-5561-2866 **영업** 17:00~22:00 **예산** 성인 7만K **가는 방법** 식료품 시장 뒤쪽의 메콩 강변에 있다.

강변에 위치한 야외 바비큐(씬닷) 레스토랑이다. 야외에 있어서 더운 편이다. 화덕에 불판을 올려놓고 직접 고기를 구워 먹는다. 불판 가장자리를 움푹하게 만들어, 육수를 넣고 샤부샤부처럼 식재료를 익혀 먹을 수 있도록 했다. 한국의 삼겹살 구이(무 양 까올리)에서 유래한 것으로 고기를 굽다는 뜻으로 '씬닷'이라고 부른다. 고기뿐만 아니라 해산물과 채소까지 다양한 식재료가 진열되어 있다. 우기에는 실내에서만 영업한다.

폰흐앙 카페 ★★★
Phonheuang Cafe

낭애 레스토랑 ★★★
Nang Air Restaurant

Map P.155-D1 **주소** Thanon Kounxoua **전화** 020-2235-0018 **영업** 09:30~21:00 **메뉴** 영어 **예산** 1만7,000~5만K **가는 방법** 에인션트 루앙프라방 Ancient Luang Prabang 호텔 맞은편에 있다.

외국인 여행자들에게 인기 있는 투어리스트 레스토랑으로 한적한 골목에 있다. 노점 식당보다는 깔끔하며, 가격도 저렴한 편이다. 스프링 롤, 라오 스테이크, 팟타이, 보분(베트남식 소고기 비빔국수), 기본적인 덮밥 메뉴 등이 있어 간단하게 식사하기 좋다.

김삿갓 ★★★★
Kim Sat Cat

Map P.154-B3 **주소** Ban Meun Na **홈페이지** cafe.naver.com/ksclaos **전화** 020-5855-0000, 020-9999-5800 **영업** 08:00~21:00 **메뉴** 한국어, 영어, 라오스어 **예산** 6만~10만K **가는 방법** 푸씨 동쪽으로 곧게 뻗은 도로(타논 폼마탓 Phommathat)를 따라가면 된다. 왓 아함과 주유소를 지나서 직진하다가 왓 믄나(사원) Wat Meun Na 지나서 도로 왼쪽. 뚝뚝을 탈 경우 '한아한 까오리 유티 반믄나 쿠아까오'라고 말하면 된다.

루앙프라방에서 인기 있는 정통 한식당이다. 시내 중심가에서 살짝 벗어나 있긴 하지만 찾기 어렵진 않다. 넓은 실내에다 에어컨 시설도 돼 있고 와이파이까지 무료로 사용할 수 있어 편리하 다. 삼겹살, 제육볶음, 돼지갈비, 김치찌개, 된장찌개 같은 한국 음식을 맛볼 수 있어 좋다. 반찬을 듬뿍 준다. 무료로 픽업 서비스를 해주기 때문에 편리하다. 핸드폰이나 카카오톡(laosksc)으로 연락하면 된다.

르 카페 반 왓쌘 ★★★☆
Le Cafe Ban Vat Sene

Map P.155-C1 주소 Thanon Sakkalin(Sakkaline) 전화 071-252-482 홈페이지 www.elephant-restau.com/cafebanvatsene 영업 07:00~22:00 메뉴 영어, 프랑스어, 중국어 예산 3만~8만K, 세트 메뉴 9만~13만K, 커피 1만5,000~3만K 가는 방법 타논 싹까린에 있는 땀락 라오(레스토랑) Tamnak Lao를 바라보고 오른쪽으로 50m. 더 블루 하우스 The Blue House라고 적힌 상점 옆에 있다.

아담한 카페 분위기의 레스토랑이다. 콜로니얼 건물이라 분위기가 좋고, 야외에도 테이블이 놓여 있다. 프랑스 사람이 운영하는 곳으로 신선한 빵을 이용한 아침 식사 메뉴가 인기가 있다. 바게트 샌드위치와 타르트가 맛이 좋고 파스타와 샐러드도 괜찮다. 10년 넘게 영업 중인 곳으로 관광객들에게 인기가 높다.

르 카페 반 왓쌘

조마 베이커리 ★★★
Joma Bakery

Map P.154-A1 주소 Thanon Chao Fa Ngum 전화 071-252-292 홈페이지 www.joma.biz 영업 07:00~21:00 예산 1만8,000~4만5,000K 가는 방법 타논 짜오파응음에 있는 왓 호씨앙 입구 계단 맞은편에 있다. 우체국을 바라보고 왼쪽으로 70m.

조마 베이커리

루앙프라방의 이정표 역할을 하는 카페다. 주변에 저렴한 숙소도 많고 접근성이 좋아 외국인 여행자들에게 엄청난 인기를 끌고 있다. 모던한 아메리칸 스타일의 카페라 대중적인 인기가 있다. 여름에는 에어컨이 나오는 실내 테이블에, 겨울에는 거리 구경하기 좋은 야외 테이블에 자리를 잡으면 좋다. 꾸준한 인기로 인해 분점을 함께 운영한다. 2호점(주소 Thanon Sakkalin, Map P.155-C1)은 메인 도로에 있는 TAEC 부티크 옆에 있다.

르 바네통 ★★★☆
Le Banneton

Map P.155-D1 주소 46 Thanon Sakkalin(Sakkaline) 영업 06:30~18:00 메뉴 영어, 프랑스어 예산 3만~7만K 가는 방법 타논 싹까린에 있는 왓 쌥 맞은편에 있다.

베이커리를 겸하는 카페로 프랑스 사람이 운영한다. 조마 베이커리가 미국적이라면, 이곳은 프랑스적인 색채가 강하다. 프렌치 베이커리답게 바게트와 크로와상, 페이스트리가 훌륭하다. 커피를 곁들인 아침 식사 메뉴가 인기가 높고, 브런치를 즐기기에도 좋다.

르 바네통

에트랑제 북스 & 티 ★★★
L'etranger Books and Tea

Map P.154-B2 주소 3 Thanon Kingkitsalat 전화 071-212-880 홈페이지 www.bookslaos.com 영업 월~토 07:00~22:00, 일 10:00~22:00 메뉴 영어 예산 3만~5만K 가는 방법 푸씨 산 뒤쪽의 타논 낑낏싸랏에 있다.

여행자들에게 필요한 책을 교환·판매하는 중고 책

에트랑제 북스 & 티

방을 겸하는 카페다. 일종의 북카페로 목조 가옥의 나무 바닥에 쿠션을 깔아 놓아 널브러져 시간을 보낼 수 있다. 샌드위치와 파스타 같은 식사도 가능하지만 차 마시며 담소 나누기에 좋다. 19:00부터는 DVD 영화를 틀어준다. 2001년부터 영업한 곳으로 각종 여행책자에 소개되어 있다.

빅 트리 카페 ★★★☆
Big Tree Cafe

Map P.155-C1 **주소** 46 Thanon Souvanhnakhamphong (Khem Khong Road), Ban Wat Nong **전화** 020-7777-6748 **홈페이지** www.bigtreecafe.com **영업** 월~토 09:30~21:00(일요일 휴무) **메뉴** 영어, 한국어 **예산** 4만~9만K **가는 방법** 메콩 강 강변도로 북쪽에 해당하는 타논 쑤완나캄퐁에 있다. 메콩 선셋 뷰 호텔 Mekong Sunset View Hotel과 사프론 커피 Saffron Coffee 사이에 있다.

강변에 위치한 분위기 좋은 카페 스타일의 레스토랑이다. 친절한 한국-네덜란드 부부가 운영한다. 아담한 실내 카페는 주인이 직접 찍은 사진으로 갤러리처럼 꾸몄다. 안쪽으로 넓은 야외 정원이 있어 여유롭고 평화롭다. 아침 세트 메뉴, 파스타, 햄버거, 스테이크, 라오스·태국 요리를 포함해 한식까지 메뉴가 다양하다. 한식은 김치찌개, 된장찌개, 뚝배기 불고기, 제육볶음, 삼겹살, 김치볶음밥, 라면 등으로 한정되어 있다.

빅 트리 카페

사프론 커피 ★★★★
Saffron Coffee

Map P.155-C1 **주소** Thanon Souvanhnakhamphong (Khem Khong Road) **홈페이지** www.saffroncoffee.com **영업** 07:00~21:00 **메뉴** 영어, 라오스어 **예산** 커피 1만5,000~5만5,000K **가는 방법** 메콩 강변의 빅 트리 카페 옆에 있다.

라오스에서 직접 재배한 유기농 에스프레소 커피를 제공한다. 라오스 커피 농가에 도움을 주는 일종의 공정무역을 추구한다. 직접 로스팅한 원두도 판매한다. 식사는 카페 레스토랑답게 빵과 샐러드가 주를 이룬다. 아침 메뉴는 베이글과 베이컨, 브런치 메뉴는 파니니 Panini와 랩 Wrap, 메인 요리는 피자와 파스타로 구성되어 있다. 미국인이 운영하는 곳으로 장기 체류하는 외국인들 사이에 인기가 높다. 조마 베이커리 옆 골목에 2호점(Map P.203) 운영한다. 테이크아웃 카페로 운영하기 때문에 좌석은 몇 개 없다.

뷰 켐콩 레스토랑 ★★★☆
View Khem Khong Restaurant

Map P.155-C1 **주소** Thanon Souvanhnakhamphong (Khem Khong Road) **영업** 08:00~22:00 **메뉴** 영어, 라오스어 **예산** 2만5,000~4만5,000K **가는 방법** 메콩 강변의 뷰 켐콩 게스트하우스 View Khem Khong Guesthouse 맞은편 강변에 있다. 강변의 L.P.B. 레스토랑과 첸나이 레스토랑 Chennai Restaurant 사이에 있다.

뷰 켐콩 게스트하우스에서 운영하는 메콩 강변의 야외 테라스 레스토랑이다. 강변 쪽으로 목조 테라스를 만들어 강변 전망을 온전히 즐길 수 있다. 테라스 주변으로 나무가 우거져 자연 속에 있는 느낌을 준다. 주변에 비슷한 분위기의 레스토랑에 비해 규모가 작아 아늑하다. 샌드위치, 볶음 요리, 레드 커리 같은 기본적인 라오스 음식을 요리한다. 해 지는 시간 라

뷰 켐콩 레스토랑

오 맥주 한 잔 하면서 경치를 감상하기 좋다. 주변에 비슷한 시설의 야외 테라스 레스토랑이 몰려 있다.

인디고 카페
Indigo Cafe ★★★

Map P.154-B1 **주소** Thanon Sisavangvong **전화** 071-212-264 **홈페이지** www.indigohouse.la **영업** 07:00~22:30 **메뉴** 영어, 라오스어 **예산** 커피 2만~3만K, 식사 3만5,000~6만K **가는 방법** 야시장이 시작되는 인디고 호텔 1층에 있다.

아늑한 카페 분위기의 레스토랑이다. 에어컨 시설은 아니지만 인디고 컬러를 이용해 아늑하게 꾸몄다. 도로 쪽에도 테이블이 있어 지나는 사람 구경하기 좋다. 샌드위치, 베이글, 버거, 스파게티, 피자, 샐러드 같은 카페 메뉴를 골고루 갖추고 있다. 커피와 스무디를 마시며 오후 시간을 보내기도 좋다.

노벨티 카페
Novelty Cafe ★★★☆

Map P.155-C1 **주소** 126 Thanon Sisavangvong **전화** 020-5519-5023 **홈페이지** www.facebook.com/NoveltyCafeLaos **영업** 08:00~22:30 **메뉴** 영어 **예산** 커피 1만6,000~2만1,000K, 브런치 4만~6만K **가는 방법** 타논 씨싸왕웡 거리의 레스토랑 밀집 지역에 있다.

메인 도로인 타논 씨싸왕웡에 있는 카페를 겸한 바. 도로 쪽으로 난 테라스에 야외 테이블이 놓여있고, 실내는 한쪽 벽면에 책을 진열해 북 카페처럼 꾸몄다. 각종 빵, 샌드위치, 샐러드 위주의 브런치 메뉴가 있고 바에서는 모히토, 에스프레소 마티니 같은 칵테일을 만들어준다.

노벨티 카페

Travel Plus

루앙프라방의 요리 강습(쿠킹 클래스) Cooking Class

루앙프라방이 워낙 유명하다보니 관광객을 위한 요리 강습을 운영하는 곳도 있다(조금 과장된 느낌도 있지만 루앙프라방은 글로벌 가이드북 〈론리 플래닛〉에서 선정한 '요리 배우기 좋은 세계 10대 도시'에 선정되기도 했다). 요리 강습을 전문으로 하는 쿠킹 스쿨이 아니라 유명 레스토랑에서 자체적으로 운영한다. 1일 클래스 Day Class는 재래시장에 들러서 식재료를 직접 확인할 수 있기 때문에 단순히 요리만 배우는 저녁 클래스 Evening Class보다 내용이 알차다. 요리 강습은 영어로 진행되며 직접 만든 음식을 함께 시식한다. 레시피가 담긴 요리 책은 기념품으로 준다. 강습료는 요리는 몇 가지 배우느냐에 따라 달라진다. 요리 강습 인원이 제한되어 있기 때문에 성수기에는 미리 예약하는 게 좋다.

타마린드 Tamarind
Map P.155-C1 주소 Thanon Kingkitsalat 전화 071-213-128 홈페이지 www.tamarindlaos.com 요금 1일 클래스 28만5,000K, 저녁 클래스 21만5,000K

땀낙 라오 Tamnak Lao
Map P.155-C1 주소 Thanon Sakkalin(Sakkaline) 전화 071-212-239 홈페이지 www.tamnaklao.net 요금 1일 클래스 25만K, 저녁 클래스 16만K

뱀부 트리 Bamboo Tree
Map P.155-C1 주소 Thanon Kingkitsalat 전화 020-2242-5499 요금 모닝 클래스 25만K, 이브닝 클래스 20만K

포뮬라 비
Formula B ★★★

Map P.155-C1 주소 Thanon Sisavangvong 전화 020-5999-9885 홈페이지 www.facebook.com/formula.b.cafe 영업 07:00~19:00 메뉴 영어 예산 1만 6,000~3만 5,000K 가는 방법 메인 도로인 타논 씨싸왕웡에 있다. 마담 부파 Madame Boupha로 들어가서 나무 계단을 이용해 2층으로 올라가면 된다.

메인도로로 새로 생긴 카페. 콜로니얼 건물과 빈티지한 내부가 차분한 분위기를 연출한다. 에어컨이 설치되어 있어 더위를 피해 오후 시간을 보내기 좋다. 커피는 북부 지방(루앙프라방)과 남부 지방(볼라벤 고원의 빡쏭)에서 재배한 원두를 사용한다. 1층은 골동품을 판매하는 부티크 숍으로 운영된다.

포뮬라 비

덱스터
Dexter ★★★

Map P.155-C1 주소 98/2 Thanon Sisavangvong 전화 020-9170-0062 홈페이지 www.dextercafe.com 영업 08:00~22:00 메뉴 영어 예산 커피 2만~3만K, 메인 요리 4만~6만K 가는 방법 메인 도로(타논 씨싸왕웡)의 방콕 에어웨이 사무실을 바라보고 왼쪽에 있다.

덱스터

메인 도로에 있는 카페를 겸한 브런치 레스토랑. 방콕에 본점이 있고 루앙프라방에 지점을 열었다. 콜로니얼 건물을 트렌디하게 리모델링했다. '힙'한 감성이 느껴지는 곳으로 아메리칸 브랙퍼스트, 프렌치 토스트, 에그 베네딕트, 피시 & 칩스, 수제 버거 등을 요리한다. 아시아라는 구색을 갖추기 위해 태국 음식도 요리한다. 꼭 식사가 아니더라도 맥주나 커피를 마시며 거리 풍경을 바라보기 좋다.

다오 커피
Dao Coffee ★★★

Map P.154-B2 주소 56 Thanon Kitsalat, Ban Viengxay 전화 071-214-444 홈페이지 www.daoheuanggroup.com 영업 월~토 08:00~17:00 (휴무 일요일) 메뉴 영어, 라오스어 예산 커피 1만 5,000~2만2,000K, 메인 요리 3만5,000~7만K 가는 방법 다라 시장에서 남쪽으로 150m.

라오스 대표 커피 브랜드에서 운영하는 카페. 연유가 들어간 묵직한 라오 커피와 달달한 음료 메뉴가 있고 간단한 점심 식사도 가능하다. 콜로니얼 양식의 건물에 실내는 에어컨이 갖춰져 있다. 관광객 밀집지역에서 살짝 떨어져 있어 조용하고 여유롭다.

다오 커피

카이팬
Khaiphaen ★★★

Map P.155-C1 주소 100 Thanon Sisavang Vatthana (Sisavang Vatana Road) 전화 030-515-5221 홈페이지 www.khaiphaen-restaurant.org 영업 월~토 11:00~22:30(일요일 휴무) 메뉴 영어 예산 4만~6만K 가는 방법 타논 씨싸왕 왓타나에 있는 남쏙 게스트하우스 맞은편에 있다. 메콩 강 강변도로에 있는 메콩

선셋 뷰 호텔 Mekong Sunset View Hotel 옆 골목으로 들어가면 된다.

프렌즈 인터내셔널 Friends-International이라는 NGO에서 운영한다. 교육의 기회를 얻지 못한 라오스 젊은이들을 위한 요리학교를 겸하고 있는데 견습생들이 음식을 만들고 서빙한다. 정갈한 라오스 음식을 요리하는데, 외국 여행자를 대상으로 한 곳인 만큼 매운 맛을 덜어냈다. 카이팬은 루앙프라방을 대표하는 음식 중의 하나로 메콩 강에서 채취한 민물 미역을 의미한다.

카페 뚜이
Cafe Toui ★★★☆

Map P.155-C1 주소 Cafe Toui Homestay 1F, Ban Wat Sean 전화 020-5657-6763 영업 11:00~22:00 메뉴 영어 예산 4만5,000~8만K 가는 방법 카페 뚜이 홈스테이 1층에 있다. 타논 싸까린에서 갈 경우 아이콘 클럽 Icon Klub 맞은편에, 칸 강 강변도로에서 갈 경우 싸이남칸 리버 뷰(호텔) Saynamkhan River View을 바라보고 왼쪽 골목에 있다.

미스터 '뚜이'가 운영하는 레스토랑이다. 라오스 주인장이 직접 요리하는 라오스 음식을 접할 수 있다. 비엔티안과 루앙프라방의 유명 레스토랑에서 요리했던 경험을 살려 깔끔하게 요리한다. 카레와 볶음요리, 생선 요리가 인기 있다. 새로운 장소로 이전했는데 숙소(홈스테이)를 함께 운영한다. 아침시간은 투숙객 전용으로 사용되고, 일반 이용객은 점심부터 식사가 가능하다. 외국인 관광객에게 인기 있는 곳으로 친절하다.

카페 뚜이

로젤라 퓨전
Rosella Fusion ★★★

로젤라 퓨전

Map P.155-D1 주소 Thanon Kingkitsalat 전화 020-7777-5753 홈페이지 www.facebook.com/rosellafusion 영업 09:00~22:00 메뉴 영어 예산 3만~5만K 가는 방법 칸 강 강변도로에 있는 압사라 호텔 The Apsara Hotel을 바라보고 오른쪽에 있다.

칸 강변에 있는 아담한 레스토랑이다. 도로변에 있는 목조 건물 1층과 강변에 있는 야외 테라스에 테이블이 놓여 있다. 향신료를 덜어낸 퓨전 음식으로 외국인 여행자가 주된 손님이다.

그린 커리 Green Curry와 레드 커리 Red Curry를 메인으로 요리한다. 메인 요리는 밥이 함께 나온다. 카우팟(볶음밥) Kow Pad과 팟라오(볶음국수) Pad Lao 같은 외국인용 음식도 있다. 전반적으로 라오스 요리보다는 태국 요리에 가깝다.

블루 라군
Blue Lagoon ★★★☆

Map P.154-B1 주소 Thanon Ounheuan 전화 071-253-698 홈페이지 www.blue-lagoon-restaurant.com 영업 18:00~23:00 메뉴 영어 예산 8만~16만K 가는 방법 왕궁 박물관을 바라보고 오른쪽 골목(타논 운흐안)으로 100m. 푸씨 게스트하우스 Phousi Guest House 옆에 있다.

독일어를 사용하는 스위스 부모에게 입양됐던 라오스인이 운영한다. 주인장의 개인 역사에서 보듯 동서양 음식이 조화를 이루는 퓨전 레스토랑이다. 코르동 블루 Cordon Bleu, 스테이크, 마싸만 커리, 똠얌까지 음식 선택의 폭이 넓다. 고급 레스토랑을 표방하는 곳답게 아늑한 정원과 등나무 의자가 편안함을 선사한다. 음식 세팅에도 세심한 정성을 쏟는다.

유토피아
Utopia
★★★☆

Map P.154-B2 주소 Ban Aphay 홈페이지 www.utopialuangprabang.com 영업 09:00~23:30 예산 음료 1만5,000~2만K, 식사 3만~6만5,000K 가는 방법 왓 아파이 Wat Aphay 옆 골목 끝에 있다. 왓 아함 Wat Aham 맞은편에 있는 좁은 골목으로 들어가도 된다.

칸 강변에 자리한 야외 레스토랑이다. 잘 가꾸어진 야외 정원과 칸 강의 정취가 멋지게 어우러진다. 골목 안쪽에 숨겨져 있는 데다가 분위기가 좋아서 '유토피아'라는 이름과 잘 어울린다. 야외 정원 곳곳에 방석이 놓인 테이블이 있고, 강변 테라스에 쿠션을 깔아 두 다리 쭉 뻗고 누워서 시간을 보낼 수 있다. 음식 맛은 평범하지만, 맥주와 칵테일은 다양하다. 성수기에는 음악을 틀어 파티 분위기를 연출한다.

유토피아

옌싸바이
Dyen Sabai
★★★☆

Map P.155-C2 주소 Ban Phan Luang 전화 020-5510-4817 홈페이지 www.dyensabai.com 영업 성수기 08:00~23:00, 비수기 12:00~23:00 메뉴 영어, 라오스어 예산 4만~9만K 가는 방법 칸 강 건너편에 있는 반 판루앙 Ban Phan Luang(판루앙 마을)

옌싸바이

에 있다. 건기(겨울 성수기)에는 대나무 다리(통행료 5,000K)를 건너면 되고, 우기에는 레스토랑에서 운영하는 무료 보트를 타면 된다. 대나무 다리는 건기에만 일시적으로 설치된다. 보트는 싸이남칸 호텔 Saynamkhan Hotel 앞에서 기다리면 된다.

칸 강 건너편에 있는 '싸바이(편안한)'한 레스토랑이다. 강변의 여유로움과 자연적인 정취가 잘 어우러진다. 대나무와 녹색이 우거진 숲 속의 야외 정자에서 한가로이 시간을 보낼 수 있다. 복잡한 루앙프라방을 벗어나 아직까지 개발되지 않은 한가로운 동네 풍경을 덤으로 즐길 수 있다. 메인 요리는 라오스 음식을 중점에 두고 있다. 째우 Dipping Sauce와 몇 가지 반찬으로 이루어진 플래터 Platter, 생선 요리, 랍 무 Pork Laap, 씬닷(메뉴판에 라오 퐁듀 Lao Fondue라고 적혀 있다)을 요리한다. 저녁에는 낭만적인 분위기에서 가볍게 술 한잔하기에 좋다. 칵테일과 위스키 메뉴가 다양하다.

피자 판루앙
Pizza Phan Luang
★★★☆

Map P.156-B1 주소 Ban Phan Luang 전화 020-5577-1203, 020-5692-2529 영업 화~일 17:30~22:00(월요일 휴무) 메뉴 영어 예산 5만~7만K 가는 방법 칸 강 건너편의 반 판루앙(판루앙 마을)에 있다. 왓 판루앙(사원) Wat Phan Luang에서 200m 떨어져 있다. 간판에는 피자 PIZZA라고만 적혀 있다. 뚝뚝을 타고 가면 한참을 돌아가야 하고, 자전거를 타고 갈 경우 나무 철교(쿠아 까오)를 이용하면 된다. 건기에는 옌싸바이(레스토랑) 앞에 생기는 대나무 다리(통행료 5,000K)를 이용하면 빠르다.

캐나다 사람이 주인장으로 피자를 직접 굽는다. 장작을 이용해 화덕에서 구운 바삭한 피자를 선보인다. 칸 강 건너편에 있어서 일부러 찾아가야 하는 곳이다. 하지만 피자를 맛보기 위해 일부러 찾는 외국인 여행자들이 많다. 시내 중심가에서 떨어져 있어 평화로운 라오스 지방의 마을 분위기를 느낄 수 있다. 저녁 시간에만 문을 열기 때문에 시간을 잘 맞춰서 가야 한다(낮엔 아무것도 없다).

땀낙 라오
Tamnak Lao ★★★

Map P.155-C1 주소 Thanon Sakkalin(Sakkaline) 전화 071-212-239 영업 11:00~15:00, 17:00~23:00 메뉴 영어, 라오스어 예산 5만~12만K 가는 방법 타논 싹까린에 있는 빌라 샨티 호텔 Villa Santi Hotel 맞은편에 있다.

외국인 관광객에게 인기 있는 라오스 음식점이다. 콜로니얼 건축물을 레스토랑으로 사용하기 때문에 분위기가 좋다. 특히 2층 발코니 쪽 테이블이 인기 있다. 규모가 커서 단체 관광객이 많은 편이다. 스테이크와 스파게티를 함께 요리하면서 '투어리스트 레스토랑'처럼 변모했다. 음식은 깔끔하지만 다소 유럽인의 입맛에 맞추어져 있다. 외국인 요리 강습 코스를 함께 운영한다.

부앙
Bouang ★★★☆

Map P.155-C1 주소 Thanon Sisavangvong 전화 020-5526-8908 홈페이지 www.facebook.com/Bouang.asianeatery 영업 월~토 11:30~21:30(휴무 일요일) 예산 4만~6만 5,000K 가는 방법 메인 도로인 타논 씨싸왕웡에 있다.

프랑스 사람이 운영하는 아시아 음식점이다. 컬러풀한 인테리어가 눈길을 끄는 곳으로 메인 도로에 있어 외국 관광객들에게 인기 있다. 퓨전 음식을 선보이는데, 트리오 오브 땀(3종류의 매콤한 라오스식 샐러드) Trio of Tam, 붓다 볼(건강식 샐러드 볼) Buddha Bowl, 시나몬 포크 스튜 Cinnamon Pork Stew, 뇨끼 그린 커피 Gnocchi Green Curry가 특히 유명하다. 여기에 서양인들을 위한 파랑 터치 Falang Touch라는 메뉴가 있는데 다름 아닌 수제 버거다. 참고로 파랑은 서양인을 뜻하는데 파랑쎄(프랑스의 라오스식 발음)에서 유래한 말이다.

포폴로
Popolo ★★★☆

Map P.155-C1 주소 102/3 Thanon Kounxoua (Kounxoau Road) 전화 020-7780-1767 홈페이지 www.facebook.com/PopoloCantina 영업 월, 수~일 11:00~23:00(휴무 화요일) 메뉴 영어, 이탈리아어 예산 메인 요리 5만~9만 5,000K 가는 방법 로터스 빌라(호텔) Lotus Villa 맞은편에 있다.

메인 도로에 있는 탄골 Tangor(P.202)에서 새롭게 런칭한 지중해 음식점이다. 복잡한 메인 도로에서 빗겨난 조용한 구시가 골목에 있다. 파스타와 피자를 메인으로 하며 샐러드, 카르파초 Carpaccio, 후무스 Hummus, 나초 Nacho, 샌드위치까지 유럽 관광객을 위한 메뉴가 골고루 갖추어져 있다. 레몬 타르트와 티라미수까지 디저트도 괜찮다. 장작을 이용한 화덕 피자는 저녁 시간(18:30부터 주문 가능)에만 요리한다. 칵테일·와인 바를 겸하고 있어 저녁 시간에도 사람들로 북적인다. 화요일은 문을 닫는다.

타마린드
Tamarind ★★★☆

Map P.155-C1 주소 Thanon Kingkitsalat 전화 071-213-128 홈페이지 www.tamarindlaos.com 영업 월

타마린드

~토 11:00~16:15, 17:30~21:30(일요일 휴무) **메뉴** 영어, 라오스어 **예산** 4만~7천K **가는 방법** 칸 강 강변 도로 중간에 있다. 압사라 호텔 The Apsara Hotel 옆에 있다.

라오스 음식 전문 레스토랑이다. 맛은 전통을 고수하면서 분위기는 현대적이다. 라오스 음식에 쓰이는 고유한 향신료로 음식의 향을 냈다. 무엇보다 신선한 식재료를 사용하는 것이 음식 맛의 비결이다. 다양한 종류의 짜우(디핑 소스 Dipping Sauce)를 맛볼 수 있는 디핑 샘플러 Dipping Sampler, 다섯 종류의 라오스 일상 음식으로 꾸며진 파이브 바이츠 Five Bites 같은 세트 요리도 갖추고 있다. 2명 이상이 주문 가능한 저녁 세트 요리(10만~12만K)와 와인까지 겸비해 분위기 좋게 식사할 수 있다. 겨울 성수기 저녁 시간에는 미리 예약하고 가면 좋다.

코코넛 가든
Coconut Garden ★★★☆

Map P.155-C1 **주소** Thanon Sisavangvong **전화** 071-252-482 **홈페이지** www.elephant-restau.com/coconutgarden **영업** 08:00~22:00 **메뉴** 영어 **예산** 4만~9만K, 라오스 음식 세트 메뉴 11만~15만K **가는 방법** 타논 씨싸왕웡에 있는 왕궁 박물관을 바라보고

오른쪽으로 100m.

루앙프라방의 대표적인 프랑스 음식 전문 레스토랑인 엘레팡 L'Elephant에서 운영한다. 위치도 분위기도 엘레팡에 비해 캐주얼한 느낌을 준다. 야외 정원에 테이블이 놓여 있어 자연스럽고 편안한 느낌을 준다. 정원 안쪽으로 들어갈수록 나무가 많아서 아늑하다. 키쉬 Quiche, 파니니 Panini, 파스타, 피자, 샐러드 등 외국인에게 익숙한 메뉴부터 '목 빠 Mok Pa', '똠 쏨 Tom Som', '랍 까이 Laap Kai' 같은 라오스 음식까지 적절히 조화를 이룬다.

벨 리브 테라스
The Belle Rive Terrace ★★★★

Map P.155-C1 **주소** The Belle Rive Boutique Hotel, Thanon Souvanhnakhamphong(Khem Khong Road) **전화** 071-260-733, 020-5947-0345 **홈페이지** www.facebook.com/somphong99 **영업** 08:00~22:30 **메뉴** 영어 **예산** 커피·맥주 2만~3만K, 칵테일 5만K, 메인 요리 5만~7만K **가는 방법** 벨 리브 부티크 호텔 앞쪽의 강변에 있다.

메콩 강변에 있는 야외 테라스 레스토랑 중 한 곳이다. 벨 리브 부티크 호텔 The Belle Rive Boutique Hotel에서 운영한다. 규모는 크지 않지만 고급 호텔에서 운영하는 곳답게 정돈이 잘 된 느낌이다. 야외라서 태양이 강한 낮에는 파라솔이 있어도 매우 덥다. 아침과 해지는 시간에 커피 또는 맥주를 마시며 한가한 시간을 보내기 좋다. 와인과 칵테일도 잘 갖추어져 있다. 고급 호텔 레스토랑치고는 음료값이 저렴한 편이다. 기본적인 라오스 요리와 수제 버거를 메인으로 선보인다. 직원들도 친절하다.

코코넛 가든

벨 리브 테라스

엘레팡
L'Elephant ★★★★

Map P.155-C1 **주소** Ban Wat Nong(Vat Nong) **전화** 071-252-482 **홈페이지** www.elephant-restau.com **영업** 12:00~14:30, 19:00~22:00 **메뉴** 영어, 프랑스어 **예산** 10만~26만K **가는 방법** 왓 농씨쿤므앙 앞 사거리 코너에 있다.

루앙프라방의 대표적인 고급 레스토랑이다. 콜로니얼 건물을 레스토랑으로 사용한다. 프랑스 사람이 운영하는 곳으로 프랑스 음식을 전문으로 한다. 기본적인 라오스 음식을 함께 요리한다. 직접 재배한 채소를 사용하기 때문에 신선하다. 치즈와 와인은 수입해 온다. 점심에는 아무래도 신선한 빵과 샐러드가 어우러진 음식이 좋고, 저녁에는 고기나 생선 요리가 어울린다. 애피타이저, 메인 요리, 디저트로 구성된 세트 메뉴도 다양하다. 성수기에는 저녁 시간에 예약하고 가는 게 좋다.

엘레팡

만다 드 라오스
Manda de Laos ★★★★

Map P.156-A2 **주소** Unit 1 Ban That Luang, 10 Thanon Norrassan **전화** 071-253-923, 020-5644-4847 **홈페이지** www.mandadelaos.com **영업** 12:00~14:30, 18:00~22:30 **메뉴** 영어, 라오스어 **예산** 메인 요리 9만~12만K, 세트 **메뉴** 40만K **가는 방법** 분수대(남쪽)와 왓 탓 루앙(사원) 사이에 있다. 타논 노라싼에 있는 씽하랏 게스트하우스 Singharat Guest House 맞은편.

연꽃 연못과 야자수에 둘러싸인 자연친화적인 레스토랑. 한국의 TV 방송에 등장하며 분위기 좋은 고급 레스토랑으로 알려졌다. 생선 요리를 포함해 라오스 음식을 제공한다. 삥둑무 Ping Dook Moo(돼지고기 바비큐 립)가 대표 메뉴다. 랍무삥 Laap Moo Ping(레몬그라스에 구운 돼지고기 미트 볼), 냄쯘 Naem Jeun(스프링 롤)을 곁들여도 좋다. 은은한 조명이 드리운 저녁 시간 낭만적인 식사를 즐기기 좋다. 성수기 저녁 시간에는 예약하고 가는 게 좋다.

실크 로드 카페(옥폽똑)
Silk Road Cafe(Ock Pop Tok) ★★★☆

Map P.156-A2 **주소** 125/10 Ban Saylom **전화** 071-212-597 **홈페이지** ockpoptok.com/eat/ **영업** 08:00~17:30 **메뉴** 영어 **예산** 3만~5만K(+Tax 5%) **가는 방법** 옥폽똑(리빙 크라프트 센터) 내부에 있다. 루앙프라방 시내에서 분수대(남푸)를 지나 도로(타논 폰티쌀랏)를 따라 아래쪽으로 2km 더 내려간다.

전통적인 방법으로 실크를 생산해 천과 의류를 만드는 옥폽똑(P.180)에서 운영하는 레스토랑이자 카페다. 루앙프라방 시내에서 멀리 떨어진 메콩 강변에 위치해 있다. 자연과 어우러진 풍경에 평화로움이 가득하다. 생선 요리, 파스타, 샐러드까지 건강하고 깔끔한 음식을 맛볼 수 있다. 직접 재배한 신선한 채소와 향신료를 사용해 요리하는 것이 특징이다. 카페를 겸하고 있어 커피, 애프터눈 티, 달달한 디저트를 즐기며 잠시 휴식해도 된다.

만다 드 라오스

실크 로드 카페(옥폽똑)

SHOPPING

루앙프라방의 쇼핑

라오스 역사와 문화의 중심지답게 전통의 향기가 가득한 기념품을 판매하는 곳도 많다. 관광객이라면 누구나 할 것 없이 야시장에 들려 수공예품을 한두 개씩은 장만한다. 산악 민족(소수민족)이 손수 만든 장신구, 루앙프라방 주변의 민속 공예마을에서 생산한 실크와 직물, 전통 공예품을 생산하는 공방에서 만든 의류와 가방 등 라오스 전통이 가득한 제품들을 어렵지 않게 구입할 수 있다.

포씨 시장(딸랏 포씨) ★★
Phosy Market

Map P.156-A2 주소 Thanon Phothisalat 운영 07:00~15:00 가는 방법 루앙프라방시내에서 분수대(남푸)를 지나 도로(타논 폰티쌀랏)를 따라 아래쪽으로 2km 더 내려간다.

루앙프라방에서 규모가 가장 큰 시장이다. 2층 규모의 상설 시장이다. 각종 원단, 의류, 청바지, 신발, 생활용품, 미용용품, 전자제품, 식료품이 대량으로 거래된다. 2층은 금방이 들어서 있다. 중국과 태국에서 수입해 온 저렴한 물건들이라 제품의 질은 떨어진다. 시장 건물 옆과 뒤쪽으로는 채소, 과일, 고기, 생선을 판매하는 노점들이 빼곡히 들어서 있다. 다양한 식재료를 구입할 수 있기 때문에 쿠킹 클래스를 운영하는 루앙프라방의 유명 레스토랑들이 이곳으로 견학을 올 정도다. 관광객을 위한 기념품은 별로 없다.

포씨 시장(딸랏 포씨)

야시장(나이트 마켓) ★★★★
Night Market

Map P.154-B1 주소 Thanon Sisavangvong 영업 17:00~21:30 가는 방법 왕궁 박물관 주변의 타논 씨싸왕웡 거리 일대에 야시장이 생긴다.

매일 저녁 씨싸왕웡 거리(타논 씨싸왕웡)에 형성되는 야시장이다. 거리를 가득 메운 상점들이 좌판을 깔고 물건을 판다. 루앙프라방을 찾은 관광객이라면 반드시 들리게 되는 곳으로 각종 기념품을 판매한다. 대부분 공장에서 대량 생산한 제품을 팔기 때문에 물건들이 비슷비슷하다. 구입하기 전에 반드시 가격을 흥정할 것. 자세한 내용은 P.164를 참고하자.

더 부티크 바이 옥폽똑 ★★★☆
The Boutique by Ock Pop Tok

Map P.155-C1 주소 79 Thanon Sakkalin(Sakkaline) & Thanon Phaya Meuangchan 전화 071-254-406 홈페이지 www.ockpoptok.com 영업 08:00~20:00 가는 방법 타논 싹까린 & 타논 파야 므앙짠 사거리 코너에 있다.

수공예로 정성들여 만든 기념품을 구입할 수 있는 곳이다. 실크를 직접 뽑아서 천연 재료로 염색하는 과정을 거쳐서 만든 실을 베틀로 직접 짜서 만든다. 동전 지갑과 장지갑, 식탁용 매트부터 스카프, 쿠션 커버, 침대 커버, 소수 민족 전통 의상과 스커트, 몽족이 만든 화려한 패턴의 소품까지 다양한 제품을 판매한다. 좋은 재료로 정성들여 만든 만큼 물건 가격은 다른 곳보다 비싸다. 옥폽똑 리빙 크라프트 센터 Ock Pop Tok Living Crafts Centre에 관한 정보는 P.180을 참고하자.

더 부티크 바이 옥폽똑

헤리티지 숍 바이 옥폽똑 ★★★
Heritage Shop by Ock Pop Tok

TAEC 부티크

Map P.155-C1 주소 79 Thanon Sakkalin(Sakkaline) 전화 071-253-219 영업 08:00~20:00 가는 방법 타논 싹까린에 있는 땀낙 라오(레스토랑)과 스리 나가(호텔) 사이에 있다.

옥폽똑에서 새롭게 선보인 매장이다. 넓은 마당을 간직한 두 칸짜리 목조 건물을 매장으로 사용한다. 전통 가옥 느낌이지만 내부는 에어컨 시설이라 시원하다. 정원에 카페를 겸한 레스토랑을 운영한다.

영업 09:00~21:00 가는 방법 타논 싹까린에 있는 조마 베이커리(2호점) 옆에 있다.

TAEC 부티크 ★★★☆
TAEC Boutique

Map P.155-C1 주소 Thanon Sakkalin(Sakkaline) 전화 030-537-757 홈페이지 www.taeclaos.org

TAEC(전통 공예와 민속학 센터)에서 운영하는 기념품 매장이다. 소수 민족에 관한 내용을 전시한 박물관에서 운영하는 곳이다 보니 소수 민족이 수공예로 만든 제품 위주로 판매된다. 스카프와 목도리, 가방, 지갑, 쿠션 커버, 액세서리 등을 구입할 수 있다. 화려한 색상보다는 수수한 디자인이 많다. TAEC에 관한 자세한 내용은 P.180을 참고하자.

MASSAGE & HERBAL SAUNA
루앙프라방의 마사지 & 허벌 사우나

관광객이 많이 찾는 유명 관광지답게 외국인들을 위한 마사지 시설도 많다. 같은 마사지 숍이라고 해도 누가 마사지를 하느냐에 따라 만족도가 달라진다(전체적으로 이웃 국가인 태국에 비해 마사지 수준은 떨어진다). 쌀쌀한 겨울 저녁에는 허벌 사우나 Herbal Sauna(현지어로 '혼야 싸문파이'라고 한다)도 인기 있다. 참고로 마시지는 라오스어로 '누엇'이라고 부른다(전통 안마는 '누엇 팬 보란'). 마사지를 받다가 아플 경우 '쨉(아프다)', 한 손으로 휴대폰 붙잡고 동료와 떠들며 설렁설렁 안마할 때는 '행행(세게 눌러달라)', 아주 세게 안마를 받고 싶으면 '막 행(매우 세게)', 너무 세게 눌러서 근육이 아플 때는 '바우 바우(약하게)'라고 말하면 된다.

적십자 ★★★
Lao Red Cross

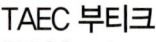

Map P. 154-B2 주소 Thanon Wisunnarat(Visoun Road), Ban Visoun 영업 허벌 사우나 16:00~20:00(마사지 13:00~21:00) 요금 허벌 사우나 1만 5,000K, 전통 마사지(60분) 5만K 가는 방법 왓 위쑨 맞은편에 있다. 타논 위쑨나랏의 라오 유스 트래블 Lao Youth Travel 옆에 있다.

라오스 사람들이 즐겨하는 허벌 사우나 Herbal Sauna를 저렴하게 즐길 수 있다. 다양한 허브를 이용한 증기 사우나 Steam Sauna로, 직접 채취한 허브를 불에 태워 증기수와 함께 사우나로 올려 보낸다. 통나무로 만든 사우나 내부가 허브 향과 어우러진다. 과거부터 환자들의 치료 목적으로 사용했기 때문에 라오스 사람들은 건강을 위해 사우나를 즐긴다고 한다(특히 쌀쌀한 저녁에 인기가 많다). 사우나 시설은 남녀가 구분되어 있으나 협소하다. 탈의실에서 사롱(기다란 천)으로 갈아입고 사우나를 받으면 된다. 휴식 공간은 남녀 구분 없이 공동으로 사용한다. 온

적십자

수 샤워가 가능한 욕실도 있다(개인 수건을 챙겨 가면 좋다). 소지품은 개인 사물함에 보관하면 된다(한국어로 된 안내문이 걸려 있으므로 한번 읽어보도록 하자). 현지인들과 함께 사우나를 받기 때문에 현지 문화를 존중해주도록 하자. 사진 촬영은 당연히 금지된다.
허벌 사우나 이외에 전통 마사지도 받을 수 있는데 시설은 허름하다. 참고로 라오스의 웬만한 도시마다 적십자가 있고, 그곳에서 허벌 사우나를 받을 수 있다. 루앙프라방은 유명 관광지다 보니 상대적으로 외국인에게 많이 알려져 있을 뿐이다.

실버 나가 스파 ★★★
Silver Naga Spa

Map P.155-D1 주소 Thanon Sakkalin, Ban Khili 전화 020-9636-3554 운영 09:00~21:30 요금 라오 마사지(1시간) 6만K, 아로마테라피(1시간) 10만~12만K, 허벌 콤프레스 마사지(1시간 30분) 15만K, 스파 패키지(3시간) 20만~33만K 가는 방법 타논 싹

실버 나가 스파

까린에 있다.
메인 도로 끝자락에 있는 2층 건물이다. 럭셔리한 스파는 아니고 가성비 좋은 마사지 숍이다. 라오 마사지, 발 마사지, 헤드 & 숄더 마사지, 아로마테라피(오일 마사지), 허벌 콤프레스(허브를 넣어 만든 솜방망이를 이용한 마사지) 등 종류도 다양하다. 사물함과 샤워 시설도 갖춰져 있다. 주변에 사원이 많아 조용하기 때문에 차분히 휴식하기 좋다.

페닌슐라 사우나 & 마사지 ★★★
Peninsula Sauna & Massage

Map P.155-D1 주소 Thanon Souvanhnakhamphong (Khem Khong Road) 전화 071-253-411, 020-5675-282 영업 10:00~21:00 예산 마사지(60분) 7만K, 마사지(90분) 10만K 가는 방법 왓 씨양통 입구와 가까운 반도(페닌슐라) 끝자락에 있다. 강변도로에 있는 왓 씨양통(사원) 정문을 바라보고 왼쪽으로 60m.

외국인 관광객에는 거의 알려지지 않은 마사지 숍. 30년 가까이 마사지를 시술한 '쏨찟'씨에게 교육받은 직원들이 마사지를 해준다. 배운 대로 마사지를 해주기 때문에 기본에 충실한 편이다. 2층짜리 목조 건물로 고급스럽진 않지만 깨끗하다. 1층은 마사지 룸으로 매트리스가 놓여 있다. 여러 명이 함께 마사지를 받아야하는데, 커튼으로 공간을 구분해 불편할 수 있다. 주변이 조용해 차분하게 마사지 받을 수 있다. 2층은 허벌 사우나 시설로 현지인들이 많이 찾아온다.

페닌슐라 사우나 & 마사지

NIGHTLIFE

루앙프라방의 나이트라이프

사회주의 국가이기도 하고 문화와 역사의 도시라 루앙프라방에는 이렇다 할 나이트라이프가 없다. 그나마 있는 촌티 나는 나이트클럽도 시내에서 멀리 떨어져 있어 굳이 찾아갈 필요는 없다. 하지만 외국인 여행자들은 위한 술집은 어렵지 않게 발견할 수 있다. 정부에서 정한 영업 마감 시간은 23:30이다. 전체적으로 밤에 심심한 편이다. 당연히 현지인들은 일찍 자고 일찍 일어난다.

유토피아 ★★★☆
Utopia

Map P.154-B2 **주소** Ban Aphay **홈페이지** www.utopialuangprabang.com **영업** 08:00~23:30 **메뉴** 영어 **예산** 맥주·칵테일 1만5,000~5만K **가는 방법** 왓 아파이 사원 옆 골목 안쪽 끝에 있다.

레스토랑을 겸하고 있어 식사뿐만 아니라 맥주와 칵테일까지 다양하게 즐길 수 있다. 저녁 시간에도 인기가 많은데, 촛불과 은은한 조명이 비춰지면서 야외 정원이 더욱 분위기 있다. 쌀쌀한 겨울 저녁에는 모닥불도 피워준다. 자세한 내용은 P.194을 참고하자.

탄골 ★★★☆
Tangor

Map P.155-C1 **주소** 63/6 Thanon Sisavangvong **전화** 071-260-761, 020-9560-7262 **영업** 11:00~23:00 **메뉴** 영어, 프랑스어 **예산** 맥주 2만~4만5,000K, 메인 요리 5만~12만K **가는 방법** 왕궁 박물관 입구를 바라보고 오른쪽(타논 씨싸왕웡)으로 200m.

프랑스 사람이 운영하는 레스토랑으로 와인 바를 겸한다. 루앙프라방 중심가에 있는 오래되고 역사적인 목조 건물을 동양적인 인테리어로 꾸몄다. 유럽인들이 좋아할 만한 아시아 감성을 자극시킨다. 에어컨은 없고 도로 쪽으로 트여 있다. 도로와 계단에 테이블이 놓여 지나는 사람을 구경하기도 좋다. 음식을 보기 좋게 담아내는 플레이팅에도 신경을 쓴다. 식사가 아니더라도 치즈 플래터를 곁들여 분위기 있게 가볍게 술 한 잔 하기 좋다.

레드불 바 ★★★
Redbul Bar

Map P.154-B2 **주소** Thanon Kingkitsalat **홈페이지** www.redbulbarluangprabang.com **영업** 11:30~23:30 **메뉴** 영어 **예산** 2만~5만K **가는 방법** 푸씨 산 뒤쪽의 타논 낑낏싸랏에 있다. 라오 라오 가든(레스토랑) Lao Lao Garden 맞은편에 있다.

칸 강과 가까운 푸씨 산 뒤편, 외국인 여행자를 위한 술집 골목에 있다. 작고 허름한 복층 건물로 야외에도 테이블이 놓여 있다. 저렴한 맥주와 칵테일을 판매한다. 라오스 위스키를 이용한 라오 칵테일 Lao Cocktail과 라오 버킷(양동이 칵테일) Lao Bucket도 만들어 준다. 포켓볼을 치거나 스포츠 중계를 보면서 시간을 보내는 외국인들이 대부분이다. 식사 메뉴로는 버거, 피자, 파스타를 메인으로 요리한다. 오후 5시~7시까지는 라오 맥주가 1만K, 칵테일이 2만K으로 저렴하다.

탄골

레드불 바

525 칵테일 & 타파스 525 ★★★★
Cocktails & Tapas

Map P.154-A2 주소 100 Thanon Kingkitsalat 전화 071-212-424 홈페이지 www.525cocktailsandtapas.com 영업 17:00~23:30 메뉴 영어 예산 칵테일 5만 6,000~6만4,000K, 타파스 2만~8만K 가는 방법 마을 남쪽에 있는 빌라 말리 Villa Maly 호텔에서 150m.

조용한 주택가에 있는 매력적인 칵테일 바. 건물 내부는 어둑한 조명과 흑백 사진으로 시크하게 꾸몄고, 정원처럼 꾸민 야외 공간은 나뭇가지마다 랜턴을 걸어 자연적인 정취를 더했다. 모히토, 마티니 같은 클래식 칵테일과 열대 과일, 허브를 첨가해 만든 하우스 칵테일 메뉴가 있다. 식사 메뉴는 술을 가볍게 곁들이기 좋은 타파스 종류가 있다. 영국인이 운영하는 곳으로 직원들도 친절하다. 해피 아워(오후 5시~7시)에는 칵테일이 할인되며, 4명 이상일 경우 예약이 필요하다.

525 칵테일 & 타파스 525

루앙프라방 여행자 거리

레스토랑
- R1 조이 레스토랑 Joy's Restaurant
- R2 Main Street Bar & Grill
- R3 커피 클럽 The Coffee Club
- R4 라오 커피숍(한 까페 라오) Lao Coffee Shop
- R5 사프론 커피(2호점) Saffron Coffee's Alley Takeaway
- R6 빠싸니욤 커피 Pasaniyom Coffee

호텔
- H1 프렌들리 백팩커스 호스텔 Friendly Backpackers Hostel
- H2 쑤언 깨우 게스트하우스(신관) Suan Keo Guest House
- H3 쑤언깨우 게스트하우스(구관)
- H4 싸이싸나 게스트하우스 Xaysana
- H5 피라약 빌라 Philaylack Villa
- H6 랏따나 게스트하우스 Rattana Guest House
- H7 위싸이 게스트하우스 Visay
- H8 Duangchampha Boutique Hotel
- H9 싸요 나가 게스트하우스 Sayo Naga
- H10 쌩펫 게스트하우스 Sengphet Guest House
- H11 애플 2 게스트하우스 Apple 2 Guest House
- H12 마이 라오 홈 부티크 호텔 My Lao Home Boutique Hotel
- H13 파쏙 게스트하우스 Phashoke Guest House
- H14 호씨앙 2 게스트하우스 Hoxieng 2
- H15 녹노이 란쌍 게스트하우스 Nocknoy Lanexang Guesthouse
- H16 쏨찟 게스트하우스 Somjith Guest House
- H17 빌라 르땀땀 Villa Le Tam Tam
- H18 빌라 푸마린 Villa Pumalin
- H19 호씨앙 1 게스트하우스 Hoxieng 1
- H20 재스민 빌 Jasmine Ville
- H21 텝파웡(우돔퐁 2) 게스트하우스 Thephavong(Oudomphong 2) Guest House
- H22 메콩 문 인 Mekong Moon Inn
- H23 우돔퐁 게스트하우스 Oudomphong
- H24 Frangipani Inn
- H25 루앙프라방 리버 로지 Luang Prabang River Lodge
- H26 타흐아메 게스트하우스 Tha Heua Me
- H27 아바니+ 루앙프라방 Avani+ Luang Prabang
- H28 홍윌라이 호텔 Houngvilai

HOTEL

루앙프라방의 호텔

루앙프라방의 숙소들은 전통 가옥을 사용하기 때문에 객실 10개 내외의 소규모가 대부분이다. 시설이나 설비가 비슷비슷하다. 대부분 복층 건물로 1층은 콘크리트, 2층은 목조로 되어 있다. 게스트하우스들은 주인을 포함한 라오스 가족이 함께 생활하는 경우가 많다. 프랑스 식민 지배 시절 건설된 콜로니얼 건물들은 고급 호텔과 리조트로 사용된다. 건물의 신축이나 증축이 자유로운 곳이 아니기 때문에, 대형 호텔은 찾아보기 힘들다. 고급 호텔들은 옛 건물의 원형을 그대로 둔 채 리모델링했기 때문에 고풍스러우면서도 고급스럽다. 지난 몇 년간 관광객 급증으로 방 값이 지속적으로 인상됐다. 특히 성수기인 10~4월엔 허름한 게스트하우스들도 방 값을 추가로 인상하기 때문에 시설 좋고 저렴한 숙소를 찾기란 거의 불가능에 가깝다. 성수기에는 개인욕실이 딸린 선풍기 방도 10만K은 줘야 한다. 웬만큼 쓸 만한 에어컨 방은 15만K 이상을 요구한다. 괜찮다 싶은 게스트하우스도 30US$를 훌쩍 넘는다. 겨울에는 날씨가 쌀쌀하기 때문에 굳이 에어컨은 필요 없다. 대부분의 숙소에서 온수 샤워가 가능하며, 와이파이 Wi-Fi도 무료로 제공한다.

저렴하고 경제적인 게스트하우스

관광객은 밀려들고 숙소는 부족하기 때문에 루앙프라방 곳곳에 게스트하우스들이 흩어져 있다. 여행자들이 선호하는 게스트하우스들은 조마 베이커리 Joma Bakery 뒤쪽 골목에 대부분 몰려 있다. 루앙프라방에서 가장 저렴한 방을 보유하고 있는 지역이다. 왓 탓 Wat That(P.168)과 왓 호씨앙 Wat Ho Xieng(P.168) 맞은편에서 메콩 강에 이르는 지역으로 좁은 골목길들이 이어진다. 사원과 야시장도 가깝고 아담한 골목길이라서 분위기도 정겹다. 조마 베이커리 주변의 게스트하우스에 방이 없거나, 조용한 주택가 골목에서 차분한 시간을 보내고 싶다면 다라 시장(딸랏 다라) 주변 숙소도 괜찮다. 푸씨 동쪽편의 칸 강으로 이어지는 도로에는 중급 호텔들이 많다. 강변과 어우러진 주택가 분위기가 차분하다.

쑤언 깨우 게스트하우스 ★★★
Suan Keo Guest House

Map P.203 주소 Ban Wat That 전화 071-254-740 요금 더블 8만K(선풍기, 개인욕실), 더블 10만~15만K(에어컨, 개인욕실) 가는 방법 왓 탓 맞은편 골목에 있다.
1층은 콘크리트, 2층은 목조로 이루어진 전형적인 라오스 가옥이다. 두 개의 건물이 같은 골목에 있다. 에어컨이 설치된 새로운 건물의 시설이 좋다. 2층은 바닥까지 나무로 돼 있어 목조 건물의 운치가 느껴진다. 주변의 비슷한 가격대 여행자 숙소에 비해 객실이 깨끗하다. 침대와 에어컨, 개인욕실을 갖춘 일반적인 게스트하우스 중에서 가격 대비 시설이 좋다. 개인욕실도 깨끗하며 온수 샤워도 가능하다.

무궁화 게스트하우스 ★★★
Mu Gung Hwa

Map P.155-C1 주소 19 Thanon Xotikhoumman 전화 020-5872-0196 요금 캡슐 1인실 8만K(비수기), 12만~14만K(성수기) 가는 방법 왓 씨앙무안(사원)과 같은 도로에 있다.
한국인이 운영하는 게스트하우스. 왓 씨앙무안이 있는 차분한 골목에 있다. 캡슐 형태의 객실을 운영한다. 침대마다 미닫이문이 있어 1인실처럼 사용할 수 있다. 에어컨 시설을 갖추고 있으며 공동욕실을 사용해야 한다. 카카오톡(sharon)으로 빈 방 여부를 문의하면 된다.

파쏙 게스트하우스 ★★★
Phashoke Guest House

Map P.203 주소 Ban Ho Xieng(Houa Xieng) 전화 071-252-108 요금 더블 12만~16만K(에어컨, 개인욕

실) **가는 방법** 조마 베이커리 옆 골목 안쪽으로 10m. 조마 베이커리 옆 골목으로 들어가자마자 나오는 첫 번째 게스트하우스다. 작은 마당과 아담한 2층 건물로 이루어졌다. 모두 10개 객실을 운영하는데 1층은 콘크리트, 2층은 목조로 이루어졌다. 객실은 모두 에어컨 시설을 포함해 선풍기와 TV, 옷장이 갖춰져 있다. 개인 욕실에서는 온수 샤워가 가능하다. 가족적인 분위기로 친절하다.

텝파웡(우돔퐁 2) 게스트하우스 ★★★
Thephavong(Oudomphong 2) Guest House

Map P.203 **주소** Ban Ho Xieng(Houa Xieng) **전화** 020-5531-4459, 030-9277373 **요금** 더블 8만~10만K(선풍기, 개인욕실) **가는 방법** 라오 텔레콤 Lao Telecom을 바라보고 메콩 강 방향으로 가다가 아침 시장 맞은편 골목 안쪽으로 30m.
아침 시장과 가깝지만 골목 안쪽에 있어 조용하다. 견고하게 생긴 콘크리트 건물로 저렴한 가격대의 숙소임에도 불구하고 마당이 있어 답답한 느낌은 들지 않는다. 타일이 깔린 객실은 무난하며, 온수 샤워가 가능한 객실이 딸려 있다. 인접한 골목에 있는 우돔퐁 게스트하우스(전화 071-252-419)는 에어컨 방(13만K)을 운영한다.

쌩펫 게스트하우스 ★★★
Sengphet Guest House

Map P.203 **주소** Ban Ho Xieng(Houa Xieng) **전화** 071-253-534 **요금** 더블 10만~20만K(에어컨, 개인욕실) **가는 방법** 조마 베이커리 옆 골목에 있다.
라오스 가족이 운영하는 친절한 숙소다. 쌩펫은 주인장의 이름이다. 객실은 기본적인 시설을 갖추고 있지만 에어컨과 TV도 있다. 객실과 욕실이 깨끗하게 관리되고 있다. 가정집처럼 편히 묵을 수 있으며 에어컨을 사용하시 않으면 방 값을 할인받을 수 있다. 모두 11개 객실을 운영한다. 겨울 성수기에는 방 값 변동이 심하므로 가격을 미리 문의하는 게 좋다.

호씨앙 1 게스트하우스 ★★★
Hoxieng 1 Guest House

Map P.203 **주소** 40 Ban Ho Xieng(Houa Xieng) **전화** 071-212-703 **요금** 더블 11만K(비수기, 에어컨, 개인욕실, TV), 더블 16만K(성수기, 에어컨, 개인욕실, TV) **가는 방법** 조마 베이커리 옆 골목 안쪽으로 100m.
여행자 숙소가 밀집한 조마 베이커리 주변에 있는 게스트하우스. 오랫동안 인기를 얻고 있는 숙소 중 하나다. 친절한 라오스 가족이 운영한다. 깔끔한 복층 건물로 객실마다 에어컨, TV와 온수 샤워가 가능한 개인욕실을 갖추고 있다. 객실은 나무 바닥이라 깔끔하고, 타일이 깔린 개인욕실은 넓은 편이다. 같은 골목에 호씨앙 2 게스트하우스(성수기 더블 룸 30~40US$)를 함께 운영한다. 새 건물이라 객실과 욕실이 더 넓고 깨끗하다. LCD TV에 발코니까지 딸려 있다.

피라이락 빌라 ★★★
Philaylack Villa

Map P.203 **주소** Thanon Kok Sack, Ban Wat That **전화** 071-253-025 **요금** 더블 12만~16만K(에어컨, 개인욕실, TV, 냉장고) **가는 방법** 조마 베이커리를 바라보고 한 블록 왼쪽에 있는 골목 안쪽으로 150m.
주변의 게스트하우스와 달리 시멘트 건물이다. 마당이 있는 2층짜리 일반 가정집 분위기다. 객실은 나무 바닥과 목재로 되어 있어 아늑하다. 객실이 넓은 편으로 관리 상태도 좋다. TV와 옷장을 갖추고 있다. 전체적으로 가격 대비 무난한 숙소.

자스민 빌 ★★★☆
Jasmine Ville

Map P.203 **주소** 3 Ban Ho Xieng(Hua Xieng) **전화** 071-254-304 **요금** 더블 18만~26만K(에어컨, TV, 냉장고, 아침식사) **가는 방법** 조마 베이커리 옆 골목으로 들어가서, 녹노이 란쌍 게스트하우스 맞은편의 좁은 골목 안쪽으로 10m.
같은 골목에 있는 마이 라오 홈(호텔) My Lao Home에서 운영하는 게스트하우스. 콘크리트 복층 건물로 비교적 최근에 신축해 객실이 깨끗하다. 에어컨, TV, 냉장고, 안전금고를 갖추고 있다. 패밀리 룸을 제외한 일반 객실은 크기가 작은 편이다. 복층 구조라 2층 객실은 발코니를 공동으로 이용할 수 있다. 아침 식사가 포함되어 있으며 자전거도 무료로 이용할 수 있다. 단, 골목 안쪽에 위치해 전망은 별로다.

마니짠 게스트하우스 ★★★☆
Manichan Guest House

Map P.154-B1 주소 4/143 Ban Pakham 전화 020-5558-0076 홈페이지 www.manichanguesthouse.com 요금 더블 15만K(선풍기, 공동욕실, 아침 식사), 더블 20만K(에어컨, 공동욕실, 아침 식사), 더블 24만K(에어컨, 개인욕실, 아침 식사) 가는 방법 왓 마이 뒤쪽 길에 있다. 라오 루 로지 Lao Lu Lodge 맞은편에 있다.

미국-라오스 부부가 운영하는 게스트하우스. 마당이 있는 단독 주택을 숙소로 사용한다. 아침 식사가 포함된 B&B(베드 & 브랙퍼스트) 형태의 숙소로 친절하다. 객실은 모두 9개로 객실 위치에 따라 시설이 차이가 난다. 2층에 있는 방들은 공동욕실을 사용한다. 주인장 가족이 함께 생활한다.

분짜런 게스트하우스 ★★★
Bounchaleurn Guest House

Map P.154-A2 주소 Thanon Tomkham, Ban Thongchaleun 전화 020-682-8400 요금 더블 8만K(비수기, 선풍기, 개인욕실), 더블 10만K(성수기, 선풍기, 개인욕실), 더블 12만K(비수기, 에어컨, 개인욕실), 더블 14만K(성수기, 에어컨, 개인욕실) 가는 방법 다라 시장(딸랏 다라)과 가까운 학교(홍희안 빠싸) 옆 골목 안쪽으로 150m.

라오스 가족이 운영하는 평범한 게스트하우스다. 차분한 가정집 분위기의 작은 마당과 복층 건물이 조용한 주택가 골목 풍경과 어우러진다. 객실은 침대 2개와 온수 샤워가 가능한 개인욕실이 딸린 기본적인 시설이다. 객실에 TV는 없다. 공동으로 사용할 수 있는 냉장고가 있고, 마당에 휴식 공간이 있다.

씨따 노라씽 인 ★★★☆
Sita Norasingh Inn

Map P.154-B2 주소 Thanon Kingkitsalat 전화 020-7760-1670 홈페이지 www.sitanorasingh.com 요금 더블 13만~16만K(에어컨, 개인욕실, TV, 냉장고) 가는 방법 다라 시장(딸랏 다라)을 바라보고 오른쪽 길로 300m.

2011년에 문을 연 숙소로 시설이 깔끔하다. 다라 시장을 끼고 있는 푸씨 오른쪽 도로에 있어 동네가 차분하다. 2층 콘크리트 건물로 목조 건물의 느낌이 살짝 가미되어 있다. 타일 또는 나무가 깔린 객실은 청결하고 원목 침대는 푹신하다. 발코니가 딸려 있는 2층 방들은 전망이나 채광이 좋은 대신 방 값이 조금 더 비싸다. TV는 물론 냉장고까지 갖추고 있다.

씽하랏 게스트하우스 ★★★☆
Singharat Guest House

Map P.156-A2 주소 Ban That Luang(Thad Luang) 전화 020-9736-5626 요금 트윈 18만~26만K(에어컨, 개인욕실, TV, 냉장고, 아침 식사) 가는 방법 마을 남쪽에 있는 왓 탓 루앙에서 오른쪽으로 한 블록 떨어진 골목에 있다. 만다 드 라오스(레스토랑) 맞은편에 있다.

왓 탓 앞쪽의 조용한 주택가에 있다. 동네 풍경이 루앙프라방의 옛 모습을 연상케 한다. 콜로니얼 양식이 가미된 2층 건물로 모두 12개의 객실을 운영한다. 나무 계단을 통해 2층을 올라 다녀야 한다.

객실은 깨끗하며 침대마다 모기장이 설치되어 있고 TV와 냉장고가 있다. 출입문이 있는 1층 방보다 발코니가 딸린 2층 방이 조용하고 분위기도 좋다. 인기가 많아서 방 구하기는 어려운 편이다. 아침 식사가 포함되며 직원들도 친절하다.

라오루 로지 ★★★☆
Lao Lu Lodge

Map P.154-B1 주소 Ban Pakham 전화 071-255-678 홈페이지 www.laolulodge.com 요금 더블 24만

~29만K(에어컨, 개인욕실, TV, 아침 식사) **가는 방법** 왓 마이 뒤쪽 길에 있다. 메콩 강 강변도로에 있는 리버사이드 바비큐 레스토랑 Riverside Barbecue Restaurant 맞은편 골목 안쪽으로 50m. 골목 입구에 안내판이 있다.

강변과 인접한 골목 안쪽에 있어 분위기가 차분하다. 입구에 들어서면 보이는 전통 목조 가옥이 리셉션이다. 깔끔한 콘크리트 건물은 숙소로 사용된다. 깨끗한 객실은 기본이며 방도 넓다. 비슷한 수준의 숙소에 비해 개인욕실이 넓은 것이 장점이다. 마당과 정원이 있어 휴식 공간을 제공한다. 조용함을 유지하기 위해 TV가 없는 것이 특징이다.

타흐아메 게스트하우스 ★★★
Tha Heua Me Guest House

Map P.203 **주소** Thanon Souliyavongsa **전화** 020-5508-0903 **홈페이지** www.thaheuame.net **요금** 더블 20만~24만K(에어컨, 개인욕실, TV) **가는 방법** 메콩 강변과 접한 왕궁 박물관 후문에 인접해 있다. 루앙프라방 리버 로지 Luang Prabang River Lodge를 바라보고 왼쪽에 있다.

메콩 강변에 있는 아담한 콜로니얼 건물을 숙소로 사용한다. 높은 천장과 발코니, 기와지붕이 조화롭게 어울린다. 복층 구조로 되어 있으며 모두 9개의 객실을 보유하고 있다. 발코니가 있는 2층 객실이 아무래도 화사하고 전망도 좋다. 객실 크기는 보통이지만 나무 바닥으로 이루어져 밝고 깨끗하다. 라오스 주인장 가족이 함께 생활한다.

푼쌉 게스트하우스 ★★★☆
Phounsab Guest House

Map P.154-B1 **주소** 6/7 Thanon Sisavangvong, Ban Choumkhong **전화** 071-212-975, 020-5557-0023 **홈페이지** www.phoun-thavy-sab.jimdo.com **요금** 더블 18만~20만K(비수기), 더블 24만~32만5천K(성수기, 에어컨, 개인욕실, TV, 냉장고) **가는 방법** 왕궁 박물관을 바라보고 오른쪽으로 50m. 올 라오 엘리펀트 캠프(여행사) All Lao Elephant Camp 옆에 있다.

메인 도로(타논 씨싸왕웡)에 있는 게스트하우스. 작은 안마당이 있는 콘크리트 복층 건물이다. 객실은 나무 바닥으로 깨끗하며 공동으로 사용할 수 있는 발코니가 딸려 있다. 에어컨 시설에 TV와 냉장고를 갖추고 있어 시설도 괜찮다. 라오스 가족이 운영한다.

짜런싸이 빌라 ★★★☆
Chaluenxay Villa

Map P.155-D1 **주소** Thanon Sakkalin(Sakkaline) **전화** 020-9911-6381 **요금** 더블 24만K(비수기, 에어컨, 개인욕실, TV, 아침 식사), 더블 35만K(성수기, 에어컨, 개인욕실, TV, 아침 식사) **가는 방법** 왓 씨앙통 후문으로 들어가는 타논 싹까린에 있다.

왓 씨앙통 바로 옆에 있는 부티크 스타일의 게스트하우스. 복층 구조의 목조 건물 매력을 살려 객실을 밝고 화사하게 꾸몄다. 산뜻한 나무 바닥과 침대, 벽면에 걸린 LCD TV, 옷장까지 잘 갖추어져 있다. 개인 욕실은 샤워 부스가 분리되어 있어 편리하다. 객실은 모두 7개로 조용하고 가족적이다. 아침 식사가 포함된다.

빌라 쏨퐁 ★★★☆
Villa Somphong

Map P.155-D1 **주소** Thanon Kingkitsalat(Nam Khan River Road) **주소** 071-254-896, 071-252-074 **홈페이지** www.villa-somphong.lao.ch **요금** 더블 30~40US$(비수기), 더블 38~45US$(성수기, 에어컨, 개인욕실, TV, 아침 식사) **가는 방법** 칸 강 강변도로 북쪽에 있다.

7개의 객실을 운영하는 아담한 빌라 형태의 숙소. 루앙프라방의 고즈넉한 분위기와 칸 강변의 평화로운 분위기를 동시에 느낄 수 있다. 객실은 넓지 않지만 나무 바닥과 밝은 색 실내가 깨끗하다. 에어컨과 LCD TV기 설치되어 모던한 느낌을 준다. 침구 상태도 좋다. 1층보다는 2층 객실이 크고 화사하며 전망도 좋다. 아침 식사를 제공해 주며 야외 테라스는 칸 강을 끼고 있다. 럭셔리하지는 않지만 편하게 지낼 수 있어 인기가 높다.

폰쁘라쎗 게스트하우스 ★★★☆
Phone Praseuth Guest House

Map P.155-C2 주소 Thanon Khoundouangchan (Old Bridge Road), Ban Phan Luang 전화 071-212-446 홈페이지 www.phonepraseuth-gh.com 요금 더블 25US$(비수기), 더블 35~38US$(성수기, 에어컨, 개인욕실, TV, 냉장고, 아침 식사) 가는 방법 칸 강 건너편 반 판루앙에 있다. 대나무 다리를 건너면 나오는 엔싸바이 레스토랑 옆에 있다. 우기에는 나무 철교까지 돌아가야 한다.

칸 강 건너편에 있다. 관광객들로 북적대는 루앙프라방을 벗어나 한적한 마을에서 머물고 싶다면 고려해 볼 만하다. 'ㄷ'자 형태의 건물로 마당과 가까운 방보다는 안쪽에 있는 방들이 더 조용하다. 평범한 콘크리트 건물로 외관은 호텔스럽다. 아침 식사가 포함되며 자전거를 무료로 사용할 수 있다. 조용한 분위기를 선호하는 여행자들에게 인기 있다.

중급 게스트하우스 & 럭셔리 호텔

대형 호텔은 거의 없고 콜로니얼 건축물을 리노베이션한 호텔이 많다. 사원 주변의 목조 건축물을 호텔로 사용하기도 한다. 소규모여서 차분한 분위기에 안마당과 정원을 갖춘 곳도 많다. 고급 호텔들은 강변을 끼고 있으며, 럭셔리한 호텔 중에 왕족들이 생활하던 역사적인 건물도 있다.

도시 전체가 유네스코 문화유산으로 지정되어 있어 고급 리조트라고 해도 야외 수영장을 건설할 수 없다. 수영장이 있는 호텔들은 시내 중심가에서 멀리 떨어져 있다. 공항 픽업 서비스를 무료로 제공하는 호텔이 많으므로 예약할 때 확인하자.

라오 우든 하우스 ★★★
Lao Wooden House

Map P.155-C1 주소 Thanon Kounxoua(Khunsua), Ban Wat Nong 전화 071-260-283 홈페이지 www.laowoodenhouse.com 요금 더블 40US$(비수기), 더블 60US$(성수기, 에어컨, 개인욕실, TV, 냉장고) 가는 방법 왓 농씨쿤므앙을 바라보고 오른쪽으로 150m 떨어져 있다.

라오스 전통 양식으로 만든 목조 건축물의 숙소다. 목재로 만든 벽과 발코니가 그대로 남아 있고 객실은 목재 테이블과 의자를 배치했다. 모두 6개의 객실로 1층은 가든 뷰 룸 Garden View Room, 2층은 마운틴 뷰 룸 Mountain View Room이라고 부른다. 마당에 휴식 공간을 만들었으며, 간단한 아침 식사를 제공한다. 성수기와 비수기 요금 차이가 많이 난다.

빌라 짬빠 ★★★
Villa Champa

Map P.155-C1 주소 Thanon Sisavang Vatthana 전화 071-253-555, 020-2388-4120 요금 스탠더드 35~49US$(에어컨, 개인욕실, TV, 냉장고, 아침 식사), 슈피리어 45~56US$(에어컨, 개인욕실, TV, 냉장고, 아침 식사) 가는 방법 타논 씨싸왕 왓타나 거리 중간에 있는 사거리 코너에 있다.

9개의 객실을 갖춘 아담하고 가족적인 숙소. 노란색 건물 외관 때문에 밝은 느낌을 준다. 나무 바닥으로 만든 객실도 밝은 편이다. 몽족이 만든 수공예품으로 인테리어를 꾸몄다. 모든 객실은 에어컨 시설이 돼 있으며 개인욕실도 깨끗하다. 1층보다 2층 객실이 발코니도 있고 시설이 좋다. 주변에 사원이 많아 이른 아침 시간에 발코니에서 탁발 수행을 볼 수도 있다.

빌라 싸이캄 ★★★☆
Villa Saykham

Map P.155-C1 주소 Thanon Sisavang Vatthana 전화 071-254-223, 071-254-232 홈페이지 www.villasaykhamhotel.com 요금 스탠더드 45~55US$(에어컨, 개인욕실, TV, 냉장고, 아침 식사) 가는 방법 타논 씨싸왕 왓타나에 있는 왓 빠파이 옆에 있다.

프랑스 식민 지배 시절에 건설된 콜로니얼 양식의 건물. 은은하게 빛바랜 노란색 건물과 녹색의 나무 창문이 어우러진 아담한 숙소다. 에어컨, TV, 냉장고를 갖춘 전형적인 중급 숙소. 아침 식사는 안마당에 마련된 야외 테이블에서 제공된다. 사원(왓 빠파이) 옆에 있어 새벽을 알리는 법고 소리가 들리기도 한다.

르 부겐빌리에 ★★★☆
Le Bougainvillier

Map P.154-B1 주소 125 Thanon Souvanarath, Ban Pakham 전화 071-212-097, 020-9549-1241 홈페이지 www.lebougainvillier.com 요금 더블 45~65US$(에어컨, 개인욕실, 냉장고, 아침 식사) 가는 방법 왓 폰싸이(사원) 옆 골목으로 연결되는 식료품 시장 골목에 있다.

프랑스인이 운영하는 부티크 스타일의 숙소. 루앙프라방 분위기가 한껏 묻어나는 역사적인 건물이다. 복층 건물로 모두 13개 객실을 운영한다. 잔디가 곱게 깔린 마당과 산뜻한 객실이 어우러진다. 객실에 전자 모기향을 비치하는 등 세세한 배려가 돋보인다. 객실에 TV는 없다. 아침 식사가 포함된다.

선라이즈 가든 하우스 ★★★☆
Sunrise Garden House

Map P.154-A2 주소 Thanon Tomkham, Ban Thongchaleun 전화 020-9685-7399 요금 더블 50~70US$(에어컨, 개인욕실, TV, 냉장고, 아침식사) 가는 방법 다라 시장과 인접한 학교(홍희안 빠싸) 옆 골목으로 200m.

다라 시장 인근의 조용한 골목에 위치해 차분히 머물기 좋은 호텔이다. 2019년에 신축한 곳이라 시설이 좋은 편. 3성급 호텔 수준이다. 넓은 정원을 끼고 있으며, 정원 안쪽 뒷마당에 야외 수영장도 있다. 복층 건물이 정원과 수영장을 끼고 여러 채로 분리되어 있어 객실 위치에 따라 전망이 다르다. 정원 방향의 객실보다 수영장 방향의 객실이 조금 더 비싸다.

통바이 게스트하우스 ★★★★
Thong Bay Guest House

Map P.156-B2 주소 Ban Vieng May, Vat Sakem (Wat Sakem) 전화 071-253-234 홈페이지 www.thongbay-guesthouses.com 요금 가든 방갈로 55US$(성수기), 리버 뷰 방갈로 65US$(성수기, 선풍기, 개인욕실, 냉장고, 아침 식사) 가는 방법 루앙프라방 시내에서 멀리 떨어진 칸 강변에 있다. 칸 강에 놓인 두 개의 다리 중 멀리 떨어진 자동차가 지나는 다리와 가깝다. 왓 싸껨(사원)과 가깝다.

강과 정원이 어우러진 평화로운 숙소다. 칸 강 강변에 있어 자연 속에 들어와 있는 느낌이 든다. 독립적인 목조 방갈로들을 배치해 여유로운 분위기를 더했다. 방갈로에 딸린 발코니가 넓어서 휴식 공간으로 충분하다. 방갈로는 강변 전망과 정원 전망으로 구분된다. 방갈로의 시설은 평범하고, 침대마다 모기장이 설치돼 있다. 선풍기 시설이라 여름에는 덥지만, 선선한 겨울에는 쾌적하게 지낼 수 있다. 조용하게 지내기 위해 TV가 없는 것도 중요한 포인트! 온수 샤워가 가능한 개인 욕실은 타일을 깔고 돌과 시멘트를 이용해 마감했다.

아침 식사가 방 값에 포함되는데, 방갈로까지 아침 식사를 가져다준다(화이트보드에 시간과 원하는 메뉴를 적으면 된다). 단점은 시내에서 멀리 떨어져 있다는 것. 이를 만회하기 위해 하루 여섯 번 무료 셔틀버스를 운영한다. 자전거는 투숙객을 대상으로 무료로 대여해 준다.

인디고 하우스 ★★★☆
Indigo House

Map P.154-B1 주소 Thanon Sisavangvong 전화 071-212-264 홈페이지 www.indigohouse.la 요금 슈피리어 68~75US$, 딜럭스 95~112US$(에어컨, 개인욕실, TV, 냉장고, 아침 식사) 가는 방법 야시장이 시작되는 타논 씨싸왕웡에 있다.

호텔 바로 앞에 야시장이 형성되어 관광하기 편리한 위치다. 4층짜리 콘크리트 건물로 주변의 다른 건물에 비해 높다. 2014년에 내부 시설을 단장했다. 푸른색과 흰색을 이용해 객실을 꾸몄고, 나무 바닥이 산뜻한 느낌을 준다. 모두 12개의 객실을 운영하는데, 도로 쪽 방에는 발코니가 딸려 있다. 높은 층일수록 전망이 좋지만 엘리베이터가 없어서 불편함을 감소해야 한다. 단점은 개인욕실(욕조와 샤워기가 있다)이 칸막이 없이 방 안에 있다는 것. 친구들이라면 샤워할 때 난감할 수 있다. 옥상에 야외 테라스를 만들어 투숙객들이 휴식 공간으로 쓰도록 했다. 모든 객실에는 아침 식사가 포함된다.

카페 드 라오스 인
Cafe De Laos Inn ★★★☆

Map P.155-C1 **주소** 93/3 Thanon Sakkalin (Sakkaline Road) **전화** 071-253-553 **홈페이지** www.cafedelaos-burasari.com **요금** 슈피리어 45~60US$(비수기), 딜럭스 75~90US$(성수기) **가는 방법** 타논 싹까린에 있는 왓 쌘을 바라보고 왼쪽에 있다.

태국 호텔 회사인 부라싸리 Burasai에서 운영하는 부티크 호텔이다. 아담한 콜로니얼 건물을 호텔로 개조해 차분함을 선사한다. 정면에서 봤을 때 창문 세 개가 눈에 들어오는 세 칸짜리 건물이다. 건물이 워낙 작기 때문에 객실은 8개가 전부다. 전통 가옥처럼 나무 바닥에 목조 가구를 배치했다. 1층에 있는 슈피리어 룸은 15㎡ 크기로 방이 작고 어둑한 편이다. 딜럭스 룸은 적당한 크기에 골동품으로 인테리어를 꾸며 멋을 더했다. 아침 식사를 제공해 준다. 자전거를 무료로 이용할 수 있다. 1층에는 분위기 좋은 카페 드 라오스 Cafe de Laos를 운영한다.

로터스 빌라
Lotus Villa ★★★★

Map P.155-C1 **주소** Thanon Kounxoua(Khunsua), Ban Phonheuang **전화** 071-255-050 **홈페이지** www.lotusvillalaos.com **요금** 스탠더드 64~79US$(비수기), 스탠더드 85~105US$(성수기) **가는 방법** 왓 농씨쿤므앙을 바라보고 왼쪽으로 100m 떨어져 있다.

사원이 많은 루앙프라방의 분위기가 잘 느껴지는 조용한 골목에 있다. 메콩 강과도 가깝다. 주변 환경이 조용하고 평화롭다. 바나나 나무가 자라는 야외 정원과 은은한 조명으로 채워진 산뜻한 객실이 조화롭다.

단순하면서도 디자인을 강조한 부티크 호텔 느낌이 묻어난다. 1층 방 Frangipani Room들은 문을 열면 바로 정원이 나오고, 2층 방 Lotus Room들은 발코니가 딸려 있다. 워터릴리 룸 Water Lily Room에는 욕조까지 있다. 정원에서 아침 식사를 제공한다. 모두 15개의 객실과 2개의 스위트룸을 운영한다.

벨 리브 부티크 호텔
The Belle Rive Boutique Hotel ★★★★

Map P.155-C1 **주소** Thanon Souvanhnakhamphong (Khem Khong Road) **전화** 071-260-733 **홈페이지** www.thebellerive.com **요금** 테라스 룸 95US$(비수기), 테라스 룸 130US$(성수기), 슈피리어 115US$(비수기), 슈피리어 160US$(성수기), 딜럭스 스위트 145US$(비수기), 딜럭스 스위트 200US$(성수기) **가는 방법** 메콩 강변을 끼고 있는 타논 쑤완나캄퐁에 있다.

메콩 강을 끼고 있는 부티크 호텔. 콜로니얼 건축의 우아함과 럭셔리한 호텔의 편안함을 동시에 느낄 수 있다. 옛 건물의 원형을 그대로 유지해 객실을 고급스럽게 꾸몄다. 나무 바닥이라서 목조 건물의 차분함이, 하얀색 건물이라서 화사함이 느껴진다. 창문을 통해 들어오는 햇빛도 인테리어의 한 부분처럼 느껴질 정도로 공간 활용이 뛰어나다.

3개의 건물로 구분되어 있으며 모두 13개의 객실이 있다. 스탠더드 룸에 해당하는 망고 룸은 20㎡ 크기로 그리 넓진 않다. 아침 식사는 메콩 강변에 만든 야외 테라스 레스토랑에서 제공된다. 원칙적으로 객실에는 TV를 설치하지 않아 조용한 분위기를 유지하게 했다. TV가 필요하면 리셉션에 별도로 요청하면 이용 가능하다.

압사라 호텔
The Apsara Hotel ★★★☆

Map P.155-C1 **주소** Thanon Kingkitsalat(Nam Khan River Road) **전화** 071-254-670 **홈페이지** www.theapsara.com **요금** 스탠더드 65~75US$(성수기), 슈피리어 80~120US$(성수기) **가는 방법** 칸 강 강변도로 중간에 있다.

칸 강 강변도로에 있는 콜로니얼 양식의 호텔. 영국인이 운영하며 주변 환경이 평화롭다. 높은 천장에서는 선풍기가 돌아가고 나무 바닥이라 고풍스럽다. 객실은 네 기둥 침대와 나무 창문이 어우러진다. 현지에서 생산한 밝은 색의 실크 제품으로 침구를 꾸몄다. 객실에 TV가 없으며, 아침 식사가 포함된다. 1층보다는 2층 객실이 밝고 전망이 좋으며 비싸다. 참고로 압사라는 '천상의 무희'들을 뜻한다.

부라싸리 헤리티지 ★★★★★
Burasari Heritage

Map P.155-D1 주소 44-47/3 Thanon Kingkitsalat (Nam Khan River Road) 전화 071-255-031~2 홈페이지 www.burasariheritage.com 요금 슈피리어 140~180US$, 디럭스 발코니 190US$(비수기), 디럭스 발코니 290US$(성수기) 가는 방법 칸 강 강변도로 중간에 있다.

멋들어진 목조 가옥을 스타일리시하게 꾸민 부티크 호텔. 객실은 나무 바닥, 욕실은 대리석으로 꾸며 아늑하고 낭만적이다. 건물과 위치에 따라 객실 크기나 전망이 차이를 보인다. 1층 방은 테라스가, 2층 방은 발코니가 딸려 있는데 의자와 쿠션을 비치해 야외 공간을 활용했다. 칸 강변에 있는 레스토랑에서 아침 식사를 제공한다. 태국 회사인 부라싸리 호텔에서 운영한다.

메콩 리버뷰 호텔 ★★★★
Mekong Riverview Hotel

Map P.155-D1 주소 Ban Xieng Thong 전화 071-254-900 홈페이지 www.mekongriverview.com 요금 스탠더드 130~160US$, 딜럭스 리버뷰 165~200US$, 스위트 리버뷰 245~290US$ 가는 방법 왓 씨앙통 지나서 메콩 강과 칸 강이 만나는 위치에 있다.

루앙프라방 끝자락에 있어 강과 어우러진 풍경이 평화롭다. 모든 객실의 발코니에서 강과 산이 보인다. 객실은 티크 나무로 바닥을 장식했으며 목조 가구와 책상, 소파, LCD TV를 배치했다. 쾌적한 잠자리를 위해 스웨덴에서 침대를 수입해 왔다고 한다(주인장이 스웨덴 사람이다). 소규모 호텔이라 직원들의 친절한 보살핌을 받을 수 있다. 강변에 있는 야외 테라스 레스토랑에서 아침 식사를 제공한다.

스리 나가(홍햄 쌈 나까) ★★★★☆
3 Nagas

Map P.155-C1 주소 97/5 Thanon Sakkalin 전화 071-253-888 홈페이지 www.3-nagas.com 요금 슈피리어 140US$(비수기), 슈피리어 180US$(성수기), 디럭스 160US$(비수기), 디럭스 250US$(성수기) 가는 방법 왓 쌘 인근의 타논 싹까린에 있다.

객실 15개를 운영하는 소규모 부티크 호텔이다. 소피텔 계열의 호텔인 '엠갤러리'에서 운영한다. 호텔의 공식 명칭은 3 Nagas Luang Prabang MGallery by Sofitel이다. 두 개의 건물로 구분된다. 그중에서 오래된 건물은 람체 하우스 Lamache House다. 1893년 건설됐으며 왕족이 살던 집이다. 1903년 건설된 캄부아 하우스 Khamboua House는 고풍스러운 라오스 건축물로 500㎡ 크기의 야외 정원을 안마당으로 갖고 있다.

유네스코 건축가가 감독해 옛 건물을 하나도 훼손하지 않으면서 모던하고 럭셔리한 모습으로 새롭게 태어났다. 높은 천장과 나무 바닥, 라오스 실크와 전통 수공예품으로 꾸민 인테리어가 고급스럽다. 객실은 35㎡로 넓다. 네 기둥 침대와 소파가 배치되어 있고, 개인욕실에는 욕조까지 있다. 정원에 만든 야외 레스토랑도 근사하다.

빅토리아 씨앙통 팰리스 ★★★★☆
Victoria Xiengthong Palace

Map P.155-D1 주소 Thanon Kounxoau(Khunsua) 전화 071-213-200 홈페이지 www.victoriahotels.asia/en/overview-xiengthong 요금 슈피리어 150~240US$, 빌라 190~300US$ 가는 방법 왓 씨앙통에서 50m 떨어져 있다.

메콩 강을 앞에, 왓 씨앙통을 뒤에 두고 있다. 란쌍 왕조의 왕족이 머물던 궁전을 개조한 부티크 호텔이다. 유네스코 문화유산의 일부분으로 콜로니얼 건축물의 우아함과 모던한 객실이 잘 어울린다. 비슷한 수준의 럭셔리 호텔과 비교해 좀 더 세련된 느낌을 받는다. 잔디 정원과 푸른빛으로 반짝이는 직사각형 연못까지 조경 또한 아름답다. 59㎡ 크기의 빌라에는 자쿠지를 겸한 아담한 실내 수영장을 갖추고 있다. 겨울에는 춥기 때문에 물을 따뜻하게 해달라고 미리 부탁해야 한다. 모두 26개 객실을 운영한다.

메종 다라부아 ★★★★☆
Maison Dalabua

Map P.156-A2 **주소** Thanon Oupalath Khamboua, Ban That Luang **전화** 071-255-588, 020-5565-5013 **홈페이지** www.maisondalabua.com **요금** 클래식 64US$(비수기), 88US$(성수기), 디럭스 78~92US$(비수기), 100~130US$(성수기) **가는 방법** 마을 남쪽에 있는 왓 탓 루앙에서 오른쪽으로 두 블록 떨어진 골목에 있다. 시내에서 갈 경우 조마 베이커리 남쪽 방향에 있는 분수대(남푸)를 지나 첫 번째 삼거리에서 우회전해 골목 안쪽으로 들어가면 된다.

대부분의 고급 리조트가 강변에 있거나 역사적인 건물을 보유하고 있는 반면, 메종 다라부아는 매력적인 연못을 간직하고 있다. 연못은 인공이 아니라, 과거부터 있던 자연 그대로의 모습을 유지해 리조트를 건설한 것이다. 야자수, 연꽃, 수련이 가득한 연못 주변에 객실이 들어서 있는데, 각각의 방으로 가려면 나무로 만든 산책로를 따라 가야 한다. 연못 위에 테라스 형태로 만든 레스토랑과 야외 수영장까지 분위기를 더한다.

일반 객실(클래식 룸)보다는 신축 건물의 디럭스 룸이 더 매력적이다. 발코니가 딸려 있으며 객실에서 수영장(Pool View)과 연못(Pond View)이 보인다. 3동의 방갈로를 포함해 모두 26개의 객실을 운영한다. 자전거를 무료로 대여해 준다. 다라부아는 연꽃의 공주라는 뜻이다.

메종 쑤완나품 호텔 ★★★★★
Maison Souvannaphoum Hotel

Map P.154-A2 **주소** Thanon Chao Fa Ngum **전화** 071-254-609 **홈페이지** www.angsana.com/en/ap-laos-maison-souvannaphoum **요금** 가든윙 160~230US$, 슈피리어 260~310US$ **가는 방법** 타논 짜오파응움 거리에 있는 남푸(분수대) 로터리 옆에 있다.

왕족이 생활하던 저택을 럭셔리한 호텔로 개조했다. 흰색을 강조해 객실도 흰색을 기본으로 인테리어를 꾸몄다. 부티크 호텔처럼 우아함을 강조하면서 모던한 객실 설비를 가미했다. 레지던스 윙 Residence Wing과 가든 윙 Garden Wing 두 개의 건물로 구분되어 있다.

스위트룸에 해당하는 레지던스 윙은 쑤완나푸마 왕자(씨싸왕웡 왕의 조카로 독립 운동을 이끌었다) Prince Souvanna Phouma와 그의 가족이 머물던 곳이다. 특히 메종 룸(214호) Maison Room이라고 불리는 방은 왕자가 침실로 사용했다. 야외 수영장과 스파, 정원 조경까지 고급 호텔답게 잘 꾸며져 있다. 쑤완나품은 황금의 땅이란 뜻이다.

싸뜨리 하우스 ★★★★★
Satri House

Map P.156-A2 **주소** 57 Thanon Phothisarat, Ban That Luang **전화** 071-253-491 **홈페이지** www.satrihouse.com **요금** 디럭스 180~276US$, 주니어 스위트 210~348US$, 싸뜨리 하우스 스위트 280~480US$ **가는 방법** 왓 탓 루앙 앞 골목에 있다. 타논 포티싸랏에 있는 캄마니 인 Khammany Inn 옆 골목으로 들어가면 된다.

쑤파누웡 왕자 Prince Souphanouvong가 유년기를 보냈던 왕족 소유의 건물을 개조한 럭셔리 호텔. 1900년대에 건설된 콜로니얼 건축물의 진수를 느끼게 해주며 건물 자체가 라오스 현대사를 대변한다. 쑤파누웡 왕자가 사용하던 건물은 '싸뜨리 하우스 스위트'로 변모했다. 스위트룸(55㎡)은 모두 3개의 객실로 수영장을 끼고 있어 시설이나 분위기가 럭셔리하다.

일반 객실은 모두 디럭스 룸으로 35㎡ 크기다. 2008년 새롭게 건설한 6개 동의 우아한 콜로니얼 건물에 객실이 들어서 있다. 네 기둥 침대와 가구, 인테리어로 전시한 불상까지 고급스러운 소재를 사용했다. 조용함을 유지하기 위해 객실에 TV를 설치하지 않았다. 예약할 때 미리 이야기하면 LCD TV를 비치해 준다. 객실을 비롯해 호텔은 연못과 정자, 야자나무 가득한 잔디 정원으로 둘러싸여 있다. 평화롭고 호사스러운 시간을 보내기에 좋다. 루앙프라방 관광을 위해 자전거를 무료로 대여해 준다.

르 쎈 부티크 호텔
Le Sen Boutique Hotel ★★★★★

Map P.156-A2 **주소** 113 Thanon Manomai, Ban Mano **전화** 071-261-668 **홈페이지** www.lesenhotel.com **요금** 디럭스 더블 115US$(에어컨, 개인욕실, TV, 냉장고, 아침 식사), 스위트 155~190US$ **가는 방법** 시내 중심가에서 남쪽에 있는 왓 마노롬 Wat Manorom 아래쪽 삼거리에 있다.

콜로니얼 양식을 가미해 새롭게 만든 부티크 호텔이다. 중앙에 직사각형의 수영장을 두고 복층 건물이 둘러싸고 있다. 객실은 벽돌색 타일을 깔았고 목재를 이용해 인테리어를 꾸며 아늑하다. 개인욕실에는 레인 샤워기를 설치해 현대적인 느낌을 더했다(스위트룸은 욕조를 갖추고 있다). 모든 객실은 수영장을 향해 발코니(2층 객실)이나 테라스(1층 객실)가 딸려 있다. 모두 20개의 객실을 운영하는 소규모 부티크 호텔이라 북적대지 않고 직원들도 친절하다. 시내 중심가에서 살짝 떨어져 있어 주변 환경이 조용한 편이다. 시내 중심가까지 걸어서 20분 정도 걸린다. 걷기 싫다면 호텔에서 제공하는 무료 셔틀 버스를 타거나, 자전거를 빌리면 된다.

마이 드림 부티크 리조트
My Dream Boutique Resort ★★★★

Map P.155-C2, P.156-B1 **주소** Ban Meung Nga (Muang Nga) **전화** 071-252-853, 071-252-198 **홈페이지** www.mydreamresort.com **요금** 클래식 가든 드림 80US$(성수기), 디럭스 가든 드림 96US$(성수기), 프라이빗 가든 방갈로 140US$(성수기) **가는 방법** 칸 강 건너편의 강변에 있다. 도보로 갈 때는 옌 싸바이(레스토랑) Dyen sabai 옆 대나무 다리(통행료 5,000K)를 이용하고, 자전거를 탈 때는 나무 철교(쿠아 까오)를 이용하면 빠르다.

칸 강 건너편에 위치한 자연 친화적인 리조트다. 도심을 벗어난 부티크 리조트로, 근사한 야외 수영장을 갖추고 있다. 한적한 강변과 잔디 정원이 여유롭게 어우러진다. 리조트 입구에는 대나무 터널을 만들어 분위기를 더했다. 도시가 아닌 자연 속에서 충분한 휴식을 취할 수 있다.
내부는 부티크 호텔답게 심플하면서도 트렌디하게 꾸몄다. 높은 천장과 발코니 덕분에 시원시원하다. 가능하면 일반 객실보다는 프라이빗 가든 방갈로를 선택하자. 독채 건물이라 한결 여유롭고 객실도 30㎡로 넓다. 인기가 높아서 성수기에는 미리 예약해야 한다. 모두 24개 객실을 운영한다. 시내 중심가을 오가는 무료 셔틀 버스를 운영하며, 자전거를 무료로 대여해 준다.

아바니+ 루앙프라방
Avani+ Luang Phrabang ★★★★☆

Map P.154-A2 **주소** Ban Hua Xieng(Ho Xieng) **전화** 071-262-333 **홈페이지** www.minorhotels.com/en/avani/luang-prabang **요금** 디럭스 240~320US$, 디럭스 풀 뷰 280~390US$ **가는 방법** 여행 안내소와 우체국이 있는 사거리 코너에 있다. 조마 베이커리 맞은편에 있다.

루앙프라방 정중앙에 위치한 럭셔리 호텔이다. 기존의 아제라이 호텔 Azerai Hotel을 아바니 호텔이 인수하면서 아바니+루앙프라방으로 간판이 바뀌었다. 새롭게 건설한 호텔이라 모든 시설이 깔끔하다. 콜로니얼 양식의 복층 구조 건물로 객실은 원목을 이용해 아늑하게 꾸몄다. 35㎡ 크기의 객실에 발코니 또는 테라스가 나있어 여유로운 분위기를 연출했다. 넓은 정원과 25m 길이의 야외 수영장까지 갖춰져 있고, 특히 수영장이 보이는 방은 디럭스 풀 뷰 Deluxe Pool View로 구분된다. 마을 중심가에 있어 관광하기 편리한 것도 장점이다.

Nong Khiaw

농키아우

　남우(우 강) Nam Ou 강변에 있는 한적한 시골 마을이다. 카르스트 지형의 석회암 산들이 마을을 배경처럼 감싸고 있다. 아침 안개가 밀려오는 시간과 해가 지는 시간이면 강과 어우러진 주변 풍경이 감미롭기만 하다. 농키아우는 엄밀히 말해 두개의 마을로 구분된다. 남우를 사이에 두고 왼쪽은 반 농키아우 Ban Nong Khiaw, 오른쪽은 반 쏩훈 Ban Sop Houn이다('반'은 마을이라는 뜻이다). 비교적 늦게 개발된 반 쏩훈에 게스트하우스가 몰려 있다. 두 마을 사이에 다리가 놓여 동일 생활권으로 묶여 있다.

　농키아우는 므앙 응오이 Muang Ngoi(P.216)로 가기 위해 거쳐 가는 마을로 인식되곤 한다. 하지만 강변의 저렴한 방갈로와 평화로운 마을 분위기에 사로잡혀 농키아우에 터를 잡는 여행자들도 제법 많다. 보트를 타고 드나들어야 하는 격리된 느낌의 므앙 응오이에 비해, 도로가 발달되어 있어 고립된 느낌은 들지 않는다. 전기가 24시간 제공되며, 와이파이도 게스트하우스에서 사용 가능하다. 그래도 도시를 완전히 벗어난 곳이라 해가 지면 고요해진다. 마을 주변에 아름다운 카르스트 지형과 전망대가 있어 트레킹을 하면서 하루 이틀 시간을 보낼 수 있다.

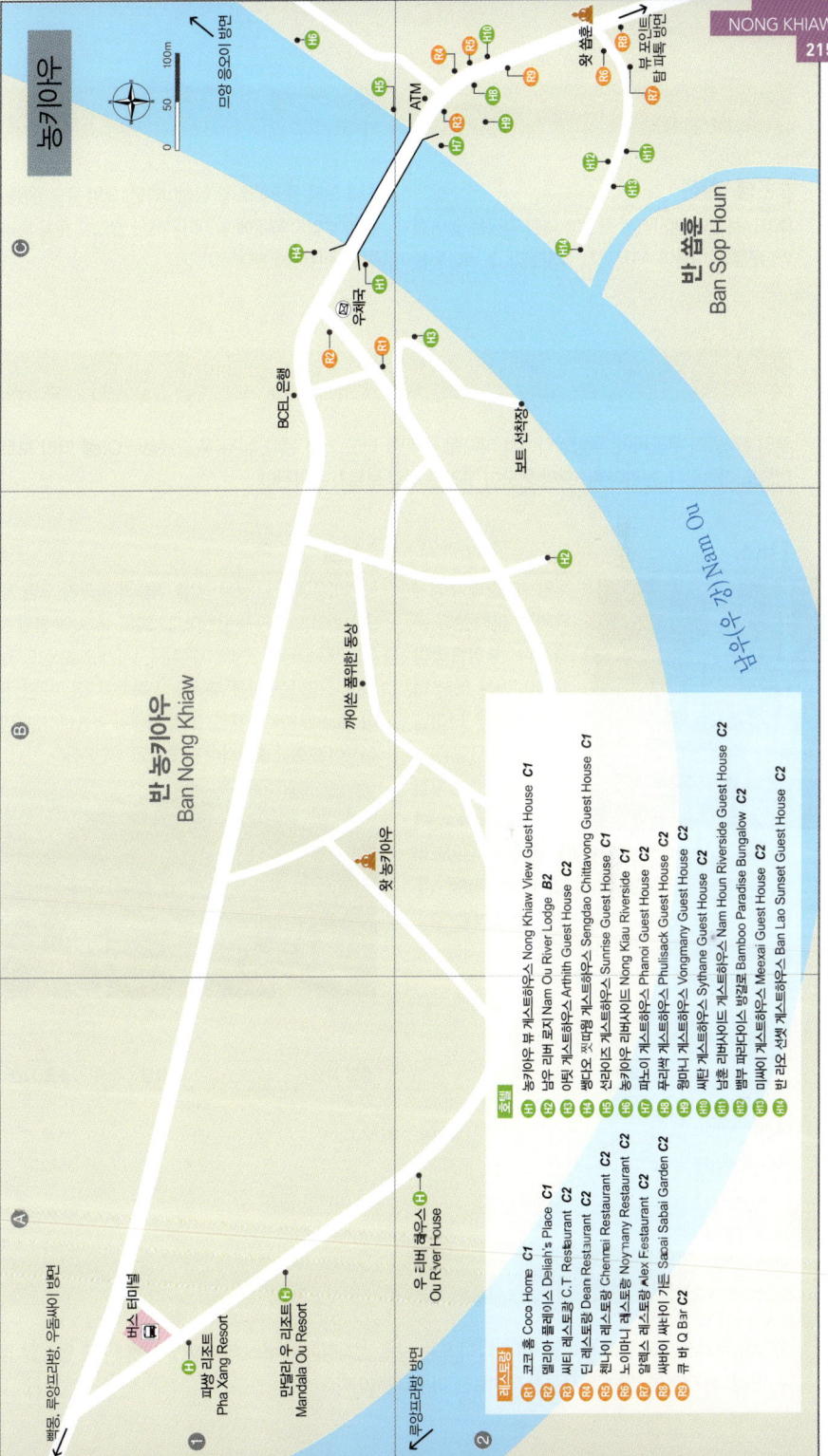

INFORMATION
여행에 유용한 정보

은행·환전
BCEL 은행이 생기면서 환전에 대한 걱정은 없어졌다. 은행과 더불어 ATM까지 설치됐다. 농키아우를 지나 므앙 응오이로 갈 예정이라면, 므앙 응오이에는 은행이 없기 때문에 농키아우에서 필요한 돈을 미리 환전해 두어야 한다.

ACCESS
농키아우 가는 방법

루앙프라방과 우돔싸이, 루앙남타에서 미니밴(롯뚜)을 타고 가면 된다. 남우(우 강) Nam Ou를 따라 보트 여행도 가능하다. 농키아우→므앙 응오이 구간은 매일 보트가 운항된다.

버스

농키아우 버스 터미널

루앙프라방과 루앙남타까지 미니밴이 운행된다. 루앙프라방행 미니밴은 북부 터미널과 남부 터미널로 구분해 운행된다. 두 도시의 중간지점인 빡몽 Pak Mong에서 길이 갈리는데, 빡몽에서 남쪽으로 가면 루앙프라방, 북쪽으로 가면 우돔싸이에 닿는다. 농키아우→우돔싸이 버스는 승객이 적으면 운행이 중단되는 경우도 있다. 버스 터미널은 마을 중심가에서 서쪽으로 1.5㎞ 떨어져 있다.

보트

농키아우에서 남우(우 강)를 거슬러 올라가 므앙 응오이까지 보트가 운항된다. 10:30와 14:30에 출발한다. 편도 요금은 2만5,000K이다. 1시간 30분 정도 걸린다. 므앙 응오이를 지나서 더 북쪽에 있는 므앙 쿠아 Muang Khua까지도 보트 여행이 가능하다. 10명 이상이 모여야 출발하며 편도 요금 15만K이다.

농키아우 보트 선착장

농키아우 버스 터미널에서 출발하는 버스

노선	출발 시간	요금	소요 시간
루앙남타	11:00	10만K	7~8시간
루앙프라방(북부 터미널)	09:00, 11:00, 12:30	4만K	3~4시간
루앙프라방(남부 터미널)	13:30	5만K	3~4시간

TRANSPORTATION
시내 교통

마을이 작기 때문에 걸어 다니면 된다. 다리 또는 보트 선착장에서 버스 터미널까지 썽태우를 합승할 경우 1인당 5,000K을 받는다. 자전거 대여료는 하루 3만K이다.

ATTRACTION

농키아우의 볼거리

풍경 그 자체가 볼거리다. 남우(우 강) Nam Ou와 어우러진 카르스트 풍경이 매력적이다. 방갈로 해먹에 누워 풍경을 감상하거나, 다리 위에서 강을 지나는 보트를 구경하며 시간을 보내면 된다. 제대로 된 전망을 보고 싶으면 뷰 포인트(전망대)에 올라가면 된다.

뷰 포인트(전망대) ★★★
View Point

Map P.215-C2 **운영** 06:30~16:00 **입장료** 2만K **가는 방법** 농키아우에서 다리를 건너 마을 곳곳에 적힌 View Point라는 안내판을 따라가면 도로 왼쪽에 매표소를 겸한 등산로 입구가 나온다.

농키아우에 새롭게 생긴 볼거리다. 파댕 산(山) Phadeng Peak(Pho Pha Deng Mountain) 해발 1,100m 높이에 위치한 전망대다. 농키아우에서 봤을 때 다리 왼쪽에 보이는 산꼭대기에 해당한다. 매표소에서 정상까지 2km라고 적혀 있는데 올라갈 때 1시간 30분, 내려올 때 50분 정도 예상하면 된다. 등산로는 길이 하나밖에 없어서 길을 잃을 염려는 없다.

전망대에 오르면 남우(우 강)에 둘러싸인 농키아우가 시원스레 내려다보인다. 북쪽으로는 므앙 응오이(P.216) 방향으로 이어지는 남우(우 강)이 막힘없이 펼쳐진다. 산길을 오르는 것은 고생스럽지만 정상에서 바라보는 탁 트인 경관만으로도 땀 흘리며 올라온 보람을 느끼게 해준다. 전망대에서 일출을 보는 것도 가능한데, 새벽에는 어둡기 때문에 손전등을 휴대하고 산을 올라야 한다. 입장료에 생수 한 병이 포함되어 있지만, 생수 한 병(큰 병으로!)을 추가로 챙겨가자. 특히 낮 시간에 등산할 경우 생수를 충분히 챙겨가는 것이 좋다. 중간에 음료를 판매하는 노점은 없다. 등산로가 대부분 산 속이라서 그늘져 있으며, 흙길이라 미끄럽다. 특히 우기에는 하산할 때 미끄러지지 않도록 주의해야 한다. 슬리퍼보다는 신발을 신는 게 좋다.

탐 파톡(파톡 동굴) ★☆
Tham Pha Thok(Pathok Cave)

Map P.215-C2 **운영** 06:30~16:00 **입장료** 1만K **가는 방법** 농키아우에서 다리를 건너 동쪽 방향(뷰 포인트 입구를 지나친다)으로 길 따라 쭉 가면 된다. 약 1시간 정도 걸어가면 Welcome To Historical Pathok Cave라고 적힌 간판이 보인다.

마을 중심가에서 동쪽으로 3km 떨어져 있는 동굴이다. 탐 파톡은 라오스에서 흔하게 볼 수 있는 석회암

남우(우 강)에 둘러싸인 농키아우

산 정상의 전망대

주변 풍경이 파노라마로 펼쳐지는 전망대

여행자 숙소가 몰려 있는 반 쏩훈

남우(우 강)

강 하나, 다리 하나, 보트 선착장 하나가 전부인 농키아우

동굴이다(동굴 입구까지 계단이 설치되어 있다). 2차 인도차이나 전쟁(베트남 전쟁) 때 미군의 공습(폭격)을 피하기 위한 빠텟 라오(라오스 공산당)들의 은신처로 사용됐다. 당 간부들도 이곳에 모여 군사작전을 지휘했다고 한다. 작전 지휘실을 포함해 병원 시설도 동굴 내부에 있었다고 한다. 탐 파톡에서 300m 더 내려가면 두 번째 동굴 탐 파꿩(파펑 동굴) Tham Pha Kwong이 나온다. 전쟁 기간 동안 은행으로 사용됐다고 한다. 동굴 내부가 어둡기 때문에 헤드랜턴(대여료 5,000K)을 착용하도록 하자. 가는 동안 펼쳐지는 주변 풍경이 아름답다. 걷기 벅차다면 자전거를 빌려 다녀오는 방법도 있다.

ACTIVITY
농키아우의 즐길 거리

보트 여행과 트레킹이 가능하다. 이곳을 찾는 여행자가 계속 증가하면서 작은 마을에 6개나 되는 여행사가 저마다 트레킹 상품을 내걸고 경쟁하고 있다. 1일 투어는 남우(우 강)를 따라 보트를 타고 소수 민족 마을을 방문하고 논길을 따라 폭포까지 트레킹하는 일정으로 구성된다. 원 헌드레드 워터폴 트렉 100 Waterfalls Trek과 땃목 폭포 트렉 Tat Mok Watrefall Trek이 유명하다. 투어 요금은 참여 인원과 코스에 따라 차이가 난다(1일 투어는 4~5명 기준 1인 28만~37만K 정도 예상하면 된다). 산악자전거 타기 또는 카약킹(카약 타기)을 추가한 1일 트레킹 상품도 있다. 여행사마다 출발 가능한 날짜와 인원을 적어 놓고 추가 인원을 모집한다. 참고로 **뷰 포인트(전망대)는 가이드 없이 다녀올 수 있으며 므앙 응오이를 갈 때 보트를 타기 때문에 굳이 보트 투어를 할 필요도 없다.**

피로한 몸을 풀고 싶다면 허벌 사우나 Herbal Sauna를 이용하자. 다양한 허브(레몬그라스, 바질, 계피)를 이용한 허벌 스팀 사우나 Herbal Steam Sauna(2만K)로 싸바이 싸바이 가든 레스토랑 Sabai Sabai Garden Restaurant(Map P.215-C2)에서 운영한다.

RESTAURANT
농키아우의 레스토랑

마을 규모에 비해 레스토랑은 많은 편이다. 시골 마을인데도 인도 식당이 두 군데나 있다. 시설은 허름하지만, 영어 메뉴를 갖추고 있어 외국인이 식사하기에는 큰 불편함이 없다.

코코 홈 ★★★
Coco Home

Map P.215-C1 전화 020-2367-7818 영업 08:30~22:00 메뉴 영어 예산 3만~7만K 가는 방법 선착장으로 내려가는 마을 삼거리에 있다.

마당이 넓고 여유롭다. 목조 건물과 야외 평상에서 강 풍경을 볼 수 있다. 유럽인 남편과 라오스 부인이 운영한다. 외국인 여행자들을 겨냥한 곳답게 빵과 커피로 이루어진 아침 식사, 스파게티를 맛볼 수 있다. 당연히 라오 음식(랍, 레드 커리, 라오 스테이크)도 가능하다. 음식 종류는 많지 않지만 깔끔하다.

델리아 플레이스 ★★★
Deliah's Place

Map P.215-C1 **영업** 07:30~22:00 **메뉴** 영어 **예산** 2만5,000~4만K **가는 방법** 다리를 건너기 전(다리 왼쪽)에 있는 우체국 맞은편에 있다.

강변을 끼고 있다거나 정원이 잘 가꾸어졌다거나 분위기가 좋은 레스토랑은 아니다. 하지만 아담한 카페 분위기로 바닥에 쿠션이 놓여 있다. 커피와 베이글, 팬케이크, 와플 같은 가벼운 식사를 하기에 좋다. 라오 카레와 '랍' 같은 기본적인 라오스 음식도 있다. 여행사(타이거 트레일 Tiger Trail)와 숙소(도미토리 3만5,000K, 더블 5만5,000K)를 함께 운영한다.

첸나이 레스토랑 ★★★
Chennai Restaurant

Map P.215-C2 **전화** 020-9574-6407 **영업** 08:30~22:00 **메뉴** 영어 **예산** 2만~6만K **가는 방법** 다리를 건너 도로 왼쪽 편에 있는 딘 레스토랑 옆.

남인도 사람이 운영하는 인도 음식점이다. 길가에 있는 허름한 식당이지만 외국인 여행자들에게 무척이나 인기가 있다. 알루 고비 Aloo Gobi, 커리(인도 카레), 마살라 Masala, 탄두리 치킨 Tandoori Chicken, 난 Nan, 로띠(팬케이크) Rotti, 라씨(요거트 셰이크)까지 웬만한 인도 음식을 요리한다. 대표적인 남인도 음식인 도사(메뉴에는 Dosai라고 적혀있다)도 맛볼 수 있다. 인도 음식이 익숙하지 않다면 매콤한 칠리 치킨 Chilli Chicken도 괜찮다.

딘 레스토랑 ★★★
Deen Restaurant

Map P.215-C2 **전화** 020-2214-8895 **영업** 08:30~22:00 **메뉴** 영어 **예산** 1만5,000~6만K **가는 방법** 다리를 건너서 도로 왼쪽 편에 있다. 첸나이 레스토랑 옆에 있다.

첸나이 레스토랑이 바로 옆에 생기면서 인기가 조금 시들해졌지만, 한때 농키아우를 대표하던 인도 음식점이다. 도로변에 있는 평범한 시설이다. 채식을 즐기는 인도 음식점답게 감자(메뉴판에 '알루 Aloo'라고 적혀 있는 음식)가 들어간 요리가 많다. 참고로 고기가 들어간 음식은 메뉴판에 미트 Meat가 아니라 '논-베지 Non Veggie'라고 적어 놓았다. 스페셜 요리로는 탄두리 치킨(화덕에 구운 닭고기) Tandoori Chicken이 있다.

알렉스 레스토랑(마마 알렉스) ★★★
Alex Restaurant(Ma Ma Alex)

Map P.215-C2 **전화** 020-7787-8351 **영업** 06:00~23:00 **메뉴** 영어 **예산** 2만~3만5,000K **가는 방법** 다리를 건너서 직진하다 선셋 게스트하우스 방향 오른쪽 골목 안쪽으로 30m 들어간다.

허름한 현지 식당이다. 강변이 아니라 골목 안쪽에 있기 때문에 특별한 전망도 없다. 여행자들이 '마마(엄마) Mama'라 부르는 라오스 여주인이 직접 음식을 준비하고 요리한다. 라오스 음식과 팬케이크, 와플, 버거, 스파게티까지 메뉴는 다양하다. 주문이 들어오는 대로 요리하기 때문에 오래 기다려야 하는 경우가 다반사다.

큐 바 ★★★
Q Bar

Map P.215-C2 **영업** 08:00~23:00 **메뉴** 영어 **예산** 2만~4만K **가는 방법** 다리 건너 씨탄 게스트하우스 맞은편에 있다.

도로변에 있는 목조 건물의 바로 외국인 여행자들이 즐겨 찾는다. 2층 좌석은 마룻바닥에 방석이 깔려 있어 너부러져 휴식하기 좋다. 레스토랑을 겸하는데 기본적인 아침 식사, 팬케이크, 버거 같은 외국인 여행자를 위한 메뉴기 구성되어 있다. 저녁에는 씬닷 Lao BBQ(P.56 참고)도 가능하다. 해피 아워인 오후 5시~8시에는 칵테일이 1+1으로 제공된다.

HOTEL

농키아우의 호텔

게스트하우스들은 강변을 끼고 있는 반 쏩훈에 몰려 있다. 방갈로 형태의 기본적인 시설로 강변과 접한 숙소들이 분위기가 좋다. 대부분의 게스트하우스에서 와이파이를 무료로 사용할 수 있다. 대부분의 숙소가 비수기에는 방 값을 할인해 준다.

농키아우 뷰 게스트하우스 ★★★
Nong Khiaw View Guest House

Map P.215-C1 **전화** 020-5225-1615 **요금** 더블 6만~7만K(선풍기, 개인욕실) **가는 방법** 농키아우에서 다리 건너기 전 오른쪽에 있다.

강변에 있는 게스트하우스. 다리 옆에 있어 전망이 좋다. 새롭게 만든 복층 콘크리트 건물이라 깨끗하다. 객실은 타일이 깔려 있어서 천장에 매달린 선풍기가 돌아간다. 온수 샤워가 가능한 개인욕실이 딸려 있다. 작은 생수 2병, 수건을 제공해 준다. 공동으로 사용하는 발코니에는 개인 테이블을 비치했다. 2층에 있는 객실에서 보이는 전망이 뛰어나다.

푸리싹 게스트하우스 ★★☆
Phulisack Guest House

Map P.215-C2 **전화** 030-9230596, 020-5985-8911 **요금** 더블 6만~8만K(선풍기, 개인욕실, TV) **가는 방법** 다리를 건너서 100m 정도 더 가면 첸나이 레스토랑 맞은편에 있다.

도로변에 있는 게스트하우스. 콘크리트 건물이라 깔끔하지만 특별한 매력은 없다. 객실은 기본적인 시설에 선풍기와 개인욕실도 있다. 온수 샤워가 가능하다. 도로변에 있기 때문에 강은 보이지 않는다. 객실은 모두 5개로 친절한 라오스 가족이 운영한다.

씨탄 게스트하우스 ★★☆
Sythane Guest House

Map P.215-C2 **전화** 030-984-4286, 020-5554-5506 **요금** 6만~7만K(선풍기, 개인욕실) **가는 방법** 다리를 건너 100m 정도 직진. 첸나이 레스토랑 옆.

강변의 한적한 방갈로가 아니라 콘크리트로 만든 복층 건물이다. 도시에서나 볼 수 있는 평범한 스타일의 게스트하우스로 온수 샤워가 가능한 개인욕실을 갖추고 있다. 선풍기 방으로 침대에 모기장이 설치돼 있다. 발코니가 딸려 있는 2층 방이 더 좋다.

미싸이 게스트하우스 ★★★
Meexai Guest House

Map P.215-C2 **전화** 030-923-0762 **홈페이지** www.meexaiguesthouse.com **요금** 더블 7만~10만K(선풍기, 개인욕실) **가는 방법** 다리 건너에 있는 푸리싹 게스트하우스 지나서 오른쪽 골목으로 100m 들어간다.

오래되고 인기 있는 여행자 숙소 중의 한 곳이다. 복층 콘크리트 건물로 객실이 타일이 깔려 있으며 온수 샤워 가능한 욕실이 딸려 있다. 층마다 발코니가 있으며 객실 앞으로 테이블이 놓여 있다. 앞쪽에 건물이 생기면서 대부분의 방에서 강이 보이진 않는다. 주인장이 친절하다.

남우 리버 로지 ★★★
Nam Ou River Lodge

Map P.215-B2 **전화** 020-5537-9861 **요금** 더블 10만K(선풍기, 개인욕실) **가는 방법** 버스 터미널에서 도보 7분. 보트 선착장에서 도보 5분.

다리 건너기 전 남우 강변에 있는 게스트하우스. 복층으로 이루어진 콘크리트 건물로 강변 풍경을 바라보기 좋다. 객실은 넓은 편으로 타일이 깔려 있다. 침대와 선풍기, 모기장 등 기본 시설을 갖췄다. 공동으로 사용하는 발코니가 층마다 있다. 객실이 6개뿐이다. 마을 중심가까지 걸어서 10분 정도 걸린다.

웡마니 게스트하우스 ★★★
Vongmany Guest House

Map P.215-C2 **전화** 020-5888-3553, 020-5499-0787 **요금** 더블 8만~10만K(선풍기, 개인욕실, TV) **가는 방법** 다리 건너서 길 오른쪽, 웡마니 레스토랑 옆에 있다.

다리 건너편의 여행자 숙소 밀집지역에 있다. 2층짜리 콘크리트 건물에 객실은 선풍기와 온수 샤워 가능한 개인욕실이 딸려있다. 강변에서 살짝 떨어져 있으나, 2층 발코니에서 강과 다리 풍경이 보인다. 레스토랑을 함께 운영한다.

우 리버 하우스 ★★★☆
Ou River House

Map P.215-A1 **전화** 020-5994-5500 **홈페이지** www.facebook.com/ouriverhouse **요금** 더블 14만~16만K(선풍기, 개인욕실, 아침식사) **가는 방법** 버스터미널에서 마을 중심가 방향으로 400m, 호텔 간판을 보고 길 아래로 내려가서 대나무 다리를 건너면 된다.

남우(우 강)을 끼고 있는 평화로운 게스트하우스. 수상 가옥 형태로 만들어졌으며 6개의 객실이 일렬로 들어서 있다. 야외 테라스와 객실 창문을 통해 강 건너 풍경을 감상할 수 있다. 객실은 에어컨 대신 선풍기를 갖췄다. 마을 중심가까지 걸어서 15분 정도 걸린다.

농키아우 리버사이드 ★★★★
Nong Kiau Riverside

Map P.215-C1 **전화** 071-810-004, 020-2240-6677 **홈페이지** www.nongkiau.com **요금** 더블 50~60US$ (선풍기, 개인욕실, 냉장고, 아침 식사) **가는 방법** 다리 건너서 왼쪽(북쪽) 길로 200m 올라가면 된다.

방갈로는 40㎡로 크고 나무 바닥을 깔아 고급스럽다. 네 기둥 침대에 모기장이 설치돼 있다. 타일을 깔아 만든 개인욕실도 넓고 깨끗하다. 냉장고와 커피포트, 안전금고, 온수 샤워까지 객실 시설은 훌륭하다. 방갈로에 딸려 있는 발코니도 넓다. 발코니에서 강과 주변 풍경을 보며 한가한 시간을 보내기에 좋다. 객실에는 TV가 설치되어 있지 않다. 아침 식사가 요금에 포함된다. 비수기 요금은 35US$.

반 라오 선셋 게스트하우스 ★★★
Ban Lao Sunset Guest House

Map P.215-C2 **전화** 071-810-033, 020-5557-1033 **홈페이지** www.banlaosunset.com **요금** 더블 12만~16만K(선풍기, 개인욕실), 더블 20만~22만K(에어컨, 개인욕실) **가는 방법** 다리 건너에 있는 푸리싹 게스트하우스 지나서 오른쪽 골목 끝까지 들어간다.

남우 강변에 있는 게스트하우스. 방갈로 형태의 숙소였으나 콘크리트 건물까지 신축했다. 주변에 허름한 방갈로에 비해 상대적으로 시설은 좋은 편이다. 강과 가깝기 때문에 발코니에서 강변 풍경과 일몰을 감상할 수 있다. 시설에 비해 방 값은 비싼 편이다.

만달라 우 리조트 ★★★★
Mandala Ou Resort

Map P.215-A1 **전화** 030-537-7332 **홈페이지** www.mandala-ou.com **요금** 비수기 43~51US$, 성수기 58~68US$(에어컨, 개인욕실, 아침 식사) **가는 방법** 버스터미널 앞에 있는 파쌍 리조트 Pha Xang Resort를 바라보고 왼쪽(농키아우 방향)에 있다.

농키아우에서 유일하게 수영장을 갖춘 숙소다. 리조트라고 칭하기에는 럭셔리하지 않지만 라오스 북부의 시골 마을임을 감안하면 부족함이 없다. 남우(우 강) 강변에 10개의 방갈로를 운영한다. 방갈로는 강변 전망과 정원 전망으로 구분된다. 창문이 넓고 발코니가 딸려 있어 쾌적하다. 에어컨이 없어서 여름엔 덥게 느껴질 수도 있다. 쌀쌀한 겨울에는 문제가 되지 않는다. 겨울(12~2월 중반)에는 허벌 사우나를 무료로 이용할 수 있다. 마을 중심가까지는 걸어서 15분 정도 걸린다. 불편한 위치를 감안해 무료로 사용할 수 있는 자전거를 제공해 준다.

므앙 응오이

므앙 응오이는 남우(우 강) Nam Ou 강변에 형성된, 외부 세계와 연결하는 도로조차 존재하지 않는 라오스 북부의 시골 마을이다. 길이라고 해봐야 500m 남짓한 흙먼지 길이 전부다. 인구는 800명. 보트 선착장 하나, 자그마한 사원 하나, 한적한 학교 하나가 전부다. 자동차도 없고, 은행도 없다. 그나마 2013년에 전기가 들어와 문명의 혜택을 누리고 있다. 와이파이가 가능해졌고, 냉장고가 생겼고, 아무 때나 TV를 볼 수 있으며, 온수 샤워가 가능해졌다.

그곳에 갈 수 있는 유일한 방법은 보트뿐. 농키아우 Nong Khiaw에서 므앙 응오이까지 보트를 타고 가는 1시간 남짓 동안 강 옆으로 펼쳐지는 카르스트 지형이 몽롱한 풍경을 선사한다. 마치 육지에 있는 섬으로 들어가는 듯한 착각을 불러일으킨다. 이런 데를 어찌 알았을까 싶을 정도로 므앙 응오이는 오래전부터 외국인 여행자들이 드나들었다. 여유로운 자연가 조용한 마을이 '아무것도 하지 않아도 되는 자유'를 선사해주기 때문이나. 배낭 여행자들이 몰려오면서 '라오스 북부의 방비엥'이라고 평가되기도 한다. 현지인들은 외국인에게 친절하고(외국인을 맞이해 벌어들이는 관광 수입이 얼마나 큰 역할을 하는지 잘 알고 있다), 라오스 시골 마을의 일상은 변함없이 이어진다.

INFORMATION

여행에 유용한 정보

은행·환전

은행이나 ATM은 존재하지 않는다. 환전이 불가능한 것은 아니지만 도시에 있는 은행에 비해 환율이 떨어진다. 므앙 응오이에 머무는 동안 필요한 현금은 미리 챙겨서 가는 게 좋다.

안전·주의사항

허름한 방갈로가 많아서 방에 귀중품을 두고 다니지 말아야 한다. 종종 도난 사고가 보고되고 있다.
22:00 이후에는 시끄럽지 않도록 행동을 조심해야 한다. 워낙 일찍 자고 일찍 일어나는 산골 동네 사람들이라, 그들의 생활에 피해를 주는 일은 자제해야 한다.

ACCESS

므앙 응오이 가는 방법

농키아우에서 남우(우 강)를 따라 북쪽으로 20㎞ 떨어져 있다. 도로가 없기 때문에 반드시 보트를 타야 한다. 농키아우→므앙 응오이 보트는 1일 2회(10:30, 14:30) 출발한다. 므앙 응오이→농키아우 보트는 1일 1회(09:30) 출발한다. 편도 요금은 2만 5,000K이다.

므앙 옹오이 북쪽에 있는 므앙 쿠아 Muang Khua 까지는 정기적으로 운항하는 보트가 없다. 10명 이상이 모일 경우 출발한다. 1인당 요금은 12만 5,000K이다(소요 시간 5시간). 출발 가능성 여부는 보트 티켓 사무실에 문의하면 된다.

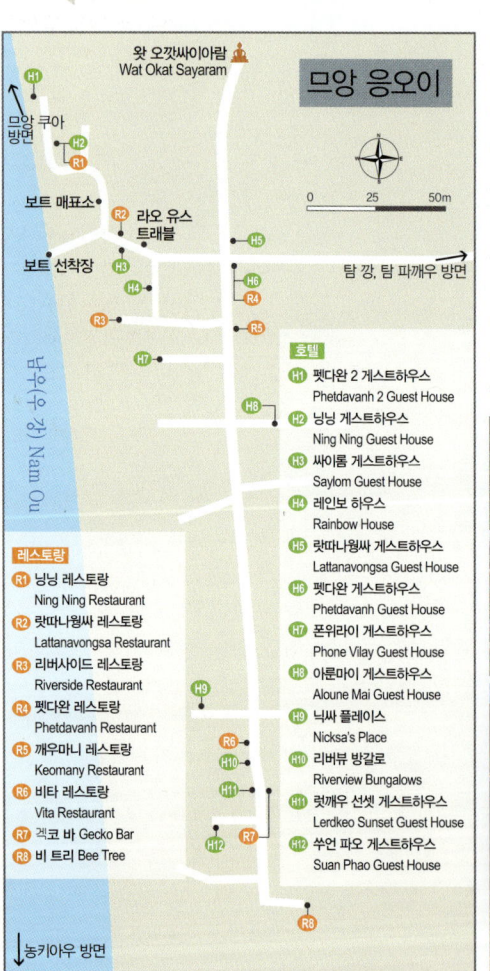

므앙 응오이에 도착한 여행자들

마을에는 비포장 도로 하나가 전부다

ATTRACTION

므앙 응오이의 볼거리

므앙 응오이 또한 전쟁(2차 인도차이나 전쟁 중에 미국이 비밀리에 진행한 공중 폭격)으로 인해 폐허가 됐던 지역이다(P.145). 전쟁 이후에 농키아우(P.214)가 새롭게 건설되면서 므앙 응오이는 변방 지역으로 남게 됐다.

므앙 응오이 가는 길 ★★★☆
The Way To Muang Ngoi

므앙 응오이 가는 길 자체가 볼거리다. 남우(우 강)를 따라 나무 보트를 타고 느리게 이동한다. 모터 엔진 소리는 바람을 가르고, 맑은 흙탕물은 푸른색의 산들과 경계를 이룬다. 고요한 파란 하늘, 구름에 휩싸인 몽롱한 풍경까지. 그 곳을 가지 않으면 절대로 볼 수 없는 풍경이다. 강 주변에 전혀 사람들이 살 것 같지 않지만 중간중간 현지인들이 배에서 내려 어딘가로 사라지는 모습도 호기심을 자극한다. 므앙 응오이로 갈 때는 강을 거슬러 올라가야 해서 1시간 30분 정도 걸린다.

보며 시간을 보내면 좋다. 마을 북쪽 끝에는 2011년에 재건축한 사원인 왓 오깟싸이아람 Wat Okat Sayaram이 남아 있다. 길이 하나밖에 없는 마을이기 때문에 현지인의 삶을 가까이서 체험할 수도 있다.

므앙 응오이 앞으로 펼쳐지는 남우(우 강) 풍경

므앙 응오이 가는 길

므앙 응오이 마을 풍경

남우(우 강) 강변의 작은 마을 므앙 응오이

한적한 강변 풍경

므앙 응오이 ★★
Muang Ngoi

므앙 응오이의 가장 큰 볼거리는 자연 경관이다. 방갈로 해먹에 누워 강과 어우러진 카르스트 풍경을

탐 파노이 (파노이 동굴) ★★☆
Pha Noi Cave(Phanoy Cave)

운영 08:00~17:00 **입장료** 1만K **가는 방법** 사원(왓 오깟싸이아람) 후문에서 길을 건너 직진해서 숲길로 들어간다. 강을 왼쪽에 두고 10~15분 정도 걸어가면 매표소에 도착한다.

마을에서 가장 가까운 석회암 종유석 동굴이다. 동굴이 있는 곳은 마을 뒷산에 해당하는데, 사원 뒤쪽으로 이어진 길을 따라가면 된다. 매표소에서 동굴까지 10분 정도 산길을 걸어 올라가게 된다. 가파른 바위산을 올라야 하기 때문에 중간중간 나무로 계단을 만들었다. 흙길이라 미끄러운 편이다. 동굴을 지나서 10분 정도 산을 더 오르면 정상에 닿는다.

산 정상에서 뒤쪽으로 남우(우 강) 풍경이 살짝 보이는데, 진짜 전망대는 산꼭대기에서 앞쪽으로 조금 더 내려가야 한다. 전망대에 서면 므앙 응오이가 시원스럽게 내려다보인다. 강과 카르스트 지형이 함께 어우러져 풍경이 아름답다.

탐 파노이(파노이 동굴) 위쪽 전망대에서 마을이 내려다 보인다.

탐 깡(동굴) & 주변 마을 ★★
Tham Kang & Local Village

므앙 응오이 주변에 있는 동굴이다. 석회암 카르스트 지대에 형성된 동굴로, 가이드 없이도 갈 수 있다. 므앙 응오이에서 남동쪽 길(선착장 반대 방향)을 따라 30~40분 걸어가면 된다. 포장된 도로는 아니지만 길이 넓어서 길을 잃을 염려는 없다. 동굴 입구의 마을에서 입장료 2만K를 받는다.

탐 깡 Tham Kang은 '중앙 동굴'이라는 뜻이다. 동굴 내부는 어둑하기 때문에 랜턴을 휴대하는 게 좋다. 동굴 앞으로 투명한 냇물이 흐른다. 동굴 옆으로 작은 강이 있는데, 대나무 다리를 건너면 카르스트 지형에 둘러싸인 농촌 풍경이 아름답다. 탐 깡에서 길을 따라 5분 정도 더 가면 탐 파깨우 Tham Pha Kaew가 나온다. 동굴 내부에 불상을 모시고 있다.

동굴을 지나 길을 따라가면 주변 마을에 닿는다. 냇물을 건너고 논길을 지나야 하는데 표지판이 많이 없으니 현지인에게 길을 물어보며 가는 게 좋다. 동굴을 지나서 30분 더 걸어가면 '반 나 Ban Na(바나 빌리지 Bana Village라고 표기하기도 한다)' 마을이 나온다. '반 나'를 지나서 '반 훼이보(훼이보 마을) Ban Huay Bo(Ban Hoy Bor Village라고 영어 안내판을 적어 놓은 곳도 있다)'까지 갈 수 있다. 동굴로부터 걸어서 1시간 정도 걸린다.

탐 깡(동굴)을 지나서 '반 나' 방향으로 가다보면 중간에 갈림길이 있는데, 여기서 왼쪽으로 가면 '반 훼이쌘 Ban Huay Sen(Houai Sene)' 마을에 도착한다(동굴부터 도보로 1시간 소요).

세 곳 모두 허름한 목조 가옥(또는 대나무로 만든 집) 몇 채 있는, 전기도 안 들어오는 시골 마을이다. 그래도 허름한 게스트하우스(홈스테이에 가깝다)가 있어 외국인 여행자들이 찾아온다. 므앙 응오이로 돌아오려면 왔던 길을 되돌아가야 하기 때문에 충분한 시간을 갖고 가는 게 좋다. 조금 더 편하게(?) 여행하려면 가이드를 동반한 여행사 트레킹 투어를 이용하면 된다.

탐 깡 주변의 농촌 풍경

반 나 마을 가는 길

ACTIVITY
므앙 응오이의 즐길 거리

마을 주변 트레킹도 가능한데, 카르스트 지형과 농촌 풍경이 어우러져 근사하다. 트레킹 투어는 므앙 응오이 주변 마을과 동굴을 방문한다. 1일 투어는 보트를 타고 가야 하는 땃 목(폭포) Tat Mok을 함께 방문한다. 땃 목은 남우 강변에 있는 반 쏩콩 Ban Sopkhong에서 걸어가면 닿는다. 므앙 응오이 주변의 시골 마을에 있는 자그마한 여행사에서 홈스테이 하는 1박 2일 투어도 가능하다. 마을에 있는 자그마한 여행사에서 트레킹 Trekking이란 간판을 내걸고 여행자들을 모집하고 있다.

RESTAURANT
므앙 응오이의 레스토랑

마을이 작기 때문에 특별한 레스토랑은 없다. 게스트하우스나 방갈로에서 운영하는 고만고만한 레스토랑이 여행자들을 반길 뿐이다. 모든 레스토랑은 영어 메뉴를 갖추고 있다. 볶음밥과 볶음국수가 1만 5,000~2만K 정도다. 22:00가 되면 문을 닫는다. 숙소에서 운영하는 곳 중에는 선착장과 가까운 리버사이드 레스토랑 Riverside Restaurant, 닝닝 레스토랑 Ning Ning Restaurant, 랏따나웡싸 레스토랑 Lattanavongsa Restaurant이 인기 있다. 강변에 있는 닝닝 레스토랑에서의 전망이 뛰어나다. 리버사이드 레스토랑은 인도 음식, 피자, 칵테일 덕분에 유럽인 여행자들이 즐겨 찾는다. 펫다완 레스토랑 Phetdavanh Restaurant(펫다완 게스트하우스 1층)은 뷔페가 유명하다. 아침 시간에는 바게트와 과일, 커피로 이루어진 브랙퍼스트 뷔페(3만5,000K), 저녁에는 채식으로 구성된 베지테리언 뷔페(3만5,000K)를 제공한다. 마을 남쪽에 있는 젝코 바 Gecko Bar는 칵테일 바와 카페, 레스토랑을 겸한다. 그리고 마을 끝자락에 있는 빅 트리 Big Tree는 야외 정원이 있어 숲속에 온 듯한 느낌을 준다.

HOTEL
므앙 응오이의 호텔

강변의 한적한 시골 마을답게 방갈로들이 들어서 있다. 대부분의 숙소들이 남우 강변을 끼고 목조 방갈로를 만들었으며, 발코니에 해먹을 달아놔 풍경을 감상하며 빈둥거릴 수 있도록 했다. 에어컨이나 TV, 냉장고 같은 호텔 시설은 기대하지 말자. 그저 고요와 평화를 즐기면 된다. 다행히도 2013년도에 전기가 공급되면서 와이파이 사용도 가능해졌다. 보트 선착장에 도착해 마을 안쪽으로 들어가면서 마음에 드는 방갈로에 짐을 풀면 된다. 비수기에는 방 값이 할인되는데 허름한 방갈로는 4만K, 괜찮은 방갈로는 6만K 정도 예상하면 된다.

싸이롬 게스트하우스 ★★★
Saylom Guest House

Map P.224 요금 더블 7만~8만K(선풍기, 개인욕실) 가는 방법 보트 선착장에서 도보 1분.

보트 선착장 바로 앞에 있어 찾아가기 편리하다. 견고한 목조 방갈로와 콘크리트 복층 건물을 갖추고 있다. 창문 넓은 2층 방이 좋다. 개인욕실은 타일이 깔려 있으며 온수 샤워가 가능하다. 방갈로에는 발코니가 딸려 있고 해먹이 걸려 있다.

레인보 하우스 ★★☆
Rainbow House

Map P.224 **전화** 030-514-2296 **요금** 더블 8만 ~10만K(선풍기, 개인욕실) **가는 방법** 보트 선착장에서 도보로 2분 정도 걸린다. 싸이롬 게스트하우스 지나서 오른쪽에 있다.

방갈로가 아니라 일반 콘크리트 건물이다. 객실이 깨끗하고 관리 상태도 좋다. 1층은 테라스, 2층은 발코니를 공동으로 사용할 수 있다. 2층 발코니에서 강이 보인다. 강변 쪽에 레스토랑을 운영한다.

닉싸 플레이스 ★★★
Nicksa's Place

Map P.224 **요금** 더블 6만~8만K(선풍기, 개인욕실), 딜럭스 방갈로 10만~14만K(선풍기, 개인욕실) **가는 방법** 마을 남쪽에 있다.

므앙 응오이에서 흔하게 볼 수 있는 대나무 방갈로 형태의 숙소다. 현지어로는 '흐안팍 닉싸'라고 부른다. 침대와 모기장을 갖춘 매우 기본적인 시설이다. 온수 샤워가 가능한 개인욕실이 있다. 방갈로 앞으로 아담하게 가꾼 정원이 있고, 발코니에는 해먹이 두 개씩 걸려 있는데, 강변 풍경을 즐기기 좋다.

랏따나웡싸 게스트하우스 ★★★
Lattanavongsa Guest House

Map P.224 **전화** 030-514-0770 **요금** 성수기 8만~10만K(선풍기, 개인욕실) **가는 방법** 보트 선착장에서 올라가며 마을에 들어서면 첫 번째로 보이는 숙소. 선착장에서 도보 2분.

강변이 보이는 정취는 아니지만 잘 가꾸어진 정원과 방갈로가 어우러져 분위기가 좋다. 방갈로가 큰 편으로 견고하게 잘 만들었다. 온수 샤워가 가능한 개인욕실이 딸려 있다. 입구는 불발 폭탄 UXO를 이용해 장식했다. 선착장과 인접한 곳에 레스토랑을 함께 운영한다.

쑤언 파오 게스트하우스 ★★★
Suan Phao Guest House

Map P.224 **전화** 020-2266-9940 **요금** 더블 5만~8만K(선풍기, 개인욕실) **가는 방법** 마을 남쪽 끝자락에 있는 럿깨우 선셋 게스트하우스 옆에 있다.

6채의 견고한 목조 방갈로를 보유하고 있으며, 방갈로 크기에 따라 요금이 다르다. 온수 샤워 가능한 개인욕실과 선풍기 시설을 갖췄으며, 주변의 다른 숙소와 큰 차이는 없다.

럿깨우 선셋 게스트하우스 ★★★☆
Lerdkeo Sunset Guest House

Map P.224 **전화** 020-7730-5041, 020-2889-5211 **요금** 비수기 8만~10만K(선풍기, 개인욕실) 성수기 15만~17만K **가는 방법** 마을 남쪽의 리버뷰 방갈로 옆에 있다.

콘크리트로 만든 방갈로라서 시설이 좋다. 2012년에 문을 열었다. 객실 크기는 보통이지만 시설은 다른 곳보다 좋고 깨끗하다. 방갈로마다 강 쪽을 향한 발코니가 딸려 있다. 발코니에는 전용 테이블이 놓여 있어서 강을 바라보며 시간을 보내기에 좋다.

닝닝 게스트하우스(닝닝 리조트) ★★★☆
Ning Ning Guest House

Map P.224 **전화** 030-514-0863 **홈페이지** www.facebook.com/ningningguesthouse **요금** 방갈로 13만~20만K(선풍기, 개인욕실, 아침 식사), 리버뷰 24만~30만K(선풍기, 개인욕실, 아침 식사) **가는 방법** 선착장에서 왼쪽(북쪽)으로 50m 떨어져 있다.

선착장 북쪽에 있는 숙소로 강변을 끼고 있어 객실에서의 전망이 뛰어나다. 신축 건물에 탁 트인 창과 발코니가 딸린 리버 뷰 객실을 보유하고 있으며, 정원을 끼고 있는 방갈로 객실은 침대에 모기장이 설치돼 있다. 레스토랑에서 보는 경치도 훌륭하다. 방갈로에서는 강변 풍경이 보이지 않는다. 참고로 성수기에는 시설에 비해 방값이 많이 인상된다.

우돔싸이(므앙싸이)

Udomxai(Muang Xai)

라오스 북부 최대 도시이자 교통의 중심지다. 라오스 북부를 여행하다보면 한 번은 스쳐 지나가게 되어 있다. 주변 국가인 중국, 태국, 베트남을 연결하는 길목이기도 해서 국제버스들도 드나든다. 특히 중국 국경과 가깝다. 라오스와 중국 교역로에 위치한 상업도시로 거리에는 중국 호텔과 중국 식당이 흔하다. 중국인만 상대하는 곳이 많아 영어 간판도 없이 중국어로만 쓰여 있는 곳도 있다. 도시 전체 인구의 25%가 중국인(특히 라오스와 국경을 접한 윈난성 사람들이 많다)이다.

전쟁 기간 동안 폭격으로 폐허가 됐다가 1975년 이후에 재건됐기 때문에 특별한 볼거리는 없다. 원하는 목적지까지 가는 버스 연결이 원활치 않아서 하루를 자야 하는 경우를 제외하면, 우돔싸이에 머무는 여행자는 극히 제한적이다. 도시 이름은 우돔싸이와 므앙싸이가 같이 쓰인다. 우돔싸이의 영문 표기는 Oudomxay, Oudomsay, Udomxay로 제각각이니 혼동하지 말자.

ACCESS

우돔싸이(므앙싸이) 가는 방법

루앙프라방과 루앙남타 중간에 있기 때문에 버스를 이용하면 된다. 항공은 수도인 비엔티안(위앙짠) 노선이 유일하다. 루앙프라방에서 192㎞, 루앙남타에서 115㎞ 떨어져 있다.

항공

라오항공(www.laoairlines.com)과 라오스카이웨이(www.laoskyway.com)에서 비엔티안→우돔싸이 노선을 취항한다. 라오항공은 매일 1회 운항하며 편도 요금은 95US$이다. 라오스카이웨이는 주 3회 운항한다. 비행 시간은 50분이다. 공항(현지어로 '싸남빈')은 시내 중심가에서 남동쪽으로 2㎞ 떨어져 있다.

버스

2014년 12월에 버스 터미널이 하나 더 생기면서 오히려 불편해졌다. 시내에 있던 기존의 버스 터미널 Old Bus Terminal(전화 081-212-2218)에서는 루앙남타, 훼이싸이(보깨우), 므앙쿠아, 퐁쌀리를 포함한 북부 방향 버스가 출발한다. 중국 윈난성(云南省) 징훙 Jinghong(景洪)과 베트남 디엔비엔푸 Điện Biên Phủ 행 국제 버스도 운행된다. 태국으로 갈 경우 루앙남타→훼이싸이(보깨우) 방향으로 이동하면 된다. 새로 생긴 버스 터미널 New Bus Terminal(전화 081-312-200)은 시내에서 남쪽(루앙프라방 방향)으로 5㎞ 떨어져 있다. 우돔싸이 남쪽에 있는 비엔티안(위앙짠), 루앙프라방, 농키아우를 갈 때 이곳에서 버스를 타야 한다. 비엔티안(위앙짠)까지는 거리가 멀어 야간 버스가 운행된다. 두 개의 버스 터미널은 뚝뚝(또는 썽태우)를 타고 가면 된다. 합승 요금 1인당 1만K, 혼자 탈 경우 2만5,000K에 흥정하면 된다.

북부행 터미널에서 출발하는 버스

노선	출발 시간	요금	소요 시간
루앙남타	08:30, 11:30, 15:00	4만K	4시간
무앙쿠아	08:30, 11:30, 15:00	4만5,000K	4시간
훼이싸이(보깨우)	09:00	9만K	8시간
디엔비엔푸(베트남)	08:30	9만5,000K	7~8시간
징훙(중국)	08:00	13만K	8~9시간

남부행 터미널에서 출발하는 버스

노선	출발 시간	요금	소요 시간
루앙프라방	09:00, 12:00, 15:30	6만K	7시간
비엔티안	11:00, 14:00, 16:00(VIP), 18:00(VIP)	17만~19만K	15~16시간
농키아우	10:00	4만5,000K	4~5시간

TRANSPORTATION

시내 교통

도시가 크지 않아 걸어 다닐 만하다. 시내에 있는 기존의 버스 터미널에서 시내 중심가까지 도보 10~15분 정도 걸린다. 시내 외곽에 있는 새로운 버스 터미널로 도착했을 경우 뚝뚝을 합승해서 시내로 들어오면 된다(편도 합승 요금 1만K).

우돔싸이(므앙싸이) UDOMXAI(MUANG XAI)

알아두세요

중국과 라오스를 뜻하는 '중라오 中老'

라오스 북부지방을 여행하다 보면 중국어 간판이 흔하게 보입니다. 중국 윈난성 국경과 가깝기 때문인데요, 징훙 景洪과 쿤밍 昆明에서 비엔티안까지 국제버스도 활발하게 운행되고 있습니다. 한자 표기 중에 알아두면 좋은 것은 '중라오 中老'인데요, 다름 아닌 중국과 라오스를 뜻합니다. 라오스의 한자 표기는 '라오워 老挝'랍

니다. 수도인 비엔티안은 '완샹 万象'이라고 표기합니다. 참고로 중국에서 넘어온 차를은 중국 번호판을 달고 있는데요, 云으로 시작하는 번호는 윈난성(운남성) 云南省 차량, 川으로 시작하는 번호는 쓰촨성(사천성) 四川省 차량입니다.

ATTRACTION

우돔싸이의 볼거리

도시 규모에 비해 볼거리는 없다. 중국과 라오스의 교역로에 위치해 중국 상점들이 많은 게 특징이다. 한자 간판이 써진 식당과 호텔도 어렵지 않게 볼 수 있다. 우돔싸이 시내에서 유일한 볼거리는 왓 푸탓 Wat Phu That이다. 산 위의 탑 사원(왓은 사원, 푸는 산, 탓은 탑을 의미)이란 뜻이다. 언덕 위에 황금 불탑과 황금 불상을 세웠다. '푸탓'으로 불리는 황금 불탑은 높이 15m로 비엔티안에 있는 탓 루앙(P.86)과 비슷한 양식의 탑이다. 전쟁이 끝나고 새롭게 만든 것이라 역사적 가치는 떨어진다. 왓 푸탓에 오르면 언덕 아래로 우돔싸이 시내 풍경이 시원스레 펼쳐진다. 릿타위싸이 게스트하우스 Litthavixay Guest House 맞은편에 있는 계단으로 올라가면 된다.

우돔싸이 시내 풍경

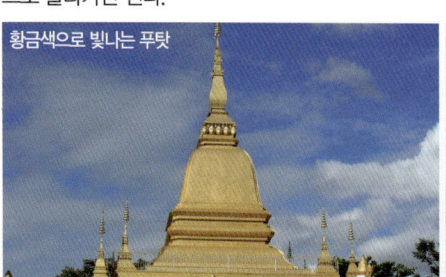

황금색으로 빛나는 푸탓

왓 푸탓 사원의 대형 불상

RESTAURANT

우돔싸이의 레스토랑

시내 중심가를 가르는 메인 도로를 따라 레스토랑들이 많다. 중국 사람이 운영하는 중국 식당이 흔하며 쌀국수 식당도 어렵지 않게 찾을 수 있다.

깐야 레스토랑 ★★★
Kanya Restaurant

Map P.231-B1 **전화** 020-5568-1110 **영업** 08:00~22:00 **예산** 2만~5만K **가는 방법** 시내 중심가에 있는 BCEL 은행 맞은편 골목 안쪽으로 30m.

현지인들에게 유명한 레스토랑으로 외국인 여행자들도 즐겨 찾는다. 분위기는 평범하지만 손님이 많아서 활기가 넘친다. 생선, 돼지고기, 닭고기, 소고기를 이용한 라오스·중국 음식을 요리한다. 메뉴가 다양하며 양이 많은 것이 특징이다. 간판은 라오스어로 '한아래 낭깐야', 영어로 미세스 깐야 레스토랑 Mrs. Kanya Restaurant이라고 같이 쓰여 있다.

쑤파이린 레스토랑 ★★★
Souphailin Restaurant

Map P.231-A1 **전화** 081-211-147 **영업** 07:00~22:00 **메뉴** 영어, 라오스어 **예산** 3만~5만K **가는 방법** 시내 중심가 북쪽에 있는 우체국 옆 골목에 있다.

골목 안쪽에 숨겨져 있지만 우돔싸이에서 유명한 맛집이다. 대나무를 이용해 레스토랑을 꾸몄고 규모도 작아 허름한 느낌을 준다. 다양한 채소와 음식 재료를 진열해 놓았는데 라오스 음식을 전문으로 한다. 여주인장(식당 이름이 주인장 이름이다)이 직접 요리한다. 조리하는 데 시간이 오래 걸리는 단점이 있다. 웬만한 여행자 숙소에서 한참을 걸어가야 한다.

우돔싸이(므앙싸이) UDOMXAI(MUANG XAI)

HOTEL

우돔싸이의 호텔

여행자들이 즐겨 찾는 도시는 아니지만 게스트하우스는 부족하지 않다. 다른 도시로 가는 연결 교통편을 못 탔을 경우 하루 묵어가면 된다. 왓 푸탓 입구에 있는 릿타위싸이 게스트하우스 주변에 외국인 여행자들이 선호하는 숙소가 몰려 있다.

릿타위싸이 게스트하우스 ★★★
Litthavixay Guest House

Map P.231-B2 전화 081-212-175 요금 더블 7만K(선풍기, 개인욕실, TV), 더블 10만K(에어컨, 개인욕실, TV) 가는 방법 시내 중심가의 메인 도로에 있다. 왓 푸탓 입구 맞은편에 있다.

우돔싸이 시내에 있는 오래되고 유명한 숙소다. 콘크리트 건물로 가격 대비 무난한 객실을 운영한다. TV와 책상이 갖추어져 있으며, 온수 샤워가 가능한 개인욕실이 딸려 있다. 도로와 접한 방보다 안쪽에 있는 방들이 조용하다.

쑤린폰 호텔 ★★★
Surinphone Hotel

Map P.231-B2 전화 081-212-789 요금 더블 10만~13만K(에어컨, 개인욕실, TV, 냉장고) 가는 방법 시내에 있는 북부행 버스 터미널에서 북쪽으로 200m 떨어진 삼거리 코너에 있다.

외국인 여행자들에게 잘 알려진 곳은 아니지만 시설이나 위치가 무난하다. 에어컨 시설로 TV, 냉장고, 온수 샤워는 물론 와이파이도 갖추고 있다. 객실은 타일이 깔려 있으며 창문도 큰 편이다. 중국어 간판(川渝酒店)이 달려 있다.

빌라 깨우썸싹 ★★★
Villa Keoseumsack

Map P.231-B2 전화 081-213-170 요금 더블 16만~22만K(에어컨, 개인욕실, TV, 냉장고) 가는 방법 왓 푸탓 입구에 있는 릿타위싸이 게스트하우스 Litthavixay Guest House 맞은편에 있다.

외관부터 눈길을 끄는 산뜻한 시설의 중급 호텔이다. 티크 나무를 이용해 전통 가옥 느낌이 들도록 설계했다. 에어컨이 설치된 객실은 넓은 편으로, TV와 냉장고도 있다. 개인욕실은 온수 샤워가 가능하며 넓은 편이다. 아침 식사는 포함되지 않는다.

씽하 호텔 ★★★☆
Singha Hotel

Map P.231-B2 전화 020-2311-5577, 020-9811-6668 요금 스탠더드 더블 20만K(에어컨, 개인욕실, TV, 아침식사), 딜럭스 더블 25만~30만K(에어컨, 개인욕실, TV, 냉장고, 아침식사) 가는 방법 왓 푸탓 아래쪽 우돔싸이 호텔 옆에 있다.

우돔싸이 시내에서 꽤 괜찮은 호텔이다. 2018년에 생긴 4층짜리 호텔로 주차장을 갖췄다. 객실은 등급에 따라 타일이 깔린 객실과 나무 바닥으로 된 객실로 나뉜다. 중심가에서 살짝 빗겨나 있어 조용하다.

차밍 라오 호텔(홍햄 응암 라오) ★★★☆
Charming Lao Hotel

Map P.231-A1 전화 020-2396-8222 홈페이지 www.charminglaohotel.com 요금 더블 50~60US$(에어컨, 개인욕실, TV, 냉장고, 아침 식사) 가는 방법 시내 북쪽 사거리에서 오른쪽으로 50m. '까이쏜 폼위한 동상'이 있는 공원 맞은편에 있다.

우돔싸이에서 가장 좋은 호텔이다. 도시 중심가에서 살짝 벗어난 곳에 위치해 있다. 객실 바닥에는 카펫이 깔려 있으며 LCD TV와 냉장고, 깨끗한 침실과 욕실이 어우러져 현대적인 느낌을 준다. 아침 식사가 포함된다. 호텔 건물 1층에 카페 씨눅 Cafe Sinouk(P.91) 지점이 있다.

라오쑹 Lao Sung(Lao Soung) ລາວສູງ

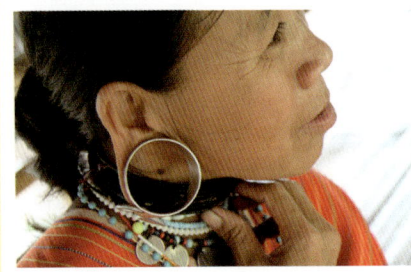

라오쑹은 산악 지대에 사는 모든 소수민족을 통칭한다. 일종의 고산족 Hill Tribes으로 '쑹'은 높다는 뜻이다. '라오쑹'은 높은 지역에 사는 라오스 사람들을 의미한다. 라오스 사회주의 정부에서 인종 구분을 하기 위해 만든 공식적인 명칭일 뿐, 특정한 민족을 칭하는 것은 아니다.

라오쑹은 가장 최근에 라오스로 이주한 민족이다. 멀게는 중국과 티베트 고원에서, 가깝게는 미얀마까지 살던 곳도 제각각인 민족이 새로운 삶의 터전을 찾아 남하하면서 현재 라오스에 정착했다. 전쟁과 공산화 등으로 생활 터전을 잃은 사람들이 밀려 내려왔기 때문에, 정부의 손길이 미치지 않는 변방에서 생활하는 것이 특징이다. 대부분 해발 600~1,500m의 산악 지대에 거주한다(2,300m 이상의 고산에 거주하는 민족도 있다).

라오쑹은 라오스 전체 인구의 약 10%를 차지한다. 그중 몽족이 다수를 차지하며 야오족과 아카족도 라오스 북부에서 어렵지 않게 볼 수 있다. 라오스 땅에 정착했는데도 라오스인처럼 살기보다는 고유의 전통과 문화를 유지하며 생활한다. 종족마다 고유의 언어와 종교, 복장, 생활 방식을 갖고 있다. 산악 민족은 라오스에만 정착한 게 아니라 태국 북부와 베트남 북부 지방에도 대거 정착했다. 동일한 종족끼리 같은 언어와 생활 풍습을 보이기 때문에 정치적 국경에 의한 국적보다는 어떤 종족인가가 그들의 정체성을 좌우하는 요소가 된다. 즉, 몽족이라면 라오스에 살든, 태국에 살든, 베트남에 살든 국적에 관계없이 몽족 공통의 전통 복장과 언어를 사용한다.

몽족
Hmong

라오스 산악 민족 가운데 인구가 가장 많다. 자유로운 사람들이라는 뜻의 '몽'은 라오스에서는 야만인이라는 뜻인 '메오 Meo'로 불리기도 한다. 중국에서는 '먀오족 苗族'이라고 부른다. 몽족의 기원은 명확하지 않지만, 몽족 스스로는 추운 지방에서 이주한 민족이라고 주장한다. 중국 중부와 몽골 지방에서 남하해 1850년대부터 라오스로 이주해왔다. 주로 라오스 북부 산악 지역인 루앙프라방, 루앙남타, 폰싸완(씨앙쿠앙), 쌈느아 지방에 거주한다. 그중 일부는 19세기 후반 태국 북부까지 내려가 생활하고 있다. 고산 지대에서 생활하는 몽족은 아편 재배로 생활하던 민족이다. 현재는 라오스 정부의 노력(?)으로 아편 재배는 현저히 줄어들었다. 아편 재배 외에 농경에 의존하는데, 화전민 형태로 경작지가 쓸모없어지면 다른 경작지를 찾아 이주한다.

몽족은 크게 두 종족으로 분류된다. 전통 의상의 색깔에 따라 파란 몽족 Blue

몽족이 만든 수공예품

몽족

LAO SUNG(LAO SOUNG)

Hmong과 흰 몽족 White Hmong으로 구분된다. 파란 몽족의 전통 의상은 남색 염료를 이용한 무늬 염색으로 유명하다. 특히 바티크로 만든 치마는 빨간색, 핑크색, 파란색, 하얀색을 평행하게 수평으로 수놓아 화려한 색과 패턴으로 유명하다. 검정 새틴으로 만든 상의는 오렌지색, 노란색을 사용해 소매와 옷깃에 수를 놓았다. 몽족 여성의 뛰어난 자수 실력과 바느질 솜씨는 수공예품과 전통 의상 등 다방면에서 유용하게 쓰인다. 손재주가 좋아 몽족이 만든 가방, 모자, 지갑 등은 산악 민족 물건 중에 인기 상품으로 자리 잡았다. 흰 몽족 의상은 파란 몽족에 비해 단순하다.

몽족은 전통 의상과 더불어 부와 행복한 삶을 상징하는 은으로 만든 장신구를 걸친다. 여성들은 은 장신구를 매일 착용하고, 남성은 특별한 목적이 있을 경우에만 착용한다. 몽족이 은제품을 선호하는 이유는 은이 영혼을 붙잡아둔다는 믿음 때문이며, 무거운 은 목걸이를 하면 영혼이 몸속으로 내려간다고 믿는다고 한다.

야오족(미엔족)
Yao(Mien)

산악 민족 중에 스스로를 귀족층이라 생각하는 민족이다. 중국의 쓰촨성, 구이저우성에서 생활하던 미엔족은 중국(한족) 황제와 결혼했을 정도로 중국 주류에 편입됐던 민족이다. 하지만 중국의 소수민족 탄압이 심해지자 중국 남부, 베트남, 라오스, 태국으로 이주해 생활하고 있다. 산악 민족 중에서 유일하게 문자를 사용하며, 중국에서 생활했던 탓에 도교를 주종교로 믿는다. 얼굴 생김새도 화교(중국인)들과 비슷하다.

야오족 의상은 주홍색 털실로 만든 옷깃 때문에 쉽게 구분된다. 검은색이나 감색 상의에 붉은 계통의 옷깃을 장식했다. 바지는 화려한 자수를 놓는다. 화려하고 정교한 자수를 놓은 바지를 만들기 위해 2년씩 시간을 투자하기도 한다. 머리에 쓰는 검정 스카프에도 자수를 놓는데, 바지에 비해 자수 장식은 단순하다. 농경에 의존하는 생활을 하며 자수 제품, 종교용 걸개그림, 중국풍 그림을 판매해 부수입을 올린다.

아카족
Akha

아카족은 200년 전 티베트에서 중국 윈난 雲南으로 이주했다가 1910년경부터 라오스·태국·미얀마 국경 지역까지 남하했다. 라오스에서는 루앙남타와 므앙씽 일대에 거주하고 있다. 다른 산악 민족에 비해 높은 지역(해발 1,000~1,400m)에서 생활하지만, 현재는 해발 400~600m까지 내려와 정착한 아카족 마을도 있다. 농경 생활을 하며 쌀과 야채를 주로 재배한다. 아카족 전통 복장은 머리 장신구 때문에 쉽게 구분된다. 아카족 여성이 매일 착용하고 다니는 머리 장신구는 은 동전과 은 구슬, 보석을 이용했다. 전통 복장은 검정 치마에 검정 상의를 입는데, 종아리 부분에 튜브처럼 생긴 각반을 착용한다. 검정 상의와 치마 사이에 구슬로 장식한 허리띠를 착용한다.

아카족의 생활 방식을 '아카장 Akhazang'이라 부른다. 조상들의 혼령을 숭배하고, 모든 물건에 영혼이 존재한다는 믿음이 아카족 신앙의 핵심이다. 집집마다 제사용 사당을 만들고 특별한 날이면 음식을 바치며 조상을 기린다. 아카족 마을 입구에는 신성시하는 출입문을 세운다. 출입문에는 인간의 행위를 묘사한 조각들을 장식한다. 그 이유는 인간만이 신성한 땅을 출입할 수 있다는 믿음 때문이다. 마을의 출입문은 1년에 한 번씩 새롭게 만들어 신성함을 강조한다. 아카족 마을을 출입할 때는 신성한 문에 매단 조각들을 건드리지 않도록 각별히 주의해야 한다. 아카족 마을에 들어서면 커다란 그네가 눈길을 끈다. 외줄 형태의 그네는 아카족 축제 때 흥겨운 놀이기구가 된다. 그네 타기 축제는 매년 8월에서 9월 사이 추수가 시작되기 전에 열린다.

그네 타기 축제

야오족(미엔족)

아카족

루앙남타

Luang Namtha

　　라오스 북서부 산악 지역에 형성된 도시. 산에 둘러싸인 평평한 분지 지형으로, 남타(타 강) Nam Tha 주변에 형성된 도시(루앙)라고 해서 루앙남타로 불린다. 루앙프라방과 더불어 라오스 북부에서 여행자들이 즐겨 찾는 도시 중 하나다. 라오스에서 가장 인기 있는 트레킹 코스를 간직한 남하 국립 보호 구역 Nam Ha National Protected Area(줄여서 Nam Ha NPA)과 가장 가깝기 때문이다. 덕분에 트레킹 투어를 진행하는 여행사를 어렵지 않게 발견할 수 있다.

　　지리적으로 태국과 중국을 연결하는 길목에 있다. 많은 여행자들이 태국 북부(치앙마이 Chiang Mai 또는 치앙라이 Chiang Rai)에서 넘어와 루앙프라방으로 가는 길에 잠시 쉬어간다. 도시 자체는 특별한 볼거리가 없지만, 자전거를 빌려 주변 풍경을 둘러보며 시간을 보낼 수 있다. 루앙남타 주(州)의 주도(州都)라곤 하지만 인구 2만 명도 안 되는 소도시에 불과하다.

INFORMATION

여행에 유용한 정보

은행·환전
메인 도로에 BCEL 은행과 라오 개발 은행이 있다. ATM도 설치되어 있다.

여행안내소
정부에서 운영하는 루앙남타 관광안내소 Luang Namtha Visitor Center(홈페이지 www.luangnamtha-tourism-laos.org)가 야시장 뒤쪽 골목에 있다. 남하 국립 보호구역과 소수민족에 관한 정보를 제공해 준다. 야시장 왼쪽에 있는 남하 에코 가이드 서비스 Nam Ha Eco Guide Service 여행사 사무실(Map P.238-B2, 전화 086-211-534, 020-9978-0088)을 함께 운영한다.

여행 시기
우기(5~10월)보다는 건기가 여행하기 좋다. 하지만 12~2월은 밤에 쌀쌀하고, 3~5월은 가장 덥다. 모내기가 한창인 7~8월에는 푸른색 전원 풍경을 감상할 수 있다. 성수기에 해당하는 11~4월은 방 값이 인상된다.

지리 파악하기
루앙남타는 남북으로 10㎞에 이르는 지역에 흩어져 있다. 공항을 중심으로 한 구시가지와 야시장을 중심을 한 신시가지로 나뉜

시내 중심가에 있는 BCEL 은행

다. 전쟁 기간 동안 폭격을 받았던 구시가지를 대신해 1975년 이후 새롭게 건설된 지역이 신시가지에 해당한다. 신시가지에 은행과 게스트하우스를 포함한 주요 시설이 몰려 있다. 공항과 가까운 곳에 남타(타강)로 드나들던 보트 선착장과 장거리 버스가 출발하는 메인 버스 터미널이 위치해 있다.

ACCESS

루앙남타 가는 방법

훼이싸이(보깨우)나 우돔싸이, 루앙프라방에서 버스를 타고 가면 된다. 태국 국경(치앙콩 Chiang Khong)과 중국 국경(모한 Mohan)도 가깝다. 태국 치앙마이 Chiang Mai를 거쳐 라오스로 들어오거나, 중국 징훙 Jinghong(景洪)에서 라오스로 왔을 경우 루앙남타를 거치게 된다. 항공은 비엔티안 노선이 유일하다.

항공
라오항공(홈페이지 www.laoairlines.com)에서 비엔티안→루앙남타 노선을 매일 1회 운항한다. 비행 시간은 55분이며, 편도 요금은 95US$로 비싸다. 라오 스카이웨이(www.laoskyway.com)에서 주 3회 운항

루앙남타 공항

하며 편도 요금은 69US$로, 라오항공보다 저렴하다. 공항(현지어로 '싸남빈')은 시내 중심가에서 남서쪽으로 6㎞ 떨어져 있다.

버스
루앙남타에는 두 개의 버스터미널이 있다. 목적지에 따라 버스 터미널이 달라진다. 우돔싸이, 루앙프라방을 포함해 대부분의 장거리 버스는 메인 버스 터미널에서 출발한다. 루앙남타 주(州)에 속한 주변 지역은 시내 중심가와 가까운 로컬 버스 터미널을 이용한다.

메인 버스 터미널

시내 중심가에서 남쪽으로 11km 떨어져 있다. 우돔싸이, 루앙프라방, 비엔티안(위양짠), 훼이싸이(보깨우)를 포함한 주요 도시로 버스가 운행된다. 참고로 훼이싸이는 도시 이름 대신 행정구역 이름인 보깨우 Bokeo로 목적지가 적혀 있다. 중국과 베트남행 국제버스도 운행 된다. 태국으로 갈 경우 훼이싸이로 가서 국경을 건너면 된다(P.247 참고). 국경에서 중국 비자가 발급되지 않기 때문에, 중국 비자를 미리 발급받아야 한다.

메인 버스 터미널에서 시내 중심가까지는 썽태우를 합승하면 된다. 합승 요금은 1인당 1만K이다. 시내에 있는 여행사나 숙소에서 버스표를 예약할 경우 픽업 서비스가 포함되지만 예약 수수료를 추가로 내야 한다.

로컬 버스 터미널

로컬 버스 터미널은 시내 중심가에서 남쪽으로 500m 정도 떨어져 있다. 웬만한 게스트하우스에서 걸어갈 수 있는 거리다. 외국인 여행자들에게 유용한 노선은 므앙씽 Muang Sing이다. 1일 6회 (08:00, 09:30, 11:00, 12:30, 14:00, 15:30) 출발하며 편도 요금은 2만5,000K이다. 중국 국경과 접한 보뗀 Boten까지도 미니밴이 운행한다. 1일 5회(08:00, 09:30, 11:00, 12:30, 14:00) 출발하며 편도 요금은 2만5,000K이다.

여행사 미니밴

여행사와 게스트하우스에서 외국인 여행자들을 위해 미니밴도 운영하고 있다. 루앙프라방(편도 요금 13만K)과 태국의 치앙라이(편도 요금 23만K) 또는 치앙마이(편도 요금 25만K)까지 연결하는 미니밴이 운행된다.

메인 버스 터미널

메인 버스 터미널에서 출발하는 버스

노선	출발 시간	요금	소요 시간(거리)
훼이싸이(보깨우)	09:00, 12:30, 16:00	6만K	3~4시간(187km)
우돔싸이	08:30, 12:00, 14:30	4만K	4시간(120km)
농키아우	09:00	10만K	7~8시간
루앙프라방	09:00	10만K	10~11시간(310km)
비엔티안	08:30, 14:30	20만~22만K	20~22시간(700km)
징홍(중국)	08:00	13만K	6시간(260km)
디엔비엔푸(베트남)	06:45, 07:30	13만K	8~10시간(324km)

TRANSPORTATION

시내 교통

메인 버스 터미널에서 시내를 오갈 때를 제외하곤 시내 교통 때문에 고생하지는 않는다. 메인 버스 터미널이나 공항을 오갈 때는 썽태우를 합승하면 된다. 합승 요금은 1인당 1만K이다. 혼자 타고 갈 경우 3만~4만K을 요구한다. 자전거 대여는 게스트하우스에서 가능하다. 대여료는 하루 1만~2만K이다.

시내와 버스 터미널을 오가는 썽태우

ATTRACTION

루앙남타의 볼거리

3A번 국도를 따라 도시가 형성되어 있다. 전쟁 이후에 새롭게 건설된 도시라서 직선 도로가 곧게 뻗어 있다. 시내 중심가에는 특별한 볼거리가 없다. 중심가 뒤편에 제법 큰 재래시장(딸랏 쏫) Local Market(Map P.238-A3)이 있는데, 도시가 발달하면서 현재는 상설 시장으로 변모했다(오후에도 문을 열지만 아침 시간에 활기차다). 쌀과 채소, 육류, 과일은 물론 태국과 중국에서 수입된 생필품까지 다양한 물건이 거래된다. 마을 북서쪽 언덕에 탓 루앙남타 That Luang Namtha(입장료 5,000K)가 있다. 멀리서도 보이는 대형 황금 불탑으로 2009년에 새롭게 만든 것이다. 탑에서 언덕 아래로 루앙남타 일대 풍경을 시원스럽게 볼 수 있다. 특히 일몰 시간의 풍경이 아름답다. 시내에서 약 2㎞ 떨어져 있다.

한적한 느낌의 남타(타 강)

탓 품푹

탓 루앙남타

구시가지에 있는 공항 뒤쪽(서쪽) 언덕에는 탓 품푹 That Phum Phuk(That Poum Pouk)이 있다. 루앙남타에서 가장 오래된 탑으로 1628년 건설됐다. 전쟁 기간 동안 폭격(1966년)을 맞아 탑의 기단만 일부 남아 있다. 같은 장소에 두 개의 탑이 있는데 황금색으로 반짝이는 탑은 새롭게 만든 것이다(2003년). 나가(뱀 모양의 신) Naga 계단이 탑까지 연결되는데, 모두 175개의 계단을 걸어 올라가야 한다. 공항 앞쪽으로 보트 랜딩 게스트하우스 Boat Landing Guest House를 지나 남타(타 강)를 건너 반 빠싹 Ban Pasak(빠싹 마을)까지 자전거 타기 좋은 평화로운 풍경이 펼쳐진다.

ACTIVITY

루앙남타의 즐길 거리

루앙남타를 찾는 외국인 여행자들이 가장 선호하는 것은 다름 아닌 트레킹이다. 라오스 북부의 대표적인 트레킹 여행사들이 루앙남타에 터를 잡고 있다. 트레킹은 남하 국립 보호구역 Nam Ha National Protected Area(Nam Ha NPA)을 방문하게 된다. 중국과 미얀마 국경과 인접한 지역으로 루앙남타 또는 므앙씽 Maung Sing과 가깝다. 남하 국립 보호구역의 총 면적은 2,224㎢이다. 최고 해발 2,000m의 산악 지역으로 이루어졌다. 원시림 지역에는 37종류의 포유류와 288종의 조류가 서식하고 있다. 다양한 소수민족들도 생활하고 있는데, 무려 25개 소수민족이 흩어져 있다. 아카족

©M양 Lucia

루앙남타 **LUANG NAMTHA**

241

남하 보호구역을 방문하는 트레킹

Akha과 몽족 Hmong(P.234 참고)이 가장 많고 카무족 Khamu, 라후족 Lahu, 라오훼이족 Lao Huay 등도 볼 수 있다. 산과 강이 어우러진 자연은 트레킹뿐만 아니라 카약과 래프팅도 가능하다. 남하 국립 보호구역은 에코투어리즘(친환경 여행) 지역으로 개발되어 자연을 크게 훼손하지 않고 트레킹 코스들을 만들었다. 트레킹은 하루에 적게는 4시간, 많게는 6시간 정도 걸어야 한다. 비에 젖어 미끄러운 산길을 걸어야 하는 우기(5~10월)보다는 건기가 트레킹하기 수월하다. 겨울(12~1월)은 밤 기온이 0°C까지 떨어지기 때문에 따뜻한 옷을 챙겨가야 한다. 여행사마다 각기 다른 프로그램을 운영하며, 트레킹 코스가 겹치지 않도록 한 것도 특징이다. 대부분의 트레킹 투어는 소수민족 마을을 방문하도록 일정이 짜여 있다. 소수민족 마을에서 홈스테이도 가능하다.

트레킹 투어 요금은 인원과 코스에 따라 제각각이다. 어디서 자는지, 어떻게 가는지(뚝뚝을 타기도 하고 보트를 타기도 한다), 어디서 자는지(캠핑을 하기도 하고, 홈스테이를 하기도 한다), 포함 사항이 무엇인지 출발 전에 꼼꼼히 비교해 보는 게 좋다. 다른 곳보다 월등히 저렴한 트레킹 상품은 남하 국립 보호구역의 언저리만 겉돌다 돌아오기도 한다. 8명 출발 기준으로 1일 투어는 18만~24만K, 1박 2일 투어는 35만~48만K 정도 예상하면 된다. 여행사마다 상품과 출발 가능한 날짜를 공지해놓고 있다.

여행사
그린 디스커버리 www.greendiscoverylaos.com
포레스트 리트리트 라오스
www.forestretreatlaos.com
남타 리버 익스피리언스 www.discoveringlaos.com

RESTAURANT
루앙남타의 레스토랑

게스트하우스가 몰려 있는 신시가지에 레스토랑도 많다. 외국인을 상대하는 곳이 많아서 대부분 영어 메뉴를 갖추고 있다. 저녁에 생기는 야시장에서는 저렴한 식사가 가능하다.

야시장 ★★
Night Market

Map P.238-B2 **영업** 18:00~22:00 **메뉴** 영어, 라오스어 **예산** 1만~3만K **가는 방법** 메인 도로의 우체국과 BCEL 은행 사이에 있다.

시내 중심가에 있어 편리하다. 규모는 크지 않지만 노점 형태의 식당이 입점해 있다. 땀막훙(파파야 샐러드), 삥까이(닭고기 구이), 삥무(돼지고기 구이), 스프링 롤, 볶음밥을 판매한다.

낭띱(쌀국수) ★★
Nang Tip

Map P.238-B2 **전화** 020-920-0001 **영업** 07:00~14:00 **메뉴** 라오스어 **예산** 1만5,000K **가는 방법** 투라씻 게스트하우스 Thoulasith Guest House를 바라보고 오른쪽에 있다.

여행자 숙소와 여행사가 몰려 있는 시내 중심가에 있다. 아담한 현지 식당으로 아침 시간에 분주하다. 세 종류의 쌀국수(퍼, 카우삐약 쎈, 카우 쏘이)를 만들어 낸다.

라이 플레이스
Lai's Place ★★★

Map P.238-B2 전화 086-239-3911 영업 07:00~22:00 메뉴 영어, 라오스어 예산 1만 5,000~4만K 가는 방법 메인 도로에 있는 BCEL 은행 옆길로 50m.

메인도로에서 살짝 빗겨나 있는 로컬 레스토랑이다. 특별할 것 없는 아담한 레스토랑으로 실내는 깨끗한 편이다. '랍'을 포함한 라오스 음식과 볶음 국수, 태국식 카레 등 다양한 음식을 선보인다. 아침 메뉴, 팬케이크, 버거도 있어 외국 관광객도 많이 찾는다. 가볍게 한 끼 해결이 가능하다.

마니짠 레스토랑
Manychan Restaurant ★★

Map P.238-B2 전화 086-312-209, 020-2881-6789 영업 06:30~22:30 메뉴 영어, 라오스어 예산 2만~5만5,000K 가는 방법 BCEL 은행 맞은편에 있는 마니짠 게스트하우스 1층에 있다.

저렴한 게스트하우스에 딸린 여행자 식당으로 오랫동안 사랑을 받고 있다. 라오스 음식을 포함해 햄버거와 스테이크까지 외국인들을 위해 다양한 메뉴를 제공한다.

마이너리티 레스토랑
Minority Restaurant ★★☆

Map P.238-B3 전화 020-299-8224 영업 07:00~22:30 메뉴 영어, 라오스어 예산 2만5,000~4만K 가는 방법 독짬빠 호텔 Dokchampa Hotel 맞은편 골목 안쪽 끝에 있다.

여행자 숙소 밀집지역에 있는데, 골목 안쪽에 위치한 목조 건물로 한적한 분위기를 풍긴다. '마이너리티'라는 이름에서 예측하듯 소수민족 음식을 요리한다. 기본적인 라오 음식도 맛볼 수 있다.

뱀부 라운지
Bamboo Lounge ★★★

Map P.238-B3 전화 020-5568-0031 홈페이지 www.bamboolungelaos.com 영업 08:00~23:00 메뉴 영어 예산 4만~9만K 가는 방법 독짬빠 호텔 Dokchampa Hotel 옆에 있다.

뉴질랜드 사람이 운영하는 편안한 분위기의 레스토랑. 파스타, 라자냐, 피자 같은 이탈리아 음식을 요리한다. 피자는 화덕에서 구워내며, 주 재료인 치즈와 베이컨을 수입해 오기 때문에 다른 여행자 식당보다 음식 맛이 좋다.

HOTEL
루앙남타의 호텔

도시 곳곳에 숙소가 흩어져 있다. 대부분의 여행자 숙소들은 신시가지의 메인 도로에 몰려 있다. 라오스 북부 지방의 다른 도시에 비해 게스트하우스 시설들이 괜찮은 편이다.

아둔씨리 게스트하우스
Adounsiri Guest House ★★☆

Map P.238-A2 전화 020-2299-1898, 020-5536-3987 요금 더블 7만K(선풍기, 개인욕실) 가는 방법 메인 도로에서 한 블록 떨어져 있는데, 라오 개발 은행 LDB 앞 사거리에서 돌아 들어가면 된다.

메인 도로에서 골목 안쪽으로 떨어진 곳에 위치해 있다. 차분한 분위기에 무난한 시설을 갖춘 여행자 숙소로, 라오스인 가족이 운영한다. 메인 빌딩과 마당 옆 단층 건물에 객실이 들어서 있다. 객실마다 선풍기가 설치돼 있으며 온수 샤워가 가능한 개인욕실을 갖추고 있다. 더블 룸과 트윈 룸 구분 없이 방 값이 모두 동일하다.

투라씻 게스트하우스
Thoulasith Guest House ★★★

Map P.238-B2 전화 086-212-166 홈페이지 www.facebook.com/thoulasith 요금 더블(본관) 8만~10만K(에어컨, 개인욕실, TV), 트윈(신관) 14만~16만K(에어컨, 개인욕실, TV) 가는 방법 BCEL 은행 맞은편에 있다.

인기 여행자 숙소 중 한 곳이다. 널찍한 마당을 중심에 두고 두 개 건물이 마주 보고 있다. 건물 외관에서 보듯 객실과 욕실이 깨끗하다. 객실 크기에 따라 요금이 다르다. 코너에 있는 방이 조금 더 넓다. 공동으로 사용하는 발코니에는 의자와 테이블이 놓여 있다. 신관은 LCD TV와 욕조까지 갖추고 있다. 냉장고는 없다.

주엘라(쑤엘라) 게스트하우스
Zuela Guest House ★★★☆

Map P.238-B2 전화 020-2206-3888, 020-5696-6449 홈페이지 www.zuela.asia 요금 더블 8만K(선풍기, 개인욕실), 더블 15만~20만K(에어컨, 개인욕실), 3인실 25만K(에어컨, 개인욕실) 가는 방법 메인 도로의 야시장 맞은편에 있다.

루앙남타에서 여행자들에게 가장 인기 있는 숙소다. 두 개의 건물로 구분되는데, 신관에 해당하는 붉은 벽돌과 티크 나무로 만든 건물의 시설이 좋다. 앞쪽에 있는 방들은 발코니까지 있어 여유롭다. 구관의 선풍기 객실은 평범한 수준이다. 레스토랑을 함께 운영한다. 직접 방문해서 방 값을 문의하면 홈페이지 요금보다 더 저렴한 가격에 묵을 수 있다. 성수기에는 방을 구하기 어려운 편이다. 현지어 발음은 '흐안팍 쑤엘라'이다.

캄낑 게스트하우스
Khamking Guest House ★★

Map P.238-B2 전화 086-312-238 요금 더블 7만K(선풍기, 개인욕실), 더블 10만K(에어컨, 개인욕실, TV) 가는 방법 BCEL 은행 맞은편에 있다.

외국인 여행자들이 선호하는 게스트하우스가 몰려 있는 시내 중심가에 있다. 3층짜리 콘크리트 건물로 객실 관리 상태는 양호하다. 개인욕실은 온수 샤워가 가능하지만 크기가 작은 편이다. 참고로 주변 인기 숙소에 빈 방이 없을 경우 차선책으로 여행자들이 찾는 곳이다.

독짬빠 호텔
Dokchampa Hotel ★★★

Map P.238-B3 전화 086-212-226 홈페이지 www.dokchampahotel.com 요금 더블 10만~12만K(에어컨, 개인욕실, TV) 가는 방법 메인 도로의 BCEL 은행과 라오 개발 은행 사이에 있다.

건물 외관부터 호텔다운 이미지를 풍긴다. 4층짜리 건물로 모두 61개 객실을 보유하고 있다. 객실은 무난하며 에어컨, TV, 개인욕실을 갖추고 있다. 에어컨을 사용하지 않을 경우 방 값이 할인된다. 저렴한 선풍기 방은 어둑하므로, 체크인하기 전에 방을 먼저 확인하자. 아무래도 높은 층에 있는 방들의 시설이 좋다. 단체 관광객들이 몰려올 때는 다소 소란스럽다.

보트 랜딩 게스트하우스
The Boat Landing Guest House ★★★☆

Map P.238-B3 전화 086-312-398 홈페이지 www.theboatlanding.com 요금 비수기 38~50US$, 성수기 45~55US$(선풍기, 개인욕실, 아침 식사) 가는 방법 루앙남타 중심가에서 남쪽으로 6km 떨어진 강변에 있다.

강과 자연이 어우러진 자연친화적인 숙소. 남타(타 강)를 향해 강변을 따라 널찍한 방갈로들이 들어서 있다. 현지에서 생산된 수공예품으로 내부 인테리어를 했다. 객실 내 개인욕실은 태양열 에너지를 이용해 온수 샤워를 제공한다. 레스토랑을 함께 운영하며 아침 식사가 포함된다.

루앙남타 중심가에서 멀찌감치 떨어져 있으며 한적하고 고요하다. 모두 11개의 방갈로를 운영한다. 가족이 머물 수 있는 4인실(55US$)도 있다.

훼이싸이(보깨우)
Huay Xai(Bokeo)

태국 북부(치앙마이 Chiang Mai→치앙라이 Chiang Rai→치앙콩 Chiang Khong)를 거쳐서 라오스로 입국할 경우 반드시 거치게 되는 곳이다. 덕분에 누군가에게는 라오스 여행의 첫 번째 도시가 되기도 한다(반대 방향에서 왔을 경우 라오스 여행의 마지막 도시가 된다). 훼이싸이는 라오스 본토보다 태국과 가깝게 느껴질 정도로 메콩 강을 사이에 두고 태국과 활발한 교류가 이루어지고 있다. 훼이싸이를 찾는 이유는 루앙프라방으로 가기 위해서라고 해도 과언이 아니다. 훼이싸이에서 밤을 보낸 여행자들과 국경이 열리는 아침 일찍부터 태국에서 넘어온 여행자들로 훼이싸이의 아침은 활기를 띤다. 하지만 보트가 떠나고 나면 국경 도시는 다시 조용해진다.

훼이싸이는 보깨우 Bokeo 주(州)의 주도(州都)이지만 작고 특별한 볼거리도 없다. 하지만 여행자들이 많이 거쳐 가기 때문에 여행자들을 위한 편의시설은 부족하지 않다. 대부분의 여행자들은 훼이싸이에 머물지 않고 다음 목적지를 향해 떠나기 일쑤다. 어쩌다 하루 머물게 될 경우 메콩 강변에서 맥주나 마시며 한가로이 시간을 보내면 된다. 어차피 라오스 여행은 서두른다고 되는 것도 없으니 일정이 하루쯤 늦어져서 나쁠 것도 없다. 훼이싸이의 영문 표기는 Houei Say, Houei Sai, Houay Xai, Houai Xai로 혼용해서 쓰인다.

INFORMATION

여행에 유용한 정보

은행 · 환전

BCEL 은행과 퐁싸완 은행이 마을 중심가에 있다. ATM은 24시간 사용 가능하다. 태국 국경도시라 태국 화폐(밧)가 통용된다. 숙소뿐 아니라 뚝뚝 기사들도 태국 돈을 받는다. 참고로 태국 화폐인 '밧 Bhat'은 화폐 단위를 THB라고 표기한다. 환율은 1US$=31THB, 1THB=290K이다. 1만K을 40THB으로 환산해서 사용하면 된다.

출입국관리소(이민국)

훼이싸이에는 출입국 관리소가 두 곳이 있다. 슬로 보트 선착장 옆과 우정의 다리에 출입국 관리소가 있는데, 외국인은 시내에서 10km나 떨어진 우정의 다리를 통해 출입국 절차를 밟아야 한다. 슬로 보트 선착장 옆에 있는 출입국 관리소는 보트를 타고 메콩

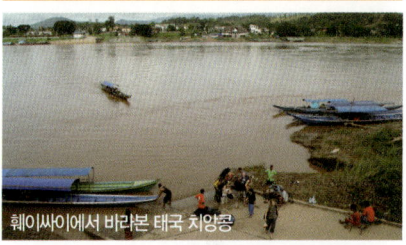

훼이싸이에서 바라본 태국 치앙콩

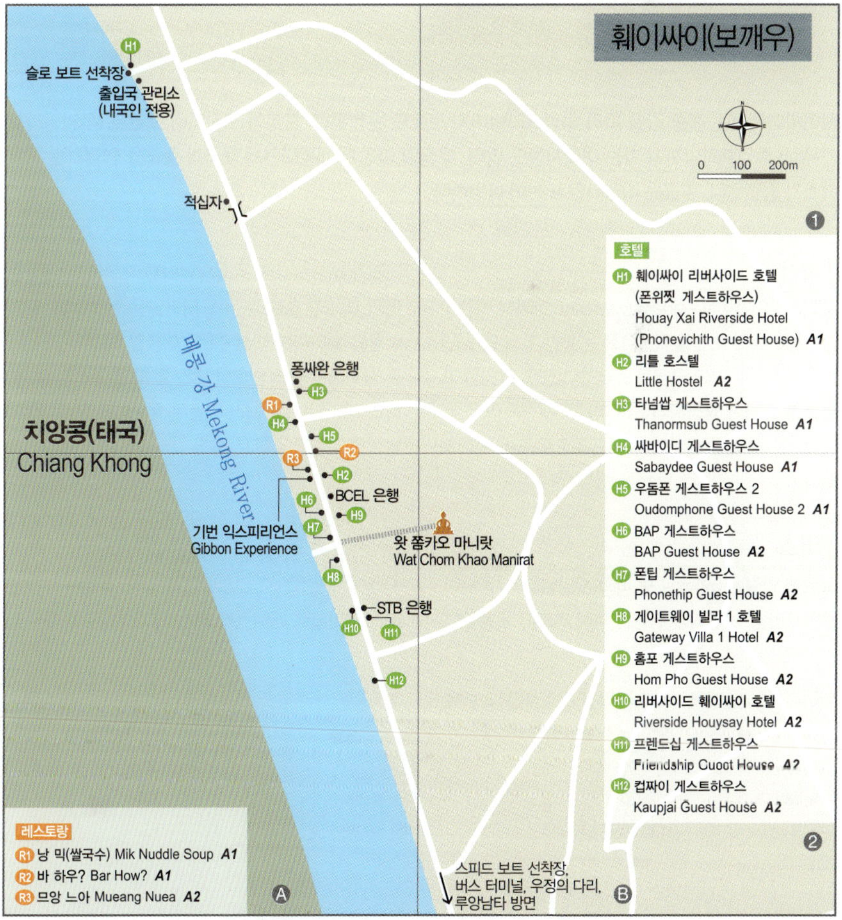
훼이싸이(보깨우)
슬로 보트 선착장
출입국 관리소
(내국인 전용)
적십자
메콩 강 Mekong River
치앙콩(태국)
Chiang Khong
퐁싸완 은행
BCEL 은행
기번 익스피리언스
Gibbon Experience
왓 쫌카오 마니랏
Wat Chom Khao Manirat
STB 은행
0 100 200m
호텔
H1 훼이싸이 리버사이드 호텔 (폰위찟 게스트하우스) Houay Xai Riverside Hotel (Phonevichith Guest House) A1
H2 리틀 호스텔 Little Hostel A2
H3 타넘쌉 게스트하우스 Thanormsub Guest House A1
H4 싸바이디 게스트하우스 Sabaydee Guest House A1
H5 우돔폰 게스트하우스 2 Oudomphone Guest House 2 A1
H6 BAP 게스트하우스 BAP Guest House A2
H7 폰팁 게스트하우스 Phonethip Guest House A2
H8 게이트웨이 빌라 1 호텔 Gateway Villa 1 Hotel A2
H9 홈포 게스트하우스 Hom Pho Guest House A2
H10 리버사이드 훼이싸이 호텔 Riverside Houysay Hotel A2
H11 프렌드십 게스트하우스 Friendship Guest House A2
H12 컵짜이 게스트하우스 Kaupjai Guest House A2
레스토랑
R1 낭 믹(쌀국수) Mik Nuddle Soup A1
R2 바 하우? Bar How? A1
R3 므앙 느아 Mueang Nuea A2
스피드 보트 선착장, 버스 터미널, 우정의 다리, 루앙남타 방면

강을 건너 태국(치앙콩)으로 들어가게 되는데, 태국과 라오스 두 나라 사람들에게만 개방되어 있다.

우정의 다리(싸판 밋뜨라팝) Friendship Bridge

메콩 강을 연해 국경을 접하고 있는 태국과 라오스 사이에 건설된 다리다. 태국 치앙콩에서 라오스 훼이싸이를 연결하는 네 번째 우정의 다리(싸판 밋뜨라팝 타이-라오 행티 씨) The 4th Thai-Lao Friendship Bridge는 2013년 12월 12일에 완공됐다. 태국 치앙마이 Chiang Mai에서 라오스를 거쳐 중국 쿤밍 Kunming까지 교역을 확대하기 위해 태국과 중국 정부에서 공동투자해 건설했다고 한다. 우정의 다리 개통으로 교통이 편리해 진 것은 사실이지만, 개별 여행자들은 시내 중심가에서 멀리 떨어진 국경을 이용해야 해서 오히려 불편해졌다. 훼이싸이 시내에서 남쪽으로 10km, 버스 터미널에서 남쪽으로 4km 떨어져 있다.

우정의 다리에 있는 출입국 관리소는 08:00~20:00까지 개방된다. 라오스 출입국관리소에서는 16:00 이후와 주말(토·일)에는 업무 외 시간으로 간주해 수수료 1만K(또는 40THB)을 별도로 받는다. 육로 국경이라고 해서 별도로 비자를 받을 필요는 없다. 한국 여권을 소지하고 있다면 라오스는 무비자로 30일간 여행이 가능하다. 태국으로 입국할 경우에는 무비자로 90일간 여행이 가능하다. 참고로 두 나라는 시차 없이 동일한 시간을 사용한다.

ACCESS
훼이싸이 가는 방법

훼이싸이에서는 메콩 강을 따라 루앙프라방까지 보트도 운항된다. 도로가 포장되어 육로로 (루앙남타를 경유해) 루앙프라방까지 가는 여행자들도 많다. 우정의 다리가 개통되면서 태국과 중국을 연결하는 국제 버스가 증편됐다. 항공은 비엔티안 노선이 유일하다.

항공

라오스카이웨이(www.laoskyway.com)에서 비엔티안↔훼이싸이 노선을 매일 1회 운항한다. 비행 시간은 1시간이며, 편도 요금은 92US$다(50% 할인된 프로모션 요금이 등장하기도 한다). 공항(현지어로 '싸남빈')은 시내 중심가에서 남동쪽으로 5km 떨어져 있다.

버스

도로가 연결된 3번 국도를 따라 루앙남타, 우돔싸이, 루앙프라방, 비엔티안(위앙짠)까지 버스가 운항된다. 거리가 비교적 가까운 루앙남타를 제외하고 하루 한 편의 버스가 출발해 버스 터미널은 한적하다. 도시 이름을 훼이싸이 대신 주(州) 이름인 '보께우 Bokeo'로 표기하는 곳도 있으니 버스 탈 때 혼동하지 말자. 버스 터미널은 두 개가 있는데, 두 곳 모두 시내에서 남쪽으로 멀리 떨어져 있다.

훼이싸이 버스 터미널(깨우 짬빠 버스 터미널) Keo Champa Bus Terminal

시내에서 남쪽으로 6km 떨어져 있다. 훼이싸이 메인 버스 터미널로 깨우 짬빠 버스 터미널(키우롯 깨우 짬

훼이싸이(깨우 짬빠) 버스 터미널에서 출발하는 버스

노선	출발 시간	요금	소요 시간(거리)
루앙남타	09:00, 12:30	6만K	3~4시간(187km)
우돔싸이	09:30	9만~10만K	8~9시간(330km)
루앙프라방	10:00(VIP), 16:00	14만 5,000K	13~15시간(505km)
비엔티안	11:30	25만K	23~25시간(895km)

훼이싸이(보깨우) HUAY XAI(BOKEO)

훼이싸이(깨우 짬빠) 버스 터미널

국제버스 터미널(펫아룬 버스 터미널)
Phet Aloune Bus Terminal(New Bus Terminal)

우정의 다리가 개통되면서 새롭게 생긴 버스 터미널이다. 버스 회사 이름을 따서 펫아룬 버스 터미널(키우롯 펫아룬)이라고 불린다. 훼이싸이 버스 터미널(깨우 짬빠 버스 터미널)에서 동쪽으로 2㎞ 떨어져 있어 시내보다는 우정의 다리(태국 국경)와 가깝다. 국제버스 전용 터미널로 태국, 중국을 갈 때 이용

빠)이라고도 불린다. 라오스 국내 지역을 오가는 버스가 출발한다. 루앙남타, 우돔싸이, 루앙프라방, 비엔티안(위앙짠)을 갈 때 이용하면 된다. 터미널에서 시내까지 뚝뚝(또는 썽태우) 합승 요금은 1인당 1만K이다. 혼자 타고 갈 경우 2만5,000K(또는 100THB) 정도에 흥정하면 된다. 우정의 다리(태국 국경)까지 합승 요금은 1인당 2만K이다('타일랜드'라고 말하는 뚝뚝 기사와 요금을 흥정하면 된다).

국제버스(펫아룬) 버스 터미널

Travel Plus
우정의 다리 건너서 태국으로 이동하기

국제버스를 이용할 경우
훼이싸이에서 출발하는 태국행 국제버스는 치앙콩 Chiang Khong(메콩 강 건너의 국경 도시)과 치앙라이 Chiang Rai(골드 트라이앵글로 갈 수 있는 태국 북부 지방 도시) 두 개 노선이 운행된다. 대부분의 여행자가 치앙라이로 직행한다(치앙라이에서 다음 목적지는 당연히 치앙마이 Chiang Mai가 된다). 국제버스를 탔다고 해도 두 나라의 이민국(출입국 관리소)에 내렸다가 버스를 다시 타야 한다. 라오스 출국 절차와 태국 입국 절차를 밟을 동안 버스가 기다려 준다(태국은 무비자로 90일 여행이 가능하다). 라오스 출입국 관리소에서는 평일 06:00~08:00와 16:00~21:00, 그리고 주말(토·일·공휴일)은 업무 외 시간으로 간주해 오버타임 수수료(1만K 또는 40THB)를 받는다. 스탬프를 찍을 때 돈을 내라고 하면 당황하지 말 것!
참고로 치앙라이에는 버스 터미널이 두 개가 있는데, 국제버스 종점은 치앙라이 2 버스 터미널('버커쎄 마이'라고 부른다)이다. 훼이싸이에서 치앙라이까지 약 3시간 정도 소요된다. 치앙마이→치앙라이→훼이싸이→루앙프라방 육로 이동 정보는 P.42를 참고하자.

뚝뚝을 이용할 경우
국제버스 시간을 못 맞췄다면 뚝뚝(또는 썽태우)을 타

고 국경으로 가면 된다(뚝뚝 기사에게 '타일랜드 Thailand'라고 말하면 어디 가는지 다 안다). 우정의 다리에 도착하면 라오스 출국

절차를 밟은 뒤 우정의 다리를 건너는 셔틀 버스(편도 25~30THB)를 타고 태국 출입국 관리소로 이동하면 된다(우정의 다리를 걸어서 건널 수는 없다). 태국 입국 절차까지 마쳤다면 치앙콩 시내로 가는 하얀색 썽태우(픽업 트럭)를 타면 된다(편도 요금 60THB). 국경에서 치앙콩 버스 터미널(시내에서 8㎞ 떨어져 있다)→시장(시내 남쪽에 있다)→치앙콩 시내 강변도로(숙소가 몰려 있다)→선착장(화물선 선착장과 내국인 출입국 관리소가 있다)까지 운행된다.
치앙콩에서 치앙라이로 갈 때는 시장 앞에서 출발하는 빨간색 일반 버스(선풍기 버스)를 타면 된다. 04:30~15:40까지 30분 간격으로 출발한다(편도 요금 65THB). 일반 버스는 치앙라이 시내에 있는 치앙라이 1 버스 터미널('버커쎄 까오')이 종점이다. 두 도시는 105㎞ 떨어져 있으며 일반 버스로 2시간 30분 정도 걸린다.

국제버스 터미널에서 출발하는 버스

노선	출발 시간	요금	거리
치앙라이(태국)	09:00, 16:30	6만K(또는 225THB)	137km
징홍(중국)	09:00(일요일 제외, 주 6회 출발)	19만K	460km
쿤밍(중국)	10:00(매일 출발)	42만K	980km

하면 된다. 태국은 무비자로 여행이 가능하지만, 중국은 국경에서 비자가 발급되지 않기 때문에 비자를 미리 발급 받아야 한다. 참고로 라오스에서는 징홍(중국) Jinghong(景洪)을 '씨앙홍 Xieng Houng'이라고 부른다(버스 터미널 매표소에는 Chinag Houng이라고 적혀 있다). 치앙라이(태국)는 '씨앙하이 Xieng Hai'라고 부른다(버스터미널 매표소에는 Chinag Rai라고 적혀 있다). 나라마다 지명이 조금씩 다른 이유는 과거 자신의 영토였던 곳이라 당시에 부르던 지명을 그대로 사용하기 때문이다.

국제버스 터미널에서 루앙남타, 우돔싸이, 루앙프라방, 비엔티안행 버스도 출발한다. 하루 1편 출발하는데(버스 출발시간이 들쑥날쑥하다), 버스시간이 맞으면 국제버스 터미널에서 국내선 버스로 갈아타고 이동하면 된다. 훼이싸이 시내에서 국제버스 터미널까지는 뚝뚝(또는 썽태우)을 타고 가면 된다. 1인당 합승 요금 1만K, 혼자 타고 가면 2만5,000K(또는 100THB)을 요구한다.

■ 보트

훼이싸이에서 루앙프라방까지 보트가 운항된다. 1박 2일에 걸쳐 루앙프라방까지 가는 슬로 보트와 하루 만에 도착이 가능한 스피드 보트 두 종류가 있다. 대부분의 여행자들은 슬로 보트를 선호한다.

슬로 보트(흐아 싸) Slow Boat

슬로 보트 선착장은 시내 중심가에서 북쪽을 1.5km(우정의 다리에서 12km) 떨어져 있다. 슬로 보트는 훼이싸이→빡벵(빡뱅) Pak Beng→루앙프라방 노선으로 운항된다. 편도 요금은 훼이싸이에서 빡벵까지 10만5,000K, 루앙프라방까지 21만K이다. 훼이싸이에 있는 여행사에서 예약을 대행(보트 요금보다 2만~3만K을 더 받는 대신 픽업 서비스가 포함된다)해 주기도 하는데, 당일 날 아침에 선착장에 가서 표를 직접 구입해도 문제되지 않는다. 슬로 보트는 하루 한 편 출발한다. 출발 시간은 메콩 강의 수위와 유속에 따라 계절적으로 약간씩 조정되기도 한다. 건기보다는 우기 때 이동 속도가 빠르다. 현재는 11:00에 출발한다(출발 시간을 미리 확인해 두자). 과거 딱딱했던 나무 의자에서 푹신한 좌석(버스 의자를 슬로 보트에 장착했다)으로 대체됐다. 보트 티켓은 08:00부터 판매한다. 보트 좌석이 정해진 게 아니기 때문에 미리 도착해 자리를 선점해두면 좋다. 성수기에 인원이 몰릴 때는 한 배에 70~90명을 태우기도 한다. 느린 여행을 위해 충분한 물과 도시락(점심), 간식을 챙겨 탑승하는 것도 잊지 말자.

반드시 알아둬야 할 점은 슬로 보트는 루앙프라방까지 1박 2일에 걸쳐서 간다는 사실이다. 때문에 중간에 빡벵이라는 어딘지도 모르는 강변의 작은 마을에서 하루를 자야 한다. 숙박 요금은 포함되어 있지 않기 때문에 빡벵에 도착하면 알아서 잠자리를 해결해야 한다. 빡벵 선착장에서 길을 따라 올라가면 게스트하우스들이 들어서 있다. 성수기 기준으로 개인욕실이 딸린 평범한 방들은 8만~10만K, 괜찮은 방들

훼이싸이 슬로 보트 선착장

보트 여행의 중간 경유지 빡벵
ⓒ툭툭 이창환

은 15만~20만K(태국 돈으로 500~800THB) 정도다. 루앙프라방에 보트가 도착하면 뚝뚝을 합승해서 시내로 들어가면 된다. 2013년 5월 루앙프라방 북쪽으로 7㎞ 떨어진 반 돈 마이 Ban Don Mai(새로운 돈 마을)로 선착장이 옮겨 갔다(P.161). 보트가 도착할 때 여러 명이 동시에 내리기 때문에 뚝뚝 섭외는 어렵지 않다. 루앙프라방 시내까지 1인당 2만K을 받는다.

스피드 보트(흐아 와이) Speed Boat

스피드 보트 선착장은 훼이싸이 시내에서 남쪽으로 4㎞ 떨어져 있다. 정해진 출발 시간은 없고 최소 인원 6명이 모이면 출발한다. 훼이싸이에서 빡벵까지 3시간, 빡벵에서 루앙프라방까지 3시간, 총 6시간 정도 걸린다. 1인 요금은 빡벵까지 18만K, 루앙프라방 35만K이다.

훼이싸이에서 빡벵을 경유해 루앙프라방까지 가는 것은 동일하다. 슬로 보트에 비해 속도는 빠르지만 불편하고 위험하다. 긴 꼬리 배로 불리는 소형 보트에 모터 엔진을 달았기 때문에 소음으로 인해 고통스럽기까지 하다. 스피드 보트 여행 후 일시적인 청각 장애를 경험하는 사람도 있다. 귀마개와 구명조끼 착용도 필수다. 긴 꼬리 배는 가림막이 없기 때문에 몸의 위아래를 덮는 긴 옷을 입는 게 좋다.

빠르긴 하지만 여러모로 불편한 스피드 보트

ATTRACTION

훼이싸이의 볼거리

메콩 강을 끼고 있는 자그마한 도시라 특별한 볼거리는 없다. 강 건너 태국 땅을 바라보며 빈둥거리면 된다. 유일한 볼거리라면 왓 쫌카오 마니랏 Wat Chom Khao Manirat이다. 훼이싸이 중심가에 자리한 언덕 위의 사원으로 1880년에 건설됐다. 나가(뱀) 모양의 계단이 사원까지 이어진다. 지면을 향해 나지막하게 지붕이 내려앉은 대법전(씸)은 현대적인 건물로 새롭게 태어났다. 일몰 시간에는 강변에 있는 야외 테라스 레스토랑에서 '비어 라오'(라오 맥주)를 마시며 시간을 보내면 된다.

훼이싸이 시내 중심가

왓 쫌카오 마니랏

HOTEL

훼이싸이의 호텔

오래된 숙소들로 대형 호텔보다는 소규모 게스트하우스가 대부분이다. 장기 투숙자보다 하루 자고 떠나는 뜨내기 여행자들이 많은 편이다.

폰팁 게스트하우스 ★★☆
Phonethip Guest House

Map P.245-A2 전화 084-211-084, 020-5578-4405 요금 더블 5만K(선풍기, 공동욕실), 더블 7만K(선풍기, 개인욕실) 가는 방법 BCEL 은행 맞은편에 있는 B.A.P 게스트하우스를 바라보고 왼쪽에 있다.

1층에 상점을 겸하고 있으며 라오스 가족이 운영한다. 저렴하고 기본적인 시설을 갖춘 숙소이지만 관리 상태가 좋다. 일부 객실은 공동욕실을 사용한다. 욕실은 온수 샤워가 가능하다. 객실에서 무선 인터넷이 수신되며 공동으로 사용하는 발코니에서 거리를 내려다볼 수도 있다.

홈포 게스트하우스 ★★☆
Hom Pho Guest House

Map P.245-A2 전화 030-5448-338 홈페이지 www.hompho.com 요금 더블 10만~12만K(에어컨, 개인욕실, TV, 냉장고), 3인실 15만K(에어컨, 개인욕실, TV, 냉장고) 가는 방법 마을 중심가의 BCEL 은행 옆에 있다.

2017년에 신축한 게스트하우스. 콘크리트 건물로 객실이 넓은 편이다. 객실은 모두 11개가 운영되며 바닥에 타일이 깔려 있고 특별할 건 없다. 도로 쪽 방은 발코니가 딸려 있다. 참고로 선풍기만 사용할 경우 방값이 할인된다.

싸바이디 게스트하우스 ★★★
Sabaydee Guest House

Map P.245-A1 전화 084-212-252 요금 더블 8만~9만K(선풍기, 개인욕실, TV), 더블 13만K(에어컨, 개인욕실, TV) 가는 방법 기번 익스피리언스 Gibbon Experience(여행사 사무실)를 바라보고 오른쪽에 있다. 퐁싸완 은행과 가깝다.

마을 중심가에 있는 단아한 3층짜리 콘크리트 건물. 에어컨 방과 선풍기 방으로 구분되며 TV를 갖추고 있다. 온수 샤워가 가능한 개인욕실이 딸려 있다. 기본적인 시설을 갖췄지만 관리 상태가 좋아 인기 있다. 객실 크기도 무난하다. 3층에 공동으로 사용하는 발코니를 겸한 휴식 공간이 있다.

컵짜이 게스트하우스 ★★★
Kaupjai Guest House

Map P.245-A2 전화 020-5568-3164 요금 더블 10만K(선풍기, 개인욕실), 더블 12만K(에어컨, 개인욕실) 가는 방법 BCEL 은행을 바라보고 오른쪽(남쪽)으로 350m.

마을 중심가에서 살짝 남쪽으로 비켜나 있다. 출입국 사무소와 가까운 곳에 있는 오래된 게스트하우스에 비해 시설이 좋다. 깔끔한 콘크리트 건물로 외관뿐만 아니라 객실도 깨끗하다. 침구 상태와 개인욕실도 청결하게 관리되고 있다.

우돔폰 게스트하우스 2 ★★★
Oudomphone Guest House 2

Map P.245-A1 전화 084-211-308 요금 더블 8만K(선풍기, 개인욕실, TV), 더블 12만K(에어컨, 개인욕실, TV) 가는 방법 퐁싸완 은행과 인접한 싸바이디 게스트하우스 맞은편에 있다.

평범한 콘크리트 건물이다. 2층짜리 건물로, 객실은 온수 샤워가 가능한 개인욕실과 TV를 갖췄다. 무난한 가격과 무난한 시설로 인기 있는 숙소 중 하나다. 1층에 아담한 레스토랑이 딸려 있다. 아침 식사는 포함되지 않는다.

리버사이드 훼이싸이 호텔 ★★★
Riverside Houysay Hotel

Map P.245-A2 전화 084-211-064, 020-5420-2222 요금 스탠더드 더블 20만K(에어컨, 개인욕실, TV, 냉장고), 슈피리어 더블 27만K(에어컨, 개인욕실, TV, 냉장고) 가는 방법 BCEL 은행을 바라보고 오른쪽(남쪽)으로 150m.

마을 중심가에 있는 호텔로 메콩 강을 끼고 있다. 모든 객실이 에어컨, TV, 냉장고를 갖추고 있다. 객실은 강이 보이느냐 안 보이느냐에 따라 요금이 다르다. 강변에 있는 야외 레스토랑에서 메콩 강과 태국 땅이 시원스레 보인다.

라오스 남부

● 싸완나켓　● 빡쎄　● 짬빠싹　● 돈콩(씨판돈)　● 돈뎃(씨판돈)　● 돈콘(씨판돈)

싸완나켓

Savannakhet

　　싸완나켓은 황금의 땅(또는 낙원의 도시)이란 뜻이다. 프랑스 식민 지배 기간 동안 중요한 행정과 교통의 요지로 발달했다. 북쪽에 루앙프라방이 있었다면, 남쪽에는 싸완나켓이 있었다고 생각하면 된다. 하지만 완벽하게 보존된 루앙프라방에 비해 싸완나켓의 콜로니얼 건물들은 볼품없이 방치되어 있다. 예나 지금이나 변함없는 사실은 교통의 요지로 라오스와 주변 국가를 연결하는 길목에 있다는 것이다. 메콩 강을 연해 태국과 국경을 접하고 있으며, 태국에서 라오스를 거쳐 베트남을 연결하는 최단거리 국도가 싸완나켓을 관통한다.

　　라오스에서 두 번째로 큰 도시이며 비엔티안(위앙짠) 다음으로 인구(12만 명)가 많지만 메콩 강변의 정취와 어우러져 한적하기만 하다. 1940년대에 건설된 콜로니얼 건물들이 올드 타운에 남아 있지만, 외국인 관광객의 눈길을 끌 만한 큰 볼거리는 없다. 대부분의 여행자들은 싸완나켓을 지나쳐 빡쎄 Pakse로 직행한다. 공식적인 도시 이름은 까이쏜 폼위한 Kaysone Phomvihane(라오스 사회주의 공화국을 건설한 인물로 라오스 화폐에 그의 초상화가 그려져 있다. 싸완나켓은 까이쏜 폼위한의 고향이다)이다. 2005년에 도시 이름이 개명됐지만, 흔히들 싸완나켓을 줄여서 '싸완 Savan'이라고 부른다.

INFORMATION

여행에 유용한 정보

은행·환전

퐁씨완 은행 환전소

메인 도로인 타논 랏싸웡쓱에 BCEL 은행과 퐁싸완 은행이 있다. 은행과 별도로 환전소를 운영하며, ATM도 설치되어 있다. 퐁싸완 은행 환전소는 월~일요일 08:30~17:30에 문을 연다. 태국과 국경을 접하고 있어서 태국 돈도 통용된다.

영사관

태국 영사관 Royal Thai Consulate과 베트남 영사관 Consulate of Vietnam이 있다. 관광 비자를 발급해 주는데, 한국 여권 소지자는 두 나라 모두 무비자로 여행이 가능하다. 태국은 비자 없이 90일, 베트남은 비자 없이 15일 동안 체류할 수 있다.

태국 영사관
주소 9W Road(No.9 Street)
전화 041-212-373
홈페이지 www.thaisavannakhet.com

베트남 영사관
주소 118 Thanon Sisavangvong
전화 041-212-418
홈페이지 www.vietnamconsulate-savanakhet.org

ACCESS

싸완나켓 가는 방법

라오스 중부와 남부를 연결하는 길목에 있어 교통이 발달했다. 태국과 국경을 접하고 있으며, 베트남과도 국제버스가 활발하게 운행된다.

항공

라오항공(홈페이지 www.laoairlines.com)에서 국내선과 국제선을 운항한다. 국내선은 비엔티안(매일 1회, 편도 요금 95US$)과 빡쎄(주 3회, 편도 요금 60US$) 노선을 취항하고, 국제선은 방콕(주 4회, 편도 요금 136US$) 노선을 운항한다. 라오항공에서 독점 운항하기 때문에 항공 요금이 비싸다. 공항(싸남빈)은 시내 중심가에서 남쪽으로 1km 떨어져 있다. 싸완나켓의 도시 코드는 ZVK라고 쓴다.

버스

싸완나켓 버스 터미널은 시내에서 북쪽으로 2km 떨어져 있다. 북쪽으로는 비엔티안(위앙짠), 남쪽으로는 빡쎄, 서쪽으로는 태국(묵다한), 동쪽으로는 라오바오(베트남 국경)를 거쳐 베트남(다낭)까지 국제버스가 연결된다.

라오스 국내 노선

남북으로 길게 이어진 13번 국도가 싸완나켓을 관통한다. 북쪽으로 타캑 Tha Khaek, 빡싼 Paksan을 경유해 비엔티안(위앙짠)까지 버스가 수시로 출발한다. 남쪽으로는 빡쎄를 경유해 앗따쁘 Attapeu, 쎄꽁 Sekong, 싸라완 Salavan까지 운행한다.

싸완나켓 버스 터미널

태국행 국제버스

태국행 국제버스

메콩 강 건너에 있는 태국의 묵다한 Mukdahan까지 국제버스가 운행된다. 싸완나켓 버스 터미널에서 출발해 우정의 다리 2(싸판 밋뜨라팝 썽) Friendship Bridge 2를 지나 묵다한 버스 터미널까지 국제버스가 오간다. 국제버스는 08:15~19:00까지 약 1시간 간격으로 하루 12회 운행된다. 편도 요금은 1만 4,000K(또는 50THB)이며, 16:00 이후에 출발하는 버스는 요금이 1만4,000K(또는 50THB)으로 인상된다. 묵다한에서 방콕(끄룽텝)까지는 버스로 10시간 걸린다. 참고로 싸완나켓 시내에 있는 출입국관리소에서 보트를 타고 메콩 강을 건너 태국에 입국하는 것은 불가능하다(태국과 라오스 두 나라 사람들에게만 개방돼 있다).

베트남행 국제버스

9번 국도를 따라 싸완나켓→쎄폰 Sepon(Xepon)→단싸완 Dansavanh(라오스 국경)→라오바오 Lao Bảo(베트남 국경)→동하 Đông Hà→후에(훼) Huế까지 국제버스가 운행된다. 라오스에서 베트남 중부 지방을 여행하려는 여행자들이 종종 이용한다(태국·라오스·베트남을 연결하는 최단거리 육로 루트이다). 후에(훼)까지는 주 6회(금요일 제외) 08:00에 출발한다(편도 요금 11만K), 국경에서 출입국 수속 시간을 포함해 약 9시간 정도 소요된다. 국경에서 라오스 출국 수속과 베트남 입국 수속 절차를 밟아야 한다. 그리고 기다리고 있는 국제버스에 탑승하면 된다.

라오스와 베트남 국제버스 수요가 늘어나면서 다낭 Đà Nẵng과 하노이 Hà Nội까지도 국제버스가 운행된다. 다낭은 주 3회(화·목·토요일 09:00 출발, 편도 요금 15만K), 하노이까지는 주 4회(월·수·목·토요일 10:00 출발, 편도 요금 25만K) 출발한다. 참고로 한국 여권을 소지하고 있다면 베트남을 비자 없이 15일간 여행할 수 있다(베트남 비자를 미리 받을 필요가 없다).

베트남행 국제버스

싸완나켓 버스 터미널에서 출발하는 버스

노선	출발 시간	요금	소요 시간(거리)
비엔티안	06:00, 06:40, 07:20, 08:00, 08:40, 09:20, 10:10, 11:30, 20:30(침대 버스)	7만5,000K(일반 버스), 12만K(침대 버스)	10시간(495km)
타캑	07:00~13:00(1시간 간격 운행)	3만K	4시간(175km)
빡쎄	07:00, 17:30	4만K	5~6시간(235km)
앗따쁘	09:00	7만5,000K	9~10시간(345km)
쎄꽁	10:30	6만5,000K	8~9시간(285km)
싸라완	12:30	6만5,000K	7~8시간(190km)

TRANSPORTATION

시내 교통

시내 중심가는 걸어서 다닐 만하다. 뚝뚝을 탈 경우 버스 터미널까지 2만K 이하에서 흥정하면 된다. 시내에서 가까운 거리를 돌아다닐 때는 5,000K 정도에 흥정하면 된다.

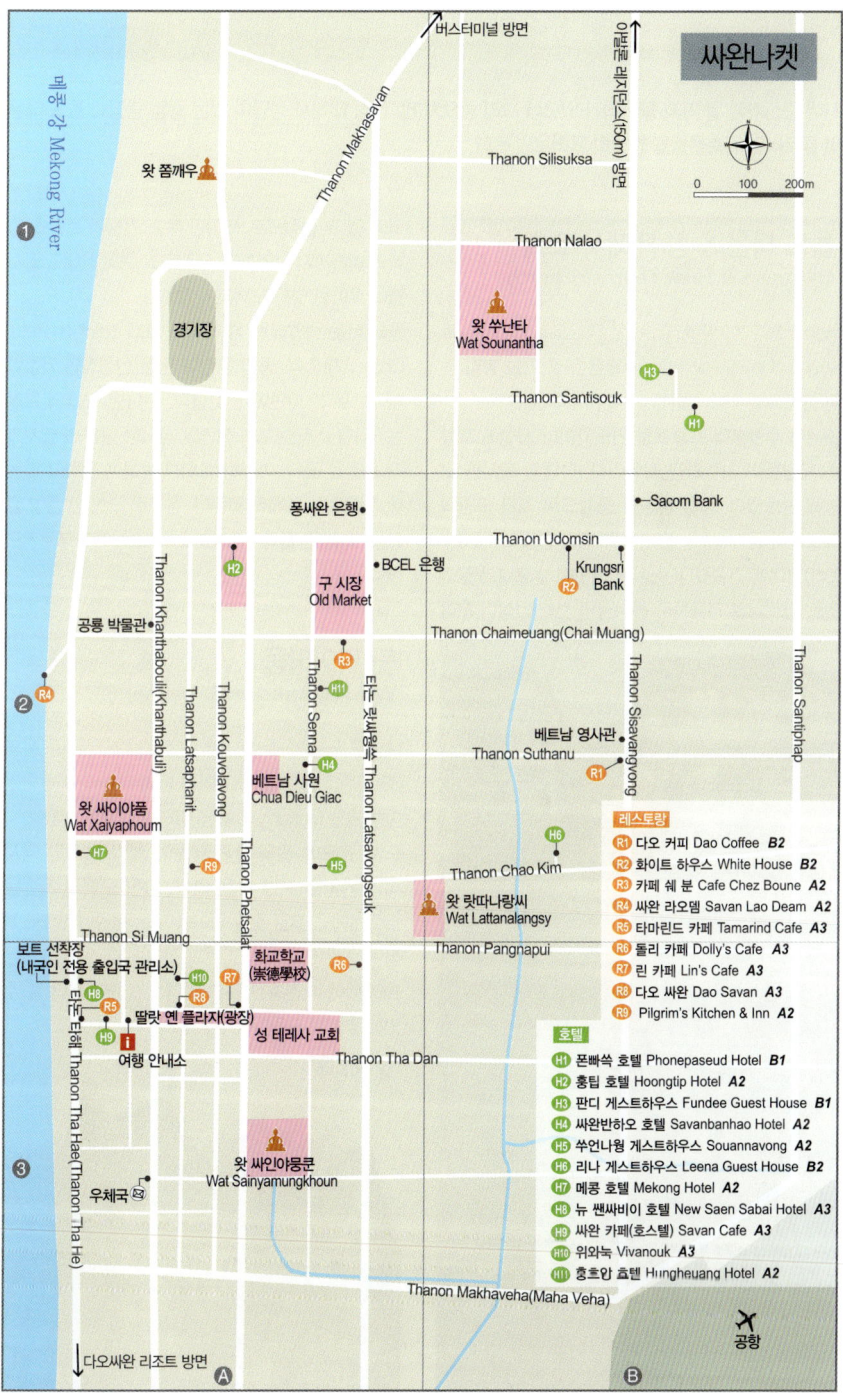

ATTRACTION

싸완나켓의 볼거리

시내 중심가에 몇 가지 볼거리가 있으나 그리 중요치 않다. 성 테레사 성당이 있는 중앙 광장과 올드 타운의 콜로니얼 건축물들을 천천히 둘러보면 된다.

올드 타운 & 성 테레사 교회 ★★
Old town & Saint Theresa Church

Map P.255-A3 **주소** Thanon Phetsalat & Thanon Khanthabouli(Khanthabuli) **요금** 무료 **가는 방법** 중앙 광장에서 메콩 강변에 이르는 지역이다.

19세기 후반부터 프랑스령 인도차이나 시절에 프랑스 사람들이 거주하던 지역이다. 유럽의 도시를 모방해 만들었다. 중앙 광장을 중심으로 격자 모양의 도로들이 곧게 뻗어 있다. 대부분의 건물이 1930~1940년대에 건설됐다. 아치형 창문에 발코니가 딸려있는 콜로니얼 건물들로 동서양의 건축 양식이 혼합되어 있다. 상점으로 쓰이던 복층 건물과 프랑스 양식의 빌라까지 다양하다. 오래되고 관리 상태도 좋지 않아 우아한 멋은 느껴지지 않는다.

올드 타운 중앙에는 성 테레사 교회 Saint Theresa Church가 있다. 중앙 광장에 만든 전형적인 가톨릭 성당으로 1930년에 건설됐다. 단아한 모습의 교회는 8각형 스티플(교회 정면을 장식한 첨탑)과 십자가가 눈길을 끈다. 여전히 교회 기능을 수행하고 있는데, 일요일에 예배가 열린다. 참고로 교회 앞 중앙 광장을 '딸랏 옌 플라자 Talat Yen Plaza'라고 부르기도 한다.

딸랏 옌 플라자

성 테레사 교회

왓 싸이야품 ★
Wat Xaiyaphoum(Saiyaphum)

Map P.255-A2 **주소** Thanon Tha Hae(Tha He) **운영** 08:00~17:00 **요금** 무료 **가는 방법** 타논 타해에 있는 메콩 호텔 Mekong Hotel을 바라보고 왼쪽에 있다.

도시 규모에 걸맞게 사원들이 제법 많지만 역사적인 가치를 지닌 곳은 없다. 가장 오래된 사원은 1542년에 건설된 왓 싸이야품이다. 싸완나켓에서 가장 큰 사원으로 메콩 강변과 접해 있다. 현재 모습은 1906년에 재건축한 것으로 라오스 어디서나 볼 수 있는 평범한 사원이다.

왓 싸이야품

공룡 박물관
Dinosaur Museum(Musée des Dinosaures) ★

Map P.255-A2 **주소** Thanon Khanthabouli(Khanthabuli) & Thanon Chaimeuang(Chai Muang) **전화** 041-212-597 **운영** 08:00~12:00, 13:00~16:00 **요금** 1만K **가는 방법** 타논 칸타부리 & 타논 짜이므앙 사거리 코너에 있다. 왓 싸이야품에서 도보 3분.

싸완나켓 일대에서 발굴된 공룡 화석을 전시한 박물관이다. 지방 소도시 박물관답게 규모는 작고 평범한 박물관이다. 전시물들은 대부분 프랑스어로 설명을 달아 놓았다. 대단한 볼거리가 있는 곳은 아니지만 박물관 안내원의 친절한 안내를 받을 수 있다. 공룡 화석 발굴은 프랑스 통치 시절 프랑스 학자들에 의해 1930년대부터 시작됐다. 최근에는 2000년에 발굴 작업이 진행됐는데, 프랑스 발굴 팀이 떠나면서 추가 작업은 중단된 상태라고 한다.

공룡 박물관

RESTAURANT
싸완나켓의 레스토랑

메인 도로에 해당하는 타논 랏싸웡쏙에 레스토랑이 많다. 도시 규모에 비해 평범한 식당들이 대부분이다. 외국인들을 위한 여행자 레스토랑도 몇 곳 있어 크게 불편하지 않다.

딸랏 옌 플라자(야시장)
Talat Yen Plaza(Night Market) ★★☆

Map P.255-A3 **주소** Talat Yen Plaza **영업** 17:00~22:00 **메뉴** 라오스어 **예산** 1만~3만K **가는 방법** 성테레사 교회 앞의 중앙 광장(딸랏 옌 플라자)에 있다.

낮보다 덜 더운 저녁 시간 야외 활동을 하는 현지인들을 위한 야시장이다. 광장 주변으로 콜로니얼 건물이 가득 들어서 있어 분위기 있다. 쌀국수, 딤섬, 꼬치구이 같은 평범한 노점들로 채워진다. 커피와 맥주를 곁들이며 시간 보내기 좋다.

싸완 라오뎀
Savan Lao Deam ★★★

Map P.255-A2 **주소** Thanon Tha Hae(Tha He) **전화** 041-252-124, 020-5554-0348 **영업** 12:00~23:00 **메뉴** 영어, 라오스어 **예산** 3만~8만K **가는 방법** 공룡 박물관 앞쪽의 메콩 강변에 있다.

강변의 야외 수상 레스토랑이다. 메콩 강 위에 있으며 한적한 분위기로 자연적인 정취가 좋다. 태국을 바라보며 강바람을 쏘이며 식사할 수 있다. 랍, 얌, 꼬이, 땀막훙(또는 쏨땀) 같은 태국·라오스 음식을 요리한다.

화이트 하우스
White House ★★★

Map P.255-B2 **주소** Thanon Udomsin(Oudomsin Road) **전화** 030-977-5588 **영업** 07:00~21:00 **메뉴** 영어, 라오스어 **예산** 3만~6만K **가는 방법** 타논 우돔씬 사거리에 있는 끄룽씨 은행 Krungsri Bank에서 50m.

지방 소도시라는 생각을 무색케 하는 근사한 콜로니얼 양식의 레스토랑이다. 하얀색의 유럽풍 건물로 넓은 실내, 야외 테라스까지 분위기 좋다. 에어컨 시설도 갖췄다. 라오스·태국·베트남 음식을 기본으로 피자까지 다양한 메뉴가 있다. 생각보다 손님이 많지 않아서 휑할 때도 있다.

LAOS 라오스

린 카페　★★★☆
Lin's Cafe

Map P.255-A3 **주소** Thanon Phetsalat, Talat Yen Palza **전화** 030-5332-188 **홈페이지** www.facebook.com/lincafesavan **영업** 08:30~20:00(수요일 휴무) **예산** 3만~5만K **가는 방법** 딸랏 엔 플라자와 접해 있는 타논 펫싸랏에 있다.

라오스 지방 소도시에서 흔히 볼 수 있는 에어컨 시설의 레스토랑이다. 태국·라오스 음식과 파스타, 버거, 샌드위치 그리고 커피까지 외국인 여행자들이 선호하는 식단을 골고루 갖추고 있다.

카페 쉐 분　★★★
Cafe Chez Boune

Map P.255-A2 **주소** Thanon Chaimeuang(Chai Muang) **전화** 041-214-190 **영업** 08:00~22:00 **메뉴** 영어, 라오스어 **예산** 6만~15만K **가는 방법** 타논 랏

싸웡쓱에서 타논 짜이므앙 방향으로 50m.
라오스에서 서양 음식점으로 유명한 레스토랑이다. 에어컨 시설이 돼 있으며 쾌적하다. 파스타와 피자, 스테이크를 메인으로 요리한다.

다오 싸완　★★★
Dao Savanh

Map P.255-A3 **주소** 89/1 Thanon Si Muang **전화** 041-260-888 **영업** 08:00~22:30 **메뉴** 영어, 프랑스어 **예산** 메인 요리 7만~15만K **가는 방법** 성 테레사 성당 앞에 있는 광장(딸랏 엔 플라자 Talat Yen Plaza) 코너에 있다.

올드 타운에 있는 프랑스 레스토랑이다. 콜로니얼 건물을 새롭게 단장해 레스토랑으로 사용한다. 늦은 아침이나 가벼운 점심 식사로 좋은 '메뉴 데죄네' Menu Dejeuner와 메인 요리로 인기 있는 앙트르코트 Entrecôte(프랑스식 등심 스테이크)가 있다. 버거와 샌드위치 같은 간단한 음식도 요리한다.

HOTEL
싸완나켓의 호텔

도시 규모에 비해 호텔이나 게스트하우스는 많지 않다. 대부분 라오스 남부로 내려가거나 베트남으로 가기 위해 지나쳐 갈 뿐 특별히 싸왓나켓에서 머물러야 할 이유를 못 찾기 때문이다. 건물 자체도 오래됐고 특별히 개보수를 하지 않았기 때문에 게스트하우스들도 평범한 숙소가 대부분이다.

리나 게스트하우스　★★★
Leena Guest House

Map P.255-B2 **주소** Thanon Chao Kim **전화** 041-212-404 **요금** 더블 5만K(선풍기, 개인욕실), 더블 7만~10만K(에어컨, 개인욕실) **가는 방법** 메인 도로인 타논 랏싸웡쓱에서 왓 랏따나랑씨가 있는 골목 안쪽으로 300m.

골목 안쪽에 있는 오래된 게스트하우스. 기본적인 시설을 갖춘 선풍기 방은 작고 개인욕실이 딸려있지만 찬물 샤워만 가능하다. 에어컨 방은 요금을 더 받는 대신 방이 크고 TV도 있다. 에어컨 방은 온수 샤워가 가능하다. 레스토랑을 함께 운영한다.

싸완 카페　★★★☆
Savan Cafe

Map P.255-A3 **주소** 370/2 Unit 4, West of Talat Yen Plaza **전화** 020-7656-0000, 020-9124-3402 **요금** 도미토리 7만~8만K, 더블 20만K(에어컨, 개인욕실) **가는 방법** 중앙 광장(딸랏 엔 플라자)에서 강변 방향으로 이어지는 골목에 있다.

중앙 광장 주변에 새롭게 개업한 카페를 겸한 여행자 숙소. 도미토리를 운영하는 호스텔로 오래된 콜로니얼 건물을 개조했다. 유럽풍의 건물을 빈티지한 분위기로 꾸몄다. 도미토리는 4인실(여성 전용)과 6인실(남녀 혼용)로 구분된다. 옥상의 휴식 공간에서 메콩 강이 보인다. 1층 카페에서는 태국·베트남 음식, 스테이크(3만~5만K)를 맛볼 수 있다.

판디 게스트하우스 ★★★☆
Fundee Guest House

Map P.255-B1 주소 Thanon Santisouk 전화 020-9984-1270 요금 더블 12만K(에어컨, 개인욕실, TV) 가는 방법 싼티쑥 거리에 있다. 버스 터미널에서 도보 10분, 시내 중심가까지 도보 20분.

새롭게 등장한 게스트하우스. 콘크리트 건물로 신축해 깨끗하다. 복층 건물로 객실마다 발코니가 딸려 있다. 모든 객실은 에어컨과 LCD TV를 갖추고 있다. 시내 중심가에서 조금 떨어져 있어 불편하다. 참고로 '판디'는 좋은 꿈이란 뜻이다.

위와눅 ★★★☆
Vivanouk

Map P.255-A3 주소 12 Thanon Latsaphanrit 전화 020-9160-6030 홈페이지 www.vivanouk.com 요금 더블 35US$(선풍기, 공동욕실, TV), 더블 40US$(에어컨, 공동욕실, TV) 가는 방법 중앙 광장(딸랏 옌 플라자)과 접해 있는 다오 싸완(레스토랑)을 바라보고 오른쪽에 있다.

싸완나켓에서 흔치 않은 부티크 호텔이다. 1910년대 건설된 콜로니얼 양식의 건물을 유럽풍의 호텔로 꾸몄다. 객실은 딱 세 개뿐이다. 공동욕실을 사용해야 하지만 휴식 공간이 있어 여유로운 분위기다. 프랑스인이 운영하며 친절하다.

필그림 키친 & 인 ★★★☆
Pilgrim's Kitchen & Inn

Map P.255-A2 주소 106 Thanon Latsaphanit 전화 020-2213-3733 홈페이지 www.facebook.com/pilgrimskitchenandinn 요금 더블 20~25US$(에어컨, 개인욕실, TV, 냉장고) 가는 방법 딸랏 옌 플라자에서 북북으로 두 블록 떨어져 있다.

1층은 카페를 겸한 레스토랑, 2층은 게스트하우스로 운영된다. 객실은 넓고 깨끗하며 LCD TV와 큰 냉장고가 갖춰져 있다. 창문 있는 방이 조금 더 비싸다. 조식은 제공되지 않으나 레스토랑에서 라오스·인도·이탈리아·멕시코 음식까지 다양한 요리를 맛볼 수 있어 외국인 여행자들에게 인기 만점이다. 자전거 대여도 가능하다.

아발론(아와런) 레지던스 ★★★
Avalon Residence

Map P.255-B1 주소 Thanon Sisavangvong 전화 041-252-770 홈페이지 www.hotel.avalonbooking.com 요금 더블 24~28US$(에어컨, 개인욕실, TV, 냉장고) 가는 방법 버스 터미널에서 200m 떨어진 타논 씨싸왕웡에 있다.

버스 터미널과 가까운 곳에 새롭게 생긴 호텔이다. 마땅한 호텔이 없는 싸완나켓에서 깔끔하고 적당한 요금으로 인해 인기를 얻고 있다. 에어컨 시설로 타일이 깔린 객실이 깨끗하다. LCD TV와 냉장고도 갖추고 있어 편리하다. 5층 건물인데 엘리베이터가 없다. 시내 중심가까지 걸어서 15분 정도 걸린다.

다오싸완 리조트 ★★★★
Daosavanh Resort

Map P.255-A3 주소 Thanon Tha Hae(Tha He) 전화 041-252-188, 041-252-199 요금 스탠더드 77US$, 딜럭스 90US$ 가는 방법 도시 남쪽의 메콩 강변에 있다.

럭셔리한 리조트라고 하기에는 뭐하지만 야외 수영장을 갖춘 고급 호텔임에는 틀림없다. 스탠더드 룸은 타일이 깔려 있는 일반적인 호텔 구조며, 스위트룸은 나무 바닥으로 고급스럽게 꾸몄다. 메콩 강변을 끼고 있기 때문에, 서쪽(강변) 방향 방들의 전망이 좋다. 모두 60개 객실을 갖추고 있다.

빡쎄
Pakse

　　라오스 남부의 행정과 경제, 교통의 중심지다. 짬빠싹 주(州)의 주도로 인구 8만 명이 사는 중소도시다. 메콩 강 Mekong River과 쎄돈 강 Xe Don River이 도시를 감싸고 있다. '빡'은 입, '쎄'는 쎄돈 강을 뜻하는 것으로 쎄돈 강 입구에 도시가 있다고 해서 빡쎄라고 불린다. 대단한 볼거리는 없지만 많은 여행자들이 빡쎄를 드나든다. 라오스 남부 여행의 거점이 되기 때문이다. 메콩 강에 떠 있는 4,000개의 섬인 씨판돈 Si Phan Don(4,000 Islands), 유네스코 세계문화유산으로 지정된 왓 푸 Wat Phu를 포함해 볼라웬(볼라벤) 고원 Bolaven Plateau까지 빡쎄 주변에 볼거리가 많다.

　　빡쎄는 태국과 가깝고 교역이 활발하게 이루어지면서 지속적으로 성장하고 있다. 태국과 캄보디아는 물론 베트남까지 국제버스가 연결되어 교통도 편리하다. 시내 중심가에 호텔과 여행사가 몰려 있고, 프랑스 식민 지배 시절에 건설된 콜로니얼 건물들이 남아 있다. 강변과 어우러져 한적한 분위기다. 분주한 느낌은 상업 시설이 몰려 있는 다오흐앙 시장(딸랏 다오흐앙) Dao Heuang Market(New Market) 주변에 가득하다. 카페와 레스토랑도 많아서 도시 생활이 그리 지루하진 않다.

INFORMATION

여행에 유용한 정보

은행·환전

BCEL 은행, 라오 개발 은행, 인도차이나 은행이 있다. 은행과 별도로 환전소를 함께 운영하며, ATM도 설치되어 있다. 태국 국경과 가까워서 태국 밧(THB)도 통용된다. 호텔과 게스트하우스뿐 아니라 국제버스를 탈 때도 태국 돈을 사용할 수 있다. 보통 1만K에 40밧으로 환산해서 사용하면 된다(1THB=290K). 다만, 태국으로 갈 예정이라면 '깁'보다는 '밧'을 휴대하고 있는 게 좋다. 국경을 넘으면 '깁'은 아무런 가치가 없다.

여행 안내소

강변을 끼고 있는 거리인 타논 11 Thanon 11(No. 11 Road)에는 지방 정부에서 운영하는 여행 안내소 Provincial Tourism Office가 있다. 이곳에서는 빡쎄 주변 지역 볼거리와 교통 정보에 대한 안내를 받을 수 있다. 업무 시간은 월~금요일 08:00~12:00, 13:30~16:30이다. 주말에는 운영하지 않는다.

BCEL 은행

ACCESS

빡쎄 가는 방법

도시 규모에 비해 교통이 발달해 있다. 라오스 남부 지역을 연결하는 버스가 빡쎄를 경유하고, 태국까지 국제버스도 연결된다. 항공 노선도 발달해 태국, 캄보디아, 베트남까지 국제선이 취항한다.

항공

빡쎄 국제공항

라오항공(홈페이지 www.laoairlines.com)에서 국내선과 국제선을 운항한다. 국내선은 비엔티안(매일 2회, 편도 요금 123US$)과 싸완나켓(주 4회, 편도 요금 60US$) 노선을 취항한다. 국제선은 태국 방콕(편도 요금 146US$) Bangkok, 캄보디아 씨엠리업(편도 요금 125US$) Siem Reap, 베트남 호찌민시(편도 요금 130US$) Ho Chi Minh City 노선을 운항한다. 공항(현지어로 '싸남빈')은 시내 중심가에서 북서쪽으로 3km 떨어져 있다. 공항에서 시내까지는 뚝뚝을 타고 가면 된다. 웬만한 호텔까지 3만~4만K에 흥정하면 된다.

때는 남부 버스 터미널(키우롯 락뺏)을 이용하면 된다. 대부분의 여행자들이 목적지로 삼고 있는 씨판돈(돈콩, 돈뎃, 돈콘)까지는 여행사에서 출발하는 미니밴을 이용하면 편리하다(시내에 있는 여행사는 물론 숙소에서 예약이 가능하다).

비엔티안(위앙짠)행 VIP 버스 정류장

시내 중심가에서 가장 가까운 버스 정류장이다. 여행 안내소 옆 강변에 있다.(Map P.265-A2) 3개 버스회사에서 비엔티안행 VIP 침대 버스를 운행한다.

버스

도시 규모가 커서 버스 터미널도 여러 곳으로 분산되어 있다. 비엔티안(위앙짠)으로 갈 경우 시내에 있는 VIP 버스(침대 버스) 정류장을, 주요 도시로 이동할

물건을 잔뜩 실은 일반 버스

에어컨 침대 버스

빡쎄 가는 길

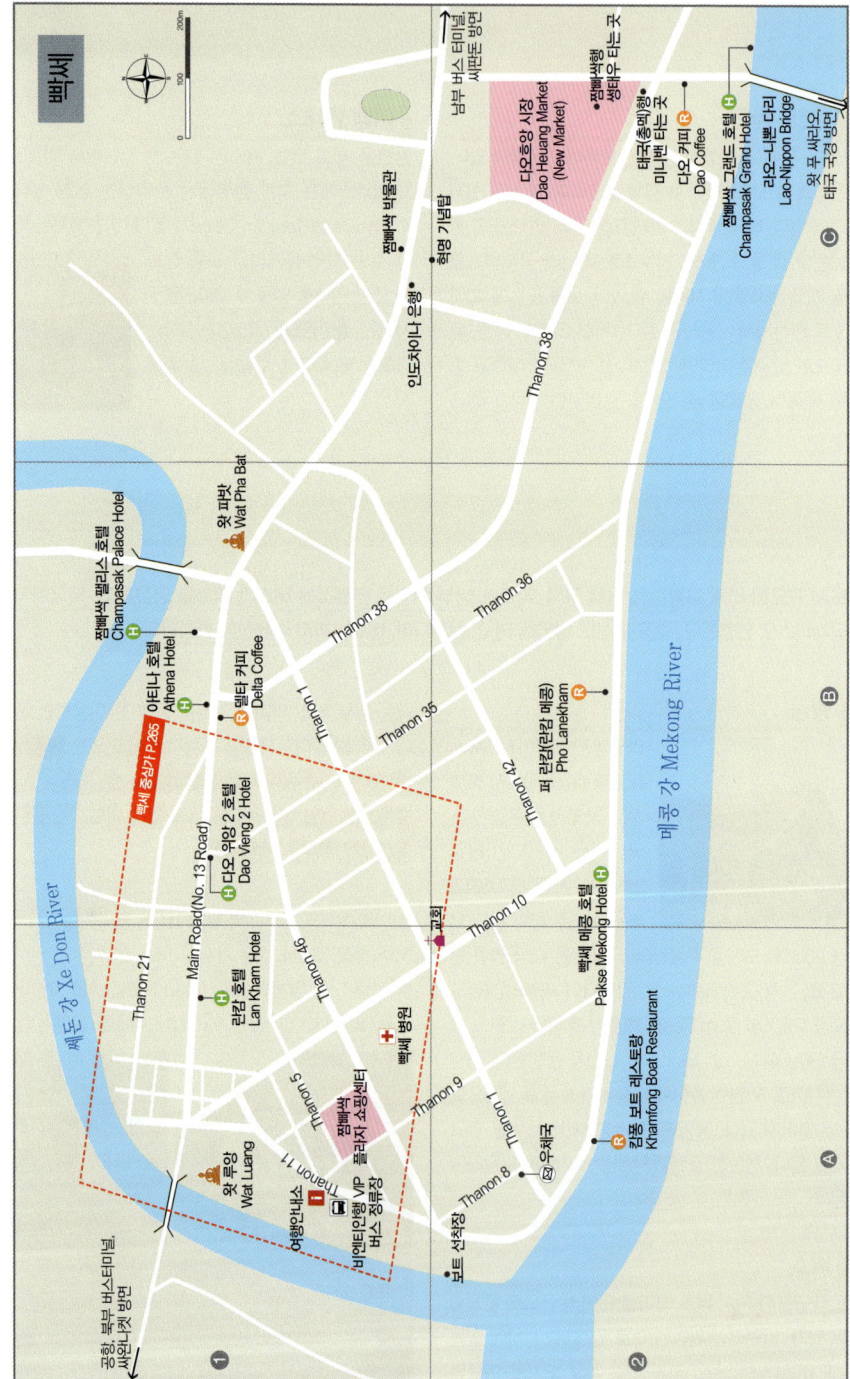

20:00, 20:30, 20:45에 출발한다. 편도 요금은 17만K이다.
보통 침대 버스는 상·하단으로 침대가 세 개씩 분리되어 있는데, 빡쎄↔비엔티안 버스는 승객을 더 태우기 위해 통로를 사이에 두고 2인용 침대를 좌우에 배치했다. 두 명이 침대칸을 같이 써야 해서 불편하고 비좁다. 혼자 여행하는 여성 여행자라면 다른 여성과 침대칸을 같이 쓸 수 있도록 다른 여행자들에게 부탁할 것. VIP 버스의 종점은 비엔티안 남부 버스 터미널로 약 10시간 걸린다.

북부 버스 터미널

시내 중심가에서 북쪽으로 7km 떨어져 있다. 북쪽 7km 지점에 있는 버스 터미널이라고 해서 '싸타니 락쩻 느아'라고 부른다. 빡쎄 북쪽에 있는 싸완나켓, 타캑, 비엔티안행 일반 버스가 출발한다. 선풍기 시설의 일반 버스가 운행되는데 덥고 불편하다. 중간중간 사람을 내리고 태우기 때문에(차에 가득 싣고 온 화물을 전달해주기 위해 정차하는 경우도 흔하다) 이동 시간이 오래 걸린다. 비엔티안까지 16시간 정도 예상해야 한다. 동일한 노선의 버스가 남부 버스터미널에서 출발하기 때문에, 굳이 불편한 북부 버스터미널까지 갈 필요가 없다.

남부 버스 터미널(키우롯 락빳)

시내에서 남쪽으로 8km 떨어져 있어 키우롯 락빳 8km Bus Terminal으로 불린다. 국제버스를 포함해 비엔티안, 타캑, 싸완나켓, 씨판돈, 볼라벤(볼라웬) 고원까지

방콕행 국제버스

남부 버스 터미널

웬만한 도시를 연결하는 버스와 썽태우가 모두 출발한다. 즉, 이름만 남부 버스 터미널이지 실제로는 빡쎄 메인 버스 터미널 역할을 한다. 터미널 주변의 시장까지 더해져 산만하고 분주하다.

남부 버스 터미널→씨판돈(돈콩, 돈뎃, 돈콘)

시내에 있는 여행사에서 미니밴을 타고 씨판돈으로 가는 게 가장 좋지만, 미니밴 시간과 맞지 않거나 다른 도시에서 로컬 버스를 타고 빡쎄에 도착했을 경우에는 남부 버스 터미널에서 출발하는 썽태우를 타면 된다. 미니밴보다 늦은 시간(16:00)까지 썽태우가 출발한다. 정해진 출발 시간은 없고 승객이 모이는 대로 출발한다. 돈콩 Don Khong(Khong Island)까지 가는 썽태우(운행 08:00~16:00, 편도 요금 5만K)는 새롭게 건설된 다리를 통해 섬으로 직행한다(보트를 탈 필요가 없다). 돈뎃 Don Det과 돈콘 Don Khon에 가려면 반 나까쌍(줄여서 나까쌍이라고도 부른다) Ban Nakasang까지 간 다음(운행 08:00~16:00, 편도 요금 5만K), 보트를 갈아타고 섬으로 들어가면 된다. 오후 늦게 출발할 경우 씨판돈에는 밤에 도착하기 때문에, 가능하면 점심시간 이전에 출발하는 것이 좋다. ==돈콩 가는 자세한 방법은 P.283, 돈뎃과 돈콘 가는 자세한 방법은 P.291을 참고하자.==

남부 버스 터미널→볼라벤 고원

빡쎄에서 동쪽으로 연결된 도로를 따라 볼라벤 고원의 주요 도시로 버스가 운행된다. 앗따쁘 Attapeu(빡쏭 Pak Song 경유), 싸라완 Salavan(땃로 Tat Lo 경유), 쎄꽁 Sekong 노선이 있다. 대부분 선풍기 시설의 일반 버스로 이동 속도가 느리다. '땃로'를 갈 때는 싸라완행 버스를, 빡쏭을 갈 때는 앗따쁘행 버스를 타고 중간에 내리면 된다.

남부 버스 터미널→태국, 캄보디아

국제버스는 태국과 캄보디아행이 있다. 태국행 국제버스는 방콕(끄룽텝) Bangkok까지 직행하는 버스와 국경과 가까운 우본 랏차타니 Ubon Ratchathani(줄여서 '우본'이라고 부른다)까지 가는 두 개 노선이 있다. 캄보디아행 국제버스는 프놈펜 Phnom Penh(캄보디아 수도)과 씨엠리업 Siem Reap(앙코르 왓

Angkor Wat이 있는 도시) 노선이 있다. 태국은 무비자로 여행이 가능하며, 캄보디아는 육로 국경에서 비자가 발급된다.

다오흐앙 시장 정류장(키우롯 딸랏 다오흐앙)

다오흐앙 시장(딸랏 다오흐앙) Dao Heuang Market에 있는 버스 정류장이다. 짬빠싹 Champasak과 총멕(태국 국경) Chong Mek을 갈 때 이용하면 된다. 짬빠싹행 썽태우는 시장 내부에 있는 썽태우 정류장에서 탑승하면 되고, 총멕행 미니밴은 시장 앞 도로에서 탑승하면 된다. 짬빠싹까지는 새롭게 포장된 길을 이용하기 때문에 보트를 타고 강을 건널 필요는 없다. 1일 2회(09:00, 12:00) 출발하며, 편도 요금은 2만5,000K이다. 승객이 모일 때까지 기다렸다 출발하기 때문에 정해진 시간을 잘 지켜지지 않는다.

여행사 미니밴(버스)

씨판돈으로 갈 경우 터미널보다는 여행사나 게스트하우스에서 출발하는 미니밴을 타는 게 편하다. 숙소에서 픽업해주기 때문에 터미널까지 가는 불편함을 해소할 수 있다. 요금도 별 차이가 없다. 빡쎄에서 메콩 강 동쪽을 연해 남북으로 이어진 13번 국도를 따라 이동한다. 때문에 씨판돈에 있는 섬들을 가려면 보트를 타고 강을 건너야 한다. 여행사 미니밴을 이용할 경우 선착장까지 알아서 데려다 준다. 보통 08:00에 출발하며 편도 요금은 6만~8만K이다(보트 요금 포함).

참고로 태국과 캄보디아행 국제버스 표도 예매가 가능하다. 여행사에서 예약하면 터미널까지 가는 픽업 서비스가 포함되는 대신 수수료가 추가된다. 씨판돈에 있는 여행사에서도 버스 표 구입이 가능하다.

Travel Plus

빡쎄에서 태국 가기

빡쎄에서 태국 국경인 총멕 Chong Mek까지는 45km 거리이다. 국경까지 미니밴이 수시로 출발하고, 국경 너머 우본 랏차타니(줄여서 '우본'이라고 부른다) Ubon Ratchatani까지도 국제버스가 운행된다. 국제버스는 남부 버스 터미널에서 출발한다(P.265 참고).

정해진 시간을 맞추는 게 불편하다면, 수시로 운행되는 미니밴을 타고 국경을 가면 된다. 미니밴은 다오흐앙 시장(딸랏 다오흐앙) 앞 도로에서 출발한다. 미니밴에는 어떤 표시도 적혀 있지 않지만 총멕(태국 국경)이라고 외치면 어디선가 기사가 나타나 자기 차를 타라고 한다. 편도 요금은 2만5,000K(태국 돈으로 100THB)이며 정해진 출발 시간 없이 승객이 모이는 대로 출발한다. 라오스 국경인 왕따오(방타오) Vang Tao까지 약 40분 정도 소요된다. 왕따오에 도착하면 200m 정도 걸어가서 왼쪽에 있는 라오스 출입국 관리소(이민국)로 들어간다. 출국 심사를 받고(출국 스탬프가 찍혔는지 확인해야 한다) 국경을 걸어서 태국 쪽 출입국관리소로 들어간다. 태국 입국카드를 작성하고 줄을 서서 입국 심사를 받으면 된다. 태국은 무비자로 90일 여행이 가능하기 때문에 별도로 비자를 받을 필요는 없다. 두 나라 국경은 06:00부터 18:00까지 개방된다. 라오스 출입국관리소에는 08:00 이전과 16:00 이후, 그리고 주말에는 업무 외 시간으로 간주해 수수료 1만K(40THB)을 요구한다.

태국 국경을 통과했으면 총멕 버스 정류장까지 가야 한다. 버스 정류장은 국경에서 약 500m 떨어져 있다. 걸어가기 힘들다면 뚝뚝이나 오토바이 택시(모떠싸이)를 타도 된다(20THB). 총멕 버스 정류장에서 우본 랏차타니까지 미니밴이 수시로 운행된다(06:30부터 18:00까지 30분 간격). 편도 요금은 100THB이며, 약 80분 정도 걸린다. 우본 랏차타니에서는 방콕을 포함해 주요 도시로 버스가 운행된다. 방콕까지 철도가 연결돼 있다.

라오스 출입국 관리소

태국 출입국 관리소

남부 버스 터미널에서 출발하는 버스

노선	출발 시간	요금	소요 시간
비엔티안(위앙짠)	06:20~18:30(1일 18회)	11만K	16~18시간
싸완나켓	06:20~12:20(1일 10회)	5만K	6~7시간
싸라완(땃로 경유)	11:00, 13:00, 16:00	4만K(땃로 3만K)	3~4시간
앗따쁘(빡쏭 경유)	07:00, 08:00, 09:00, 11:00, 15:15, 16:00	4만5,000K(빡쏭 2만5,000K)	5~6시간
쎄꽁	10:00, 14:30	4만K	4시간
방콕(끄룽텝)	15:30	900B	14시간
우본 랏차타니	08:00, 15:00	200B	3~4시간
프놈펜	07:00	28US$	12~14시간
씨엠리업(앙코르 왓)	07:30	35US$	12~16시간

TRANSPORTATION

시내 교통

도시 규모는 크지만 시내 중심가에 숙소와 레스토랑이 몰려 있어 그다지 불편하지 않다. 웬만한 거리는 걸어서 다닐 수 있다. 다만 시내에서 멀리 떨어진 버스 터미널을 오갈 때는 뚝뚝이나 쌈러(오토바이 옆으로 좌석을 매단 삼륜차)를 타야 한다. 요금은 흥정해야 하는데, 뚝뚝보다는 쌈러가 저렴하다. 뚝뚝 요금은 북부 버스 터미널까지 1만K(혼자 탈 경우 2만~3만K), 남부 버스 터미널까지 1만K(혼자 탈 경우 2만~3만K), 다오흐앙 시장까지는 5,000K(혼자 탈 경우 1만K) 정도에 흥정하면 된다.

ATTRACTION

빡쎄의 볼거리

강변도로를 따라 프랑스 식민 지배 시절에 만든 콜로니얼 건축물들이 남아 있다. 사원은 40여 개가 있는데, 시내 중심가의 쎄돈 강변에 있는 왓 루앙 Wat Luang이 가장 크다. 1849년에 건설된 가장 오래된 사원이다. 대법전(씸)을 포함해 대부분의 법당과 승방은 1930년대에 만들어졌다.

빡쎄 남쪽으로 메콩 강 건너 산 위에는 왓 푸 싸라오(사원) Wat Phu Sa Lao가 있다. 산 위에 건설한 사원으로 대형 황금 불상 Golden Buddha이 멀리서도 눈에 띈다. 전망대 역할을 하는 곳으로 웅장한 메콩 강과 빡쎄 풍경이 시원스럽게 펼쳐진다. 라오-니뽄 다리 Lao-Nippon Bridge를 건너서 왼쪽 길로 들어서면 된다. 사원까지 이어진 계단을 걸어 올라가거나, 4㎞에 이르는 산길을 오토바이나 뚝뚝을 타고 올라가야 한다. 입장료는 없다.

빡쎄는 주변에 다양한 볼거리가 많다. 빡쎄를 기점으로 씨판돈(돈콩, 돈뎃, 돈콘)과 짬빠싹, 왓 푸, 볼라웬(볼라벤) 고원을 여행하면 된다.

빡쎄의 시내 풍경

왓 루앙

빡쎄를 흐르는 메콩 강

황금 불상을 모신 왓 푸 싸라오

RESTAURANT

빡쎄의 레스토랑

도시 규모도 크고 외국인 관광객이 많아서 식사 때문에 고민할 필요는 없다. 호텔과 게스트하우스 주변에서 영어 메뉴를 갖춘 레스토랑을 흔하게 찾을 수 있다. 카페를 겸한 레스토랑도 많다.

퍼 란캄(란캄 메콩) ★★★
Pho Lanekham(Lankham Riverside)

Map P.262-B2 주소 Mekong Riverside Road 영업 09:00~21:00 메뉴 라오스어 예산 쌀국수 2만~2만 5,000K 가는 방법 메콩 강변에 있다.

빡쎄에서 유명한 쌀국수 식당이다. 강변으로 이전하면서 란캄 메콩 Lankham Riverside으로 간판을 바꿔 달았다. 진한 소고기 육수로 맛을 낸 쌀국수는 작은 그릇(퍼 투어이 노이)과 큰 그릇(퍼 투어이 야이) 중 선택할 수 있다. 저녁 시간에는 씬닷 Lao BBQ(P.56 참고)도 가능하다. 여행자 숙소 밀집 지역에서 떨어져 있어 오가기는 불편하다.

다오린 레스토랑 ★★★☆
Daolin Restaurant

Map P.265-B1 **주소** Main Road(No. 13 Road) **전화** 020-5573-3199 **영업** 07:00~22:00 **메뉴** 영어, 라오스어 **예산** 2만5,000~6만K **가는 방법** 라오 개발 은행을 바라보고 오른쪽에 있는 첫 번째 사거리 코너에 있다. 싸바이디 빡쎄 레스토랑 Sabaidee Pakse Restaurant 맞은편이다.

위치가 좋고 메뉴도 다양해서 외국인 여행자에게 인기 있다. 사거리 모퉁이에 있는 개방형 레스토랑으로 시설은 평범하다. 밥과 반찬이 한 접시에 나오는 덮밥, 쌀국수, 볶음국수, 샌드위치, 스파게티까지 기호에 따라 음식 선택이 가능하다. 땀막훙(파파야 샐러드), 라오 스테이크, 생선 요리까지 라오스 음식도 부족하지 않다.

카페 씨눅 ★★★
Cafe Sinouk

Map P.265-A2 **주소** Thanon 9 & Thanon 11 **전화** 031-212-552 **홈페이지** www.sinouk-cafe.com **영업** 07:00~19:00 **메뉴** 영어, 라오스어 **예산** 커피 2만~3만5,000K **가는 방법** 여행안내소 맞은편의 타논 9와 타논 11 교차로 코너에 있다.

라오스의 대표적인 커피 브랜드에서 운영한다. 라오스 남부의 볼라웬(볼라벤) 고원에서 재배한 유기농 커피를 이용한다. 원두 생산지가 빡쎄와 가깝기 때문에 커피 맛이 신선하다. 샌드위치, 샐러드, 스파게티, 태국 음식을 요리한다. 콜로니얼 분위기를 풍기는 건물로 에어컨 시설이 있어 쾌적하다.

짬빠디 ★★★
Champady

Map P.265-A1 **전화** 030-534-8999, 020-5954-4555 **홈페이지** http://champady.blogspot.com **예산** 2만~3만5,000K **가는 방법** 메인 도로에 있는 사이공-짬빠싹 호텔 Saigon-Champasak Hotel을 바라보고 오른쪽 골목 안쪽에 50m.

카페보다는 레스토랑에 가깝다. 에어컨은 없지만 콜로니얼 건축물로 깔끔하고 골목 안쪽에 있어 차분하다. 볼라웬(볼라벤) 고원에서 재배한 라오 커피를 제공한다. 태국 음식이 주를 이룬다. 볶음국수, 볶음밥, 태국 카레, 매콤한 샐러드, 덮밥 같은 단품 요리가 많다. 외국인 관광객과 현지인 모두에게 인기 있다.

독마이 라오 ★★★☆
Dok Mai Lao

Map P.265-B1 **주소** Thanon 24(No.24 Road) **전화** 020-5530-2608 **영업** 11:00~23:00 **메뉴** 영어 **예산** 7만~9만K **가는 방법** 메인 도로에서 연결되는 24번 도로(타논 싸오씨)에 있다.

라오스의 지방 소도시에서 예상치 않게 만나게 되는 이탈리아 레스토랑이다. 이탈리아 현지인이 직접 운영한다. 파스타와 피자가 메인이다. 와인에 곁들이기 좋은 치즈 플래터도 있다. 아담한 규모로 안쪽에는 비밀스런 정원도 있다. 당연히 유럽 여행자들에게 인기 있다. 참고로 독마이 라오는 라오스 꽃이란 뜻이다.

르 파노라마 ★★★
Le Panorama

Map P.265-A2 **주소** Thanon 5(No. 5 Road) **전화** 031-212-131 **홈페이지** www.paksehotel.com **영업** 16:30~22:30 **메뉴** 영어, 라오스어 **예산** 메인 요리 4만~10만K **가는 방법** 타논 5에 있는 빡쎄 호텔 옥상에 있다.

시내 중심가에 있는 빡쎄 호텔 옥상에 만든 루프톱 레스토랑. 다른 곳보다 건물이 높아 주변 풍경을 감상하기에 좋다. 탁 트인 개방형으로 메콩 강과 쎄돈 강까지 주변 경관이 파노라마로 펼쳐진다. 특히 일몰 시간 분위기가 좋다. 16:30부터 문을 연다. 저녁 식사는 19:00부터 가능하다. 메인 요리는 태국과 라오스 음식이 주를 이룬다. 피자와 스테이크도 맛볼 수 있다.

다오 커피(더 티 룸) ★★★
Dao Coffee (The Tea Room)

Map P.262-C2 **주소** 16W Road **영업** 08:00~21:00 **메뉴** 영어, 라오스어 **예산** 커피 1만5,000~2만K, 식사 3만~7만K **가는 방법** 다오흐앙 시장 앞 사거리에서 남쪽에 있는 다리(메콩 강) 방향으로 100m. 건물 외부에 붙어 있는 다오 커피 Dao Coffee 로고를 찾으면 된다.

라오스의 대표적인 커피 브랜드인 '다오 커피'에서 운영하는 카페를 겸한 레스토랑이다. 빡쎄와 인접한 신선한 볼라벤 고원에서 재배된 커피 원두를 이용한다. 다오 커피 생산 공장도 시내에서 20㎞ 떨어져 있어 이래저래 신선한 커피를 공급 받는다. 바게트 샌드위치, 스프링 롤, 냄느앙 같은 기본적인 베트남 음식을 함께 요리한다. 에어컨 시설로 잠시 쉬어가기 좋다.

재스민 레스토랑 ★★☆
Jasmine Restaurant

Map P.265-A1 **주소** Main Road(No. 13 Road) **전화** 031-251-002 **영업** 07:00~23:00 **메뉴** 영어, 라오스어 **예산** 1만5,000~5만K **가는 방법** 메인 도로에 있는 피다오 호텔 Phi Dao Hotel 맞은편에 있다.

외국인 여행자들이 편하게 드나드는 평범하고 저렴한 인도 식당으로 인도 사람이 운영한다. 인도 카레, 마살라, 알루 고비, 짜이, 난 같은 기본적인 인도 음식을 맛볼 수 있고, 채식 메뉴가 다양하다. 남인도 음식도 있다. 오리지널 인도 음식이라고 하기엔 뭔가 평범한 맛이다.

HOTEL
빡쎄의 호텔

외국인 관광객이 많이 찾는 도시라 게스트하우스와 호텔이 많다. 대형 호텔들은 시내 중심가에서 떨어진 메콩 강변에 있다. 대부분의 여행자들은 시내 중심가에 있는 숙소를 선호한다. 메인 도로인 13번 도로(No. 13 Road)를 중심으로 숙소들이 몰려 있다. 저렴한 숙소들은 건물이 오래되어 쾌적한 맛은 떨어진다.

낭노이 게스트하우스 ★★★
Nang Noi Guest House

Map P.265-B2 **주소** Thanon 5(No. 5 Road) **전화** 030-956-2544 **요금** 도미토리 4만K(선풍기, 개인욕실), 더블 8만K(선풍기, 개인욕실), 더블 11만K(에어컨, 개인욕실, TV, 냉장고) **가는 방법** 메인 도로에서 한 블록 남쪽으로 떨어진 타논 5에 있다.

라오스 가족이 운영하는 친절한 숙소. 객실이 8개밖에 없지만 관리 상태가 좋다. 선풍기 또는 에어컨이 설치된 기본적인 시설이다. 객실과 욕실에 타일이 깔려 있으며 온수 샤워가 가능하다. 여행자 숙소가 몰려 있는 중심가에서 조금 떨어져 있다.

피다오 호텔 ★★★
Phi Dao Hotel

Map P.265-A1 **주소** Main Road(No. 13 Road) **전화** 031-215-588 **요금** 더블 15만~21만K(에어컨, 개인욕실, TV, 냉장고) **가는 방법** 메인 도로에 있는 란캄 호텔을 바라보고 오른쪽으로 50m.

콜로니얼 양식을 살짝 가미한 건물로 시내 중심가에 있다. 2012년 오픈해 모든 시설이 깨끗하다. 객실은 LCD TV가 벽면에 걸려 있고 냉장고가 갖추어져 있다. 건물 안쪽에 있는 방보다는 발코니가 있는 도로 쪽 방들이 좋다. 모두 20개 객실을 운영한다. 1층에 있는 피다오 카페에서 제공하는 커피와 음식도 괜찮다.

란캄 호텔 ★★☆
Lan Kham Hotel

Map P.265-A1 **주소** Main Road(No. 13 Road) **전화** 031-213-314, 020-5553-3699 **홈페이지** www.lankhamhotel-pakse.com **요금** 도미토리 4만K(선풍기, 개인욕실), 더블 6만K(선풍기, 개인욕

실), 더블 10만~15만K(에어컨, 개인욕실, TV, 냉장고) **가는 방법** 메인 도로 중앙에 있다. 프렌드쉽 미니 마트 맞은편이다.

시내 중심가에 있는 저렴한 호텔로 오랫동안 배낭 여행자들에게 인기가 높다. 외관에서 보듯 시설은 떨어진다. 단출한 시설의 선풍기 방과 TV, 냉장고를 갖춘 에어컨 방으로 구분된다. 모두 온수 샤워가 가능한 개인욕실을 갖추고 있다. 싱글 침대 3개가 놓인 3인실 도미토리가 있다.
4층 건물이지만 엘리베이터가 없다. 무선 인터넷은 1층 리셉션 주변에서만 된다.

아리싸 게스트하우스 ★★★
Alisa Guest House

Map P.265-B1 **주소** Main Road(No. 13 Road) **전화** 031-251-555 **홈페이지** www.alisa-guesthouse.com **요금** 더블 14만~16만K(에어컨, 개인욕실, TV, 냉장고), 3인실 18만~21만K(에어컨, 개인욕실, TV, 냉장고) **가는 방법** 메인 도로에 있는 란캄 호텔 옆에 있다.

에어컨 시설이 된 게스트하우스를 찾는다면 가장 무난한 선택이다. 시내 중심가에 있어 위치도 좋고, 객실도 넓은 편이다. 타일이 깔린 객실은 TV와 냉장고, 온수 샤워가 가능한 욕실을 갖추고 있다. 와이파이는 감도가 약해서 리셉션 주변에서만 수신된다. 도로 쪽 방은 발코니가 딸려 있는데, 거리 소음 때문에 다소 시끄러울 수 있다.

쌩아룬 호텔 ★★★
Sang Aroun Hotel

Map P.265-B1 **주소** Main Road(No. 13 Road) **전화** 031-252-111, 031-252-333 **홈페이지** www.sangarounhotel.com **요금** 더블 20만~22만K(에어컨, 개인욕실, TV, 냉장고, 아침 식사) **가는 방법** 메인 도로에 있는 라오 개발 은행 옆에 있다.

시내 중심가에 있는 중급 호텔. 엘리베이터가 설치된 몇 안 되는 호텔이다. 비교적 새로 만든 호텔이라 깨끗하다. 객실 크기는 보통으로 인테리어는 단순하다.

에어컨과 TV, 냉장고, 온수 샤워가 가능한 욕실을 갖추고 있다. 평범한 분위기로 단체 관광객들도 많이 묵는다. 몇 년 사이에 방 값이 많이 인상됐다. 아침 식사가 포함된다.

빡쎄 호텔 ★★★★
Pakse Hotel

Map P.265-A2 **주소** Thanon 5(No. 5 Road) **전화** 031-212-131 **홈페이지** www.hotelpakse.com **요금** 이코 29US$, 스탠더드 38US$, 슈피리어 45US$, 디럭스 55US$ **가는 방법** 시내 중심가의 타논 5에 있다. 짬빠싹 플라자 쇼핑센터에서 도보 2분.

시내 중심가에 있는 유명한 호텔. 노란색 호텔 외관 때문에 눈에 잘 띈다. 모두 에어컨 시설이 돼 있으며 TV, 냉장고를 갖추고 있다. 아침 식사가 포함된다. 객실은 8등급으로 구분되는데, 가장 저렴한 이코 룸 Eco Room은 창문이 없거나 작아서 가격 대비 시설이 떨어진다. 하지만 스탠더드 룸부터는 제대로 된 창문을 가지고 있다. 높은 층일수록 전망이 좋은데, 가능하면 강이 보이는 방을 얻도록 하자. 옥상에 만든 루프톱 테라스에서 주변 경관이 시원스럽게 보인다.

레지던스 씨쑥 ★★★★
Residence Sisouk

Map P.265-A2 **주소** Thanon 9 & Thanon 11 **전화** 031-214-716 **홈페이지** www.residence-sisouk.com **요금** 스탠더드 50US$, 디럭스 70US$, 슈피리어 디럭스 100US$ **가는 방법** 여행 안내소 맞은편의 타논 9와 타논 11 교차로에 있다.

1950년에 건설된 콜로니얼 양식의 건물. 정치인이자 장관을 지냈던 '씨쑥 씨쏨밧'의 저택을 부티크 호텔로 개조했다. 콜로니얼 건축물답게 높은 천장과 나무 바닥이 멋을 더한다. 인테리어는 티크 원목 가구와 수공예품을 이용했다. 디럭스 룸은 발코니가 딸려 있으며 강 풍경이 보인다. 슈피리어 디럭스 룸은 네 기둥 침대로 인해 로맨틱하다. 모두 16개 객실을 운영하며, 아침 식사가 포함된다.

볼라벤(볼라웬) 고원
Bolaven Plateau

ພູພຽງບໍລະເວນ

라오스 남부에 있는 고원 지대다. 라오스 현지 발음은 '푸피앙 볼라웬'. 해발 800~1,350m의 고지대로, 하늘과 가깝고 날씨도 선선하다. 평균 기온이 18~24℃로 쾌적하고 겨울에는 영상 8℃까지 떨어져 쌀쌀하다. 국립 보호구역(일종의 국립공원)과 수많은 폭포들, 울창한 정글이 어우러져 자연 경관도 아름답다. 빡쎄 동쪽에서 베트남 국경지대에 이르는 지역으로 행정구역상으로는 짬빠싹 Champasak, 싸라완 Salavan, 앗따쁘 Attapeu, 쎄콩 Sekong에 걸쳐 있다. 볼라벤은 '라벤(라웬) Laven이 사는 곳'이란 뜻이다. 고원 지대에 생활하는 소수 민족인 라벤족(인구 약 4만 명)에서 유래한 지명이다. 볼라벤 고원에는 라벤족 이외에 카투족 Katu, 아락족 Alak, 따오이족 Taoy, 응애족 Ngae 등이 생활한다.

볼라벤 고원은 '라오 커피(까페 라오)' 산지로 유명하다. 고원의 선선한 기온과 비옥한 토양은 커피 재배에 더 없이 좋다. 프랑스 식민통치 시절부터 커피 산지로 개발되어 현재는 라오스를 대표하는 유명 커피들이 이곳에서 생산된다. 볼라벤 고원은 폭포가 여기저기 흩어져 있고, 커피 농장도 제각각이어서 대중교통을 타고 다녀오기는 힘들다(가능은 하지만 길에서 허비하는 시간이 너무 많다). 빡쎄에서 출발하는 1일 투어는 가이드 포함 18만K(가이드가 없을 경우 15만K), 반나절 투어는 가이드 없이 12만K이다. 1일 투어는 땃로까지 방문하고, 반나절 투어는 커피 농장과 폭포 두 곳(땃팬, 땃유앙)을 들린다.

빡쏭
Pak Song

라오스를 대표하는 커피 생산지다. 해발 1,300m로 커피 재배에 더 없이 좋은 조건을 갖추고 있기 때문이다. 빡쎄에서 빡쏭으로 가는 길은 커피 로드 Coffee Road라고 불린다. 라오스를 대표하는 커피 브랜드인 다오 커피 Dao Coffee와 씨눅 커피 Sinouk Coffee 생산 공장도 이곳에 있다. 하지만 빡쏭에 도착하면 썰렁한 분위기에 놀란다. 미군의 폭격으로 엄청난 피해(P.145 참고)를 입었던 지역이라 개발이 안 된 시골 마을로 남아 있다. 날씨도 선선해서 (겨울에는 쌀쌀하다) 사뭇 다른 느낌을 준다. 커피 농장들이 빡쏭 주변에 흩어져 있어서 투어를 이용해야만 제대로 된 여행이 가능하다. 대중교통을 이용할 경우 빡쎄 남부 버스 터미널에서 앗따쁘행 버스를 타고 가면 된다(P.265 참고). 빡쎄에서 50km, 땃유앙(폭포)에서 10km 떨어져 있다.

땃팬 & 땃유앙
Tat Fan(Tad Fane) & Tat Yuang

빡쎄에서 16번 국도를 따라 빡쏭으로 가는 길에 있는 폭포다. 땃팬(남똑 땃팬)은 볼라벤 고원에서 가장 큰 폭포로, 빡쎄에서 38km 떨어져 있다. 절벽을 타고 흐르는 두 갈래의 폭포는 무려 높이가 120m나 된다. 입장료는 1만K이며 폭포 앞으로 땃팬 리조트 Tat Fane Resort가 있다. 폭포 주변은 동후아싸오 국립 보호구역 Dong Hua Sao NPA(National Protected Area)으로 지정되어 있다. 땃팬에서 2km(빡쎄에서 40km)를 더 가면 땃유앙(남똑 땃유앙)이 나온다. 계단식 폭포로, 50m 높이에서 물줄기가 시원스럽게 떨어진다. 입장료는 1만K이다.

땃팬

빡쏭

파쑤암 폭포

땃로

ⓒ마미숙

볼라벤(볼라웬) 고원 **BOLAVEN PLATEAU**

땃항

땃로 주변 여행자 숙소
땃로 표지판

파쑤암 폭포
Pha Suam Waterfall

파쑤암 폭포(남똑 파쑤암) 높이는 10m에 불과하지만 작은 바위 협곡을 흐르기 때문에 독특하다. 폭포 주변은 웃타얀 바찌앙 Uttayan Bajiang(입장료 1만K)이란 이름의 자연친화적인 리조트로 조성되어 있다. 태국 회사에서 개발한 곳으로 관광객들을 위한 레스토랑과 휴식 공간이 있다. 소수민족 마을을 재현한 민속촌도 있는데, 카투족, 응애족, 라벤족들이 관광객을 맞이한다. 파쑤암 폭포는 빡쎄에서 싸라완 방향으로 38km 떨어져 있다. 투어 차량이 '땃로' 가는 길에 잠시 들르는 곳이다. 단체 관광객이 즐겨 찾는다.

땃로
Tat Lo(Tad Lo)

볼라벤 고원의 북쪽에 있는 폭포다. 땃로 폭포(남똑 땃로)를 줄여서 '땃로'라고 부른다(남똑은 폭포라는 뜻). 엄밀히 말해 산 속을 흐르는 강을 따라 3개의 폭포가 만들어진다. 가장 아래쪽에 있는 폭포는 땃항 Tat Hang이다. 아담한 계단식 폭포가 흘러내려 강으로 흘러든다. 땃항을 지나 계속 올라가면 두 번째 폭포인 땃로가 보인다(첫 번째 폭포에서 700m 떨어져 있다). 가장 위쪽에 있는 폭포는 땃쑤옹 Tat Suong이다(첫 번째 폭포에서 10km 떨어져 있다). 세 개의 폭포는 걸어서 갈 수 있다. 땃로를 지나서 땃쑤옹까지 강 옆으로 3.4km의 트레킹 코스가 이어진다. 가이드를 동행하고 반나절 또는 1일 일정으로 트레킹 투어에 참여하는 게 안전하다(마을의 여행 안내소에서 투어를 진행한다). 길 잃을 염려도 없고 소수민족 마을까지 방문할 수 있다.

땃로는 대중교통으로 갈 수 있고, 저렴한 방갈로도 많아 하루 이틀 쉬어가는 여행자들이 많다(산골 마을이라 교통은 불편하다). 빡쎄 남부 버스 터미널에서 싸라완행 버스(P.265 참고)를 타고, '땃로'라고 말하면 기사들이 땃로 입구 삼거리 마을에서 내려준다. 삼거리에서 땃로까지 1.5km 떨어져 있는데 뚝뚝(편도 1만K)을 타고 가던지 걸어가면 된다. 숙소는 첫 번째 폭포인 땃항 주변(공식적인 마을 이름은 반 쌘왕 Ban Saen Vang이다)에 몰려 있다. 빠라미 게스트하우스 Palamei Guest House(www.palameiguesthouse.com)와 판디 게스트하우스 Fandee Guest House(www.fandee-guesthouse.webs.com)가 인기 있다. 두 곳 모두 선풍기 시설의 목조 방갈로(더블 8만K)로 와이파이가 지원된다.

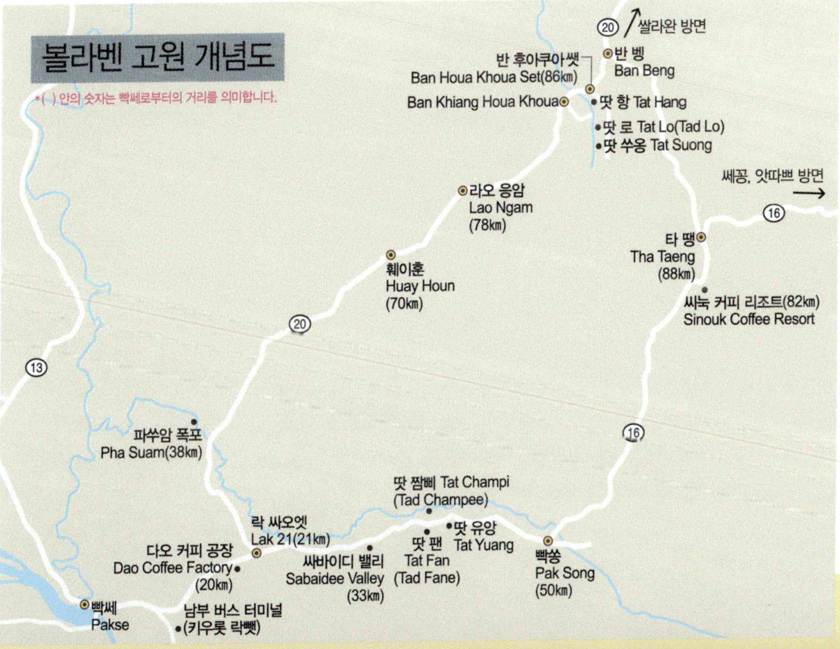

볼라벤 고원 개념도
*( ) 안의 숫자는 빡쎄로부터의 거리를 의미합니다.

- 쌀라완 방면
- 반 후아쿠아쎗 Ban Houa Khoua Set(86km)
- 반 키앙 후아 쿠아 Ban Khiang Houa Khoua
- 반 벵 Ban Beng
- 땃 항 Tat Hang
- 땃 로 Tat Lo(Tad Lo)
- 땃 쑤옹 Tat Suong
- 라오 응암 Lao Ngam (78km)
- 쎄꽁, 앗따쁘 방면
- 타 땡 Tha Taeng (88km)
- 훼이훈 Huay Houn (70km)
- 씨눅 커피 리조트(82km) Sinouk Coffee Resort
- 파쑤암 폭포 Pha Suam(38km)
- 락 싸오엣 Lak 21(21km)
- 땃 짬삐 Tat Champi (Tad Champee)
- 땃 유앙 Tat Yuang
- 다오 커피 공장 Dao Coffee Factory (20km)
- 싸바이디 밸리 Sabaidee Valley (33km)
- 땃 팬 Tat Fan (Tad Fane)
- 빡쏭 Pak Song (50km)
- 빡쎄 Pakse
- 남부 버스 터미널 (키우롯 락뻿)

짬빠싹

Champasak

　　메콩 강 서쪽에 자리한 마을로 빡쎄에서 남쪽으로 30㎞ 떨어져 있다. 메콩 강변을 끼고 4㎞에 이르는 지역에 마을이 형성돼 있다. 란쌍 왕조가 약해지고 세 개의 왕국으로 갈라졌던 시절, 라오스 남부에서 세력을 펼쳤던 짬빠싹 왕국 Champasak Kingdom(1713~1946)의 수도가 있었던 곳이다. 한 나라의 수도였다고 하기에는 민망할 정도로 작고 썰렁하다. 도로 두 개가 전부인 마을로 특별한 상업시설은 찾아보기 힘들다. 평화롭다 못해 심심하다. 흐드러진 메콩 강 풍경만이 가득할 뿐이다. 간간이 프랑스 식민 지배 시절에 건설된 콜로니얼 건물이 보인다.

　　짬빠싹은 유네스코 세계문화유산으로 지정된 왓 푸 Wat Phu 덕분에 관광객들이 찾아온다. 앙코르 왓 Angkor Wat을 건설한 크메르 제국이 지은 사원이다. 캄보디아를 다녀왔다거나 역사와 건축에 관심 있는 여행자라면 꼭 봐야 할 유적이다. 빡쎄에서 당일치기로 다녀올 수 있어 짬빠싹 마을은 여전히 한가롭다. 고요한 하룻밤을 보내고 싶다면 짬빠싹에 머물다 가면 된다. 라오스 남부의 일반적 여행 코스인 빡쎄에서 짬빠싹을 거쳐 씨판돈으로 이동하면 된다.

INFORMATION

짬빠싹은 마을 중심가의 로터리를 중심으로 지리를 파악하면 된다. 로터리 옆에 여행안내소와 우체국이 있다. 여행안내소(운영 월~금요일 08:00~16:30)는 짬빠싹 주변 지역 지도를 판매(3,000K)하며, 보트 대여와 교통편 예약도 가능하다. 은행은 라오 개발 은행(운영 월~금요일 08:30~15:30)이 유일하다.

ACCESS

빡쎄에서 짬빠싹까지 도로가 포장돼 있어 드나들기 한결 수월해졌다. 다오흐앙 시장(딸랏 다오흐앙) Dao Heuang Market 앞에 있는 라오-니뽄 다리 Lao-Nippon Bridge를 건너 메콩 강 서쪽 길을 따라 내려간다. 덕분에 보트를 타고 강을 건너는 불편함을 덜게 됐다. 여행사 투어로 다녀와도 된다.

빡쎄→짬빠싹

다오흐앙 시장에 있는 썽태우 정류장에서 짬빠싹행 썽태우를 타면 된다. 짬빠싹 마을을 지나 왓 푸까지 간다. 09:00~12:00 사이에 출발하는데, 정해진 시간과 상관없이 승객이 모이면 출발한다. 편도 요금은 2만5,000K이다.

빡쎄에서 여행사 버스(또는 미니밴)를 탈 경우 13번 국도(메콩 강 동쪽 길)를 따라 차가 이동한다. 때문에 반 므앙 Ban Muang에서 보트를 타고 강을 건너야 한다. 여행사 버스+보트 요금은 5만5,000K이다. 씨판돈 가는 버스가 중간에 승객을 내려준다. 보트 요금이 포함되어 있는지 예약할 때 확인해야 한다.

짬빠싹→빡쎄

빡쎄로 돌아오는 썽태우는 06:00~08:00 사이에 있다. 게스트하우스에서는 07:00에 출발하는 썽태우를 예약해 준다.

짬빠싹→씨판돈(돈콩, 돈뎃, 돈콘)

짬빠싹에서 씨판돈을 가는 방법은 복잡하다. 거리는 얼마 안 되지만 배와 버스를 여러 번 갈아타야 한다. 짬빠싹 남쪽으로 포장된 도로는 없고, 강 건너 메콩 강 동쪽을 따라 도로가 이어지기 때문이다. 먼저 짬빠싹에서 보트를 타려면 마을 북쪽으로 2㎞ 떨어진

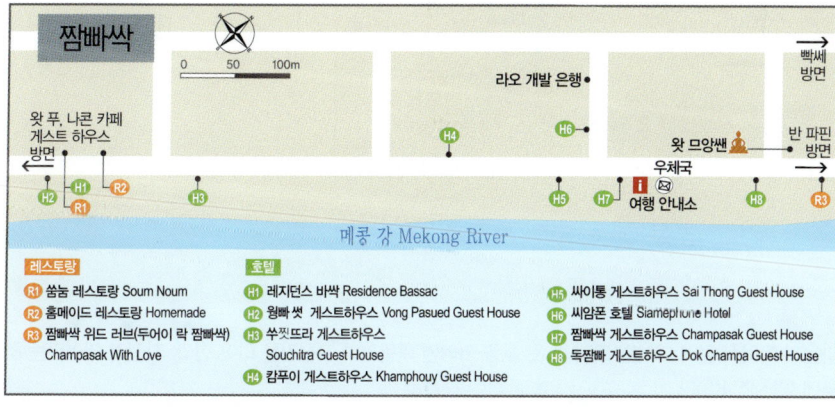

반 파핀 Ban Phaphin으로 가야 한다. 배를 타고 강을 건너면 메콩 강 동쪽 마을인 반 므앙 Ban Muang이 나온다. 이곳에서 6km 떨어진 13번 국도에 있는 마을인 '반 락 30(반 락 쌈씹) Ban Lak 30'까지 나가서 남쪽(씨판돈) 방향으로 가는 버스나 썽태우를 타야 한다. 그리고 목적지에 도착해 다시 배를 타고 씨판돈에 있는 섬으로 들어가야 한다.

절차를 간소화하려면 보트와 버스가 연계된 교통편을 이용하면 된다. 짬빠싹에서 08:00에 출발하며 편도 요금은 6만~7만K. 대부분의 숙소에서 예약이 가능하다. 돈콩 Don Khong으로 갈 경우 반 핫싸이쿤 Ban Hat Xai Khun에 내려주고, 돈뎃 Don Det과 돈콘 Don Khon은 반 나까쌍 Ban Nakasang에 내려준다. 섬까지 들어가는 보트 요금은 추가로 내야 한다.

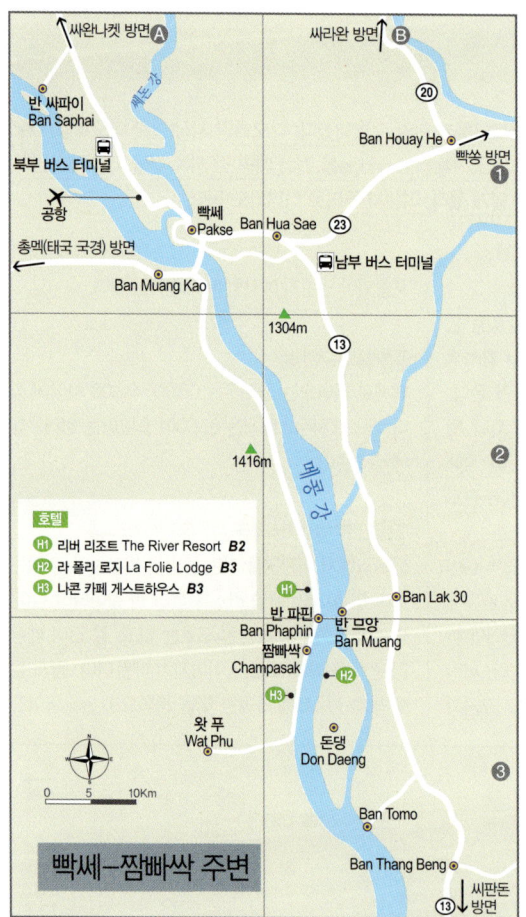

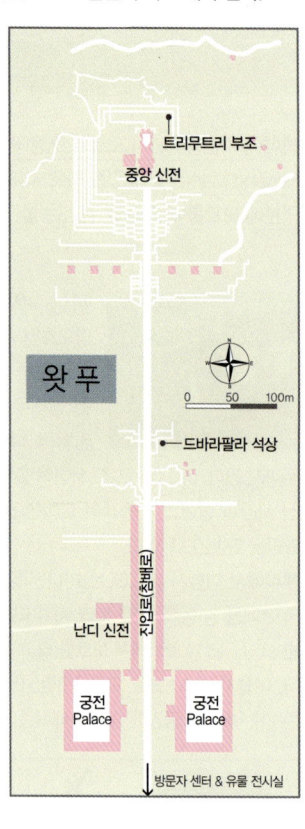

TRANSPORTATION

시내 교통

마을이 작아서 걸어 다니면 되지만, 왓 푸를 가려면 뚝뚝이나 자전거를 타야 한다. 자전거 대여료는 하루에 1만~2만K이다.

ATTRACTION

짬빠싹의 볼거리

짬빠싹을 방문하는 이유는 왓 푸를 보기 위해서다. 도로가 포장되면서 빡쎄에서 짬빠싹을 방문해 왓 푸만 보고 돌아가는 관광객도 늘고 있다.

유네스코 세계문화유산

왓 푸
Wat Phu(Vat Phou) ★★★★

운영 08:00~16:30 입장료 5만K(매표소에서 사원 입구까지 운행되는 전동차 포함) 가는 방법 왓 푸는 짬빠싹에서 남서쪽으로 10km 떨어져 있다. 뚝뚝을 타고 갈 경우 15분 정도 걸린다. 뚝뚝을 합승할 경우 1인당 1만K에 흥정하면 된다. 뚝뚝 한 대를 빌릴 경우 기다리는 시간을 포함해 왕복 6만~8만K 정도에 흥정하면 된다. 자전거를 타고 가는 것도 가능한데, 길이 평평한 편이다. 중간중간 음료수 파는 상점에서 쉬어가면 된다.

라오스에 남아 있는 가장 인상적인 크메르 사원이다. 크메르 제국 Khmer Empire(802~1431)은 동남아시아 일대를 평정했던 나라다. 오늘날 캄보디아의 씨엠리업 Siem Reap을 수도로 삼고 있었으며, 위대한 건축물로 평가되는 앙코르 왓 Angkor Wat을 포함해 수천 개의 사원을 남겼다. 왓 푸는 11세기부터 12세기에 걸쳐 만들어졌다. 중요한 건물들은 앙코르 왓을 건설한 수리야바르만 2세 Suriyavarman II(재위 1113~1150) 때 만든 것이다.

왓 푸는 다른 크메르 사원과 달리 자연 지형을 이용해 건설한 것이 특징이다. 일반적으로 크메르 사원은 사암을 쌓아 올려 우주의 중심인 메루 산(힌두교와 불교에서 말하는 우주의 중심)을 형상화한다. 왓 푸는 산 山을 이용해 메루산을 형상화했다. '왓'은 사원 '푸'는 산이란 뜻이다. 왓 푸가 위치한 산은 해발 1,408m의 푸까오(까오산) Phu Kao이다. 과거에는 링가 프라바타 Linga Pravata(링가의 산이란 뜻)로 불

왓 푸 입구의 안내판

중앙 신전에서 내려다본 왓 푸 전경

정교한 상인방 부조

렸는데, 산꼭대기가 '링가' 모양처럼 돌출되어 있다. 링가는 우주를 창조하는 힘의 상징으로 남성 성기 모양의 돌기둥이다. 링가는 시바 Shiva(힌두교에서 창고와 재창조라는 막강한 힘을 가진 신)를 상징해 신앙의 대상이기도 하다. 사원 앞으로는 메콩 강이 흐른다. 수로와 해자를 연결시켰던 크메르 건축은 왓 푸에서는 메콩 강이라는 자연을 그대로 활용했다. 사원 입구부터 중앙 성소까지는 1.5㎞ 거리로 층을 이루며 신전을 건설했다. 가장 높은 곳에 가장 신성한 중앙 신전이 위치한다. 다른 크메르 사원과 마찬가지로 동쪽을 향하고 있다.

왓 푸는 앙코르 왓처럼 웅장함은 덜하다. 하지만 산과 강이 어우러져 풍경이 아름답다. 특히 플루메리아 꽃이 피는 2월에서 7월까지 낭만적인 풍경이 더해진다. 해가 비추는 아침 시간에 방문하면 더욱 좋다. 사원 뒤쪽으로 산이 병풍처럼 받치고 있어 생각보다 일찍 해가 지는 편이다. 너무 늦게 가지 않는 게 좋다. ==왓 푸를 둘러보는 데 2시간 정도 예상하면 된다.==

방문자 센터 & 유물 전시실

유물 전시실

왓 푸에 도착하면 가장 먼저 방문자 센터 Visitor Center를 지나야 한다. 매표소를 겸하고 있으며, 간단한 기념품을 판매한다. 방문자 센터 앞에는 유물 전시실 Exhibition Hall이 있다. 일본 정부의 지원을 받아 2003년에 만들었으며 박물관 역할을 한다. 왓 푸에서 발굴된 힌두 신들의 석상, 상인방과 박공 장식들을 볼 수 있다. 사암을 조각해 만든 정교한 부조들이 전시돼 있다. 유물 전시실 내부는 사진 촬영이 금지된다.

바라이와 첫 번째 진입로(참배로)

유물 전시실을 지나면 연못처럼 생긴 바라이 Baray(인공 저수지)가 나온다. 바라이는 크메르 제국이 도시에 물을 공급하고 농사를 원활하게 하기 위해 관개시설로 만든 인공 저수지다. 바라이가 크면 클수록 도시가 크고 인구가 많았다고 생각하면 된다. 왓 푸 입구에 있는 바라이는 가로 600m, 세로 200m다. 모두 세 개의 바라이가 있는데, 사원을 완성시킨 수리야바르만 2세 때 만들어졌다.

바라이를 지나면 사원 진입로(참배로)가 나온다. 실질적인 사원 입구로 이곳까지 전동카를 타고 드나들 수 있다. 진입로부터 중앙 신전까지의 거리는 800m이다. 진입로의 길이는 250m로 가장자리에 경계석 역할을 하는 돌기둥을 연속해 세웠다. 돌기둥은 연꽃 모양을 형상화했다. 진입로 좌우에도 인공으로 연못을 만들었는데, 현재는 메말라 있다(우기 때는 일부분에 물이 고인다).

궁전

진입로 끝에 사암을 쌓아 만든 건물이 있다. 좌우 대칭으로 두 개의 건물을 만들었다. 건물의 정확한 이름은 발견되지 않았고, ==후대 연구가들이 '궁전 Palace'이라고 이름을 붙였다. 실제로 왕들을 위한 궁전이라기보다는 순례자들을 위해 만든 건물로 여겨진다.== 왼쪽에 있는 게 여자 순례자들을 위한 건물이고, 오른쪽에 있는 것은 남자 순례자들을 위한 건물이다. ==두 개의 건물은 전형적인 크메르 건축물이다. 왓 푸를 대표하는 건축물로, 가장 많은 사진 세례를 받는 곳이기도 하다.== 라테라이트로 기단을 만들고 사암을 쌓아 만들었다. 현재는 지붕을 포함해 상당 부분이 무너져 내렸다. 벽면과 출입문이 남아 있는데, 붕괴를 방지하기 위해 나무 버팀목을 받쳐둔 곳도 있다.

벽면을 치장한 창문 조각(석조 건축인데도 목조 건축처럼 정교하다)은 선명하게 남아 있고, 출입문 상단

연꽃 모양 돌기둥이 좌우에 늘어선 진입로(참배로)

의 상인방(출입문 상단에 가로로 놓인 석판)과 박공(상인방 위쪽의 삼각형 모양의 장식)에는 부조 조각을 장식했다. 상인방과 박공 부조가 잘 남아 있는 곳은 오른쪽 건물이다(진입로에서 봤을 때 오른쪽 건물의 앞쪽 벽면 왼쪽 코너에 있는 출입문 상단 부분. 실제로 출입하던 출입문이 아니라 사원의 장식을 위해 만든 가짜 문이다. 문처럼 조각해 만들었다). 상인방에는 깔라 Kala(크메르 사원에서는 악령에게 위협을 가해 악한 기운을 물리치는 수호신 역할을 한다)를 중심으로 꽃잎 문양이 빼곡히 장식돼 있다. 박공에는 난디 Nandi(시바가 타고 다니는 동물인 신성한 소) 위에 앉아 있는 시바 Shiva와 움마 Umma(시바의 부인)가 조각되어 있다.

궁전으로 알려진 크메르 양식의 사원

두 번째 진입로(참배로)와 난디 신전

'궁전'으로 불리는 두 개의 건물을 지나면 다시 진입로가 나온다. 연꽃 모양의 돌기둥이 진입로에 연속해서 세워져 있다. 두 번째 진입로에는 회랑을 만들었던 건물의 흔적이 남아 있다. 두 번째 진입로 왼쪽 편에는 '난디 Nandi'를 모신 작은 신전이 남아 있다. 일부 학자들은 장경고(또는 도서관)라고 여긴다. 책을 보관하던 장소라기보다는 신전에 제를 올리거나 의식을 행할 때 물건을 보관하던 곳으로 여겨진다. 건물은 대부분 무너져 내렸다.

두 번째 진입로 끝에서 산으로 올라가는 계단이 연결된다. 계단이 시작되는 곳의 오른쪽에는 커다란 동상이 하나 세워져 있다. 오른손으로 방망이를 들고 있는 모양의 드바라팔라 Dvarapala(신전을 지키는 수문장)다. 라오스 사람들은 이 석상을 짬빠싹을 건설한 국왕의 동상으로 여긴다고 한다. 불상처럼 노란 천을 입히고, 파라솔을 받쳐 놓아 동상을 신성시한다.

국왕의 동상으로 여겨지는 드바라팔라 석상

중앙 신전

라테라이트로 만든 계단을 오르면 중앙 신전이 나온다. 시바에게 헌정된 신전이다. 현재는 중앙 신전에 불상이 안치돼 있는데, 크메르 제국 후반기에 불교를 받아들이면서 국교가 전환됐기 때문이다. 앙코르 톰 Angkor Thom을 건설한 자야바르만 7세 Jayavarman Ⅶ(재위 1181~1120) 때부터 크메르 제국에 불교 사원이 건설됐다. 현재 라오스도 불교 국가여서 불상을 안치하고, 불교 신자들이 찾아와 복을 비는 것은 너무도 당연한 일처럼 여겨진다.

중앙 신전에서 눈여겨봐야 할 것은 부조 조각이다. 정면에서 봤을 때 출입문 좌우에는 드바라팔라 Dvarapala(신전을 지키는 수문장)와 데바타 Devata(여신)가 조각돼 있다. 드바라팔라는 콧수염이 난 남성, 데바타는 상반신을 드러낸 여성으로 정교하게 조각했다. 보존 상태도 좋아 선명하다. 정면 출입문을

데바타 부조

드바라팔라 부조

기준으로 오른쪽에 있는 문의 상인방에는 가루다(비슈누가 타고 다니는 독수리) Garuda를 타고 있는 비슈누 Vishnu(힌두교에서 우주의 유지를 담당하는 신)가 조각돼 있다. 가운데 출입문으로 들어가면 중앙 성소(불상을 모신 방) 입구에도 상인방 조각이 선명하게 남아 있다. 그중 왼쪽에 있는 상인방을 눈여겨 보자. 아이라바타 Airavata(머리가 세 개인 코끼리)를 타고 있는 인드라 Indra(하늘의 신)가 조각돼 있다.

중앙 신전 뒤쪽(중앙 신전 오른쪽 옆으로 돌아가면 된다)에는 트리무트리 Trimutri를 조각한 암각화가 남아 있다. 트리무트리는 힌두교 3대 신을 함께 모신 것으로 비슈누(오른쪽 조각), 시바(팔과 머리가 여러 개인 가운데 조각), 브라마(왼쪽 조각)가 함께 조각돼 있다.

중앙 신전 오른쪽에 모신 불상

풍경이 남아 있다. 그만큼 조용하고 한적한 풍경과 그런 환경에서 사는 사람들을 만날 수 있다. 섬을 연결하는 다리가 없어 배를 타고 드나들어야 한다. 짬빠싹 또는 반 므앙 Ban Muang(메콩 강 건너편에 있는 마을)에서 배를 탈 수 있는데, 편도 요금은 4만K이다. 정기적으로 운항하는 배가 아니라서 뱃사공과 직접 요금을 흥정해야 한다. 짬빠싹에 있는 게스트하우스에서 왕복 요금 7만~8만K에 보트를 섭외해주기도 한다.

섬의 둘레는 12㎞로 걸어서 돌아다니기엔 무리가 따른다. 짬빠싹에서 자전거를 빌려 배에 싣고 가는 게 좋다. 섬 내부에는 차가 없고, 경운기가 택시처럼 사용된다. 참고로 섬 북쪽 끝자락에 있는 반 후아 Ban Hua(머리 마을이라는 뜻)에서 홈스테이가 가능하다. 마을에서 공동 관리하는 커뮤니티 게스트하우스에서 숙박할 수 있다. 바닥에 매트리스만 깔려 있는데, 하루에 3만K를 받는다. 수영장을 갖춘 친환경 리조트인 라 폴리 로지 La Folie Lodge(홈페이지 www.lafolie-laos.com)는 1박에 186US$(비수기 100US$)를 받는다.

메콩 강 사이에 있는 돈댕

돈댕 ★★
Don Daeng

짬빠싹 마을 앞 메콩 강에 있는 섬이다. 약 2,000명이 생활한다. 씨판돈(돈콩, 돈뎃, 돈콘)에 있는 섬들과 달리 관광산업이 아니라 농업과 어업에 의존해 생활한다. 전통적인 생활 방식대로 살고 있는 시골 마을의

RESTAURANT
짬빠싹의 레스토랑

시골 마을답게 현지 식당과 쌀국수 식당이 도로를 따라 듬성듬성 들어서 있을 뿐이다. 대부분의 여행자들은 본인이 묵고 있는 게스트하우스에서 운영하는 레스토랑에서 식사를 해결한다. 분위기 좋은 레스토랑을 찾는다면 짬빠싹 위드 러브(두어이 락 짬빠싹) Champasak with Love가 있다. 강변에 만든 야외 테라스 레스토랑으로 태국 사람이 운영한다. 레지던스 바싹(호텔) Residence Bassac에서 운영하는 쏨눔 Soum Noum은 라오스 · 지중해 음식을 요리한다. 피자, 스파게티도 맛볼 수 있다.

HOTEL

짬빠싹의 호텔

동네가 작기도 하지만 빡쎄와 가까워 숙소는 많지 않다. 대형 호텔보다는 저렴한 게스트하우스가 대부분이다. 메콩 강을 끼고 있어 한적한 분위기를 느낄 수 있다.

캄푸이 게스트하우스 ★★★
Khamphouy Guest House

Map P.273 **전화** 031-511-010, 030-999-5866, 020-2227-9922 **요금** 더블 7만~8만K(선풍기, 개인욕실), 더블 12만K(에어컨, 개인욕실) **가는 방법** 마을 중심가에 있는 로터리에서 남쪽(왼쪽)으로 50m.

오래된 게스트하우스 중 하나로 저렴한 방을 찾는 여행자들이 선호한다. 콘크리트로 지어진 평범한 단층 건물이다. 객실은 타일이 깔려 있고 온수 샤워 가능한 개인욕실이 갖춰져 있다. 도로 쪽에 있어 전망은 별로다.

나콘 카페 게스트하우스 ★★★☆
Nakorn Cafe Guest House

Map P.274-B3 **주소** 42 Ban Nakhone **전화** 020-9817-7964 **요금** 더블 24만~30만K(에어컨, 개인욕실, 냉장고) **가는 방법** 인티라 호텔을 지나서 왓 푸 방향으로 500m. 왓 나콘(사원) Wat Nakhone 맞은편에 있다.

메콩 강변에 카페를 운영하는 게스트하우스. 2016년에 신설한 숙소라 깨끗하고 시설이 좋다. 콘크리트 건물로 객실은 5개뿐이다. 야외 정원과 강변 풍경이 어우러져 평화롭다. 숙박이 아니더라도 왓 푸를 방문할 때 잠시 들러 식사하기 좋다. 마을 중심가에서 약간 떨어져 있다. 벨기에-라오스 부부가 운영한다.

씨암폰 호텔 ★★☆
Siamophone Hotel

Map P.273 **전화** 031-920-128 **요금** 더블 8만K(선풍기, 개인욕실, TV), 더블 13만K(에어컨, 개인욕실, TV) **가는 방법** 마을 중심가에 있는 로터리에서 남쪽(왼쪽)으로 첫 번째 삼거리에서 오른쪽 방향으로 50m 떨어져 있다. 라오 개발 은행 Lao Development Bank 옆에 있다.

호텔이라기보다는 게스트하우스에 가깝다. 바깥에서 보기에 산뜻한 콘크리트 2층 건물이다. 바닥에 타일이 깔린 객실과 욕실이 깨끗하다. 객실마다 TV를 갖추고 있으며 온수 샤워가 가능한 개인욕실이 모두 딸려 있다. 메콩 강변이 아니라 도로 안쪽에 있어 전망은 별로다. 레스토랑도 없고 여행자들끼리 모여서 대화를 나눌 만한 휴식 공간이 부족하다. 주인이 친절하긴 하지만 영어는 잘 통하지 않는다. 모두 35개의 객실을 운영한다.

레지던스 바싹 ★★★★
Residence Bassac

Map P.273 **전화** 030-540-7587 **홈페이지** www.residencebassac.com **요금** 성수기 79~92US$(에어컨, 개인욕실, TV, 냉장고, 아침 식사) **가는 방법** 마을 중심가에 있는 로터리에서 남쪽(왼쪽)으로 400m.

구 인티라 호텔 Inthira Hotel의 새로운 이름으로 짬빠싹에서 보기 드문 4성급 호텔이다. 콜로니얼 건축물을 개조해 만든 부티크 호텔이라 분위기 있다. 객실은 리셉션 안쪽으로 마당을 끼고 있다. 객실은 나무 바닥이 깔린 방갈로와 타일이 깔린 일반 객실의 슈피리어 룸 Superior Room으로 구분된다. 듀플렉스 룸 Duplex Room은 복층 구조로 1층에 거실과 욕실이, 2층에 발코니가 딸린 침실이 있다.

부띠끄 호텔답게 객실을 현대적인 디자인으로 꾸몄으며, 산뜻하게 관리되고 있다. 수영장은 없다. 호텔에서 함께 운영하는 쑴눔 레스토랑 Soum Noum도 분위기가 좋다.

Si Phan Don (4,000 Islands)

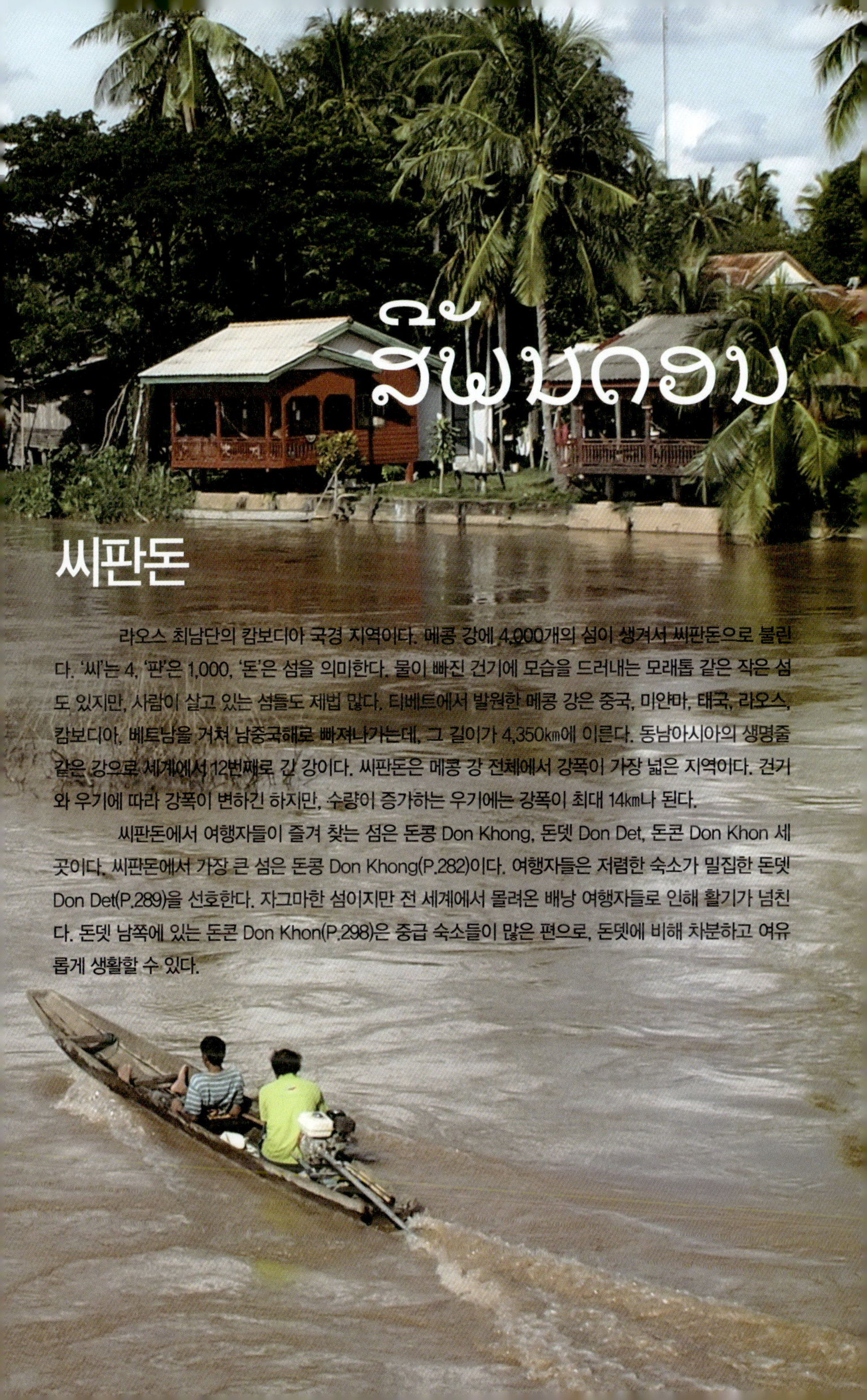

씨판돈

라오스 최남단의 캄보디아 국경 지역이다. 메콩 강에 4,000개의 섬이 생겨서 씨판돈으로 불린다. '씨'는 4, '판'은 1,000, '돈'은 섬을 의미한다. 물이 빠진 건기에 모습을 드러내는 모래톱 같은 작은 섬도 있지만, 사람이 살고 있는 섬들도 제법 많다. 티베트에서 발원한 메콩 강은 중국, 미얀마, 태국, 라오스, 캄보디아, 베트남을 거쳐 남중국해로 빠져나가는데, 그 길이가 4,350㎞에 이른다. 동남아시아의 생명줄 같은 강으로 세계에서 12번째로 긴 강이다. 씨판돈은 메콩 강 전체에서 강폭이 가장 넓은 지역이다. 건기와 우기에 따라 강폭이 변하긴 하지만, 수량이 증가하는 우기에는 강폭이 최대 14㎞나 된다.

씨판돈에서 여행자들이 즐겨 찾는 섬은 돈콩 Don Khong, 돈뎃 Don Det, 돈콘 Don Khon 세 곳이다. 씨판돈에서 가장 큰 섬은 돈콩 Don Khong(P.282)이다. 여행자들은 저렴한 숙소가 밀집한 돈뎃 Don Det(P.289)을 선호한다. 자그마한 섬이지만 전 세계에서 몰려온 배낭 여행자들로 인해 활기가 넘친다. 돈뎃 남쪽에 있는 돈콘 Don Khon(P.298)은 중급 숙소들이 많은 편으로, 돈뎃에 비해 차분하고 여유롭게 생활할 수 있다.

돈콩
Don Khong(Khong Island)

씨판돈 Si Phan Don(4,000 Islands)에 있는 섬 중에서 가장 크고 인구가 많다. 남북으로 12㎞ 크기로 약 1만5,000명이 생활한다. '돈'은 섬을, '콩'은 메콩 강을 의미한다. 즉 메콩 강에 있는 섬이라는 뜻이다. 영어로 돈콩 아일랜드 Don Khong Island 또는 콩 아일랜드 Khong Island로 표기되기도 한다. 돈콩의 중심이 되는 마을은 섬 동쪽에 있는 므앙콩 Muang Khong이다. 육지에서 보트를 타고 섬으로 들어오면 가장 먼저 만나게 되는 마을이다. 관광객들을 위한 시설이 몰려 있어, 모든 외국인들이 므앙콩에 머문다. 메콩 강변을 연해 있는 숙소들도 (고급스럽진 않지만) 말끔하고, 강변의 레스토랑은 평온하기만 하다.

씨판돈 하면 대부분의 여행자들이 돈뎃 Don Det(Don Dhet)을 떠올린다. 이곳은 배낭 여행자들로 북적대는 돈뎃보다는 차분하다. 정갈한 섬 풍경을 즐기고 싶다면 돈콩에 터를 잡으면 된다. 평화로운 섬 풍경이 가득한 곳으로 관광산업과 현지 문화가 조화롭게 어우러진 곳이다. 돈뎃에 비해 과하지 않게 개발됐다. 섬에 거주하는 현지인들은 대부분 농사를 지으며 생활한다. 자전거를 타고 섬을 둘러보며 친절한 현지인들을 만날 수 있다.

DON KHONG(KHONG ISLAND)

INFORMATION
여행에 유용한 정보

은행 · 환전
농업 진흥 은행 Agricultural Promotion Bank에서 환전이 가능하다. 환전 업무는 주중(월~금요일 08:30~15:30)에만 가능하다. ATM은 BCEL 은행과 농업 진행 은행에 각각 1대씩 설치돼 있다.

인터넷 · 와이파이
웬만한 게스트하우스에서 와이파이 사용이 가능하다. 투숙객들에게 무료로 제공한다. 강변에 있는 레스토랑에서도 와이파이 접속이 가능해 전혀 불편하지 않다. 속도는 느린 편이다.

ACCESS
돈콩 가는 방법

빡쎄에서 남쪽으로 125km 떨어져 있다. 2014년 말에 다리(돈콩대교 Don Khong Bridge)가 개통되면서 교통이 편리해졌다. 섬 남쪽에 있는 718m 길이의 돈콩대교는 강 건너 반 핫 Ban Hat('반'은 마을이라는 뜻)을 연결한다. 썽태우(현지인들이 타고 다니는 픽업트럭을 개조한 차량)을 타고 올 경우 다리를 통과해 섬으로 들어오지만, 미니밴이나 버스를 이용할 경우 예전처럼 배를 타고 메콩 강을 건너야 한다. 일반적으로 반 핫싸이쿤 Ban Hat Xai Khun(Ban Hat Xai Khoune)에서 보트를 타고 돈콩의 가장 큰 마을인 므앙콩 Muang Khong으로 간다.

빡쎄에서 돈콩으로 가는 가장 편리한 방법은 여행사나 게스트하우스에서 운영하는 미니밴(또는 버스)을 타는 것이다. 숙소에서 픽업해주기 때문에 터미널까지 갈 필요가 없어 편리하다. 08:00에 출발하며 편도 요금은 6만~7만K이다. 미니밴이 조금 더 비싼 대신 이동 속도가 빠르다. 미니밴(또는 버스)은 짬빠싹(반 므앙)→돈콩(반 핫싸이쿤)→돈뎃 & 돈콘(반 나까쌍)→캄보디아 국경 방향으로 13번 국도를 따라 이동한다. 돈콩이 목적지일 경우 '반 핫싸이쿤'에서 내려 보트를 타면 된다. 여행사에서 예약할 경우 보트 요금 포함 여부를 반드시 확인해야 한다. 보트 요금은 편도 1만5,000K을 받는다. 사람이 많으면 1만K까지 흥정도 가능하다.

대중교통을 이용할 경우 빡쎄에 있는 남부 버스 터미널(키우롯 락뺏)에서 썽태우를 타면 된다(P.263 참고). 썽태우는 08:00~16:00까지 정해진 시간 없이 승객이 모이는 대로 출발한다. 편도 요금은 5만K이다. 썽태우는 새롭게 건설된 다리를 이용해 섬으로 들어간다(보트를 탈 필요가 없다). 썽태우 종점이 므앙쌘(섬 서쪽 마을)이기 때문에, 반드시 여행자 숙소가 몰려있는 므앙콩(섬 동쪽 마을)에 내려달라고 해야 한다.

돈콩에서 돈뎃으로 갈 경우 강을 건너서 차를 탈 필요 없이, 돈뎃으로 직행하는 보트를 타면 된다. 정기적으로 운항되는 보트는 없지만, 돈콩에서 출발하는 투어 보트를 타고 가서 돈뎃에서 내리면 된다(돈콘이 목적지라면 돈콘에 내려달라고 하면 된다). 편도 요금은 5만~7만K(출발 인원에 따라 요금이 달라진다)이며, 08:00경에 출발한다. 폰스 리버 게스트하우스 또는 본인이 묵고 있는 숙소에 문의하면 보트편을 섭외해 준다.

돈콩에서 빡쎄로 가는 교통편은 07:00와 11:00에 출발한다. 짬빠싹으로 갈 경우 반 므앙에서 내려 보트를 타야 한다(P.273 참고). 교통편 예약은 숙소에 문의하면 된다.

반 핫싸이쿤에서 보트를 타고 메콩 강을 건너면 므앙콩에 닿는다.

육지를 연결하는 돈콩대교

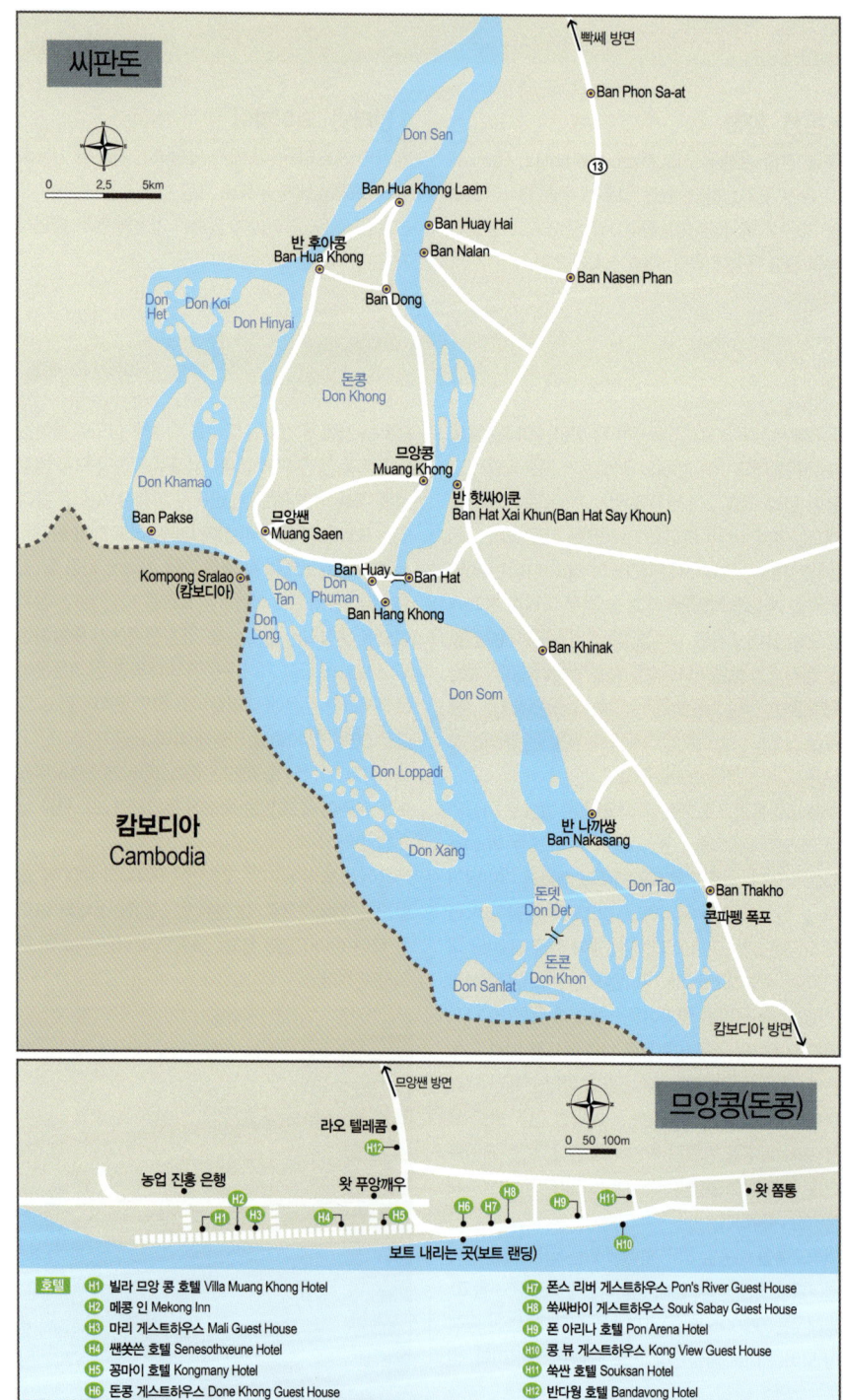

TRANSPORTATION

시내 교통

돈콩에는 대중교통이 존재하지 않는다. 게스트하우스에서 자전거나 오토바이를 빌려 섬을 둘러보면 된다. 자전거 대여료는 하루 1만K이다.

ATTRACTION

돈콩의 볼거리

섬 자체가 볼거리다. 메콩 강과 어우러진 평화로운 풍경을 즐길 수 있다. 자전거를 빌려 섬 남쪽으로 반 바퀴 돌거나, 오토바이를 빌려 섬 한 바퀴를 돌면서 시간을 보내도 된다.

므앙콩 ★★☆
Muong Khong

돈콩에서 가장 번화한(?) 마을로 섬 동쪽에 위치해 있다. 메콩 강을 연해 게스트하우스와 강변 레스토랑이 가득해 여행자들이 가장 선호하는 지역이기도 하다. '므앙'은 도시, '콩'은 메콩 강을 의미하므로, 므앙콩은 메콩 강에 있는 도시가 된다. 지명과 달리 도시라고 하기에는 너무도 작은 강변 마을이다. 므앙콩의 볼거리는 한적한 메콩 강 풍경이 전부라고 해도 과언이 아니다.

마을 중심가에 왓 푸앙깨우 Wat Phuang Kaew가 있다. 머리 7개인 나가가 감싸고 있는 대형 불상이 눈길을 끈다. 불상은 법당이 아닌 사원 경내에 있기 때문에 멀리서도 보인다. 마을 북쪽에 있는 왓 쫌통 Wat Chom Thong은 19세기에 건설된 사원이다. 고요한 산사의 분위기를 풍긴다. 대법전(씸)이 프랑스 건축 양식과 혼합되어 있어 독특하다. 아치형 창문의 건물에 기와지붕을 얹었다.

왓 푸앙깨우

메콩 강변의 여유로움이 가득한 므앙콩

메콩 강 건너편의 반 핫싸이쿤

메콩 강변의 수상 식당

메콩 강변을 연해 들어선 므앙콩의 숙소들

므앙쌘
Muang Saen(Muang Sen) ★☆

므앙콩에서 섬을 가로지르면 반대편에 있는 마을이다. 섬 서쪽에서 가장 번화한 마을로 삼거리를 중심으로 상점들이 들어서 있다. 두 마을은 8㎞ 떨어져 있다. 섬을 관통하는 도로를 따라 한적한 농촌 풍경이 펼쳐진다. 므앙쌘에서는 강 건너 캄보디아 땅이 보인다.

반 후아콩
Ban Hua Khong ★

돈콩 섬 북쪽에 있는 마을이다. '후아'는 머리를 뜻한다. 반 후아콩은 므앙콩에서 북쪽으로 13㎞ 떨어져 있다. 특별한 볼거리보다는 라오스 인민민주주의 공화국의 국가 주석을 지냈던 캄타이 씨판돈(임기 1998~2006년) Khamtai Siphandon(Khamtay Siphandone)의 고향으로 유명하다.

섬 서쪽에 있는 작은 마을 므앙쌘

돈콩 남부 순환도로
Don Khong Southern Loop ★★★

므앙콩에서 므앙쌘까지 섬 남쪽으로 이어진 길을 따라가는 코스다. 총 25㎞ 거리다. 자전거를 타고 섬을 반 바퀴 돌면서 평화로운 자연 풍경과 순수한 사람들을 만날 수 있다. 므앙콩에서 남쪽에 있는 반 나 Ban Na(나 마을이라는 뜻으로, 이정표에는 Na Village라고 적혀 있다)부터 본격적인 전원 풍경이 펼쳐진다. 농촌 풍경과 메콩 강 풍경이 어우러진 한적한 마을을 따라가다 보면 반 훼이 Ban Huay에 닿는다. 카페리(차를 싣고 강을 건너는 대형 바지선)를 이용해 돈콩으로 들어올 경우 가장 먼저 만나게 되는 마을이다. 강 건너에 있는 마을은 반 핫 Ban Hat이다. 마을 앞으로 섬과 육지를 연결하는 대형 교량 공사가 선명하게 보인다.

남쪽으로 길을 계속 달리면 왓 씨리망카라람 Wat Siri Mangkhararam을 지나 돈콩의 남단에 해당하는 반 항콩 Ban Hang Khong에 도착한다. '항'은 꼬리라는 뜻으로 돈콩 꼬리에 해당하는 마을이라는 뜻이다. 특별한 이정표나 전망대는 없다. 이곳에서는 더 이상 길이 없으므로 왔던 길로 되돌아와야 한다. 반 훼이까지 되돌아와서 왼쪽 도로를 타고 섬 서쪽 방향으로 이동하면 된다. 도로를 따라가면 반 힌씨아우 Ban Hin Xiau(Ban Hine Siou Cultural Village)를 지나게 되는데 메콩 강은 보이지 않고 농촌 풍경이 가득히 펼쳐진다. 특히 농사짓는 우기의 풍경이 아름답다. 므앙쌘에 도착하면 삼거리 마을을 중심으로 상점들이

므앙쌘 앞쪽의 캄보디아 국경 지대

돈콩 섬 내부는 농촌 풍경이 가득하다.

돈콩   DON KHONG(KHONG ISLAND)

보인다. 므앙쌘은 남쪽에 있는 마을인 반 쌘따이 Ban Saen Tai(Ban Sen Tai)와 구분하기 위해 반 쌘느아 Ban Saen Neua(Ban Sen Nua)로 부르기도 한다. 따이는 남쪽, 느아는 북쪽을 뜻한다. 므앙쌘에서는 섬을 관통하는 도로를 따라 므앙콩으로 직행하면 된다.

오토바이를 탈 줄 안다면, 섬 북부 순환도로 Don Khong Northern Loop까지 함께 여행하면 된다. 총 거리는 35km이다. 언덕 위의 사원인 왓 푸카오깨우 Wat Phu Khao Kaew와 반 후아콩을 지나 섬 동쪽 길을 따라 므앙콩으로 도로가 이어진다.

ACTIVITY   돈콩의 액티비티

돈콩에 머물면서도 씨판돈 투어가 가능하다. 보트를 타고 돈콘 Don Khon까지 간 다음 리피 폭포와 이라와디 돌고래를 관찰하고, 콘파펭 폭포(P.302)를 방문한다. 보통 09:00경에 출발해 17:00경에 돌아온다. 1일 투어 요금은 6만~8만K이다.

RESTAURANT   돈콩의 레스토랑

외국인 여행자들이 즐겨 찾는 레스토랑은 므앙콩에 몰려 있다. 메콩 강변에 만든 야외 레스토랑들이 많다. 강 풍경을 바라보며 식사할 수 있어 분위기가 좋다. 대부분 게스트하우스에서 운영하는 곳으로 영어 메뉴를 갖추고 있다. 메뉴는 비슷비슷하다. 아무래도 메콩 강에서 잡은 민물 생선을 이용한 음식이 많다. '랍 빠' 또는 '목 빠'가 대표적이다. 볶음밥과 볶음국수 같은 단품 요리들로 간단하게 식사를 해결할 수 있다.

HOTEL   돈콩의 호텔

보트를 타고 섬에 도착하면 가장 먼저 만나는 므앙콩 마을에 숙소가 몰려 있다. 메콩 강변과 연해 있어 전망이 좋다. 고급 호텔들은 거의 없고 현지인 가족들이 함께 생활하는 게스트하우스가 많다. 성수기와 비수기 요금이 약간씩 차이를 보인다. 시설들이 비슷하므로 방을 먼저 확인하고 체크인 하도록 하자. 대부분의 숙소에서 와이파이 사용이 가능하다.

쑥싸바이 게스트하우스 ★★☆
Souk Sabay Guest House

Map P.284 전화 031-214-122, 020-2227-7770 요금 더블 6만K(선풍기, 개인욕실) 더블 8만~10만K(에어컨, 개인욕실) 가는 방법 보트 내리는 곳에서 오른쪽(북쪽)으로 150m. 폰스 리버 게스트하우스 옆에 있다 입구에서 보면 자전거·오토바이 대여점처럼 보이지만, 안쪽으로 제법 큰 게스트하우스가 있다. 돈콩에서 저렴한 숙소 중 하나로 다른 곳에 비해 전망은 별로다. 무난한 시설로 객실은 넓고 깨끗하다. 가장 싼 방은 찬물 샤워만 가능하다. 나머지 방은 온수 샤워가 가능하다. 강변에 레스토랑을 운영한다.

돈콩 게스트하우스 ★★☆
Done Khong Guest House

Map P.284 **전화** 031-214-010 **요금** 더블 8만K(선풍기, 개인욕실), 더블 10만~14만K(에어컨, 개인욕실) **가는 방법** 보트 내리는 곳 앞에 있다.

오래된 여행자 숙소. 강을 건너 돈콩에 도착하면 가장 먼저 보인다. 콘크리트 2층 건물로 모든 객실은 온수 샤워가 가능한 개인욕실이 갖추어져 있다. 2층에 공동으로 사용할 수 있는 발코니에서 메콩 강이 보이다. 강변에 레스토랑을 운영한다. 라오스 여주인이 영어와 프랑스어를 구사한다.

콩 뷰 게스트하우스 ★★★
Kong View Guest House

Map P.284 **요금** 더블 8만~10만K(에어컨, 개인욕실) **가는 방법** 보트 내리는 곳에서 오른쪽(북쪽)으로 400m.

새롭게 만든 콘크리트 건물이라 겉에서 보기에도 깔끔하다. 경쟁 업소들과 달리 도로가 아니라 강변에 있어 분위기가 좋다. 2층 객실은 나무 바닥이라 더욱 분위기가 좋다. 객실 크기는 보통이지만 깔끔하게 정리돼 있다. 공동으로 사용하는 2층 발코니에서 메콩 강이 시원스럽게 내려다보인다. 가격 대비 시설과 전망이 좋다.

폰스 리버 게스트하우스 ★★☆
Pon's River Guest House

Map P.284 **전화** 031-214-037, 020-5540-6798 **홈페이지** www.ponsriverguesthouse-donkhong.com **요금** 더블 8만K(선풍기, 개인욕실), 에어컨 10만~16만K(에어컨, 개인욕실) **가는 방법** 보트 내리는 곳에서 오른쪽(북쪽)으로 150m.

오래되고 유명한 숙소. 콘크리트 건물로 객실이 깨끗하며 모기장까지 갖추어져 있다. 에어컨 방은 가격에 따라 차이가 난다. 비싼 방에는 TV가 갖추어져 있다. 저렴한 선풍기 방들은 1층이라서 어둑하다. 강변에 레스토랑을 함께 운영하며, 씨판돈 지역 투어도 운영한다. 홈페이지에서는 비싼 에어컨 방(가격 대비 시설이 떨어진다)만 예약 가능하다. 폰스 리버사이드 Pon's Riverside로 알려지기도 했다. 정확한 현지 발음은 '흐안팍 뽄 리워'다.

메콩 인 ★★★
Mekong Inn

Map P.284 **전화** 031-213-668 **홈페이지** www.gomekonginn.com **요금** 더블 20US$(선풍기, 개인욕실, 냉장고, 아침식사), 트윈 30US$(에어컨, 개인욕실, 냉장고, 아침식사) **가는 방법** 보트 내리는 곳에서 왼쪽(남쪽)으로 600m.

마을 남쪽의 조용한 메콩 강변에 있다. 특히 수영장이 눈길을 끄는 곳으로 캐나다-라오스 부부가 운영한다. 타일이 깔린 객실과 카펫이 깔린 객실로 구분된다. 메콩 강이 보이는 2층 객실이 전망이 가장 좋다. 간단한 아침 식사도 제공된다.

폰 아리나 호텔 ★★★☆
Pon Arena Hotel

Map P.284 **전화** 031-253-065 **홈페이지** www.ponarenahotel.com **요금** 스탠더드 50US$, 딜럭스 65US$ **가는 방법** 보트 내리는 곳에서 오른쪽(북쪽)으로 200m.

돈콩에서 호텔다운 면모를 갖춘 보기 드문 숙소. 두 동으로 구분돼 있다. 도로 쪽 건물은 티크 나무를 이용해 만들었고, 강변 쪽에는 콘크리트로 지은 새로운 건물이 들어서 있다. 주변의 게스트하우스들과 달리 한 단계 업그레이드된 시설이다(가격 대비 시설은 보통이다). 객실이 넓고 창문이 커서 시원시원하다. 에어컨 시설에 TV, 욕조까지 갖추어져 있다. 당연히 메콩 강을 끼고 있는 방이 가장 좋다. 모든 객실은 아침 식사가 포함된다. 강변 쪽에 작은 수영장이 있다. 야외 레스토랑을 함께 운영한다.

돈뎃

Don Det(Don Dhet)

씨판돈 Si Phan Don(4,000 Islands)에 있는 섬 중에서 가장 유명한 섬이다. 라오스 남부에서 배낭 여행자들의 아지트를 꼽으라면 '돈뎃'이라고 할 정도. 외국인 여행자들 사이에서는 씨판돈과 돈뎃이 동일시된다. 한가로운 풍경과 저렴한 방갈로, 문명세계와 적당히 거리를 두고 있는 불편함이 여행자들에게는 더 없이 좋은 휴식처가 돼주기 때문이다. 딱히 할 일은 없지만 아름다운 풍경을 벗 삼아 여유로운 시간을 만끽할 수 있다. 섬이 작아서 일출과 일몰을 매일 볼 수 있는 것도 매력이다(날씨가 흐린 우기에는 이런 풍경을 기대하기 어렵다).

돈뎃은 외딴 곳에 있는 자그마한 섬으로 2009년 11월에야 전기가 공급되기 시작했다. 하지만 최근 몇 년 동안 관광산업이 열풍을 타고 외부 세상에 급속도로 노출되어 '라오스 남부의 방비엥'이란 소리를 듣기도 한다. 방비엥에 비하면 아직까진 현지 문화가 잘 보존된 편이나. 섬 북쪽 마을인 반 후아뎃 Ban Hua Dhet에 외국인을 위한 편의시설이 몰려 있다. 해가 뜨는 동쪽을 선라이즈 사이드 Sunrise Side, 해가 지는 서쪽을 선셋 사이드 Sunset Side라고 부른다.

INFORMATION

여행에 유용한 정보

은행·환전

은행은 육지에 해당하는 반 나까쌍 Ban Nakasang에 있다 (은행을 가려면 배를 타고 강을 건너야 한다). BCEL 은행과 농업 진흥 은행 Agricultural Promotion Bank 두 곳에서 환전(월~금 08:30~15:30)이 가능하다. ATM은 24시간 사용 가능하다. 돈뎃에 있는 사설 환전소에서 환전하면 은행 환율보다 낮기 때문에, 필요한 현금을 미리 환전해 오는 게 좋다.

은행과 ATM은 강 건너 육지에 있다

수영장

섬 남쪽에 있는 롱아일랜드 게스트하우스(Map P.292-A3, 홈페이지 www.longislandguesthouse-dondet.net)에 야외 수영장이 있다. 투숙객이 아니어도 입장료(성인 2만5,000K, 아동 1만5,000K)를 내면 누구나 이용할 수 있다.

보트 선착장

대형 보트가 접안할 수 있는 보트 선착장은 존재하지 않는다. 긴 꼬리 배들이 드나드는데, 섬 어디에서건 사람을 내리고 태울 수 있다. 일반적으로 섬 북쪽의 캄퐁 레스토랑 Khamfong Restaurant 옆(Map P.292-A1)에서 배를 타고 내린다.

여행 시기

아무래도 청명한 날씨가 이어지는 건기가 여행하기에 좋다. 비교적 날씨가 덜 더운 11월에서 1월이 여행하기 가장 좋다.

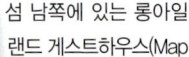

롱아일랜드 게스트하우스의 수영장

돈뎃의 일몰

저렴한 방갈로가 몰려 있는 반 후아뎃

프랑스 식민정부에서 건설한 선착장 Old French Pier의 흔적

메콩 강과 자연이 어우러진 씨판돈

DON DET(DON DHET)

지리 파악하기

숙소와 레스토랑, 여행사를 포함한 편의 시설은 섬 북쪽 마을인 반 후아뎃 Ban Hua Det(반은 마을, 후아는 머리, 뎃은 돈뎃을 의미)에 몰려 있다. 섬 동쪽(선라이즈 사이드) 중간쯤에 생뚱맞은 콘크리트 구조물이 있는데, 과거 프랑스 식민정부에서 건설한 선착장 Old French Pier의 흔적이다. 돈뎃과 돈콘을 연결한 철도(P.300 참고)에서 선박으로 화물을 옮겨 싣기 위해 만든 것이라고 한다. 현재는 트럭을 개조해 관광객을 태우는 셔틀 버스 주차장이 있다(단체 관광객이 타고 오는 보트는 섬 중간에 내려준다). 이곳을 경계로 북쪽 방향으로 방갈로가 밀집해 있다. 남쪽으로 내려갈수록 한적하다. 섬 남쪽에는 돈콘을 연결하는 다리 French Bridge(P.299 참고)가 있다.

ACCESS
돈뎃 가는 방법

돈뎃을 가려면 반 나까쌍 Ban Nakasang(줄여서 '나까쌍'이라고도 부른다. '반'은 마을이란 뜻)에서 보트를 타야 한다. 일반적으로 빡쎄에서 출발해 반 나까쌍을 거쳐 섬으로 들어가게 된다.

빡쎄→돈뎃

빡쎄에서 출발하는 미니밴+보트가 연계된 교통편을 이용하면 된다(편도 요금 6만~7만K). 여행사나 숙소에서 예약하면 되고 08:00에 출발한다(빡쎄 교통 정보 P.261 참고). 대중교통을 이용할 경우 빡쎄 남부 버스 터미널(키우롯 락뺏)에서 썽태우를 타면 된다. 썽태우는 정해진 시간 없이 승객이 모이는 대로 출발한다(편도 요금은 5만K이며 16:00경에 막차가 출발

돈뎃 & 돈콘

한다). 반 나까쌍에서 돈뎃까지의 보트 요금은 편도 1만5,000K(혼자 탈 경우 3만K)이다. 16:00 이후에는 보트 요금이 인상된다.

돈뎃→돈콩, 짬빠싹, 빡쎄

돈뎃에서 육지로 나갈 때는 여행사나 숙소에서 교통편을 예약하면 편리하다. 빡쎄로 직행할지, 돈콩(P.282) 또는 짬빠싹(P.272)에 들를지 결정하면 된다. 빡쎄로 가는 버스가 중간에 있는 핫 싸이쿤(돈콩행 보트 타는 곳)과 반 므앙(짬빠싹행 보트 타는 곳)에 승객을 내려준다. 세 곳 모두 11:00에 출발한다(버스는 반 나까쌍에서 12:00에 출발한다). 편도 요금은 돈콩까지 4만~5만K, 짬빠싹과 빡쎄까지 6만K이다. 여행사에서 예약할 때 대형 버스인지 미니밴인지 반드시 확인할 것. 대부분 미니밴이라고 말하지만, 실제로 반 나까쌍에 있는 버스 정류장(BCEL 은행 맞은편에 있다)에 도착하면 대형 버스를 타는 경우가 많다. 미니밴이 조금 더 비싸지만 이동 속도가 빠르다.

육지로 나갈 때는 보트 요금이 포함되어 있다(돈뎃→반 나까쌍 1회 요금만 포함된다. 돈콩이나 짬빠싹에 갈 경우 별도의 보트 요금을 지불해야 한다). 참고로 돈뎃에서 돈콩으로 갈 경우 보트를 타고 직행하는 방법도 있다. 단, 정기적으로 운행되는 보트가 없기 때문에 일행이 모여야 한다. 여행사에 출발이 가능한지 문의해볼 것.

돈뎃→캄보디아

돈뎃에서 캄보디아로 가는 것도 가능하다. 보트를 타고 국경을 넘는 것이 아니라 반 나까쌍으로 나와서 13번 국도를 따라 캄보디아로 이동한다. 08:00에 보트를 타고 육지로 나와서, 빡쎄에서 출발한 국제버스로 갈아탄다. 국경과 인접한 쓰똥뜨렝 Stung Treng(편도 11US$)과 끄라쩨 Kratie(편도 15US$)를 포함해 캄보디아 수도인 프놈펜 Phnom Penh(편도 20~22US$), 앙코르 왓이 있는 씨엠리업 Siem Reap(편도 26~30US$)까지 갈 수 있다.

도로 하나가 전부인 반 나까쌍

섬 북쪽의 캄퐁 레스토랑 옆에서 배를 타고 내린다

레스토랑
- R1 캄퐁 레스토랑 Khamfong **A1**
- R2 아담스 바 Adams Bar **A1**
- R3 미스 닝 레스토랑 Ms. Ning **A1**
- R4 크레이지 겍코 Crazy Gecko **B1**
- R5 싼띠팝 Santiphap **A3**
- R6 쌩아훈 레스토랑 Seng Ahloune **B3**
- R7 Kea's Backpackers Paradise Restaurant **A1**

호텔
- H1 리틀 에덴 호텔 Little Eden **A1**
- H2 Mr. B Sunset View Bungalow **A1**
- H3 Sunset Bungalow Mr. Ky **A1**
- H4 음마라이 게스트하우스 Yommalay **A1**
- H5 골든 호텔 돈뎃 Golden Hotel Dondet **A1**
- H6 말리나 게스트하우스 Malina **A1**
- H7 선셋 방갈로 Sunset Bungalow **A1**
- H8 그린 게스트하우스 Green Guest House **A1**
- H9 마마 럿 선셋 게스트하우스(매 럿 돈뎃) Mama Leurth Sunset **A1**
- H10 르비쥬 게스트하우스 Le Bi Jou **A1**
- H11 쑥싼 선셋 방갈로 Souksan Sunset Bungalows **A1**
- H12 다롬 게스트하우스 Dalom **A1**
- H13 마마 따논 게스트하우스 Mama Tanon **A1**
- H14 바바 게스트하우스 BABA Guesthouse **A1**
- H15 마마 푸완 게스트하우스 Mama Phouwan **A1**
- H16 쌩짠 게스트하우스 Saengchanh **A1**
- H17 누팟 게스트하우스 Noupad **A1**
- H18 돈뎃 방갈로 Don Det Bungalow **A1**
- H19 씨암폰 방갈로 Siamphone Bungalow **A1**
- H20 마마 삐앙 Mama Piang **B1**
- H21 우돔쑥 방갈로 Oudomsouk Bungalow **B1**
- H22 Paradise 2 Bungalows **B1**
- H23 미스터 토 방갈로 Mr Tho's Bungalows **B1**
- H24 Mr. Phao's Riverside Guest House **B1**
- H25 마마 르아(매 르아) 게스트하우스 Mama Leuah **B2**
- H26 테나 방갈로 Tena Bungalow **A1**
- H27 위싸이 게스트하우스 Vixay **A1**
- H28 롱아일랜드 게스트하우스(수영장) **A3**
- H29 메콩 드림 Mekong Dream **A3**
- H30 리버 가든 게스트하우스 River Garden **B3**
- H31 쌩아훈 리조트 Seng Ahloune Resort **B3**
- H32 캄팽 게스트하우스 Kham Pheng **B3**
- H33 판 게스트하우스 Pan's Guest House **B3**
- H34 쏨파밋 게스트하우스 Somphamit **B3**
- H35 쌀라 돈 콘 Sala Done Khone **B3**
- H36 독참빠 게스트하우스 Dok Champa **B3**
- H37 빠카 게스트하우스 Pa Kha **B3**
- H38 선셋 파라다이스 Sunset Paradise **B3**
- H39 라스트 리조트 Last Resort **A2**
- H40 이지 고 백팩커스 Easy Go Backpacker **A2**

TRANSPORTATION
시내 교통

돈뎃에서는 걷거나 자전거를 타면 된다. 돈콘까지는 걸어가기 멀기 때문에 자전거를 타는 게 좋다. 자전거 대여료는 하루에 1만K이다.

ATTRACTION
돈뎃의 볼거리

돈뎃의 볼거리는 메콩 강과 어우러진 한적한 풍경이다. 방갈로에 매달린 해먹에 누워 풍경을 보건, 강변 레스토랑의 쿠션에 드러누워 풍경을 감상하건 그건 자유이다. 강물의 수위가 낮아지는 건기가 되면 섬 북쪽(캄퐁 레스토랑 앞)에 자그마한 모래 해변이 생긴다. 돈뎃 남쪽에는 돈콘 Don Khon이 있다. 두 개의 섬은 프랑스 식민 지배 시절에 건설된 콘크리트 다리(프렌치 브릿지 French Bridge라고 불린다)로 연결돼 있다. 많은 여행자들이 자전거를 빌려 돈뎃과 돈콘을 여행한다. 돈콘에 관한 내용은 별도로 다룬다(P.298 참고). 볼거리를 모두 섭렵하고 싶다면 투어를 이용하면 된다. 리피 폭포(쏨파밋 폭포)와 돌고래 관찰, 콘파펭 폭포까지 모두 다녀올 수 있다. 투어 요금은 참가하는 인원에 따라 달라진다. 카약까지 포함된 1일 투어는 18만~22만K, 반나절 투어는 10만K이다(6명 출발 기준, 1인 요금). 해가 지는 시간에 보트 유람을 즐기는 선셋 투어는 6만K(3명 출발 기준) 정도에 가능하다.

우기에는 대지가 푸른색으로 변모한다

평화로움이 가득한 씨판돈 풍경

건기가 되면 섬 북쪽에 모래 해변이 생긴다

활동적인 사람들을 위한 카약

RESTAURANT
돈뎃의 레스토랑

방갈로와 마찬가지로 레스토랑도 좋고 나쁘고 없이 어디나 비슷하다. 섬 북쪽 끝자락에 레스토랑이 몇 곳 몰려 있다. 그중에서도 (섬 북쪽 가장자리에 있어) 전망이 가장 좋은 캄퐁 레스토랑 Khamfong Restaurant(Map P.292-A1)이 인기 있다. 보트가 들어오고 나가는 강 풍경과 (건기가 되면) 작은 모래 해변에서 시간을 보내는 여행자들을 구경하기 좋다. 캄퐁 레스토랑 건너편(선착장 왼쪽)에 있는 조니 레스토랑 Johny Restaurant도 비슷하다. 섬 남쪽 다리 옆에 있는 싼티팝 Santiphap(Map P.292-A3)은 자전거를 타고 가다가 잠시 쉬어가기 좋다. 메콩 강 건너에 있는 돈콘을 바라보며 식사할 수 있다. 굳이 식당을 찾아갈 필요 없이 묵고 있는 숙소에서 운영하는 레스토랑을 이용해도 된다(대부분의 숙소에서 강변에 레스토랑을 운영한다). 청명한 날씨를 보이는 건기 때 늦은 오후에 선셋 사이드로 이동해 (라오 맥주나 과일 셰이크를 마시며) 해 지는 풍경을 감상하는 것도 빼놓을 수 없는 일과 중 하나다. 외국인 배낭 여행자가 대부분이기 때문에 식당마다 기본적으로 영어 메뉴를 갖추고 있다.

HOTEL

돈뎃의 호텔

돈뎃의 숙소는 섬 북쪽에 형성된 마을인 반 후아뎃 Ban Hua Det에 몰려 있다. 대부분 숙소가 목조 방갈로 형태에 개인욕실이 딸린 기본적인 시설들이다. 좋고 나쁘고 할 것 없이 엇비슷하다. 모기장이 있고 없고, 온수 샤워가 되고 안 되고 정도의 차이다. 발코니에 해먹이 걸려 있어 강 풍경을 바라보며 빈둥대기에 좋다. 시설은 허름해도 대부분의 숙소에서 와이파이가 지원된다.

대부분 라오스 가족들이 운영하고, 한 집에 방갈로 대여섯 개 정도다. 방갈로 간판도 주인 이름을 붙인 곳이 많다. 오랫동안 외국인 여행자들이 드나들어서인지 주인이 기본적인 영어는 구사한다. 최근 1~2년 동안 콘크리트 건물로 신축한 게스트하우스가 증가하면서 섬 분위기가 조금씩 변화하고 있다. 비수기(5~10월)와 성수기(11~4월)로 시즌을 구분해 방 값을 받는 곳이 많다. 개인욕실이 딸린 허름한 방갈로는 비수기에 4만K, 성수기에 6만K 정도 예상하면 된다.

선라이즈 사이드 Sunrise Side

돈뎃에서 가장 발달한 지역으로 강변을 따라 방갈로가 연속해 있다. 레스토랑과 여행사도 많아서 작은 여행자 거리를 형성한다. 섬 동쪽이라 해가 뜨는 아침 일찍부터 더워진다.

다롬 게스트하우스 ★★☆
Dalom Guest House

Map P.292-A1 전화 030-955-1099, 020-9651-1119 요금 더블 6만~8만K(선풍기, 개인욕실), 더블 12만~15만K(에어컨, 개인욕실) 가는 방법 선라이즈 사이드 중심가에 있는 미스 닝 레스토랑 Ms. Ning Restaurant 옆에 있다.

선라이즈 사이드 중심가에 있는 게스트하우스. 강변이 아니라 내륙에 있기 때문에 전망은 별로 좋지 않다. 에어컨 시설이 된 콘크리트 건물 객실과 선풍기 시설이 있는 목조 방갈로로 구분된다. 모든 객실에는 개인욕실이 딸려 있는데 온수 샤워는 에어컨 방에서만 가능하다.

돈뎃 방갈로 ★★★
Don Det Bungalow

Map P.292-A1 전화 030-955-3354, 020-2300-4959 요금 더블 13만K(선풍기, 개인욕실) 가는 방법

선셋 사이드 중간쯤에 위치한 씨암폰 방갈로 Siamphone Bungalow 옆에 있다.

강을 끼고 있지 않기 때문에 전망은 대단하지 않다. 목조 방갈로는 전통 가옥 양식을 살짝 가미했다. 방갈로가 크고 발코니도 넓어서 좋다. 온수 샤워가 가능한 것도 장점이다. 방갈로 앞쪽 강변에 레스토랑을 운영하기 때문에 전망을 원한다면 레스토랑에서 시간을 보내면 된다. 비수기에는 8만K에 숙박이 가능하다.

바바 게스트하우스 ★★★☆
Baba Guest House

Map P.292-A1 전화 020-9889-3943 홈페이지 www.dondet.net 요금 더블 22만~25만K(비수기, 에어컨, 개인욕실, 냉장고), 더블 35만K(성수기, 에어컨, 개인욕실, 냉장고) 가는 방법 선라이즈 사이드 중심가 삼거리에서 남쪽으로 100m.

프랑스인이 운영하는 곳으로 돈뎃에서 시설 좋은 게스트하우스에 속한다. 콘크리트 복층 건물로 객실이 넓고 타일이 깔려 있어 쾌적하다. 방마다 발코니가 딸려 있는데, 2층 방이 여유롭고 전망도 좋다. 강변에 레스토랑을 함께 운영한다.

미스터 토 방갈로 ★★☆
Mr Tho's Bungalows

Map P.292-B1 전화 020-5668-7181, 020-5592-

8598 요금 더블 8만~9만K(선풍기, 개인욕실), 더블 13만~18만K(에어컨, 개인욕실) 가는 방법 섬 중간에 있는 미스터 파오 리버사이드 게스트하우스 Mr. Phao's Riverview Guest House 옆에 있다.

목조 방갈로를 운영하던 인기 숙소였으나 최근 콘크리트 건물을 신축하면서 규모가 커졌다. 강변 쪽에 있는 저렴한 방갈로는 찬물 샤워만 가능한 기본적인 시설이다. 해먹이 걸려 있고 강과 접하고 있어 풍경을 감상하기 좋다. 새롭게 만든 건물은 에어컨 시설로 온수 샤워 가능한 개인욕실을 갖추고 있다. 강변에 레스토랑을 함께 운영한다.

리버 가든 게스트하우스 ★★☆
River Garden Guest House

Map P.292-B3 전화 020-7770-1860 홈페이지 www.rivergardenlaos.com 요금 더블 5만~10만K(선풍기, 개인욕실) 가는 방법 돈뎃과 돈콘을 연결하는 콘크리트 다리에서 도보 5분.

섬 남쪽에 위치한 숙소. 강을 사이에 두고 돈콘이 마주보이는 곳에 있다. 방갈로는 모두 선풍기 시설이 돼 있으며 크기에 따라 요금이 다르다. 작은 방갈로는 찬물 샤워가 가능한 개인욕실이, 큰 방갈로는 온수 샤워가 가능한 개인욕실이 딸려 있다. 강변에 야외 레스토랑을 함께 운영한다. 선라이즈 사이드에 있는 숙소들과 달리 조용하게 지낼 수 있다.

선셋 사이드 Sunset Side

섬 북쪽의 서쪽에 있는 방갈로들로 해가 지는 방향이라 메콩 강의 일몰을 감상하기에 좋다. 선라이즈 사이드에 비해 조용한 편이다.

이지 고 백팩커스 ★★☆
Easy Go Backpacker

Map P.292-A2 전화 020-5822-8309 홈페이지 www.easygohostel.com 요금 도미토리 2만 5,000K(선풍기, 공동욕실), 더블 6만K(선풍기, 개인욕실) 가는 방법 선셋 사이드 남쪽에 있다.

섬 남쪽의 한적한 선셋 사이드에 있다. 배낭여행자들을 위한 도미토리를 운영한다. 목조 건물과 목조 방갈로들이 여유롭게 들어서 있다. 히피스런 분위기로 강변에 레스토랑을 함께 운영한다. 섬 중심가까지 걸어서 20분 정도 걸린다.

말리나 게스트하우스 ★★
Malina Guest House

Map P.292-A1 전화 020-6797-920 요금 더블 5만~6만K(선풍기, 개인욕실), 더블 8만~10만K(에어컨, 개인욕실) 가는 방법 선셋 사이드의 미스터 비 선셋 뷰 방갈로 옆에 있다.

메콩 강과 접해 있진 않지만 방갈로 시설은 좋다. 견고한 목조 방갈로들로 객실이 넓고 깨끗하다. 개인욕실도 무난한 크기로 온수 샤워가 가능하다. 선풍기 방갈로와 에어컨 방갈로로 구분해 운영한다. 레스토랑을 함께 운영한다.

미스터 비 선셋 뷰 방갈로 ★★
Mr B. Sunset View Bungalow

Map P.292-A1 전화 030-534-5109 요금 더블 6만~8만K(선풍기, 개인욕실) 가는 방법 선셋 사이드 북쪽의 리틀 에덴 게스트하우스 옆에 있다.

'미스터 비'가 운영하는 방갈로. 선셋 사이드에서 오랫동안 저렴한 방갈로를 운영해 여행자들에게 잘 알려져 있다. 나무를 이용해 만든 방갈로들이 강변과 정원에 일렬로 배치돼 있다. 가장 싼 방갈로는 크기도 작고 공동욕실을 사용한다. 강변의 레스토랑에서 해 지는 모습을 볼 수 있다.

선셋 방갈로 미스터 끼 ★★
Sunset Bungalow Mr. Ky

Map P.292-A1 전화 020-5455-2692 요금 4만~6만K(선풍기, 개인욕실) 가는 방법 선셋 사이드 북쪽의 미스터 비 선셋 뷰 방갈로 옆에 있다.

돈뎃 DON DET(DON DHET)

라오스 가족이 운영하는 아담한 방갈로. 메콩 강을 연해 목조 방갈로가 일렬로 들어서 있다. 침대와 모기장, 선풍기가 갖추어진 기본적인 시설이다. 방 크기는 작은 편이다. 방 옆에 있는 화장실은 별도의 출입문이 있다. 간판에는 미스터 끼 MRKY라고 영문 대문자가 띄어쓰기 없이 적혀 있다. 바로 옆에 있는 선셋 방갈로 Sunset Bungalow와 혼동하지 말 것!

그린 게스트하우스 ★★★
Green Guest House

Map P.292-A1 전화 020-9180-3519 요금 더블 8만~10만K(에어컨, 개인욕실) 가는 방법 선셋 사이드 북쪽의 삼거리에 있다. 마마 럿 선셋 게스트하우스 맞은편에 있다.

선셋 사이드에 새롭게 생긴 게스트하우스. 강변이 아니라 내륙의 논 옆에 있다. 새롭게 생긴 2층짜리 콘크리트 건물로 객실이 깨끗하다. 발코니에서 메콩 강이 아니라 논 풍경이 보인다.

욤마라이 게스트하우스 ★★★
Yommalay Guest House

Map P.292-A1 전화 020-5559-6255 요금 더블 6만~8만K(선풍기, 개인욕실), 더블 10만~14만K(에어컨, 개인욕실) 가는 방법 선셋 사이드 북쪽에 있다.

새롭게 생긴 게스트하우스. 깨끗한 콘크리트 건물로 허름한 방갈로들과 차별된다. 전망은 별로지만 새 건물답게 깨끗하다. 복층 건물로 객실은 타일이 깔려 있다. 객실은 무난한 크기로 욕실이 잘 되어 있다. 천장이 높아서 시원한 느낌을 준다. 에어컨 방과 선풍기 방 중에 선택해 숙박이 가능하다.

마마 럿 선셋 게스트하우스(매 럿 돈뎃)
Mama Leurth Sunset Guest House ★★★

Map P.292-A1 전화 020-5904-9900, 020-5413-7676 요금 더블 6만~8만K(선풍기, 개인욕실), 더블 10만~15만K(에어컨, 개인욕실) 가는 방법 선셋 사이드 북쪽에 있다.

콘크리트로 만든 복층 건물로 딱 봐도 새롭게 만든 티가 난다. 객실이 넓은 편이며 타일이 깔려 있어 깨끗하다. 공동으로 사용하는 발코니도 딸려 있다. 모두 17개 객실로 규모가 크다. 내륙에 있기 때문에 특별한 전망은 없다. 비수기 요금은 5만K부터.

골든 호텔 돈뎃 ★★★☆
Golden Hotel Dondet

Map P.292-A1 전화 020-5575-9252 요금 더블 25만~35만K(에어컨, 개인욕실, TV, 냉장고, 아침식사) 가는 방법 선셋 사이드의 욤마라이 게스트하우스 옆쪽 강변에 있다.

선셋 사이드에 있는 곳으로, 수영장을 갖춘 호텔이다. 강변과 접하고 있어 수영장에서 일몰을 감상할 수 있다. 강변쪽으로는 콘크리트로 만든 방갈로가 있고, 수영장 뒤쪽으로는 일반 호텔 건물이 있다. 아침식사는 뷔페로 제공된다. 투숙객이 아니더라도 4만K을 내면 수영장을 이용할 수 있다.

리틀 에덴 호텔 ★★★☆
Little Eden Hotel

Map P.292-A1 전화 020-7773-9045, 020-5581-6872 홈페이지 www.littleedenguesthouse-dondet.com 요금 스탠더드 43~50US$, 딜럭스 60~70US$ 가는 방법 선셋 사이드 북쪽 끝에 있다.

미세스 노이 게스트하우스 Mrs Noy's Guest House에서 리틀 에덴으로 간판을 바꾸어 달았다. 선셋 사이드에서 아름다운 일몰을 감상할 수 있는 위치 때문에 인기를 얻었는데, 허름한 방갈로에서 콘크리트 건물로 업그레이드하면서 쾌적한 호텔로 변모했다. 현재 돈뎃에서 가장 비싼 방 값을 자랑한다.

객실은 에어컨 시설이며 타일이 깔려 있어 깨끗하다. 최근에 야외 수영장까지 만들었다. 발코니가 딸려 있는 딜럭스 룸이 훨씬 분위기가 좋다. 야외에 테라스 형태로 만든 레스토랑과 객실의 발코니에서 아름다운 일몰을 감상할 수 있다. 벨기에 남편과 라오스 부인이 운영한다.

돈콘

Don Khon(Don Khone)

돈뎃 Don Det 남쪽에 있는 섬으로 다리를 통해 두 개의 섬이 연결된다. 돈뎃보다 규모가 큰 섬이지만 개발은 더디다. 돈콘은 프랑스 식민 지배 시절 메콩 강 개발의 거점이었다. 섬 북쪽 마을인 반 콘 Ban Khon(Ban Khone)에서 섬 남쪽 마을인 반 항콘 Ban Hang Khon까지 철도를 건설하기도 했다. 당시에 건설된 콜로니얼 건물(학교, 병원, 항구)들이 남아 있다. 하지만 돈콘의 볼거리는 역사적인 건축물이 아니라 자연 그 자체이다. 섬 북쪽에는 돈뎃과 마주하고 있는 야자수 가득한 강변 마을이 있고, 섬 서쪽에는 바위 협곡 사이로 급류가 흘러내리는 리피 폭포(쏨파밋 폭포)가 눈을 시원하게 해준다. 섬 남쪽은 캄보디아 국경 지대와 어우러진 광활한 풍경이 펼쳐진다. 희귀 동물로 보호되고 있는 이라와디 돌고래(민물 돌고래)도 관찰할 수 있다.

씨판돈 Si Phan Don(4,000 Islands)의 한적한 정취를 즐기면서 다소 여유롭게 보내고 싶다면 돈콘을 선택하면 된다. 배낭 여행자들을 위한 허름한 방갈로보다는 에어컨 시설을 갖춘 방갈로들이 많다. 돈뎃에 비해 시끄럽지 않고 평온한 섬 분위기를 즐길 수 있다. 해먹에 누워 빈둥대며 '아무것도 하지 않는' 호사스러운 시간을 누릴 수 있다. 자전거를 빌려 섬을 둘러볼 수 있어 그리 심심하진 않다.

DON KHON(DON KHONE)

INFORMATION
여행에 유용한 정보

돈뎃과 마찬가지로 은행이나 ATM은 존재하지 않는다. 24시간 전기가 공급되기 때문에 인터넷과 와이파이 사용은 크게 문제되지 않는다. 다만 속도가 느릴 뿐이다.

ACCESS
돈콘 가는 방법

돈콘을 가려면 반 나까쌍 Ban Nakasang에서 보트를 타야 한다. 일반적으로 돈뎃에 먼저 들러 사람들을 내려준 다음 돈콘으로 향한다. 돈콘까지의 보트 요금은 2만5,000K. 자세한 교통 정보는 P.291 참고.

ATTRACTION
돈콘의 볼거리

씨판돈에 있는 섬 중에 볼거리가 가장 많다. 메콩 강의 급류로 인해 생긴 폭포와 프랑스 식민 지배 시절 메콩 강 유역 개발을 위해 건설한 철도까지 자연과 역사가 어우러져 있다. 섬 남쪽 끝에 있는 반 항콘 마을에서는 메콩 강을 사이에 두고 캄보디아 국경 지대가 펼쳐진다.

돈뎃–돈콘 다리(프렌치 브릿지) ★★★
Don Det-Don Khon Bridge(French Bridge)

돈뎃과 돈콘을 연결하는 다리. 프랑스가 만들어 프렌치 브리지 French Bridge(올드 프렌치 레일웨이 브리지 Old French Railway Bridge)로 불리기도 한다. 1910년 프랑스 식민 지배 시절에 건설된 콘크리트 다리로 총 길이는 158m다. 철도 건설을 위해 만들어졌는데, 현재는 다리만 남아 있다. 다리 건널 때 마을 입구에서 받던 입장료는 더이상 내지 않아도 된다. 리피 폭포를 방문할 때만 입장료를 받는다.

일몰을 볼 수 있는 건기의 씨판돈

철도 운행을 위해 건설한 프렌치 브릿지

돈뎃과 돈콘을 연결하는 다리(프렌치 브릿지)

반 콘 ★★
Ban Khon(Ban Khone)

돈콘 섬 북쪽에 있는 마을이다. 강을 사이에 두고 돈뎃과 마주하고 있다. 비포장도로가 메콩 강을 연해 이어진다. 프랑스 통치 시절에 건설한 콜로니얼 건물들이 몇 개 남아 있을 뿐, 한적한 풍경은 씨판돈의 다른 섬과 별반 차이가 없다. 야자수 가득한 강변에는 방갈로와 레스토랑이 들어서 있다.

돈콘에서 가장 큰 사원은 왓 콘따이 Wat Khon Tai이다. 반 콘에서 서쪽(리피 폭포 방향)으로 가다 보면 사원이 보인다. 특별할 것 없는 현대적인 라오스 사원이다. 과거 크메르 제국의 영토였던 시절에는 이곳에 시바(힌두교에서 파괴와 재창조를 담당하는 신)를 위한 힌두 사원을 건설했었다고 한다.

왓 콘따이

비포장 도로 하나가 길게 이어지는 반 콘

돈콘에서 가장 큰 마을 반 콘

증기기관차 ★
Locomotive

돈뎃에서 다리를 건너 돈콘에 들어오면 덩그러니 놓여 있는 증기기관차가 보인다. 증기기관차는 프랑스가 메콩 강을 개발(라오스의 원목과 향신료, 지하자원을 수탈)하기 위해 사용하던 것이다. 돈콘 주변의 메콩 강 지역은 폭포와 급류로 인해 선박 항해에 어려움을 겪었다. 이를 극복하기 위해 섬을 관통하는 철도를 건설한 것이다.

1894년에 최초로 건설된 철도는 반 항콘 Ban Hang Khon(섬 남쪽 마을)에서 반 콘(섬 북쪽 마을)까지 섬을 남북으로 관통했다. 화물 수송이 증가하면서 1910년에는 다리를 건설해 돈뎃까지 철도를 연장했다(돈뎃에는 철도에서 선박으로 화물을 옮겨 싣기 위한 선착장이 있었다). 두 섬을 연결하는 철도는 1937년까지 22㎞로 확장됐다. 프랑스가 인도차이나 전쟁에 패해 철수하면서 철도는 정글 속에 묻혀 사라졌다. 돈콘에 건설한 철도는 프랑스가 라오스에 건설한 유일한 철도였다고 한다.

증기기관차
프랑스의 메콩 강 개발

리피 폭포(쏨파밋 폭포) ★★★
Liphi Waterfall(Somphamit Waterfall)

돈뎃에서 가장 큰 볼거리다. 낙차가 큰 폭포가 아니라 메콩 강의 급류가 협곡을 흐르면서 생기는 폭포이다. 바위와 부딪치며 생기는 폭포가 힘차게 메콩 강을 흘러내린다. 우기에는 물살이 세고 수량이 많아 폭포 가까이 접근하는 것은 위험하다.

리는 '덫', 피는 '귀신 또는 유령'을 의미한다. 폭포 아래로 나쁜 기운이 떨어져 내려간다는 믿음 때문에 생긴 이름이다. 폭포의 원래 이름은 쏨파밋 폭포(땃 쏨파밋)이지만, 현지인들은 대부분 리피 폭포(땃 리피)라고 부른다. 반 콘에서 서쪽으로 1.5km 떨어져 있는데, 자전거를 타고 가면 좋다. 폭포 입구에 매표소가 있다. 입장료는 3만 5,000K이며, 오전 8시부터 오후 6시까지 입장이 가능하다. 폭포 주변을 공원처럼 꾸몄고 레스토랑도 몇 곳 영업하고 있다. 폭포 위를 지나는 1.7km 길이의 짚 라인도 탈 수 있다. 메콩 플라이 짚 라인 Mekong Fly Zip Line에서 운영한다. 요금은 US$300이다.

리피 폭포에서 남쪽으로 더 내려가면 아담한 해변이 나온다(우기에는 물살이 빨라서 수영하긴 어렵다). 아담한 모래사장 주변으로 제법 근사한 카페가 있어 잠시 쉬어가기 좋다. 곤 투 더 비치 Gone To The Beach 또는 라이프 이스 어 비치 Life's A Beach라고 적힌 안내판을 따라 가면 된다.

반 항콘 ★★
Ban Hang Khon

돈콘 섬 남쪽 끝에 있는 마을이다. 섬 남단에 만든 전망대에 서면 광활한 씨판돈 풍경과 캄보디아 국경 지대가 시원스럽게 펼쳐진다. 반 항콘은 프랑스 식민 지배 시절에 건설한 항구가 남아 있다. 섬을 관통하는 철도에 화물을 옮겨 실을 수 있도록 접안시설을 만든 것이다. 과거에 사용되던 증기기관차도 마을 입구에 전시되어 있다.

반 항콘 앞쪽의 캄보디아 국경 일대에 이라와디 돌고래가 서식하기 때문에 돌고래 관찰을 위해 많은 보트들이 드나든다. 굳이 돌고래 관찰 때문이 아니더라도 반 콘→리피 폭포→핫 싸이꽁야이(싸이꽁야이 해변) Hat Xai Kong Yai(Hat Xai Kong Nyai Beach)→반 항콘→반 콘으로 자전거를 타고 섬을 반 바퀴 둘러보면 좋다.

이라와디 돌고래 ★★
Irrawaddy Dolphin

이라와디는 미얀마를 흐르는 강의 이름으로, 이 일대에서 돌고래가 서식하기 때문에 붙여진 이름이다. 이라와디 돌고래는 머리가 둥글고 몸통은 회색을 띤다. 길이 2.3m, 몸무게 130kg이며 수명은 약 30년 정도이다. 대여섯 마리가 무리를 지어 생활하는 것이 특징이다. 개체 수가 많지 않아 멸종위기의 희귀 동물로 보호되고 있다. 이라와디 돌고래는 일종의 민물 돌고래로 미얀마뿐만 아니라 동남아시아의 강에서 서식한다.

메콩 강에서 서식하는 이라와디 돌고래는 라오스와 캄보디아 국경 지대에서 서식한다. 1970년대에는 1,000마리 이상이 서식했다고 하는데, 현재는 120여 마리가 관측되고 있다. 강물의 수위가 낮은 4~5월이 돌고래를 관찰하기에 가장 좋은 시기다. 특히 10:00 이전과 16:00~18:00 사이가 좋다. 보트 대여(1시간)는 3명 기준으로 7만K이다. 돌고래 출몰 지역이 캄보디아 국경 지역이라서 배가 멀리까지 가진 않는다. 캄보디아 국경관리소에 3US$를 내면 캄보디아 영토에 잠시 머물게 해주기도 한다(공식적인 국경이 아니기 때문에 여권에 스탬프가 찍히진 않는다). 참고로 라오스에서는 이라와디 돌고래를 '빠카 ປາຂ່າ'라고 부른다.

리피 폭포(쏨파밋 폭포)

리피 폭포(쏨파밋 폭포) 남쪽의 아담한 해변

콘파펭 폭포(남똑 콘파펭) ★★☆
Khon Phapheng Waterfall

리피 폭포와 마찬가지로 바위 협곡을 흐르는 급류로 이루어진 폭포다. 리포 폭포에 비해 규모도 크고 수량도 많다. 폭포를 흐르는 수량을 기준으로 동남아시아에서 가장 큰 폭포로 알려져 있다. 폭포의 낙차는 21m에 불과하지만 광범위한 지역에서 연속해서 넘실거리는 폭포수가 웅장하다. 우기에 가야 제 맛을 느낄 수 있다. 물이 빠지는 건기에는 폭포가 밋밋하다. 폭포 앞쪽에 전망대를 만들어 관광객에게 편의를 제공하고 있다. 단체 관광객, 특히 태국 관광객들이 즐겨 찾는다. 폭포 입장료는 5만5,000K으로 비싸다. 08:00~17:00에 방문이 가능하다.

콘파펭 폭포 ⓒ마미숙

반 항콘에서 바라본 캄보디아 국경지대

콘파펭 폭포는 급류 때문에 육지에서만 접근이 가능하다(프랑스 식민지배 시절 철도를 건설한 이유가 바로 이 때문이다). 돈콘에서 배를 타고 갈 수는 없다. 강 건너 선착장이 있는 반 나까쌍에서 남쪽으로 12㎞ 떨어져 있는데, 캄보디아 국경과 가까운 13번 국도와 인접해 있다. 콘파펭 폭포와 가장 가까운 마을은 반 타코 Ban Thakho다. 대중교통으로 방문하기는 불편하다. 반 나까쌍에서 뚝뚝(대기 시간 포함해 왕복 요금 8만K)을 대절하거나, 돈콘(또는 돈뎃)에서 투어를 이용하면 편리하다.

RESTAURANT
돈콘의 레스토랑

대부분의 숙소에서 레스토랑을 함께 운영한다. 강 건너에 돈뎃 섬이 보여 분위기가 좋고, 강변을 끼고 있어 한적한 느낌을 준다. 기본적인 라오스 음식과 여행자 메뉴를 요리해 큰 차이 없이 비슷비슷하다. 다리 옆에 있는 쌩아룬 레스토랑(쌩아룬 리조트에서 운영한다) Seng Ahloune Restaurant이 규모가 크다. 판 게스트하우스 Pan's Guest House에서 운영하는 레스토랑도 인기 있는 곳 중 하나다.

HOTEL
돈콘의 호텔

돈뎃에 비해 숙소는 많지 않지만 시설은 좋다. 허름한 방갈로보다는 개인욕실을 갖춘 무난한 방갈로들이 많다. 돈뎃에 비해 차분한 분위기여서 평화로운 강 풍경을 즐길 수 있다.

빠카 게스트하우스 ★★★
Pa Kha Guest House

Map P.292-B3 전화 031-260-939 홈페이지 www.facebook.com/PaKhaGuestHouseRestaurant 요금 더블 6만~7만K(선풍기, 개인욕실), 더블 9만~11만K(에어컨, 개인욕실) 가는 방법 돈콘 입구(프렌치 브릿지)에서 오른쪽으로 1㎞ 떨어져 있다.

DON KHON(DON KHONE)

강변에 맞닿아 위치한 저렴한 숙소. 견고한 목조 건물로 객실이 강변을 따라 쭉 이어져 있다. 공동으로 사용하는 커다란 발코니가 매력적이다. 한적한 강변의 풍경을 감상할 수 있다. 개인욕실은 온수 샤워가 가능하다. 에어컨 시설이 구비된 방들은 길 건너 내륙에 있다. 친절한 라오스 가족이 운영한다. '빠카'는 민물 돌고래를 뜻한다.

쏨파밋 게스트하우스 ★★☆
Somphamit Guest House

Map P.292-B3 **전화** 020-5526-2491 **요금** 더블 6만~8만K(선풍기, 개인욕실), 더블 10만~12만K(에어컨, 개인욕실) **가는 방법** 돈콘 입구(프렌치 브릿지)에서 오른쪽으로 700m 떨어져 있다.

강변에 접해 있는 오래되고 저렴한 숙소. 대나무와 나무로 만든 기본적인 시설의 방갈로를 운영하고 있다. 새로 만든 방갈로는 에어컨 시설로 온수 샤워가 가능하다. 저렴한 방갈로들이 앞쪽에 있다.

판 게스트하우스 ★★★
Pan's Guest House

Map P.292-B3 **전화** 020-5563-1437 **요금** 더블 15만~18만K(비수기, 에어컨, 개인욕실), 더블 21만~24만K(성수기, 에어컨, 개인욕실) **가는 방법** 돈콘 입구(프렌치 브릿지)에서 오른쪽으로 300m 떨어져 있다.

돈콘에서 인기 있는 무난한 중급 숙소. 보기에도 크고 견고한 목조 방갈로들이 일렬로 들어서 있다. 방갈로는 에어컨 시설이 갖춰져 있으며 모기장도 설치되어 있다. 방갈로 주변으로 강과 잔디 정원이 어우러진다. 전망이 좋은 방갈로가 조금 더 비싸다. 판 레지던스 Pan's Residence(홈페이지 www.pansresidence.com)와 판 방갈로 Pan's Bungalow(홈페이지 www.pansbungalow.com)를 함께 운영한다.

쌩아룬 리조트 ★★★
Seng Ahloune Resort

Map P.292-B3 **전화** 031-260-934, 020-5573-5009 **홈페이지** www.sengahlouneresort.com **요금** 더블 35~45US$(비수기, 에어컨, 개인욕실, 냉장고, 아침 식사), 더블 50~70US$(성수기, 에어컨, 개인욕실, 냉장고, 아침 식사) **가는 방법** 돈콘 입구(프렌치 브릿지)에서 왼쪽으로 100m 떨어져 있다.

강변에 위치한 중급 숙소. 예전에 쌩아룬 선셋 리버 리조트 Sengahloune Sunset River Resort라는 이름으로 알려지기도 했다. 겉에서 보기에도 크고 널찍한 목조 방갈로를 운영한다. 객실은 가든 뷰와 리버 뷰로 구분된다.

모든 객실은 에어컨 시설이 돼 있으며 냉장고와 커피포트를 갖추고 있다. 개인욕실은 온수 샤워가 가능하다. 방갈로에 딸린 발코니는 크고 의자도 있어 편하게 휴식할 수 있다. 건기가 되면 방갈로 앞으로 작은 모래 해변이 생겨서 분위기가 더 좋다. 강변에 레스토랑을 운영한다.

쌀라 돈 콘 ★★★☆
Sala Done Khone

Map P.292-B3 **전화** 031-260-940, 031-260-929 **홈페이지** www.salalaoboutique.com/saladonekhone **요금** 더블 40~50US$(비수기, 에어컨, 개인욕실, 냉장고, 아침 식사), 더블 60~80US$(성수기, 에어컨, 개인욕실, 냉장고, 아침 식사) **가는 방법** 돈콘 입구(프렌치 브릿지)에서 오른쪽으로 1km 떨어져 있다.

돈콘에서 가장 비싼 호텔. 프랑스 통치 시절에 건설된 콜로니얼 건물을 숙소로 사용한다. 메콩 강변에 야외 수영장까지 있다. 객실 위치와 건물 특징에 따라 4가지로 구분된다.

프렌치 레지던스 French Residence라고 불리는 정원을 끼고 있는 아담한 건물로 높은 천장과 타일 장식, 네 기둥 침대로 인해 고풍스러운 느낌을 준다. 반 라오 클래식 Ban Lao Classic은 멋스러운 라오스 가옥을 이용해 객실을 만들었다. 강변에는 수상 가옥 형태의 플로팅 방갈로인 쌀라 패 Sala Phae가 있다. 자연 친화적인 소재로 만든 빈 딘 Ban Din은 디럭스 룸으로 이루어졌다. 모든 객실은 에어컨 시설이 완비돼 있으며 아침 식사가 포함된다. 3박 이상 예약하면 할인된다.

Travel Preparation

라오스 여행 준비

라오스 개요편 306
프로파일 | 국가 개요 | 일기 예보 | 라오스 역사 | 축제와 공휴일

여행 준비편 316
여권 만들기 | 라오스는 무비자 30일 | 항공권 구입하기 | 여행자 보험 들기 | 호텔 예약하기
환전하기 | 여행 가방 꾸리기 | 사건·사고 대처 요령

라오스 개요편

01 프로파일

국가 명칭 라오 인민민주주의 공화국 Lao People's Democratic Republic
면적 23만6,800㎢
인구 723만4,171명(2018년 7월 기준)
언어 라오스어(공용어), 소수민족 언어
통화 낍 Kip(LAK)
국제전화 국가 번호 856
수도 비엔티안(위앙짠) Vientiane
국가 형태 사회주의 공화국
정치 체제
사회주의 단원제(라오 인민혁명당 1당 체제)
주석(국가원수)
분양 워라찟 Bounhang Vorachith
총리(행정수반)
통룬 씨쑤릿 Thongloun Sisoulith

02 국가 개요

국기

1975년 사회주의 공화국으로 변모하며 국기도 새롭게 제정됐다. 빨간색, 파란색, 빨간색으로 이루어진 세 줄의 가로 줄무늬를 바탕으로, 가운데 하얀색 동그라미가 그려져 있다. 빨간색은 혁명 투쟁에서 흘린 피를, 파란색은 국가의 풍요로움을 상징한다. 하얀색 동그라미는 메콩 강에 뜬 둥근 보름달을 묘사했다. 라오 인민혁명당(라오스 집권 공산당) 아래 라오스 인민의 단결과 국가의 밝은 미래를 의미한다.

국가 명칭

공식 국가 명칭은 라오 인민민주주의 공화국 Lao People's Democratic Republic이다. 현지어로는 '싸타라나랏 빠싸팁빠따이 빠싸쏜 라오'가 된다. 흔히들 줄여서 '라오 Lao'라고 부른다. 국가 라오라는 뜻으로 '빠텟 라오 Pathet Lao'라고 부르는 경우도 있다. 영어 국가 명칭은 라오스 Laos다.

면적

국토 면적은 23만6,800㎢로 세계에서 84번째로 크다. 바다를 끼고 있지 않은 내륙 국가로 태국, 베트남, 캄보디아, 중국, 미얀마와 국경을 접하고 있다. 육로 국경의 총 길이는 5,083km다.

지형

라오스는 메콩 강 주변(태국 국경 지역)이 저지대, 베트남 국경 지역이 고지대를 이룬다. 메콩 강 일대가 해발 70m로 가장 낮고, 푸비아(비아 산) Phu Bia(Phou Bia)가 해발 2,817m로 가장 높다. 국토의 80%가 산악 지형과 고원으로 이루어졌다.

행정구역

라오스의 행정구역은 16개 주(州)와 1개 수도로 구분된다. 비엔티안은 도시 이름과 주(州) 이름이 같다. 수도인 비엔티안은 '나콘 루앙'이라고 부르며 특별시처럼 행정구역을 주(州)와 구분했다. 수도 비엔티안에 78만3,000명이 거주해 다른 지방보다 인구수도 많다. 가장 많은 인구가 거주하는 주(州)는 싸완나켓으로 96만9,697명이다. 라오스에서 도시 거주 인구 비율은 34.3%에 불과하다.

인구 및 인구 증가율

라오스 인구는 2018년 기준으로 723만4,171명이다. 인구 구성은 0~14세 33.4%, 15~24세 21.3%, 25~54세 33.4%, 55~64세 5.3%, 65세 이상 3.8%다. 30세 이하의 인구 비율이 절반이 넘는 젊은 나라에 속한다. 평균 수명은 남성 62.9세, 여성 67.1세로 낮은 편이다. 인구 증가율은 연 1.48%다.

인종

라오스의 인종 구성은 다양하다. 라오족이 55%로 가

장 많고, 카무족 Khamu 11%, 몽족 Hmong 8%로 뒤를 잇는다. 기타 60여 개의 소수민족이 26%를 차지한다. 라오스 정부에서는 인종에 따른 종족 구성이 아니라 생활하는 지역에 따라 세 가지로 구분해 놓고 있다. 낮은 지역에 사느냐, 높은 지역에 사느냐에 따라 인위적으로 인종을 구분한 것이다.

메콩 강 연안의 저지대에 거주하는 사람들은 '라오 룸' Lao Lum(Lao Loum)이 된다. 전체 인구의 68%나 되는데, 라오족들이 대부분 라오 룸에 속한다. 비교적 낮은 산악 지대에 거주하는 사람들은 '라오 텅' Lao Thoeng(Lao Theung)이 된다. 카무족을 포함해 몬-크메르 계통의 민족으로 구성되어 있다. 전체 인구의 24% 정도다. 해발 600m 이상의 고산지대에 사는 사람들은 '라오 쑹' Lao Sung(Lao Soung)이라 부른다. 높은 곳에 사는 라오스 사람이란 의미로 다양한 종족으로 이루어진 산악 민족을 지칭하는 말이다. 몽족, 야오족 Yao, 아카족 Akha을 포함해 다양한 종족의 소수민족으로 이루어졌다. 전체 인구의 약 10%를 차지한다.

종교

불교 신자가 67%로 가장 많다. 소수 종교로 기독교를 믿는 사람은 1.5%에 불과하다. 그 외에 소수민족들이 믿는 다양한 토착신앙이 존재한다. 라오스 인구의 절대 다수를 이루는 라오족은 96%가 불교를 믿는다. 라오스 불교는 인접한 동남아시아와 마찬가지로 남방 불교(상좌 불교)를 수행한다. 사원이 교육기관의 역할을 하기 때문에 종교와 생활이 매우 밀접하게 연결되어 있다.

라오족 남성이라면 평생에 한 번은 승려로 수행하는 것을 삶의 가치로 여긴다. 일반적으로 20세가 되기 전에 승려 생활을 체험한다. 보통 3개월 정도 우기 기간에 안거 수행을 한다. 짧게는 1주일 만에 수행을 끝마치는 경우도 있다. 수행이 끝나면 일반인으로 돌아와 일상적인 삶을 누리게 된다.

언어

라오스의 공용 언어는 라오스어다. 영어가 잘 통하는 나라는 아니지만, 관광지에서는 영어가 적당히 통용된다. 프랑스의 식민 지배를 받았기 때문에 관공서나 주요 건물에 프랑스어 표기가 남아 있다. 하지만 프랑스어가 통용되지는 않는다. 참고로 라오스어는 성조가 있으며, 태국어와 유사하기 때문에 라오스-태국 사람들은 의사소통에 큰 지장이 없다.

경제

라오스는 지구상에서 가난한 나라 중 하나로 꼽힌다. 최근 매년 7~8%의 경제 성장을 이루며 조금씩 발전하고 있는 추세다. 1인당 GNP는 5,700US$(2016년 기준)다. 경제 구조는 농업 26%, 공업 34%, 서비스업 40%로 국가 경제 수준에 비해 관광산업이 차지하는 비중이 높은 편이다.

03 일기 예보

아열대 몬순 기후에 속한 라오스는 우리나라와 달리 1년 내내 덥다. 라오스의 기후는 우기(5~10월)와 건기(11~4월)로 극명하게 나뉜다. 주변의 동남아시아와 마찬가지로 몬순의 영향을 받는 우기에는 하루 한두 번씩 비가 쏟아진다. 한국의 장마처럼 며칠씩 비가 계속해서 내리는 경우는 드물다. 지대가 높은 산악 지역이 저지대에 속한 메콩 강 유역보다 강수량이 많다. 우기에는 전국적으로 덥고 습하지만, 건기에는 지역적인 영향을 받는다. 북부 산악 지방은 12~1월에 밤 기온이 10℃ 안팎으로 떨어져 쌀쌀하다.

가장 쾌적한 11~2월

1년 중 가장 쾌적한 시기로 라오스를 여행하기 가장 좋은 계절이다. 비는 전혀 내리지 않고 선선한 바람이 불어와 밤 기온이 20℃ 아래로 내려간다. 북부 산간 지방은 10℃ 아래로 내려가기 때문에 매서운 추위(?)가 오기도 한다. 특히 해발 1,100m의 폰싸완 일대는 밤 기온이 0℃까지 내려가는 경우도 있다. 이 기간에 루앙프라방과 루앙남타, 므앙씽, 폰싸완 지역을 여행할 경우 긴 옷과 점퍼를 챙겨가자. 난방시설이 전혀 없어서 몸이 반응하는 추위는 생각보다 강하다.

가장 무더운 3~4월

라오스의 여름이다. 더운 계절 중에서도 가장 더운 계절로 동남아시아의 아열대 기후를 제대로 경험할 수 있다. 비도 내리지 않기 때문에 가만히 서 있어도 땀이 날 정도로 덥다. 남부 지방인 빡쎄, 중부 지방인 비엔티안은 물론 북부 지방인 루앙프라방까지 낮 기온이 35℃에 육박한다. 이 기간에는 우기가 시작되기 전에 농사 준비를 위해 들판에 불을 지르기 때문에 연기로 인해 공기도 탁하다. 특히 산으로 둘러싸인 분지 지형은 연기가 도시를 가득 감싸고 있어 야외 활동이 불편한 곳도 있다.

한낮의 빗줄기 5~10월

5월부터는 비가 오는 날이 급증하며 6월부터는 본격적인 우기에 접어든다. 한국의 장마나 태풍처럼 며칠씩 계속해서 비가 내리지는 않는다. 다만 대기가 불안정해 스콜성 강우가 하루 한두 차례 내릴 뿐이다. 보통 30분에서 1시간 정도 집중호우가 내린 다음 거짓말처럼 해가 다시 나온다. 멀리서 보면 비구름이 몰려오는 모습이 목격될 정도다. 비를 뿌리고 지나가기 때문에 무더위를 잠시 식혀주는 효과가 있다.

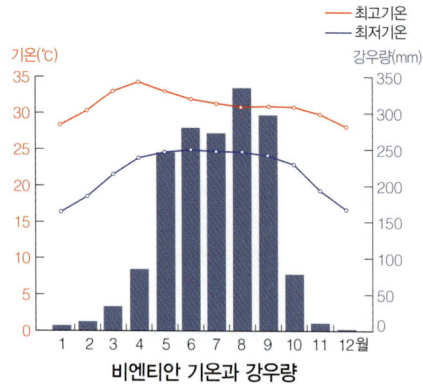

비엔티안 기온과 강우량

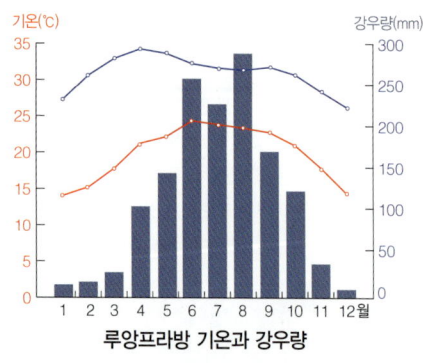

루앙프라방 기온과 강우량

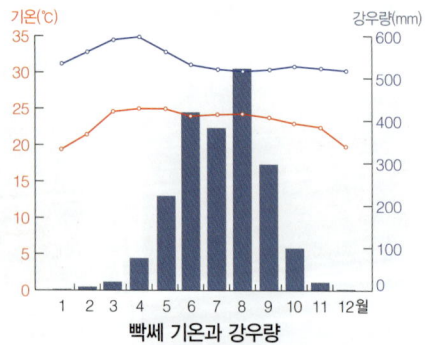

빡쎄 기온과 강우량

04 라오스 역사

라오스의 역사는 완전한 독립을 이룬 란쌍 왕국에서부터 시작됐다. 파응움 왕이 1353년 국가를 건설했다. 란쌍 왕국은 루앙프라방과 비엔티안(위앙짠)을 수도로 삼아 1707년까지 번영했다. 란쌍 왕국은 세력이 약해져 3개의 왕국으로 분리됐으며, 싸얌(태국)과 프랑스의 침입 등으로 오랫동안 강대국의 지배를 받았다. 프랑스 식민 지배가 끝나갈 무렵 왕정과 반(反)프랑스 민족주의자, 빠텟 라오(라오스 공산당) 간의 의견 다툼과 내전으로 시련을 겪는다. 2차 인도차이나 전쟁 기간 중 미국이 비밀리에 진행한 공중 폭격으로 엄청난 인명 피해를 입기도 했다. 1975년 빠텟 라오가 내전에서 승리하면서 라오스 인민민주주의공화국이 성립되어 오늘에 이르고 있다.

란쌍 왕국의 건립

라오스에 등장한 최초의 독립 국가는 란쌍 왕국 Lan Xang(Lane Xang) Kingdom이다. 파응움 왕 King Fa Ngum(재위 1353~1373)에 의해 건설된 국가로 오늘날의 루앙프라방을 수도로 삼았다. 란쌍은 '백만의 코끼리'라는 뜻으로 강성한 국가의 힘을 표현하고 있다. 당시 동남아시아 국가들은 국왕과 장군들이 코끼리를 타고 군대를 지휘했기 때문에, 코끼리가 많다는 것은 그만큼 강한 군대를 보유했다는 의미로 여겨졌다. 당시에는 '므앙'이라 부르는 도시 형태의 국가가 주를 이루었는데, 파응움 왕은 1356년 비엔티안(위앙짠) 점령을 시작으로 오늘날의 라오스와 같은 크기의 영토를 확장해 통일 국가를 이루었다. 크메르 왕실에서 자란 그는 크메르 공주와 결혼했으며, 남방 불교(상좌 불교)를 받아들였다. 신성한 황금 불상인 '파방(프라방)'을 란쌍 왕국으로 가져왔는데, 파방이 전래되면서 수도 이름도 씨앙통 Xieng Thong(황금의 도시라는 뜻)에서 루앙프라방으로 변경됐다(P.152 참고).

파응움 왕의 아들인 쌈쎈타이 왕 King Samsenthai (재위 1373~1416)이 두 번째 왕이 된다. 18세의 나이에 즉위한 그는 43년이라는 긴 통치 기간 동안 행정체계를 개편하고 국가를 안정적으로 유지했다. 국왕의 칭호인 쌈쎈타이는 당시 그가 통치하던 인구를 나타낸다. 즉 란쌍 왕국의 인구가 30만 명이나 됐다는 것을 의미한다. 쌈쎈(쌈쌘)은 30만, 타이는 타이족(오늘날의 라오스와 태국 중북부 지방에 살던 민족)을 의미한다. 란쌍 왕국의 평화로운 시기는 14대 왕인 위쑤나랏(위쑨) 왕 King Wisunarat(Visoun)(재위 1500~1520) 시절까지 이어졌다. 그는 자신의 이름을 따서 루앙프라방에 왓 위쑨나랏(왓 위쑨) Wat Wisunnarat(Vat Visoun)이라는 중요한 사원을 건설했다(1513년).

포티싸랏 왕 King Phothisarat(재위 1520~1548)은 아버지(위쑨나랏 왕)보다 더 강력한 불교 국가를 건설했다. 정령신앙과 무속신앙을 금지하고 불교를 유일한 종교로 인정했다. 란나 왕국 Lanna Kingdom(오늘날의 치앙마이에 수도를 둔 태국 북부의 독립 왕국)의 공주와 결혼해 그의 아들(훗날의 쎗타티랏 왕)이 란나 왕국을 통치하게 했다. 포티싸랏 왕은 아유타야 왕국 Ayuthaya Kingdom(오늘날의 태국 중부 지방에 있던 왕국. 1350~1767년까지 동남아시아의 패권을 장악했다)과의 원활한 교역을 위해 루앙프라방보다 남쪽에 있는 비엔티안(위앙짠)을 중요시하기 시작했다.

란쌍 왕국을 건설한 파응움 왕 동상

란쌍 왕국의 수도였던 루앙프라방

란쌍 왕국 14대 국왕이 건설한 왓 위쑨나랏

하지만 버마(오늘날의 미얀마)가 급성장하며 동남아시아의 주변 정세가 급변했다. 란나 왕국은 1556년 버마의 속국으로 전락했으며, 란쌍 왕국도 버마의 위협에 직면하게 됐다. 포티싸랏 왕이 승하하면서 란나 왕국에 머물던 그의 아들이 란쌍 왕국으로 돌아온다. 그리고 아버지(포티싸랏 왕)의 뒤를 이어 란쌍 왕국의 16대 국왕인 쎗타티랏 왕 King Setthathirat(재위 1548~1571)이 된다. 쎗타티랏 왕은 란나 왕국에서 란쌍 왕국으로 돌아오면서 신성한 불상인 '프라깨우(에메랄드 불상)'를 가져오기도 했다. 또한 버마의 위협으로부터 벗어나기 위해 수도를 비엔티안으로 천도한다(1563년). 쎗타티랏 왕은 버마의 공격으로부터 란쌍 왕국을 지켜냈을 뿐만 아니라 국가의 상징으로 여겨졌던 탓 루앙 That Luang(P.86 참고)과 왓 프라깨우 Wat Phra Kaew(P.83 참고)를 건설했다. 쎗타티랏 왕이 승하(1571년)하면서 란쌍 왕국은 침체기를 겪는다. 20년(1572~1591) 동안 다섯 명의 왕이 교체되는 혼란을 겪었다. 1574년에는 버마의 침략을 받아 속국으로 전락했으며, 두 차례에 걸쳐 버마의 통치를 받았다.

란쌍 왕국을 다시 통일한 노깨우 꿈만 왕 King Nokeo Koummane(재위 1591~1596)과 그의 뒤를 이은 탐미까랏 왕 King Thammikarat(재위 1596~1622)에 의해 안정을 되찾는 듯했지만, 1622년부터 1637년까지 다시금 국왕이 수시로 교체되며 란쌍 왕국은 쇠퇴의 길을 걷는다. 란쌍 왕조의 마지막 왕이었던 쑤리야웡싸 왕 King Souliyavongsa(Suriya Vongsa)(재위 1637~1694) 때 다시금 황금 시기가 도래한다. 쑤리야웡싸 왕은 란쌍 왕국의 국왕 중에 가장 긴 통치 기간인 67년이나 재위에 있었다. 왕족들이 다이비엣(오늘날의 베트남)과 아유타야(오늘날의 태국) 왕실과 혼인 관계를 맺었을 뿐만 아니라, 주변 국가와 평화협정을 맺어 군사·정치·외교적으로 안정되고 풍요로운 시기를 보냈다. 또한 최초의 유럽인(네덜란드 상인)이 란쌍 왕국을 방문해 서방세계에 라오스가 알려지기 시작했다(1641년). 하지만 쑤리야웡싸 왕을 마지막으로 란쌍 왕국은 3개의 왕국으로 분리된다.

3개 왕국으로 분열

쑤리야웡싸 왕이 승하하면서(1694년) 라오스는 다시금 혼란의 소용돌이로 빠져든다. 후사가 없었던 것은 아니지만, 후계구도가 정해져 있지 않았다. 정치·도덕적인 이유로 첫째 왕자는 처형을 당했고, 둘째 왕자는 아유타야로 망명했기 때문이다. 직계 왕손이 없어진 란쌍 왕국은 왕족들 간의 권력 투쟁이 오랫동안 이어졌다. 결국 쑤리야웡싸 왕의 손자와 조카가 각기 다른 지역에서 권력을 잡으며 3개 왕국으로 분열됐다. 1707년 루앙프라방 왕국 Luang Prabang Kingdom과 비엔티안(위앙짠) 왕국 Vientiane Kingdom이 먼저 분리됐으며, 1713년 라오스 남부 지방에 짬빠싹 왕국 Champasak Kingdom이 건설되었다.

국가가 분열되면서 힘이 약해졌고, 주변 국가와의 군사·외교 관계도 변화를 초래했다. 다시 강성해진 버마 군대가 루앙프라방 왕국과 비엔티안 왕국을 지배하기 시작한 데 이어(1765년), 아유타야(태국) 왕국마저 함락시켰다(1767년). 버마의 라오스 통치는 1778년까지 이어졌다. 아유타야 왕국의 후손들은 남쪽으로 수도를 옮겨 새로운 왕조를 건설(1768년)하며 세력을 확장해 나갔다(1768년 건설된 톤부리 왕조는 1782년 짜끄리 왕조로 변경됐다. 두 개 왕조는 오늘날의 방콕에 수도를 두고 있었으며 싸얌 또는 시암 Siam이라고 부른다). 1년 만에 아유타야의 옛 영토를 되찾을 뿐만 아니라, 북진정책을 추진하며 외교 문제를 빌미로 비엔티안을 무력으로 점령하기도 했다(1779년). 비엔티안을 점령한 싸얌은 신성한 불상인 '프라깨우'와 '파방'을 방콕으로 옮겨 갔고, 오랫동안 라오스에 영향력을 행사했다. 싸얌의 속국으로 전락한 비엔티안 왕국은 짜오 아누웡 Chao Anouvong(재위 1805~1828)이 반기를 들고 독립을 꿈꾼다. 1826년 싸얌을 기습 공격해 태국 북동부 지방까지 점령했으나, 전쟁에 패하며 다시 싸얌의 지배를 받게 된다(1828년). 이를 계기로 비엔티안 왕국은 멸망하고 싸얌의 영토에 편입됐다.

루앙프라방 왕국과 짬빠싹 왕국도 싸얌의 지배를 받기는 했지만, 1940년대까지 왕국의 명맥이 근근이 유지됐다. 루앙프라방 왕국은 버마의 침략, 싸얌의 침략에 이어 1887년 흑기군(黑旗軍) Black Flag Army(19세기 말 청나라 시대의 무장 세력으로 중국 남부와 베트남 북부에서 활동했다)의 침략을 받았다. 도시는 약탈당했으며, 상당수의 사원이 화재로 소실되기도 했다. 짬빠싹 왕국은 메콩 강을 따라 인도차이나 식민지를 확장하려던 프랑스의 영향력이 확대되면서 싸얌(태국)과 프랑스 간 잦은 충돌이 발생했다.

프랑스 식민 지배

프랑스는 1862년 베트남과 불평등조약을 체결하며 식민 지배를 시작한다. 1862년 코친차이나 Cochin-china(베트남 남부 지역)를 시작으로 안남 Annam(베트남 중부 지역), 통킹 Tonkin(베트남 북부 지역)까지 점령했다. 오늘날의 베트남 전역을 점령하며 1887년 10월 17일 프랑스령 인도차이나 French Indochina를 설립했다. 프랑스는 1893년 프랑스-싸얌(태국) 전쟁에 승리하며 라오스까지 거느리게 됐다. 전쟁에 패한 싸얌은 메콩 강 서쪽 지역(오늘날의 라오스)을 프랑스에 양도한다. 프랑스 보호령이 된 라오스는 독립적인 지위를 누리지 못한 채 허울 좋은 왕정이 명맥만 유지된다. 프랑스는 공식적인 행정수도를 비엔티안에 뒀지만, 왕실은 루앙프라방에 존속시켰다. 프랑스 통치 시절에 임명된 국왕은 운캄 왕 King Oun Kham과 씨싸왕웡 왕 King Sisavang Vong 두 명에 불과하다. 프랑스 식민정부는 루앙프라방에 새롭게 왕궁을 건설해 씨싸왕웡 왕이 생활하게 했다(1909년). 루앙프라방 왕궁은 오늘날 왕궁 박물관으로 변모해 일반에 공개되고 있다(P.168 참고).

라오 이싸라 & 라오스 왕국

제2차 세계대전을 계기로 프랑스의 인도차이나 지배는 약화된다. 이틈을 노려 일본은 중일전쟁을 빌미로 베트남(1940년)에 진군했고, 1943년 3월 라오스에 주둔하기 시작한다. 일본은 라오스 왕족을 통해 독립선언을 이끌어 냈고, 프랑스를 대신해 라오스를 지배할 계획이었다. 하지만 1945년 8월 일본이 연합군에 항복하면서 패전국이 된다. 일본의 패전과 동시에 라오스에 독립의 기회가 찾아온다.

펫싸랏 왕자 Prince Phetsarat의 주도하에 1945년에 결성된 '라오 이싸라' Lao Issara(자유 라오스라는 뜻)의 라오스 해방전선)가 독립을 주도한다. 라오 이싸라는 민족주의자로 구성된 반(反) 프랑스 조직이다. 2차 대전이 끝나고 프랑스는 다시금 인도차이나 지배에 대해 야욕을 드러낸다. 라오 이싸라는 프랑스의 재지배에 맞서 1945년 9월 1일 독립을 선포하고 같은 해 10월 라오스 전역을 통합해 라오 이싸라 정부를 출범시켰다. 하지만 프랑스는 라오 이싸라 정부를 인정하지 않고 무력으로 라오스를 재점령했다. 루앙프라방 왕국의 마지막 왕이었던 씨싸왕웡 왕은 친(親)프랑스 정책을 지속해 다시금 프랑스 보호령의 라오스 국왕에 즉위한다(1946년). 프랑스에 패배한 라오 이싸라 정부가 방콕으로 망명하며 라오스의 짧은 독립은 허망하게 막을 내렸다. 라오 이싸라는 공식적으로 1949년 10월 24일 해체를 선언했다.

베트남을 포함해 프랑스령 인도차이나의 옛 땅을 되찾은 프랑스는 라오스에 자치권을 부여했다(1947년 5월). 국가의 명칭도 라오스 왕국 Kingdom of Laos으로 변경됐다. 라오스 왕국은 1953년 10월 프랑스 연방으로부터 완전히 독립해 입헌군주제인 왕립 라오 정부 Loyal Lao Government를 탄생시켰다. 총리가 정부 수반으로 정치를 담당하지만, 국가원수는 국왕으로 왕정을 그대로 유지했다. 루앙프라방에 수도를 두었던 라오스 왕국은 씨싸왕웡 왕과 그의 아들인 씨싸왕 왓타나 왕 King Sisavang Vatthana(재위 1959~1975) 두 명에 불과하다. 라오스의 마지막 왕인 씨싸왕 왓타나 왕은 내진으로 인한 혼란기에 즉위했기 때문에 공식적으로 대관식을 행하진 못했다(P.169 참고).

쎗타티랏 왕이 비엔티안으로 천도하며 건설한 탓 루앙

프랑스의 보호 아래 왕위를 유지했던 씨싸왕웡(사진 중앙 왼쪽)

프랑스의 식민지배와 메콩강 개발

빠텟 라오

방콕으로 망명한 라오 이싸라 임시정부는 국제적으로 라오스 정부의 정통성을 인정받지 못했다. 프랑스 식민정부는 라오 이싸라 지도자들과 화해정책을 모색했다. 라오 이싸라를 이끌던 세 명의 왕자들은 서로 의견이 대립하며 정치적으로 다른 길을 걷게 된다. 펫싸랏 왕자 Prince Phetsarat(1890~1959), 쑤완나푸마 왕자 Prince Souvanna Phouma(1901~1984), 쑤파누웡 왕자 Prince Souphanouvong(1909~1995)는 이복형제 간으로 루앙프라방에서 태어났으며, 프랑스와 베트남에서 유학한 인재들이다(쑤파누웡 왕자는 8개 국어를 구사했다고 한다). 차이가 있다면 왕족 출신의 어머니를 둔 펫싸랏 왕자와 쑤완나푸마 왕자와 달리 쑤파누웡 왕자는 평민 출신 어머니를 두고 있었다. 펫싸랏 왕자와 쑤완나푸마 왕자는 (친프랑스 성향의) 왕립 라오 정부에 참여하고, 프랑스와의 협력을 꺼렸던 쑤파누웡 왕자는 무장 투쟁의 길을 걷는다.

라오 이싸라에서 군사작전을 담당했던 쑤파누웡 왕자는 베트남의 비엣민(베트민) Việt Minh과 손을 잡는다. 호찌민이 이끄는 비엣민은 베트남 공산당과 민족주의 세력이 연합한 반(反) 프랑스 동맹, 즉 베트남 독립동맹회(한국에서는 '월맹越盟'이라고 부른다)를 의미한다. 쑤파누웡 왕자는 1950년 8월 베트남 하노이로 건너가 비엣민의 도움을 받아 빠텟 라오 Pathet Lao라는 무장 독립 투쟁 세력을 조직한다. 빠텟 라오는 조국 라오스라는 뜻으로 라오스 공산당을 의미한다(훗날 라오 인민혁명당 Lao People's Revolutionary Party으로 개명됐다). 비엣민과 빠텟 라오는 인도차이나에서 프랑스를 몰아내고 독립을 이룩한다는 공동의 목표를 가지고 서로 협력하게 된다. 빠텟 라오를 조직한 쑤파누웡 왕자는 서방세계에서 빨갱이 왕자라는 뜻으로 '레드 프린스 Red Prince'라고 불렸다.

1953년 비엣민의 지원을 받은 빠텟 라오는 라오스 북동부 일부 지역을 점령하는 데 성공했다. 이를 계기로 빠텟 라오는 베트남에서 라오스로 본부를 옮겨 독립 투쟁을 강화한다. 당시 빠텟 라오의 작전본부는 위앙싸이 Vieng Xai(Viengxay)에 위치해 있었다. 위앙싸이는 오늘날의 베트남 국경과 인접한 후아판 주 Houaphan Province에 속해 있다.

프랑스의 패전과 미국의 개입

프랑스와 베트남의 8년에 걸친 1차 인도차이나 전쟁(1946~1954)은 베트남의 승리로 막을 내린다. 베트남 북서부 변방 산악지대인 디엔비엔푸 Điện Biên Phủ에서 벌어졌던 전투(1953년 11월 20일~1954년 5월 7일)는 프랑스 군대의 엄청난 공중 폭격에도 불구하고 베트남(비엣민) 지상군의 승리로 끝난다. 이로써 인도차이나 전쟁은 종지부를 찍게 된다. 베트남의 완전한 독립을 원했던 호찌민의 바람과 달리 1954년 7월에 진행된 제네바 협정에 의해 베트남은 호찌민이 이끄는 북부 베트남과 미국의 지원을 받는 남부 베트남으로 분할됐다. 제네바 협정에서는 라오스에 관한 논의도 함께 진행됐다. 외국 군대의 철수와 라오스의 자유와 중립을 보장하기로 결의한다. 빠텟 라오의 라오스 주둔도 허용하기로 방침을 정했다. 1956년 왕립 라오 정부(라오스 왕국)와 빠텟 라오(라오스 공산당)가 휴전에 합의하고 연립정부를 구성한

빠텟 라오의 작전 본부가 있었던 위앙싸이

빠텟 라오(라오스 공산당) / 비엔티안 함락과 라오스의 공산화

다. 이로써 '라오 이싸라'를 이끌던 두 명의 이복형제가 다시 조우하게 됐다. 쑤완나푸마 왕자는 우파를 대표하는 정부의 총리가 됐고, 쑤파누웡 왕자는 좌파를 대표하는 장관이 된 것이다. 쑤완나푸마 총리는 미국이나 공산당 한쪽에 기울어지지 않고 중도정부를 구성하려 했으나, 연정은 오래가지 못했다. 1958년 5월에 있었던 선거에서 좌파가 전체 의석 21개 중 13개를 장악한다. 선거 결과에 불만은 품은 미국은 라오스 정부에 공산주의자가 포함되어 있으면 원조를 중단하겠다고 경고성 메시지를 보내기 시작한다. 결국 연정은 붕괴되고, 중도정부를 표방했던 쑤완나푸마 총리는 실각했으며, 공산당원은 체포됐다. 미국은 자신들의 의도대로 친미 우파 성향의 새로운 총리를 내세워 정권을 수립했으나, 이는 결과적으로 라오스 내전을 심화시켰다.

라오스 내전과 비밀 전쟁

소련과 중국의 공산화 이후 동남아시아까지 공산화되는 것을 극도로 꺼렸던 미국은 라오스 정부군을 지원하기 시작했다. 군수물자 제공뿐만 아니라 군인들의 월급까지 지원했으며, 용병을 조직해 비밀작전을 수행하기에 이른다. 미국이 라오스 정부군을 지원하는 동안, 북부 베트남 군대는 빠텟 라오를 지원하며 두 진영 간의 이데올로기 전쟁을 가속화시켰다. 북부 베트남 군대는 1958~1959년 베트남 국경과 인접한 라오스 북동부 지역을 침입했으며, 호찌민 트레일 Ho Chi Minh Trail이라는 군사보급로를 만들었다. 군사보급로는 라오스와 캄보디아 국경 너머의 산악 지역을 관통했다. 미군은 통킹만 사건(1964년 8월 2일)을 빌미로 전쟁을 공식화했다. 1965년 2월부터 미군이 북부 베트남에 폭격을 가하며 2차 인도차이나 전쟁(흔히들 베트남 전쟁이라 부른다)이 발발했다. 미국이 베트남 전쟁에 참전하면서 라오스는 베트남과 운명을 같이하는 신세가 됐다.

1961년 취리히와 1962년 제네바에서 라오스 문제가 재논의됐다. 강대국들이 라오스의 중립이라는 원칙에 다시 한 번 합의했지만, 전쟁은 심화됐다. 미국은 미 군사령부의 작전 통제를 받지 않고 라오스에서 비밀전쟁 Secret War를 수행했다(P.145 참고). 미국 CIA가 관할하던 '에어 아메리카 Air America'를 통해 1964년부터 1973년까지(미군은 1973년 베트남에서 철수했다) 하루도 빠지지 않고 폭탄을 투하했다. 이로 인해 라오스에서 약 30만 명이 사망한 것으로 여겨진다.

라오스 사회주의 공화국

10년 넘도록 이어졌던 전쟁은 미군 철수를 계기로 급변하기 시작했다. 프랑스 파리에서 휴전(평화)협정을 조인하면서 1973년 미군이 베트남에서 철수했고, 북부 베트남이 1975년 4월 사이공(오늘날의 호찌민 시)을 함락하면서 베트남 전쟁은 종지부를 찍는다(이로써 베트남에 사회주의 정부가 들어섰다). 북부 베트남의 승리는 라오스에 그대로 영향을 미쳤다. 미군이 철수한 라오스 정부군은 북부 베트남이 지원하는 빠텟 라오에 무기력하게 무너졌다. 빠텟 라오는 1975

라오스 공산당 60주년

라오스 현대사의 상징적 인물인 쑤파누웡 왕자

사회주의 이념을 홍보하는 프로파간다 포스터

까이쏜 폼위한의 공산당 서기장 시절

8월 23일 비엔티안에 입성하며 라오스가 해방됐음을 알렸다. 1975년 12월 2일에는 라오스의 마지막 왕인 씨싸왕 왓타나 왕 King Sisavang Vatthana를 폐위하고 사회주의 정부를 탄생시켰다. 라오 인민민주주의 공화국 Lao People's Democratic Republic이 공식적으로 출범한 것이다.

공산정권이 들어선 라오스는 라오 인민혁명당 Lao People's Revolutionary Party이 실권을 장악한다(빠텟 라오는 1972년 라오 인민혁명당으로 개명했다). 빠텟 라오를 이끌던 쑤판나웡 왕자가 초대 국가주석(대통령)에 취임했으며, 당 서기장인 까이쏜 폼위한 Kaysone Phomvihane(1920~1992)은 총리에 임명됐다. 빠텟 라오 시절부터 사회주의 정부 수립까지 라오스 현대사에서 엄청난 영향력을 끼쳤던 까이쏜 폼위한은 1991년 3대 국가주석에 임명되기도 했다(주석에 취임한 지 1년 후 73세 나이로 사망했다). 사회주의 공화국의 국부로 여겨지는 인물로 오늘날 라오스 화폐에 그의 초상화가 그려져 있다.

05 라오스의 축제와 공휴일

국경일(법정 공휴일)

인민군이 창설된 날(1949년)을 기념하는 군인의 날, 비엔티안이 함락되고 공산당이 승리한 날(1975년)을 기념하는 해방 기념일, 라오스 인민민주주의 공화국이 선포된 날(1975년)을 기념하는 국경절 같은 독립 투쟁 및 사회주의 정부 수립과 관련된 공휴일이 많다.

1월 1일 신정 New Year
1월 6일 빠텟 라오 기념일 Pathet Lao Day
1월 20일 군인의 날(인민군 창설 기념일) Army Day
3월 8일 국제 여성의 날 International Women's Day
3월 22일 인민혁명당의 날 Lao People's Revolutionary Party Day
4월 14~16일 삐마이 라오(라오스 신년 축제) Pi Mai Lao (Lao New Year)
5월 1일 노동절 Labor Day
6월 1일 어린이의 날 Children's Day
8월 13일 라오 이싸라 기념일 Lao Issara Day
10월 12일 해방 기념일 Liberation Day
12월 2일 국경절(사회주의 공화국 선포일) Lao National Day

축제

정치적인 기념일이 많은 국경일과 달리 축제는 종교, 생활과 깊숙이 연관되어 있다. 음력으로 행해지는 축제가 많아서 매년 축제 날짜는 변동된다.

2월

중국 설날 Chinese Lunar New Year
신정(1월 1일)과 별도로 음력설을 쇠는 중국 화교들과 베트남 사람들에게 가장 큰 명절이다. 법정 공휴일은 아니지만, 화교와 베트남 사람들이 운영하는 기업체와 식당들은 대부분 문을 닫는다.

분 마카 부싸 Boun Makha Bousa
붓다의 제자(승려) 1,250명이 설법을 듣기 위해 모인 날을 기념한다. 이날 붓다는 사원과 불교 규율에 대해 처음으로 언급했다고 전해진다. 일반인들은 밤에 촛불을 들고 사원과 탑을 순례하며 붓다의 뜻을 기린다. 전국적인 행사이긴 하지만 비엔티안(위앙짠)과 짬빠싹(왓 푸)에서 가장 큰 행사가 열린다.

분 카오 판싸를 기념하는 탁발 의식

몽족 신년 축제

분 마카 부싸

4월
삐마이 라오 Pi Mai Lao(Lao New Year)

삐 마이 라오

'삐'는 '해(年)'를, '마이'는 새롭다는 뜻이다. 삐마이 라오는 라오스 설날로 라오스에서 가장 중요한 축제일이다. 1년 중 가장 더운 4월 중반에 3일에 걸쳐 축제가 이어진다. 물을 뿌려 새해의 축복을 기원하기 때문에 물 축제로 알려지기도 했다. 불교 국가답게 사원에서 종교적인 행사도 함께 열린다. 라오스뿐만 아니라 태국, 캄보디아, 미얀마에서 같은 날 새해 축제가 열린다.

5월
분 방파이(로켓 페스티벌) Boun Bang Fai
건기가 끝날 무렵인 5월 중순에 열리는 기우제다. 나무로 만든 커다란 로켓을 하늘로 쏘아 올린다. 우기가 시작되기 전 하늘을 자극해 비를 많이 내리게 해 달라는 의미를 담고 있다. 다양한 춤과 무용, 공연이 함께 펼쳐진다.

분 위싸카 부싸 Boun Visakha Bousa
붓다의 일생을 기념하는 행사. 라오스의 주요한 종교 행사로 전국의 사원에서 촛불을 밝히며, 특별 설법이 행해진다. 한국으로 치면 석가탄신일에 해당한다.

6~7월
분 카오 판싸 Boun Khao Phansa
안거 수행(판싸)에 들어가는(카오) 축제(분)라고 해서 '분 카오 판싸'라고 불린다. 라오스 승려들이 우기가 시작되는 때를 기해 3개월간의 안거 수행에 들어가는 날을 기념하는 행사다. 보통 7월 보름날에 행사가 열린다. 라오스 남자라면 평생에 한 번은 승려가 되어 수행하는 것을 불문율로 여기는데, 분 카오 판싸 때 머리를 깎고 승려가 되어 단기간(보통 3개월)의 수행에 들어간다.

9~10월
분 옥 판싸 Boun Ok Phansa
안거 수행(판싸)에서 나오는(옥) 축제(분)라고 해서 '분 옥 판싸'라고 부른다. 3개월간의 우기 안거 수행이 끝나는 날을 기념하는 행사다. 짧은 승려 생활을 한 라오스 남자들이 승복을 벗고 일상 생활로 돌아오는 날이다. 밤에는 바나나 잎으로 만든 통에 촛불을 켜서 강물에 띄워 보내며 행운을 기원한다.

분 남(분 쑤앙흐아) Boun Nam(Boun Suang Heua)
안거 수행의 끝남을 축하하기 위해서 열리는 보트 경주 대회. 긴 꼬리 배로 알려진 기다란 통나무 배를 타고 노를 저어 속도를 평가하는 시합이다. 마을 단위로 팀을 이루어 마을 대항전으로 경기를 치른다. 메콩 강을 끼고 있는 비엔티안과 루앙프라방, 싸완나켓 같은 대도시에서 열리는 대회는 규모가 크다. 도시마다 대회가 열리는 날이 다르다.

분 남

11월
분 탓 루앙 Boun That Luang
비엔티안의 탓 루앙에서 열리는 축제다. 승려들이 대거 참여하는 딱밧(탁발) 의식이 행해지고, 프라쌋 프앙(바나나 줄기에 꽃을 장식해 만든 탑 모양의 꽃다발)을 들고 탑 주변을 돌면서 종교적인 의미를 되새긴다. 수많은 인파가 참여하는 축제는 일주일간 지속된다. 흥겨운 행사와 공연이 함께 펼쳐진다.

12월
몽족 신년 축제 Hmong New Year
라오스 북부 산악지역에 사는 몽족들의 새해 축제다. 전통 복장을 곱게 차려입고 축제에 참여한다. 젊은 남녀들은 공을 주고받는 놀이를 하며 결혼 상대를 찾기도 한다.

여행 준비편

01 여권 만들기

여권은 해외여행의 필수품이다. 대한민국 정부가 외국으로 출국하는 국민의 신분을 증명하고 외국 정부에 대해 여행자를 보호하고 구조를 요청하는 일종의 공문서다. 쉽게 말해, 대한민국 정부가 자국민의 신분을 보증해 발급하는 '해외용 주민등록증'이라고 생각하면 된다. 이미 ==여권이 있다면 유효기간이 최소 6개월 이상 남았는지 확인하자. 그 이하라면 반드시 발급기관에서 유효기간을 연장하거나 재발급 받아야 한다.==

여권업무 관련 문의전화
여권 헬프 센터 전화 (02)733-2114
외교부 여권 접수
홈페이지 www.passport.go.kr

① 전자여권
전자여권(ePassport)이란 비접촉식 IC칩을 내장하여 신원정보를 저장한 여권이다. 전자여권은 1회용 단수여권, 정해진 기간 내에 무제한으로 사용할 수 있는 복수여권으로 나뉜다. 복수여권의 기한은 5년과 10년 두 종류가 있다. 10년 기한의 복수여권을 발급받는 것이 편하다.

② 미니 여권
복수 여권의 한 종류로 여권 페이지를 얇게 만들었다. 일반적으로 사용하는 복수 여권이 48쪽으로 구성되어 있다면, 미니 여권은 24쪽으로 되어있다. 미니 여권은 일반 여권과 동일하며, 다만 여권 발급 수수료가 일반 여권에 비해 3,000원 저렴하다.

③ 여권 접수 서비스
실제 여권 발급 신청은 발급기관을 방문하여 신청서를 제출해야 한다. 예외적인 경우(18세 미만 미성년자, 질병·장애의 경우, 의전상 필요한 경우)를 제외하고는 본인이 직접 신청해야 한다. 외교부 홈페이지에서 여권발급신청서를 미리 출력해서 작성해 가면 시간을 절약할 수 있다. 신원 조사와 여권 서류 심사 과정을 거쳐 여권이 발부된다.

④ 여권 신청 구비 서류
일반인의 경우 여권발급신청서, 여권용 사진 1장(6개월 이내에 촬영한 사진), 신분증(사진이 부착되어 있는 주민등록증 또는 운전면허증)이 필요하다. 군 미필자는 병역관계서류(25~37세 병역 미필 남성의 경우 국외여행허가서)가 추가로 필요하다. 사진은 정해진 규정에 따라 여권용 사진으로 사진관에서 찍어야 한다.

⑤ 여권 발급 수수료(인지대)
10년 복수여권은 5만3,000원, 5년 복수여권은 4만5,000원, 1년 단수여권은 2만 원이다.

⑥ 여권 발급처
서울의 25개 구청을 포함해 지방 각 주요 도시와 군의 민원여권과 또는 민원봉사과에서 접수가 가능하다. 본인의 거주지와 상관없이 전국 236개 여권 접수처 아무 곳에서나 신청하면 된다. 여권 발급은 해당 접수처에서 받으면 된다. 접수와 발급에 관한 자세한 내용은 외교부 홈페이지 www.passport.go.kr에서 확인 가능하다.

> **알아두세요**
>
> **병역의무자 국외여행허가서**
>
> 25세 이상의 군 미필자의 경우 일반인과 달리 서류가 한 장 더 필요합니다. 바로 병무청에서 발급해주는 국외여행허가서가 그것입니다. 예전에는 병무청을 직접 방문해야 가능했지만 요즘은 인터넷으로도 발급이 가능합니다. 병무청 홈페이지 www.mma.go.kr→병역이행 안내→국외여행·국외체재 민원 신청으로 가서 국외여행허가서를 신청하세요. 특별한 문제가 없다면 2일 뒤에 병무청 사이트를 통해 출력할 수 있습니다.

라오스 여행 준비 **TRAVEL PREPARATION**

02 라오스는 무비자 30일

라오스는 비자 없이 여행이 가능하다. 단, 무비자로 체류할 수 있는 기간은 30일이다. 원칙적으로 6개월 이상 유효기간이 남은 여권을 소지하고 있어야 한다. 규정상 무비자로 입국하려면 왕복 항공권 return ticket이나 다른 나라로 가는 항공권 one-ward ticket이 있어야 하지만 출입국 관리소에서 항공권을 보여 달라는 경우는 드물다. 무비자 조항은 공항으로 입국하든 육로 국경으로 입국하든 한국 여권 소지자에게 동일하게 적용된다. 무비자 30일 체류 조항은 라오스에 입국할 때마다 적용된다. 육로 국경을 통해 인접 국가를 갔다가 다시 라오스로 입국하면 체류 기간이 자동으로 30일 연장되는 셈이다. 라오스와 태국 국경은 가깝고 국제버스도 많아서 어렵지 않게 두 나라를 넘나들 수 있다. 라오스 육로 국경 정보는 P.39를 참고하자.

주한 라오스 대사관
주소 서울시 용산구 한남동 대사관로 11길 30-4
전화 (02)796-1713
업무시간 평일 09:00~17:00

03 항공권 구입하기

라오스 국적기 라오항공

항공권은 여행을 준비하면서 가장 목돈이 들어가는 부분이다. 따라서 항공권을 최대한 저렴하게 구입할 수 있다면 알뜰 여행은 이미 반 정도 성공한 셈이다. 항공권을 예약할 때 본인의 영문 이름을 기재해야 한다. 여권에 적힌 영문 이름과 동일해야 하므로 오류가 생기지 않도록 주의하자.
한국과 라오스를 직항으로 취항하는 항공사는 라오항공, 진에어, 티웨이항공 세 곳이 있다. 라오항공은

라오스 노선을 취항하는 항공사
라오항공 Lao Airlines
전화 (02)6262-0808
홈페이지 www.laoairlines.com
제주항공 Jeju Air
전화 1599-1500
홈페이지 www.jejuair.net
진에어 Jin Air
전화 1600-6200
홈페이지 www.jinair.com
티웨이항공 T'way Air
전화 1688-8686
홈페이지 www.twayair.com
베트남항공 Vietnam Airlines
전화 (02)757-8920
홈페이지 www.vietnamairlines.com

오전 비행기를 이용하기 때문에, 라오스에 도착한 첫날 반나절 정도의 시간을 벌 수 있다. 경유 편을 운항하는 항공사는 베트남항공과 타이항공이 있다. 타이항공보다는 베트남항공이 노선이 다양하고 요금도 좋은 편이다. 베트남항공의 경우 하노이 Hanoi를 경유해 비엔티안과 루앙프라방으로 갈 수 있다. 경유지에 따라 대기시간이 달라지기 때문에, 예약할 때 일정을 꼼꼼히 챙겨야 한다.

04 여행자 보험 들기

짧은 주말여행이라 할지라도 여행자 보험은 반드시 가입하자. 현지에서 물건 분실 등의 사고가 발생하거나 질병에 걸려 병원 치료를 받을 경우 매우 유리하다. 물건을 분실했을 경우 관할 경찰서에서 분실·도난 증명서를 받아와야 하고, 치료를 받은 경우 치료 관련 증빙서류와 지불 영수증을 받아오면 된다. 한국에 돌아온 후, 보험회사에 현지에서 받아온 해당 서류와 통장 사본을 우편으로 제출하면 2주일 후 규정에 따라 보험 처리를 받을 수 있다.
보험료는 보상 한도액에 따라 금액이 다르며, 최근에는 환전을 하면 무료로 여행자 보험에 가입시켜주기도 한다. 항공권을 구입한 여행사, 인천공항의 출국장 내 보험회사 등에서 쉽게 가입할 수 있다.

05 호텔 예약하기

라오스에 밤늦게 도착한다거나, 성수기에 라오스를 여행한다면 호텔을 한국에서 미리 예약하고 가는 게 좋다. 호텔 홈페이지나 호텔 예약 사이트를 통해서 예약이 가능하다. 호텔 예약 사이트의 경우 같은 호텔이라도 업체마다 요금이 다르고, 예약 취소와 변경에 대한 규정이 조금씩 다르니 꼼꼼히 살펴봐야 한다. 호텔 자체 홈페이지에서는 신용카드로 결제를 미리 해야 하는 경우도 있고, 예약 번호만 먼저 이메일로 받고 호텔에 도착해서 체크인 할 때 직접 결제하는 등 호텔마다 시스템이 조금씩 다르다. 호텔을 예약할 경우 본인의 이름과 도착일, 체크인 시간을 정확히 알려주는 게 좋다. 예약 완료 후에는 호텔 바우처나 예약 컨펌 이메일을 프린트해 가져가는 것도 잊지 말자.

06 환전하기

라오스를 여행하려면 한국에서 달러(US$)를 환전해 가야 한다. 한국에서 라오스 화폐(낍)를 취급하는 시중 은행은 찾아보기 힘들다. 환전한 달러는 라오스에서 다시 '낍'으로 재환전해 사용해야 한다. 아직 개발이 미비한 라오스에서는 신용카드 사용이 불편하다. 신용카드 사용이 가능하더라도 해외인 만큼 은행마다 3~4%의 별도 수수료가 추가된다는 사실을 명심할 것. 라오스 현지에서 ATM 사용이 가능하지만 달러를 환전해서 쓰는 것보다 환율이 나쁘고, 별도의 수수료가 든다.

환전할 금액을 결정했다면 시중 은행의 외환 거래 창구나 해당 은행의 인터넷 사이트를 통해 달러(US$)로 미리 환전해 놓도록 하자. 환율도 공항보다 좋고 환전 수수료 할인, 여행자 보험 무료 가입 등 은행에 따라 다양한 혜택이 주어진다. 몰려 시간이 없다면 출국 전 인천공항에서 환전해도 된다.

07 여행 가방 꾸리기

여행 가방을 꾸리면 여행 간다는 사실이 슬슬 실감나기 시작할 것이다. 여행이 즐겁기를 바란다면 짐은 최대한 가벼워야 하는 법. 아주 중요할 것 같은 아이템도 막상 여행을 가보면 별 소용이 없는 경우가 많다. 일단 가져갈까 말까 고민되는 아이템은 아예 가져가지 않는 것이 좋다. 대부분 현지에서 모두 구입할 수 있는 것들이기 때문이다. 꼭 가져가야 하는 것들만 알아보자.

① 여권과 항공권

아무리 강조해도 지나침이 없는 준비물인 여권과 항공권을 잘 챙겼는지 확인해보자. 아무리 모든 짐을 완벽하게 꾸렸다 해도 여권과 항공권이 없다면 여행은 수포로 돌아간다. 여권은 유효기간이 6개월 이상 남아 있는지 반드시 확인할 것. 원칙적으로 6개월 이내에 만료되는 여권을 소지하면 라오스에서 입국을 거부당할 수 있다. 여권(사진 있는 부분)과 항공권은 몇 부씩 여유분으로 복사해 두는 것도 잊지 말자.

② 사진

현지에서 비자를 연장하거나, 인접 국가로 여행할 때 사진이 필요한 경우가 있다. 또한 현지에서 여권을 분실했을 경우 재발급 받으려면 사진이 필요하다. 만약을 대비해 여유분으로 사진을 3~4장 준비해가자. 현지에 있는 사진관에서 즉석 증명사진 촬영도 가능하다.

③ 옷차림

계절과 지역을 고려해 여행 옷차림을 준비하자. 여름휴가 때 라오스를 여행한다면 복장은 크게 신경 쓸 필요가 없다. 더운 기온으로 인해 여름 복장만으로도 충분하다. 무더운 여름에도 실내는 에어컨 때문에 한기가 느껴지기도 하니 얇은 겉옷을 챙기는 센스도 잊지 말자. 무더운 나라라 슬리퍼를 챙겨 가면 도움이 된다. <mark>겨울에 라오스를 여행한다면 옷차림이 한결 무거워진다. 특히 루앙프라방과 북부 라오스를 여행한다면 따뜻한 옷은 필수다. 밤 기온이 10°C 내외로 쌀쌀한 날씨에 난방시설이 없어 춥게 느껴진다.</mark>

④ 여행 가방과 보조 가방

단기 여행을 할 예정이라면 트렁크를 가져가는 것이

TRAVEL PREPARATION

트래블메이트 여행 가방

편리하다. 당일 근교 여행을 할 때는 숙소에 큰 가방을 놔둔 채 여행을 다녀오면 된다. 2주 이상 장기 여행을 할 예정이라면 배낭이 편하다. 이동 거리가 늘어나면 늘어날수록, 숙소를 자주 변경할수록 자유로운 행동을 보장받기 위해선 배낭이 여러모로 유리하다.

여행지를 돌아다닐 때는 가이드북과 소지품을 넣을 수 있는 작은 보조 가방 하나만 메고 가뿐히 다니자. 소매치기를 방지하기 위해 보조 가방은 크로스 형태로 메고 다닌다.

이동 거리가 늘어나면 배낭이 편리하다

여행용품 전문 매장
트레블 메이트
전화 1599-2682
홈페이지 www.travelmate.co.kr

⑤ **신용카드**
라오스의 경우 신용카드를 사용할 수 있는 곳은 많지 않지만 비상시를 대비해 챙겨두자. VISA 혹은 MASTER 로고가 있는 신용카드는 해외에서 사용이 가능하다. 본인의 주거래 은행에 문의하여 신용카드의 해외 한도 범위를 확인해보자. 간혹 가입할 때 0원으로 만드는 경우가 있기 때문에 현지에서 당황스러운 경우가 발생하기도 한다.

⑥ **비상약**
감기약, 진통제, 소화제, 설사약, 밴드 정도가 적당하다. 따로 복용하고 있는 약이 있다면 역시 챙겨 가자.

⑦ **세면도구 & 워시 팩**
비누, 샴푸, 린스, 샤워 크림, 바디 로션, 칫솔, 치약, 면도기, 수건 등 기본적인 세면도구를 챙긴다. 게스트하우스에서는 수건과 비누만 제공해 주는 경우가 대부분이다. 3성급 수준의 호텔에 머물면 세면도구는 물론 헤어드라이어까지 욕실에 비치되어 있다.
세면도구와 목욕용품은 워시 팩 Wash Pack에 담아 보관하면 편리하다. 워시 팩은 목욕 용품을 한 곳에 담아 간편하게 보관할 수 있는데 휴대도 간편하고 샤워할 때 벽에 걸어두기도 좋다.

세면도구를 담기 좋은 워시 팩

⑧ **화장품**
부피를 줄이려면 샘플로 받은 화장품을 챙겨 가거나, 필요한 만큼 작은 용기에 담아서 여행 가방을 꾸리면 편하다. 면세점에서 화장품을 살 경우 목록을 별도로 정해서 짐을 싸면 된다. 낮에 외출할 때는 자외선 차단제를 바르는 것도 잊지 말자.

⑨ **선글라스 & 우산**
태양이 강하고 그늘이 없기 때문에 선글라스와 모자를 챙겨 가면 도움이 된다. 양산을 쓰고 다니는 것도 좋은 방법이다. 우기에 여행한다면 우산을 챙겨가고,

여행 준비물을 수납하기 좋은 트래블팩

라오스 현지에서 우비를 구입해 사용하면 된다.

⑩ 멀티 어댑터
대부분 둥그런 모양의 플러그를 사용하지만, 숙소마다 콘센트 모양이 다르기 때문에 멀티 어댑터 한 개 정도는 챙겨 가면 도움이 된다. 전자제품을 많이 사용할 경우 멀티탭도 유용하다. 저렴한 게스트하우스의 경우 콘센트가 많지 않기 때문에 멀티탭이 있으면 충전하는 시간을 절약할 수 있다.

⑪ 다용도 주머니
양말, 속옷, 수영복, 신발, 슬리퍼 등을 구분해 넣어 다니기 좋다. 라오스의 경우 사원을 방문할 때 신발을 벗고 들어가야 하는데, 이때 신발주머니로 사용할 수도 있어 다용도로 쓰인다.

다양한 용도로 쓰이는 멀티 파우치

⑫ 카메라
스마트폰이 대중화되긴 했지만 좋은 사진을 찍으려면 카메라가 필요하다. 무거운 DSLR 카메라를 대신해 휴대가 편리한 미러리스 카메라가 여행용으로 인기를 얻고 있다. 카메라 충전기 세트와 넉넉한 메모리 카드를 빼놓지 말자.

올림푸스 카메라

> **미러리스 카메라**
> 올림푸스 OM-D
> 전화 1544-3200
> 홈페이지 www.olympus.co.kr

⑬ 아쿠아 팩(방수 팩)
물놀이를 즐길 때 방수 기능이 있는 아쿠아 팩은 보조 가방 기능을 대신한다. 방비엥에서 튜빙(튜브 타기)이나 카약 투어를 할 때, 블루 라군에서 물놀이를 즐길 때 요긴하게 쓰인다. 방수 팩은 스마트폰과 카메라, 화장품 등을 구분해 휴대하기 편리하다.

08 사건·사고 대처 요령

여행과 사건·사고는 언제나 붙어 다닌다. 문제없이 무사히 여행을 마칠 수 있다면 좋겠지만, 언제나 뜻대로 되지 않는 것이 바로 인생이다. 이와 같은 일은 절대로 없어야 하겠지만 만약을 대비해 대처법을 알아두자.

① 몸이 아파요
라오스 여행지에서 가장 흔하게 발생하는 게 열병과 설사다. 연중 무더운 나라이기 때문에 충분한 휴식과 수분 섭취를 하자. 건기 동안에는 기온이 40℃ 가까이 오른다. 물과 음식이 바뀌어 생기는 설사는 여행의 불청객. 반드시 생수를 구입해 마셔야 한다. 열병과 반대로 감기도 종종 걸린다. 무슨 감기냐고 의아해할 수도 있으나, 실내 에어컨이 너무 강하기 때문이다. 가벼운 겉옷을 준비하고 밤에 잘 때 에어컨 온도를 적절히 조절하자.

② 항공권 분실
항공권은 최근 이티켓으로 발급되기 때문에 분실이 크게 문제되지 않는다. 이미 항공사 또는 여행사로부터 이메일로 티켓을 받았을 터, 가까운 인터넷 카페에서 항공권을 재출력하면 간단하게 해결된다. 아예 한국에서 출발할 때 여유분으로 2~3부 프린트해 가는 것도 요령이다.

③ 현금·신용카드의 도난 및 분실
여행 도중 가지고 있는 현금을 모두 분실한 경우는 사실 찾을 방법이 없다. 여기에 설상가상으로 신용카드까지 잃어버렸다면 한국에서 송금을 받는 방법밖에 없다. 따라서 현금은 가방이나 지갑 등에 분산해서 보관하는 것이 좋다.

각종 카드는 사용이 편리한 만큼 분실할 경우 피해가 커진다. 카드가 없어진 것을 확인하는 즉시, 한국의 카드회사로 전화를 걸어 카드를 정지시켜야 한다. 잠깐의 지체가 다음 날 고지서에 막대한 영향을 끼친다는 사실을 잊지 말자. 본인의 카드번호를 기록해 두거나, 가족에게 카드번호와 거래 은행 지점을 미리 알려 놓고 가는 것도 대비책이다.

신용카드 분실 연락처
KB국민카드 0082-2-6300-7300
비씨카드 0082-2-330-5701
삼성카드 0082-2-2000-8100
현대카드 0082-2-3015-9000
신한카드 0082-1544-7000
우리카드 0082-2-6958-9000
KEB하나카드 0082-42-520-2500

④ **소지품 분실**
여행자 보험 가입자는 우선 경찰서로 가서 분실·도난 증명서 Police Report를 발급받아야 한다. 소지품의 경우 분실·도난 증명서의 작성은 상당히 까다롭다. 분실한 물건의 브랜드, 모델명, 가격, 구입연도 등과 함께 몇 시에 어떤 경위로 사고가 발생했는지를 작성해야 한다.
본인의 부주의에 의한 분실 lost이라면 보험금 보상을 받을 수 없거나 있어도 미미한 수준이다. 하지만 타인에 의한 도난 stolen임을 입증할 수 있다면, 보험금의 한도에 따른 충분한 보상을 받을 수 있다. 귀국 후, 현지 경찰서에서 작성하여 확인을 받은 분실·도난 증명서를 가입한 여행자 보험 회사에 제출하면 심사 후 2주 뒤에 보상을 받을 수 있다. 보상은 현물의 경우만 가능하며 현금은 보험 처리되지 않는다.

⑤ **여권 분실**
여권 분실은 매우 심각한 사고다. 잃어버린 대가가 혹독할 만큼 매우 번거로운 절차가 기다리고 있다. 경찰서와 대사관, 출입국 관리국을 드나들어야 하고 추가 비용까지 내야 한다.
여권 관련 업무는 영사과에서 담당하며, 여권 분실 신고 및 여권 재발급은 대사관 민원실을 방문해야 한다. 직항편을 이용해 한국으로 귀국할 경우 여행증명서(발급 수수료 7US$)를, 경유 편을 이용할 경우 단수 여권(발급 수수료 15US$)을 발급 받을 수 있다. 하지만 여권 재발급만으로는 출국이 불가능하고, 라오스 출국 비자를 별도로 받아야하기 때문에 절차가 복잡하며 시간도 오래 걸린다.
여권을 분실한 지역에 따라 방문해야 할 라오스 정부 기관도 달라진다. 여권 분실 지역 관할 경찰서→이민국→라오스 영사국을 방문해 분실 증명서와 여권에 출국 비자를 차례대로 받아야 한다. 자세한 내용은 한국 대사관 홈페이지(www.overseas.mofa.go.kr/la-ko/brd/m_1859/list.do)를 참고하면 된다. 대사관 신축 공사로 인해 2019년 2월부터 비엔티안 시내에 있는 로열 스퀘어 빌딩 내부로 이전했다. 크라운 플라자 호텔 사무동에 해당하는데 라오스어 '싸탄툿 까올리 따이, 홍햄 크라운 파자 뚝 로얄 스퀘'라고 말하면 된다. 기존에 분리되어 있던 영사과도 대사관 내부로 통합해 운영되고 있다. 영사과는 4층, 대사관은 5층에 있다.

라오스 주재 대한민국 대사관(싸탄툿 까올리 따이)
주소 4-5F, Royal Square Office Building, 20 Samsenthai Road, Sikhottabong District, P.O.Box 7567, Vientiane
전화 대사관(정무, 경제 관련) 021-352-031~3, 영사과(여권, 사증, 공증, 재외국민등록, 사건사고 관련) 021-255-770~1, 근무시간 외 긴급연락처 020-5839-0080
홈페이지 overseas.mofa.go.kr/la-ko/index.do
근무 시간 월~금 08:30~12:00, 14:00~17:00

복사한 서류는 따로 보관하세요
여권·항공권·신분증·신용카드 같은 여행의 필수 품목들은 사본을 준비해 두세요. 분실과 도난에 대비해 본인이 신분을 증명할 때 필요하기 때문입니다. 복사한 서류는 여권이나 항공권과 별도로 분리해 보관하세요. 서류 사본 2~3장을 프린트해서 가지고 다니는 보조 가방과 트렁크 등 적당한 곳에 각각 한 부씩 따로 보관하면 좋습니다.

Laos Conversation

라오스어 여행회화집

여행뿐 아니라 어디를 갈 때 현지 언어를 알면 몸과 마음이 한결 편해진다. 복잡해 보이는 라오스 문자와 성조 때문에 처음 접한 사람에게는 어려운 것이 라오스어. 하지만 기본적인 단어만 익히면 대화하는 데는 큰 지장이 없다. 현지인들과는 영어가 안 통하므로 길을 묻거나 식당에서 큰 도움이 된다.

번호 · 숫자

라오스 숫자는 십 단위, 백 단위, 천 단위로 계산되므로 규칙을 알면 숫자를 세기는 쉽다. 십진법을 사용하지만 '20'은 '싸오'라는 별도의 단위를 사용한다. 1만의 경우 '믄'이라고 하기도 하지만 씹(10)과 판(1,000)이 합해 '씹판'이라고 한다. 2만은 싸오(20)와 판(1,000)이 합해져 '싸오판'이 된다.

0	쑨	13	씹쌈	300	쌈허이
1	능	20	싸오	1,000	판(능판)
2	썽	21	싸오엣	2,000	썽판
3	쌈	22	싸오썽	1만	씹판
4	씨	30	쌈씹	2만	싸오판
5	하	40	씨씹	3만	쌈씹판
6	혹	50	하씹	4만	씨씹판
7	쩻	60	혹씹	5만	하씹판
8	뺏	70	쩻씹	10만	쌘(능쌘)
9	까우	80	뺏씹	20만	썽쌘
10	씹	90	까우씹	100만	란(능란)
11	씹엣	100	허이(능허이)	200만	썽란
12	씹썽	200	썽허이		

시간

라오스 숫자를 알고 있다면 시간과 날짜를 산출하는 방법도 쉽게 익힐 수 있다. 분(나티), 시간(몽)을 나타내는 단위를 숫자와 함께 쓰면 된다.

분 | 나티
시(Hour) | 몽
일(Day) | 므
주(Week) | 아팃
월(Month) | 드언
년(Year) | 삐
5시 | 하 몽
6시 | 혹 몽
7시 반 | 쩻 몽 큥
7시 30분 | 쩻 몽 쌈씹 나티
12시 | 씹썽 몽
1일 | 완티 능
2일 | 완티 썽
30일 | 완티 쌈씹
31일 | 완티 쌈씹엣
오늘 | 므 니
어제 | 므완 니
내일 | 므은
아침 | 싸오
오후 | 바이
밤 | 큰
오늘 아침 | 싸오 니
오늘 밤 | 큰 니
지금 | 떤 니(디아우 니)
이번 주 | 아팃 니
지난주 | 아팃 래우
다음 주 | 아팃 나
2주 전 | 썽 아팃 래우(썽 아팃 판마)
이번 달 | 드언 니
지난달 | 드언 티 래우
우기 | 라두 폰
건기 | 라두 랭

▶ 요일
월요일 | 완 짠
화요일 | 완 앙칸
수요일 | 완 풋
목요일 | 완 파핫
금요일 | 완 쑥
토요일 | 완 싸오
일요일 | 완 아팃

▶ 월
1월 | 드언 망꼰
2월 | 드언 꿈파
3월 | 드언 미나
4월 | 드언 메싸
5월 | 드언 풋싸파
6월 | 드언 미투나
7월 | 드언 꺼라꼿
8월 | 드언 씽하
9월 | 드언 깐야
10월 | 드언 똘라
11월 | 드언 파찍
12월 | 드언 탄와

알아두면 유용한 단어들

▶ 기본 단어
나 | 커이
당신 | 짜우
비싸다 | 팽
안 비싸다 | 버 팽
싸다 | 특
좋다 | 디
좋지 않다 | 버 디
나쁘다 | 쑤아
길다 | 야우
짧다 | 싼
크다 | 야이
작다 | 노이
행복하다 | 니 싸이
빠르다 | 와이
느리다 | 싸
높다 | 쑹
낮다 | 땀
맞다 | 툭
틀리다 | 핏
쉽다 | 응아이
어렵다 | 약
비어 있다 | 왕
무겁다 | 낙
가볍다 | 바우
덥다 | 혼
춥다 | 나우

▶ 나라 · 국적
한국 | 까올리 따이

한국사람 | 콘 까올리 따이
라오스 | 빠텟 라오
중국 | 찐
라오스 사람 | 콘 라오
베트남 | 위엣남
태국 | 타이
미국 | 아메리까
태국 사람 | 콘 타이
프랑스 | 파랑
일본 | 이뿐

▶장소
공항 | 싸남빈
버스 터미널 | 싸타니 롯메(키우롯)
기차역 | 싸타니 롯파이
선착장 | 타 흐아
경찰서 | 싸타니 땀루엇
공원 | 쑤언
시장 | 딸랏
식당 | 한아한
우체국 | 빠이싸니
은행 | 타나칸
게스트하우스 | 반 팍(흐안 팍)
호텔 | 홍햄
약국 | 한 카이야
병원 | 홍머
학교 | 홍히안
박물관 | 호피피타판
사원 | 왓
대사관 | 싸탄툿
대학교 | 마하위타얄라이

▶교통·방향
동(東) | 따웬옥
서(西) | 따웬똑
남(南) | 따이
북(北) | 느아
남쪽 | 팃 따이
북쪽 | 팃 느아
왼쪽 | 싸이
오른쪽 | 콰
여기 | 유 니
좌회전 | 리아우 싸이
우회전 | 리아우 콰

직진 | 빠이 쓰쓰
비행기 | 흐아빈
버스 | 롯(롯메)
미니밴 | 롯뚜
보트 | 흐아
택시 | 롯땍씨
오토바이 | 롯짝
자전거 | 롯팁
표(티켓) | 삐
예매 | 쩡 삐

▶숙소
싱글 룸 | 홍 띠앙 디아우
더블 룸 | 홍 쿠(홍 띠앙 쿠)
트윈 룸 | 홍 썽 띠앙
한 명 | 능콘
TV | 토라팝(티위)
두 명 | 썽콘
에어컨 | 애(애 옌)
세 명 | 쌈콘
선풍기 | 팟롬
온수 | 남혼
욕실 | 홍 암남
이불 | 파홈
전기 | 파이파
비누 | 싸부
엘리베이터 | 립
수건 | 파쎗또
세탁 | 싹파
전화기 | 토라쌉

알아두면 유용한 한 문장

▶인사·기본 표현
안녕하세요! | 싸바이 디
잘 가요(일반적인 표현) | 싸바이 디
잘 가요(떠나는 사람에게 건네는 인사) | 라껀
또 봅시다(다시 만나요) | 폽 깐 마이
행운을 빌어요 | 쏙디
감사합니다 | 컵짜이
매우 감사합니다 | 컵짜이 라이라이(컵짜이 더)
괜찮습니다(노 프라블럼) | 보뻰양(보뻰냥)
실례합니다 | 커톳
요즘 어떻습니까?(잘 지내십니까?) | 싸바이 디 버?
잘 지냅니다(좋습니다) | 싸바이 디
당신은 이름이 뭐예요? | 짜우 쓰 양(냥)?
내 이름은 OO입니다 | 커이 쓰 OO
만나서 반갑습니다 | 디 짜이 티 후 깝 짜우
당신은 어디서 왔어요? | 짜우 마짝 싸이?
나는 한국에서 왔습니다 | 커이 마짝 까올리 따이
당신은 몇 살이에요? | 짜우 아유 (다이) 짝 삐?
나는 스무 다섯입니다 | 커이 아유 싸오하 삐
영어 할 줄 아세요? | 파싸 앙낏 다이 버?
이해했어요? | 카오 짜이 버?
이해했습니다 | 카오 짜이
잘 모르겠습니다(이해가 안 돼요) | 버 카오 짜이
천천히 말해 주세요 | 까루나 와오 싸싸
몇 시예요? | 짝 몽?

오늘이 며칠이에요? | 므 니 완티 타오 다이?

▶교통·길 찾기
어디 가세요? | 빠이 싸이?
00 어디에 있어요? | 00 유 싸이?
박물관은 어디 있나요? | 호피피타판 유 싸이?
버스 터미널은 어디 있나요? | 싸타니 롯메 유 싸이?
걸어서 얼마나 걸릴까요? | 양빠이 짝 나티?
나는 00를 가려고 합니다 | 커이 약 빠이 00
나는 00를 찾고 있습니다 | 커이 깜랑 쏙하 00
얼마나 먼가요? | 까이 타오 다이?
몇 시에 출발하나요? | 옥 짝 몽?
버스는 몇 시에 출발하나요? | 롯메 옥 짝 몽?
이 버스는 00에 가나요? | 롯메 니 빠이 00 버?
몇 시에 도착하나요? | 틍 짝 몽?
버스 요금은 얼마예요? | 카 롯 타오 다이?
00까지 가는데 얼마예요? | 빠이 00 타오 다이?
여기 세워 주세요 | 쩟 유 니

▶식당·쇼핑
메뉴 주세요 | 까루나 아오 라이깐 한 하이대
영어 메뉴 있어요? | 미 라이깐 아한 뺀 파싸 앙낏 버?
이걸로 주세요 | 커이 짜 아오 한 니
00 있어요? | 미 00 버?
매운 거 안 좋아합니다 | 버 막 펫
맵게 해 주세요 | 막 펫
이건 내가 주문한 게 아닌데요 | 커이 쌍 보맨 안니
주문한 게 아직 안 나왔네요 | 컹 커이 쌍 양 버 마
계산서 주세요 | 커 쌕대(첵 빈)
이거 파는 건가요? | 안 니 카이 버?
얼마예요? | 타오 다이?
나는 이걸 사고 싶어요 | 커이 약 쓰
너무 비싸요 | 팽 라이

▶숙소
죄송합니다. 근처에 호텔이 있나요? | 커톳, 유 머니 미 홍햄 버?
방 있나요? | 미 홍 버?
빈 방 있나요? | 미 홍 왕 버?

트윈 룸(침대 두 개인 방) 있어요? | 미 홍 썽 띠양?
에어컨 방 있어요? | 홍 미 애 버?
선풍기 방 있어요? | 홈 미 팟롬 버?
방을 볼 수 있을까요? | 커이 (싸맛) 벙 홍 다이 버?
방 값은 하루에 얼마예요? | 능 큰 타오 다이?(큰 라 타오 다이?)
할인해 줄 수 있어요? | 롯 라카 다이 버?
다른 방 있어요? | 미 홍 은 익 대 버?
다른 방으로 옮길 수 있을까요? | 야이 홍 다이 버?
나는 이 방보다 큰 방을 원합니다 | 커이 똥깐 홍 야이 쿠아 니
나는 이 방보다 싼 방을 원합니다 | 커이 똥깐 홍 특 꽈 니
나는 이 방보다 조용한 방을 원합니다 | 커이 똥깐 홍 응이압 꽈
나는 방을 바꾸고 싶어요 | 커이 똥깐 삐안 홍
화장실 물이 안 내려 갑니다 | 홍남 버 롱
방을 청소해 줄 수 있어요? | 짜우 헷 쾀싸앗 홍 다이 버?

▶긴급 상황
조심해! | 라왕
나가! | 옥 빠이
꺼져(가버려!) | 빠이 더
서둘러 주세요 | 까루나 힙혼대
저를 도와주세요 | 쑤어이 커이 대
도와줘! | 쑤어이 대
도둑이야! | 쫀
저 사람 잡아요! | 웃 만
경찰 불러주세요 | 쑤어이 엄 땀루엇 대(까루나 엄 땀루엇 하이대)
의사 불러주세요 | 쑤어이 땀 하머 하이대(까루나 엄 땀 머)
불이야! | 파이(파이 마이)
도난당했어요 | 커이 특 뿐
길을 잃었어요. | 커이 롱 탕
화장실 어디 있어요? | 홍남 유싸이?

Index

MAG	144
UXO	145

ㄱ

공룡 박물관	257
국립 문화회관	82
국립 박물관	82
꽝씨 폭포(땃 꽝씨)	183

ㄴ

남동 파크	186
남싸이 전망대	119
남푸	80
남하 국립 보호구역	236
농카이	129
농키아우	214
농키아우 뷰 포인트	217

ㄷ

대통령궁(주석궁)	82
돈댕	278
돈뎃	289
돈뎃-돈콘 다리	299
돈콘	298
돈콩	282
돈콩 남부 순환도로	286
딸랏 옌 플라자	257
땃쌔 폭포(남똑 땃쌔)	184
땃통 폭포(남똑 땃통)	184

ㄹ

라오쑹(소수민족)	234
루앙남타	236
루앙프라방	152
루앙프라방 아침 시장	167
루앙프라방 야시장	167
리피 폭포(쏨파밋 폭포)	300

ㅁ

므앙 응오이	222
므앙 응오이 주변 마을	226
므앙 쿤(올드 씨앙쿠앙)	148
므앙쌘	286
므앙콩	285

ㅂ

반 빠싹	240
반 쏨콩	227
반 콘	300
반 판루앙 & 반 쌍콩	182
반 항콘	301
반 후아콩	286
반 훼이쌘	226
방비엥(왕위앙)	109
볼라벤(볼라웬 고원)	270
붓다 파크(씨앙쿠안)	88
블루 라군	117
블루 라군 2	119
블루 라군 3(시크릿 가든)	119
비엔티안(위양짠)	67
빠뚜싸이	85
빡쎄	260
빡우 동굴(탐 빡우)	185

ㅅ

싼티 쩨디 & 반 파놈	182
성 테레사 교회	256
싸완나켓	252
쌀라 깨우 꾸	134
씨판돈	280

ㅇ

옥폽똑	180
왓 깡	115
왓 농씨쿤므앙	175

왓 롱쿤	182	짜오 아누웡 공원	81
왓 루앙(빡쎄)	266	짬빠싹	272
왓 마노롬	179	쫌펫	181
왓 마이	173		
왓 미싸이	80	**ㅋ**	
왓 빠후학	177	콘파펭 폭포(남똑 콘파펭)	302
왓 싸이야퓸	256	코프 방문자 센터	87
왓 쌘	174		
왓 씨므앙	86	**ㅌ**	
왓 씨싸껫	83	타싸뎃 시장	132
왓 씨앙맨	181	타논 란쌍	85
왓 씨앙무안	175	탐 깡	226
왓 씨앙통	171	탐 남(워터 케이브)	120
왓 씨폼	149	탐 쌍	120
왓 아함	178	탐 짱	115
왓 오깟싸이아람	225	탐 파노이	226
왓 옹뜨	80	탐 파깨우	226
왓 위쑨나랏(왓 위쑨)	177	탐 파톡	217
왓 짠	80	탐 푸캄	117
왓 쫌카오 마니랏	249	탓 담	81
왓 쫌펫	181	탓 루앙	86
왓 키리(왓 쑤완나 키리)	174	탓 루앙남타	240
왓 탐모타야람	177	탓 푼	148
왓 탓 루앙	179	텅 하이 힌 능(1번 유적)	146
왓 탓(왓 파 마하탓)	168	텅 하이 힌 쌈(3번 유적)	147
왓 포차이	132	텅 하이 힌 썽(2번 유적)	147
왓 푸 싸라오	266		
왓 푸(짬빠싹)	275	**ㅍ**	
왓 푸탓	232	파방(프라방)	170
왓 프라깨우(왓 파깨우)	83	파응언 전망대	116
왓 피아왓	148	폰싸완(씨앙쿠앙)	139
왓 호씨앙	168	푸씨	176
왕궁 박물관(호캄)	168	프라깨우	85
왕궁(루앙프라방)	170		
우돔싸이(므앙싸이)	229	**ㅎ**	
우정의 다리	132	항아리 평원(텅 하이 힌)	144
이라와디 돌고래	301	훼이싸이(보깨우)	244

ㅈ

전통 공예와 민속학 센터(민속학 박물관)	180
증기기관차	300

friends 프렌즈 시리즈 21

프렌즈 라오스

초판 1쇄 2014년 4월 25일
개정 2판 1쇄 2016년 5월 2일
개정 3판 1쇄 2018년 1월 2일
개정 4판 1쇄 2018년 11월 1일
개정 5판 1쇄 2019년 12월 5일
개정 5판 2쇄 2020년 2월 24일

글·사진 | 안진헌

발행인 | 이상언
제작총괄 | 이정아
편집장 | 손혜린
디자인 | 김미연, 변바희, 양재연
지도 | 글터
표지 사진 | ⓒShutterstock

발행처 | 중앙일보플러스(주)
주소 | (04517) 서울시 중구 통일로 86 바비엥3 4층
등록 | 2008년 1월 25일 제2014-000178호
판매 | 1588-0950
제작 | (02) 6416-3922
홈페이지 | jbooks.joins.com
네이버포스트 | post.naver.com/joongangbooks

ⓒ안진헌, 2014~2020

ISBN 978-89-278-1074-2 14980
ISBN 978-89-278-1051-3(set)

※이 책은 저작권법에 따라 보호받는 저작물이므로 무단 전재와 무단 복제를 금하며
  책 내용의 전부 또는 일부를 이용하려면 반드시 저작권자와 중앙일보플러스(주)의 서면 동의를 받아야 합니다.
※책 값은 뒤표지에 있습니다.
※잘못된 책은 구입처에서 바꿔 드립니다.

중앙북스는 중앙일보플러스(주)의 단행본 출판 브랜드입니다.